国家工程管理人才培养模式创新实验区项目资助

特色与发展

——教育教学改革与研究论文集

主　编　刘亚臣　齐宝库
副主编　刘　宁　周鲜华
　　　　吴访非　姚　瑞

东北大学出版社
·沈　阳·

图书在版编目（CIP）数据

特色与发展：教育教学改革与研究论文集/刘亚臣，齐宝库主编. —沈阳：东北大学出版社，2014. 6（2025.4 重印）

ISBN 978-7-5517-0663-6

Ⅰ. ①特…　Ⅱ. ①刘…　②齐…　Ⅲ. ①高等教育—教学改革—中国—文集　Ⅳ. ①G649. 21 - 53

中国版本图书馆 CIP 数据核字（2014）第 146089 号

出 版 者：东北大学出版社

地址：沈阳市和平区文化路 3 号巷 11 号

邮编：110004

电话：024—83680267（社务室）　83687331（市场部）

传真：024—83680265（办公室）　83680178（出版部）

网址：http：//www. neupress. com

E-mail：neuph@ neupress. com

印 刷 者：三河市天润建兴印务有限公司

发 行 者：东北大学出版社

幅面尺寸：185mm × 260mm

印　　张：25

字　　数：576 千字

出版时间：2014 年 8 月第 1 版

印刷时间：2025 年 4 月第 3 次印刷

责任编辑：刘振军　王艺霏　曹　壮　潘佳宁

责任校对：叶　子

封面设计：刘江旸

责任出版：唐敏志

SISBN 978-7-5517-0663-6　　　　定　　价：69. 00 元

序

沈阳建筑大学管理学院在近20年的办学过程中，深入贯彻了综合素质教育的理念，形成了独具特色的本科人才培养模式，并且将这些积累的宝贵经验进行了总结和凝练，形成了教育教学科研的良好学术环境。这部《特色与发展——教育教学改革与研究论文集》(2006—2011) 就是学院组织教师编写出版的，对此我感到由衷的欣慰。管理学院以从实践中提炼的科学的教育教学理念指导工作，将人才培养目标定位为培养专门工程领域的高层次应用型、复合型工程技术和工程管理的人才，对于支撑我国建筑和房地产业的可持续发展具有重要意义。

大学之所以成为大学，在于其充分发挥了人才培养、科学研究和服务社会的作用，在于其具有高尚的价值追求、高雅的学术品味和高深的文化底蕴，在于其汇集了具有崇高责任感和使命感的教师队伍。《特色与发展——教育教学改革与研究论文集》(2006—2011) 的作者，都是我校管理学院在本科教学第一线上的教师。从每篇论文的字里行间可以看出，学院教师在专业多、学生多、教学任务重的情况下，充分发挥了甘于牺牲、默默奉献的高贵品质，本着“认真负责、科学施教”的基本态度，积极发掘、反思和解决本科教学领域中出现的新情况和新问题，努力将课本上的理论知识与学生的思想实际和社会生活实际、生产劳动实践相结合，并贯穿于教学过程中，体现了教书育人的品格风貌，体现了师者智慧的宽广襟怀，在促进我校教育思想和人才培养模式的转变、教学改革、课程体系建设、社会实践等方面，发挥了勤学善思、敢于创新的重要作用。

值此论文集出版之际，祝愿管理学院努力探索、积极创新，使人才培养数量和质量进一步提高，秉承“博学上进、知书达理”的院训，成为面向东北地区乃至全国建筑与房地产业的人才培养主阵地，为我校人才培养模式的创新与实践作出更大的贡献。

沈阳建筑大学副校长　李成滨

2014 年 5 月

前　言

进入新世纪，高等教育面临加速发展的历史机遇，也面临着现实经济技术和文化环境的挑战。沈阳建筑大学管理学院始终坚持社会主义的办学方向，认真贯彻党的教育方针，发扬“艰苦奋斗、知难而进、求真务实、自强不息”的精神，励精图治，与时俱进，积极推动教学改革、建设与发展，取得了显著的办学业绩，形成了良好的发展态势。学院在面对教育发展方向的矛盾抉择时，将本科教育和人才培养置身于行业发展的历史背景和时代环境下来思考，在总结历史经验教训的基础上，力求探求特色化、多元化、科学化的人才培养模式。本论文集的编写与出版是管理学院践行人才培养模式创新的重要举措。

学院成立近20年来，是我国建筑与房地产业发展的加速时期，是我国高等教育改革与发展的关键时期，也是沈阳建筑大学管理学院从零起步、跨越发展的20年。学院抓住历史机遇，以管理科学为依托，建设管理学科门类下的三个二级学科门类：管理科学与工程类（工程管理专业、工程造价专业、房地产经营管理专业）、工商管理类（工商管理专业、会计学专业和人力资源管理专业）和公共管理类（土地资源管理专业和城市管理），以及法学学科门类（法学专业），拥有管理科学与工程一级学科硕士点和建筑与土木工程领域工程硕士点。学院下设两所（房地产研究所、建设法研究所）、两系（营造与工程管理系、商学系）、六中心（实践教学中心、住房制度与政策研究中心、住房与人居环境研究中心、规划和城市管理中心、项目管理研究中心、住宅与金融研究中心）作为主要教学科研和对外服务平台。学院学科门类全、培养层次多，为工程管理及各类管理人才培养模式创新与实践奠定了良好的发展基础。

管理学院积淀了沈阳建筑大学60年的专业基础和教学实践传统，汇集全校优势教学资源，适应了我国建筑业、房地产业发展对人才的迫切需要。汇聚了高水平的学术带头人、学术骨干，建立了教学、科研和实践基地，取得了大量的教学和科研成果。通过制定人才培养方案，构建公共学科平台，强调体系性及课程之间的有机衔接，充分利用实践教学基地与良好的科研环境，强调工程实践意识的养成，开展了以“三明治”培养模式为代表的多种形式人才培养模式创新工作，重点培养学生知识与方法的应用能力以及发现问题、解决实际工程问题的能力，毕业生以素质高、基础厚、实践能力强的特点，赢得了全国建筑业和房地产业的赞誉。2009年获得国家级人才培养创新实验区称号；2010年工程管理专业被评为国家级特色专业；2010

年，工程管理教学团队获得国家级教学团队称号。此外还建设了1个省级工程实践教育中心、4门省级精品课、2部省级精品教材，培育了以省级教学名师刘亚臣教授为代表的优秀教师队伍。

多年来管理学院多方鼓励广大教师积极参与教学研究，多次组织开展教育思想观念和教育教学改革的研讨活动，极大地增强了广大师生员工的认同感和凝聚力。以此为契机，大力推进教学基础建设，不断深化教育教学改革，使学院的整体面貌发生了显著变化，为进一步提高办学水平和教育教学质量、实现既定的发展目标奠定了坚实的基础。学院着眼于教学模式、教学内容、教学方法的创新，努力认识、发掘人才培养规律与内涵，促进学科专业间的交流，特别是从不同教育背景和不同的角度探索学院本科教育的问题，倡导在积极、和谐的交流平台上进行深入的探讨。学院近5年来承担了10项省部级教研课题，发表了众多高水平的教研论文。本论文集汇集了学院教师多年的研究成果，这是广大教师从实践中提升理论、用理论指导实践的可喜成果。

2006年的学校教学水平评估和2007年的工程管理专业评估给了我们盘整和梳理的机会，也给了我们进步的新起点。在学院倡导下，广大教师在短时间内就完成了近200篇教研论文，经过编委会的遴选，将83篇论文结集出版。本论文集在稿件的征集、审定和出版过程中，还得到了辽宁省土木建筑学会工程管理专业委员会和东北大学出版社的大力支持和帮助，在此一并表示感谢！由于编者水平和编辑时间有限，书中难免有疏漏之处，敬请论文作者和读者批评指正。

编者

2014年5月

目 录

专题一：人才培养模式

专题二：专业建设

专题三：实践教学

专题四：教学改革与团队

专题五：课程与教学发展

专题一：人才培养模式

篇首语

人才培养模式改革是遵循教育规律和人才成长规律，对专业的培养目标、培养规格进行调整，进而调整专业的培养方案与培养途径，在教学内容、课程体系、实践环节、教学运行和管理机制、教学组织形式、创新人才培养基地等多方面进行的综合改革，形成有利于多样化创新人才成长的培养体系，满足国家对社会紧缺的复合型拔尖创新人才和应用人才的需要。

沈阳建筑大学管理学院一直推进人才培养模式的综合改革，探索教学理念、培养模式和管理机制的创新，在课程设置、内容选择、教学组织形式、课堂形态和考试评价等方面进行前瞻性探索和试验，不断拓宽人才培养途径，优化人才知识结构，提高人才培养的质量和水平，基本形成了有利于多样化创新人才成长的培养体系。

本专题收录的论文汇集了管理学院教师在人才培养模式创新与改革方面的研究成果。具体包括：房地产经营管理专业课程体系优化研究；基于 CDIO 教育理念的教学改革模式研究；工程管理专业“管理学”课程教学改革探讨；经济法视角下的工程建设法课程内容体系；行动学习法在会计学课程实验教学中的应用；互动式方法在西方经济学教学中的运用研究；经管类专业统计学课程教学改革探讨等。

法国工程师培养体制对我国“卓越工程师”培养模式的借鉴

白庶　钟雪　姚瑞

（沈阳建筑大学　沈阳　110168）

【摘要】“卓越工程师教育培养计划”（以下简称“卓越计划”）是贯彻落实《国家中长期教育改革和发展规划纲要（2010—2020年）》和《国家中长期人才发展规划纲要（2010—2020年）》的重大改革项目，也是促进我国由工程教育大国迈向工程教育强国的重大举措。法国的工程师教育体系在长期的教育实践中积累了大量成功经验，并形成了自身的特色。本文分析了法国工程师教育体系的主要特点，并在此基础上对我国“卓越工程师”目标下的工程管理专业人才培养体制改革提出了有益的建议。

【关键词】卓越工程师；法国；工程师教育；培养模式

2010年6月23日，国家教育部连同相关22个国家部委共同提出了“卓越工程师教育培养计划”（以下简称“卓越计划”），这一计划是贯彻落实《国家中长期教育改革和发展规划纲要（2010—2020年）》和《国家中长期人才发展规划纲要（2010—2020年）》的重大改革项目，也是促进我国由工程教育大国迈向工程教育强国的重大举措，计划旨在培养造就一大批创新能力强、适应经济社会发展需要的高质量各类型工程技术人才，为国家走新型工业化发展道路、建设创新型国家和人才强国战略服务，对促进高等教育面向社会需求培养人才，全面提高工程教育人才培养质量具有十分重要的示范和引导作用。

“卓越计划”是我国现阶段高等教育教学改革的重要举措，其主旨是希望工程教育回归工程。实际上，在工程教育领域，欧美等发达国家已经形成了相对成熟的工程师教育培养体系，并已经成功实践多年。在世界各国的工程师教育培养体制中，法国的工程师教育体系以其严格的录取标准、高水平的教学质量等特色而独树一帜。本文分析了法国工程师教育体制的主要特点，并在此基础上对我国以“卓越工程师”为培养目标的工程管理专业人才培养模式改革提出了一些建议。

一、法国工程师教育体系的主要特点

法国的工程师教育体系在法国由来已久，从拿破仑创立至今，已经有200多年的历史。作为法国高等教育重要组成部分和国家培养社会精英及顶尖工程师的重要手段，长期以来，工程师教育体系为法国工业界培养了大批工程技术和经营管理人才。据统计，法国200强企业中约60%的总裁和大部分高级管理人员均来自于法国工程师学院。密特朗、希拉克和若斯潘等杰出的国家领导人和多名诺贝尔奖获得者也出身于法国工程师学院。独特的教育体制和教育方法，使法国的工程师教育体系在世界高等工程教育体系中独树一帜。

1. 严格的选拔标准

在法国，大学属全民的普及教育，只要高中毕业均可申请进入法国大学。而工程师教育则属于精英教育范畴，法国工程师学院对学生的选拔标准非常严格。能够进入法国工程师学院的途径通常有三种：①参加工程师学院预备班的入学选拔考试；②高中会考毕业生经过档案审查和面试入学；③短期高等教育毕业生经档案审查和考试入学。无论通过哪种途径，想进入工程师学院学习，都是非常困难的。法国高中生在高中会考之后，仅有不到4%的通过会考并且整个高中三年学习成绩优秀的学生能被挑选进入工程师学院预科班学习。进入工程师学院或预科学校学习的学生，经过两年时间的基础课程学习之后，还要通过严格的考试，考试成绩排在学校指定的名次以内，才能进入工程师学院正式开始专业课程的学习。

2. "2+3"的学制教育模式

法国工程师教育学制为5年，时间长度相当于西方国家（美国、英国、加拿大）的本科加硕士学位，工程师学院的学生需要经过2年的预科教育和3年的专业教育，毕业后可同时获得法国工程师证书和法国工学硕士学位。法国的工程师教育可以分为两个阶段：第一阶段是工程师预科阶段，为期两年，这一阶段接收高中毕业生，属于无专业的基础课阶段，预科阶段只设数理专业，主要学习以数理为主的基础知识。工程师预科教育，主要在教育部选定的高中学校内完成，由教育部专门筛选的教师任教（也有部分工程师预科课程开设在大学及工程师学院内）。第二阶段是专业教育阶段，为期三年。这一阶段只接收大学二年级以上的学生和工程师预科班的学生，通过严格的笔试、面试和科技答辩来选拔。通过选拔考试的学生在选择一个专业方向后，进行较宽广的专业基础、专业课程学习，并在该专业方向上进行强化训练。

3. 学校规模小，教师资源丰富

由于工程师教育长期奉行精英教育路线，使得各类工程师学院严格控制招生人数，特别是一些知名的工程师学院，长期以来其招生名额变化非常小。相对其他国家高校和法国普通大学而言，工程师学院的规模可以说是非常小的。目前，法国可以授予工程师文凭的高等学校共有260所，全部在校生总和仅有5万人左右。小规模的工程师学院每年招生人数仅几十人，学生总数不过几百人；规模大一些的工程师学院的学生总数也只有几千人，每年招生人数不过千人。以法国最著名的巴黎高科技大学集团（ENPC）为例，它由包括巴黎高等矿业学校、巴黎高等综合理工学院在内的12所工程师学院组成，其学生总人数也仅有1.5万人左右。虽然招生规模不大，工程师学院的师资资源却非常丰富，以生师比来统计，工程师学院的生师比一般在3:1至7:1之间。很多为学生授课的教师，不仅拥有相关专业的最高学历，还具有丰富的教学及实践经验。除了专职教师外，工程师学院还会聘请企业中经验丰富的工程师甚至其他国家的知名教授担任学校的兼职教师。丰富的师资资源，保证了工程师学院的教学质量。

4. 课程内容灵活广泛

工程师学院开设的课程灵活多样，不仅有系统的专业课程，还有人文、管理、经济和科技等方面的选修和必修课程，并且不定期地举办各种题材的讲座。在课程设置方面，许多课程的教学内容都是根据当前的科技发展、市场以及企业需求变化而不断调整的。教师授课时没有指定的教材，而是采用自己编写的讲义，学生学习课程时需要配合大量的各类参考书。工程师学院也经常会聘请企业中经验丰富的工程师和其他国家的知名教授来学校授课，学生的许多课程设计题目都来源于实际生产，并且亲自到工厂调研，解决设计中遇到的问题。此外，许多工程师学院都与其他国家的高等工科院校建立联系，经常会派遣学生到别国高校做毕业设计，这样既利用了各高校的学科和技术优势，也开阔了学生的国际视野。

5. 注重学生实践能力培养

为了培养学生分析和解决实际问题的能力，工程师学院非常重视学生的实验和实践教学。在专业授课阶段，学校会为理论课程配备相应学时的实验课，学生在实验中所采用的设备、仪器与工业环境中并无二致，这从根本上保证了学生能够受到高水平的工程训练。

实习是工程师教育中一个非常重要的环节，工程师学院的学生在三年的专业学习中，每年都会参加企业实习。从性质来看，学生要参加三种类型的实习：第一类是观察性的，通过实习对企业状况有基本的了解；第二类是主动实践性的，学生以技术员的身份参加实习，通过实习掌握专业所需的各种技能；第三类实习基本接近未来的工作，也是学生的毕业实习，学生将根据自己的职业规划，选择到企业或科研机构以工程师的身份参加实习，深入地了解未来工作的性质和任务。从实习的开始时间和持续过程来看，第一类实习在专业教育第一学年结束时开始，时间一般为2个月；第二类实习在专业教育第二学年结束时开始，时间一般为3个月；第三类实习在专业教育第三学年的下半年开始，时间一般为6个月。各类实习全部时间约占专业教育时间的1/3。由于很多法国工商界企业是大型跨国公司，每年，法国工商界除了为工程师学院学生提供国内实习的机会外，还为他们提供大量的海外实习机会，并提供交通和生活补助，为工程师学院学生开阔视野提供了很好的条件。

6. 校企关系紧密

法国工程师学院与企业之间的联系非常紧密，除了固定的专职教师外，各所工程师学院都会聘请一定数量的企业人员担任兼职教师，在这些教师中，相当一部分是具有丰富经验的企业工程师，也有从事多年企业经营工作的管理人员。企业也会参与到工程师学院的日常管理中，通常学院1/3左右的成员为相关企业的高级管理人员，他们会参与到学院发展战略的制订，课程计划的安排，学生毕业就业方向的研究等管理活动中，法国知名工程师学院的管理委员会主席，往往是由大企业的总裁或总经理兼任的。作为校企联合的最主要形式，学生进入专业学习阶段后，每年都要进入相关企业参加实习实践。科研方面，工程师学院通过签订科研合同、技术转让等方式为企业承担科研任务，每年各工程师学院获得的企业科研总收入都会超过国家行政拨款总收入而成为支持学院发展最主要的资金支持。密切的校企合作，既能让学生所学知识和掌握的技能学以致用，也使工程师学院的毕业生变得非常抢手，为毕业生未来的职业生涯铺平了道路。很多法国工程师学院的毕业生，会收到若干家企业的邀请函，甚至有些学生在实习期间就与企业签订了工作合同。

二、法国工程师教育体系对我国“卓越工程师”培养模式的启示

1. 密切校企合作，实施产学合作教育

法国工程师学院培养出的学生，之所以受到企业和社会如此的欢迎，很大程度上归功于学校与相关企业的密切合作。企业除了与学校之间有科研联系外，还参与学生培养方案的制订，学校也会从企业聘请兼职教师。除此之外，由于法国工程师教育制度由来已久，很多工程师学院的毕业生已经成为法国工商界企业的实际领导者，他们在招聘时，更倾向于工程师学院的毕业生，这也是工程师学院毕业生受到企业和社会欢迎的重要原因。在我国，有条件的高校可以利用已有的校友资源，充分而广泛地建立各种社会联系，通过协议、合作办学等多种形式积极开拓校外专业实习实践基地，为学生实习实践创建稳定的平台。让学生从参与简单的认知实习转变成为“顶岗实践”。充分发挥企业在工程实践条件先进性和真实工程环境的优势，从而弥补高校在这些方面的不足。

2. 依托学校专业优势，有侧重地培养“卓越工程师”

按照“卓越计划”的要求，各类高校在培养“卓越工程师”专业人才时，需要集中大量的教学以及社会资源，因此，各类高校在制订本校“卓越工程师”专业人才培养目标时，可以根据本学校传统的专业优势和专业特色，明确办学目标，制订符合自身实际情况的专业人才培养方案，避免“大而全”，力求“小而精”“小而专”，集中优势资源实施专业人才教育。例如，土建类院校可以依托自身的工程技术专业优势，着力培养从事一线工作的工程技术管理专业人才；经济类院校可以依托自身的经济学科优势，着力培养从事项目决策与经营方面的专业管理人才。

3. 强化工程管理专业学生综合素质和实践能力的培养

与法国的学生相比，我国工程管理专业学生的实际工作能力和创新能力较差。针对学生实际工作能力不强的特点，应从培养学生技术操作能力和组织管理能力两方面入手，一方面，建设专业实验室，为学生动手操作提供支持，鼓励学生进行探索性的实验，提高学生的实际动手能力；另一方面，适当增加课程设计的比重，鼓励学生以团队协作的方式完成课程任务，在团队协作中培养学生的组织管理和沟通协调能力。通过多样化的教学方式，提高工程管理专业学生的综合素质。比照法国工程师学院的做法，国内高校应在专业培养方案允许的前提下，加大实验和实习在全部教学任务中所占的比重，丰富实验和实习的种类和内容，采取更加灵活的实验和实习方式来鼓励和促进学生积极主动地参与工程实践。通过建立各种实践和实训基地，为学生提供相对稳定的实验、实习环境。通过各种实习和工程实践，使学生不仅掌握本专业所必需的专业技术知识，而且让学生掌握工作所需的各种社会知识，以及获得一定的管理经验，从而使学生的各方面能力得到充分的锻炼。

4. 改革传统授课模式，优化课程体系

按照产学合作教育模式的要求进行课程改革和建设。学生在企业工作中的“实践性”课程应该坚持校企双方共同开发、共同考核和把关。校内课程也应该按照优

化课程体系，精简理论课程内容，增强实践教学环节进行改革和建设。通过课程形式、内容和考核方式等方面的改革和建设，进一步提升产学合作教育的质量。对传统的授课方式进行改革，由原来的以教为主，转变为学生自主学习。实施启发式、研讨式等先进教育教学方法，激发学生的求知欲。注重培养过程中学生的共性要求和个性需求，加强师生互动，使学生成为教与学的主体，提高学生学习的主动性。彻底转变传统专业教育的“重教轻学”现象。在课程体系建设方面，应该以促进学生知识、能力和素质的全面提高为出发点，整体优化课程结构。开发体现学科前沿知识的新教材，改革传统课程制授课方式，提倡知识模块式授课方式，减少原有课程体系内各门相关专业课程之间的交叉重复，提高课程理论教学效率。将传授的知识与技能培养有机结合，增加专业核心课程的实践教学内容，充分利用现代化教学手段和网络课程资源。

5. 建设高水平专业教育师资队伍

“卓越计划”的顺利实施，需要有相应的高水平的专业师资队伍作为保障。因此，各高校在实施“卓越计划”时，既要注重专业教学团队的建设，结合学校的学科优势，建设一支年龄结构和职称结构合理、学科交叉互补的工程管理专业师资队伍；注重从社会和企业引入丰富的教学资源，聘请相关的技术和管理专家作为兼职教师，以弥补部分专业教学上教师经验不足的问题。在专业青年教师培养方面，鼓励年轻教师以科研合作、实习、甚至挂职锻炼等多种方式参与企业工程管理活动，以增加年轻教师的工程管理专业实践经验。同时，制定新的考评政策，对工科专业的教师在职称晋升、考核聘任等环节，加入对工程实践经历的要求，对工科教师的评聘与考核从侧重评价理论研究和发表论文，转向评价工程项目设计、专利、产学合作和技术服务等。

三、结束语

随着世界经济的融合和产业结构的不断升级，各国之间的竞争更多地体现在专业人才竞争方面。建设创新能力强、适应经济社会发展需要的高质量各类型工程技术人才队伍，既是我国现阶段以及未来经济建设的需要，也是我国提升国家竞争力的客观需求。当前，我国工程教育正处在转型的关键时期，沈阳建筑大学也提出了对“卓越管理工程师”培养的期许和理解（刘亚臣，2010），“卓越计划”的提出，也为我们教育工作者提出了新的要求，教育改革任重道远。

参考文献

[1] 刘丽华．法国工程师教育及对我国理工科高等教育的思考［J］．江苏高教，1996（4）：41－45.

[2] 李兴业．法国高等工程教育培养模式及其启示［J］．高等教育研究，1998（1）：98－102.

[3] 龚克．关于“卓越工程师”培养的思考与探索［J］．中国大学教育，2010（8）：4－5.

[4] 多米尼克·迪克斯隆．巴黎高科的经验以及国立高等先进技术学校案例分析［J］．国家教育行政学报，2006（9）：51－55.
[5] 孔寒冰．法国工程教育系统与学科专业探析［J］．高等工程教育研究，2007（6）：20－25.
[6] 孟安波．法国工程师的教育模式对我国工科专业培养的启示［J］．中国电力教育，2008（7）：213－214.
[7] DOREY，刘敏．法国高等工程师教育解析［J］．中国高教研究，2009（12）：52－54.
[8] 王雪青，杨秋波．中美英工程管理专业本科教育的比较及其启示［J］．中国大学教学，2010（06）：36－39.
[9] 黄永义，于晨．法国工程师大学校办学特色及对我国军队院校的启示［J］．河北师范大学学报：教育科学版，2011（4）：41－46.

作者简介：白庶（1980—）管理学院营造与工程管理系，讲师。研究方向：项目管理及工程造价。

高校辅导员对学生教育和管理存在的问题及其完善

单丹　邱明浩　任强

（沈阳建筑大学　沈阳　110168）

【摘要】作为高校管理的一部分，高校学生的教育与管理是学校人才培养工作的重要保障，是达到高校人才培养目标所必需的一种管理活动，它有效地补充了学校的教学形式。面对新时期的大学生，他们正在形成自己的世界观、人生观和价值观，在这个重要的发展阶段，高校辅导员便成为开展学生思想政治教育的骨干力量，也是学生日常思想政治教育和管理工作的组织者、实施者和指导者。本文从理论和实践的角度，针对高校辅导员对学生教育和管理存在的问题以及相应对策进行分析。

【关键词】高校辅导员；学生教育和管理；因素与对策

大学生的求知成长离不开高校辅导员的各种引导，对于高校辅导员，做好这一工作很大程度上依赖于正确的教育和管理方法。而现今高校辅导员的工作不仅是要做学生的思想政治教育工作，另一方面还要做好日常行政的各种管理工作。在实际的工作中，尤其是在大众化教育全面推进的新形势下，高校辅导员的工作任务十分繁重，曾经有人指出当前高校辅导员是以“事”为重，“事”务缠身。因此，高校辅导员在对学生的教育和管理的内容、方法上都会影响教育的效果。

一、高校辅导员对学生教育和管理存在的问题

1. 工作负荷过重

高校辅导员大多数是来自不同专业，并且在工作前受过教育学、管理学等专业训练的并不多，另外，如今随着高等教育改革的逐步深入，学校重新整合了一些相应的教学资源，学生也渐渐地拓展了自由支配的空间和时间，辅导员工作的内容和形式也发生了新的变化，工作职能不断得到扩充。辅导员面对几百名来自五湖四海，生活习惯、性格、偏好各不相同的学生，工作时需要身心的极大投入，尤其是一些自己职责范围之外却又与学生生活切实相关的事情，使辅导员的工作更加不可量化。教育难度大，精神压力大，这些都让辅导员经常陷入繁忙的事务处理中，很少有时间和精力去对学生做系统的教育和指导服务，因此只能从某一方面或者是在表面的层次做这些工作，无法深入开展。同时，由于当前辅导员数量缺口较大，没有一定数量的辅导员就难以保证大学生教育和管理的工作目标和效果。

2. 工作范围广，无法实现工作“专”与“精”的结合

高校辅导员的工作任务和内容都是动态的，不是一成不变的，辅导员要努力通

过自己的日常工作，引导大学生的思想政治觉悟，规范大学生的行为，促进大学生的学习并且激励大学生发挥时代精神，同时还要维护校园的稳定秩序，带领大学生班团组织发挥作用。所以我们经常认为辅导员是学生的“保姆”“管家”，什么都管，什么都做。但是面对事实，一个人既要对学生教育负责，又要对学生进行生活指导，每一项工作都是独立的专业领域，想要把所有的工作都做到最好，辅导员没有那么多的精力，也没有那么强的能力，工作起来有的时候只有覆盖面，却没有深入性，所以往往对学生的教育和管理达不到理想的工作效果。因此，范围大而全的工作量占据了辅导员的大部分时间，使得辅导员没有太多的精力用于理论和方法的提升上。

3. 角色冲突与角色模糊

众多相关研究表明，辅导员在工作中的角色冲突与角色模糊同对学生的教育和管理有着相当大的关系，在辅导员的职业中，角色并不是单一的，而是复合多元的，这样辅导员老师们很难给自己一个科学准确的定位。面对如今日趋复杂化和多样化的学校功能，辅导员既是学生知识的传授者，也是家长的代理人，集体的领导者，同时又处处与学生成为朋友和知己，有时处于主动的地位，有时又处于被动的地位，这使得他们经常在教学岗位和管理岗位之间不断地徘徊。所以辅导员需要在不同情景中扮演不同的角色，要时时刻刻根据不同的情况来进行角色转换，同时社会和学校各个方面又经常对他们提出相互矛盾的要求，所以这种角色冲突现象在辅导员身上经常发生，使得辅导员们要严格把握主次和度量，如果一旦处理不好，形成心理压力，就会渐渐的对工作失去热情，进而逐步导致对学生系统的教育与管理有所怠慢。

二、加强辅导员对学生教育和管理的措施

1. 明确岗位职责，合理减轻工作负荷

为了减轻辅导员的工作压力，缓解一些事务性工作缠身的状况，辅导员应该做好工作岗位及工作职责的设计，时刻明确辅导员自身的岗位责任与任务。对于辅导员的职责范围，各大高校也要进行充分的考虑，不断明确他们的目标和任务，努力建立一套科学合理的制度，比如工作公开制、绩效考核制等，从而提高辅导员的工作热情，使得他们能够分工合作，协调配合。与此同时，我们也知道高校的学生工作是一个庞大而繁琐的工作体系，涉及学生的思想教育、生活、心理等多方面的工作，这些工作应该分配给相应的人员来承担，应该各有所职，不能所有涉及学生的工作都由辅导员来一一处理，所以应该合理减轻辅导员的工作负荷，使得他们能够有条不紊的工作，从而提高工作效率，对学生的教育和管理方面进行更深入的研究与实施。

2. 加强学习研究，提高自身素质

为了适应工作发展的需要，辅导员还应该主动加强学习研究，不断提高自身素质。其中的核心素质便是思想政治素质，辅导员思想政治素质的高低直接影响着对学生的教育和管理，因此，辅导员要特别加强思想政治教育专业知识的学习，熟悉和掌握思想政治教育的理论、方法，继承和发扬其优良传统。同时，辅导员也应该

加强将教育和管理工作实际结合起来，增加师生间的共同语言，拉近自身与学生的距离。另外，辅导员也应该时常通过培训来提高自己的综合能力水平，比如进行职业技能培训和进修学习的机会。通过不断的学习，对于辅导员摆脱多重角色的困扰可以起到很大的作用，而且在一定程度上也调节了身心，使辅导员随时更新他们的教育和管理理念，从而提高教育教学和管理的水平，在工作中也会更具有针对性、实效性和预见性。

3. 引入竞争机制，增强工作热情

为了更好地激发辅导员对学生教育和管理的工作热情，学校应立足辅导员队伍的建设，以激励机制为主逐步完善学校教育的评价体系。在精神层面上，将定量与定性分析有机结合起来，促进规范化和科学化的管理工作，设立相关的奖励制度，对那些工作有创新、工作成绩突出的辅导员给予奖励，激发辅导员的工作热情，充分调动辅导员工作的积极性、主动性和创造性，使得辅导员能够认同自己的工作职责。另外，在平时的工作中适当地安排集体外出、组织交流等活动，既达到相互学习、相互促进的目的，又增强辅导员队伍的集体活力和凝聚力。

综上所述，我们必须清楚地认识到高校大学生的教育和管理工作与辅导员队伍建设以及改进有着极大的关系。高校辅导员不仅参与高校思想政治工作，而且也直接管理大学生学习、生活，是高校培养合格人才、提高大学生素质的关键力量。当前辅导员面临各方面严峻的挑战，为了更好地推进高校教育和管理的改革，应该加强对辅导员队伍建设因素的研究，从而对在校大学生进行良好的教育和管理，为学校教书育人的中心工作奠定坚实的基础。

参考文献

[1] 黄晞建，宁波，李兴华，等．高校辅导员的历史转型及其新定位［J］．思想理论教育：上朔综合版，2006（11）：70－73.

[2] 任新红，夏夏．从角色定位看我国高校辅导员职业化发展［J］．西南交通大学学报：社会科学版，2009（4）：88－92.

[3] 刘占文．试论高校教师的流动性与稳定性［J］．辽宁教育研究，1997（2）：94－96.

[4] 李敏，李莉．新形势下加强高校辅导员队伍建设问题与对策分析［J］．学校党建与思想教育：高教版，2010（4）：95－97.

作者简介：单丹（1982—），管理学院学生工作办公室，讲师，硕士。研究方向：大学生思想政治教育。

基于管理学院学生工作"1+3"教育模式的思考

单丹　王迪

（沈阳建筑大学　沈阳　110168）

【摘要】 2011年，沈阳建筑大学管理学院提出学生工作"1+3"教育模式，从而确立了成长导航工作体系，明确了以培养专业好、素质高、能力强的优秀管理人才为目标的教育方向。本文主要阐述了学院"1+3"教育模式的提出、研讨及如何更好地实施等内容。

【关键词】 高校；教育模式；成长导航

2011年秋季学期初，沈阳建筑大学管理学院提出了学生工作"1+3"教育模式，即以专业教育为核心，以"知书达理教育（刘亚臣，2006）、社团建设、DAB（Doing About Business，刘亚臣，2006）创新工作室建设"为辅助工程，从而确立了成长导航工作体系，明确了培养专业好、素质高、能力强的优秀管理人才的目标。为进一步明确思路，更好地推动该工作模式的实施，管理学院召开了学生工作"1+3教育模式"研讨会。通过研讨会，管理学院学生工作"1+3"教育模式正式确立，在学院领导的号召下，全体学生工作者统一了思想和认识，明确了今后的工作重心和思路。

面对21世纪全新的教育理念，刘亚臣院长提出，只有在"专业至上""特色办学""教育模式"三者合一的理念之下，才能更有把握培养出专业强、高素质、高能力的人才。力争做到既要体现专业的科学理性，又要体现人文的情怀感性；既要注重专业教育的培养，又要注重多元教育的理念；既要为当今社会培养技术精湛的优秀专业人才，又要放眼于未来社会对更高层次复合型人才的需求，使其相辅相成，相互促进。

一、重点突出专业教育的核心作用

专业教育是以提高学生专业能力作为根本目的和重要内容的，强调以思想道德素质、文化素质为灵魂，以专业素质、科学素质为基础，通过启迪心智、完善人格、提高能力，培养出适应社会需要的高素质人才。

在当今这个竞争压力日趋增大、就业紧张的社会中，各个领域的单位都对所需人才的要求越来越高，对人才的技术水平也越来越重视。现在的就业趋势甚至已经紧张到本科毕业生为了找工作而发愁的地步。由此可见，专业教育对当代大学生的发展是相当重要的。所以，针对"专业教育"这一方面，我院提出了以"专业教育”为核心的教育理念。

专业教育首先应该让学生深知专业对于自己未来发展的重要性与决定性，只有学生个人理解这个道理，学院所开展的一系列举措才会更有意义。其次，一个学生未来发展的好与坏很大程度上取决于其是否具有实践动手能力，所以，学生在学习专业理论知识的基础上，还应该学会将自己的专业知识与实践融会贯通。只有通过从学习专业理论知识、吸收专业理论知识、运用专业理论知识这三个过程中的锻炼与积累，学生才能够在就业时以最快的速度去适应这个社会。最后，要培养他们继续学习的能力和沟通能力，让学生养成严谨的工作作风，增强事业心。

专业教育对于学生来说固然重要，但是如今这个社会所需要的人才不仅仅是停留在专才这个水平上，更多的是对通才的需求。毫无疑问，通才是建立在专才的基础之上的，只有对于那些专业知识已经能够熟练运用的学生来说，通才教育才有意义。通才教育也就是学生在学好专业知识的前提下，培养其创新思维、团队合作等综合能力。

二、深化知书达理教育活动

“知书达理”原意为读过书、有文化、懂交往礼节。意欲将其意的内涵与外延扩大。从古至今，助人为乐、尊老爱幼、知书达理等礼仪是中国流传下来的传统美德，所以，当代学生作为祖国未来的接班人，理应具备这种基本素养。学院也在因此而努力，举办了许多关于“知书达理”的主题活动，力争把学生培养成博学上进、知书达理、德才兼备的优秀大学生，让学生无论是在校园里还是将来步入社会，都能够成为一名知书达理的实践者。

学院“知书达理”教育活动已经开展了6个年头，其中，先后开展过倡导文明修身、礼仪培训、公益活动、志愿服务等丰富多彩的校园和社会实践活动，经过不断深化，目前“知书达理”教育在学院广大学生心目中已经固化为“以文明为象征、以文化为内涵、以成长为导向”的素质教育理念，它已成为学生健康快乐成长的指路灯。

从当今这个快节奏发展的社会形势来看，将当代大学生培养成为真正名副其实的有较高道德素质的现代文明人是非常重要而且也是非常必要的。这就需要各个高校在向学生传授大量理论知识的同时，更要将“知书达理”“文明修身”的一系列文明理念融合其中，最终把内在的道德品质同外在的礼仪形式有机地统一起来。

三、加强社团建设工作

目前，高校社团呈现出良莠不齐的状况。一些社团规模大，活动多，它们有特定的管理模式，这些社团呈现出良好的发展态势和蓬勃的生机与活力。而另一些社团只满足于搞娱乐活动，却忽略了社团日常运作等核心问题，较少地把在学校里学到的知识与社团管理结合起来。此外，目前许多社团还普遍存在财力不足的情况，社团发展也因此受到局限。

1. 加强管理

一是要形成社团建设与管理相关的政策体系，完善社团活动开展和考核评价的制度，并与大学生素质拓展工作有机地结合在一起；二是加强社团形象建设，加大社团内部管理，提高社团在大学生心目中的地位；三是要慎重成立社团，要考虑该社团的成立是否有利于学校的育人工作，是否适合时代的发展方向和学生的成长需要；四是为社团配备优秀的指导教师，对社团活动进行正确的指导，提高社团活动的质量和影响力。

2. 发展特色社团

学生社团活动日趋丰富，社团朝着品牌化、个性化、专业化方向发展，一大批主题新颖、形式灵活的社团深受学生欢迎。在创新中求发展，在发展中树品牌。当社团的活动走向“三化”的发展道路时，社团才会显现出旺盛的生命力和强大的凝聚力，才会吸引学生参与其中。高校应对社团开展活动实行严格的申报审批制度，严把社团活动的审批关和质量关，把社团活动的质量深度和效果放在第一位。

3. 社团社会化

社团发展对大学生的综合素质和实践创新能力提出了更高的要求，大学生不仅要在校园里完善知识结构，更要走出校门，在社会的广阔舞台经历风雨。因此，学生社团应该组织和带动社团成员走出象牙塔，在奉献社会的过程中完善人格，并积极投身到和谐社会的建设当中。

四、创建 DAB 创新工作室

目前，就业形势严峻是不争的事实，这就要求学生具有更强的就业资本。当代大学生都形成了思维定势，习惯性地将自己定位在大城市的国企单位，把就业岗位阶层定位在“白领”，把初始工资定位在中等甚至中上等水平，这在无形之中导致了大学生就业困难的问题。正所谓未雨绸缪，防患于未然，学校应在学生面对就业问题之前，尽早为同学提供一个模拟创业平台，学生可以借助这个平台来树立科学、正确、理性的就业、创业理念。

学生在这个创业平台所要制定的目标是：树立不骄不躁、艰苦奋斗、坚持不懈的精神与态度，体会到行业无贵贱，能力分高低的这个道理，使学生能够树立正确的人生观、价值观、就业观。在这个平台上，教育者起着关键性的带领作用，只有教育者和学生有着默契的配合和及时的交流，学生才会做出更令人满意的成绩。

学生自身的能力和素质的高低也是决定就业、创业成功与否的重要因素之一。如今的就业竞争压力很大，想顺利地找到自己满意的工作，并在工作中做出成绩，需要具备一定的就业能力与素质。而创业对人才的要求则更高，注重学生的创新能力与组织协调能力等综合素质，应有效地帮助缺乏实践经验和动手能力的学生提高自己的不足。学生还可以在提高各自能力的基础上深入地了解当今的就业形势和社会需求，转变就业观念，磨砺创业意志，做好就业和创业两手准备。

管理学院“1＋3”教育模式会在“专业教育”“知书达理教育”“社团建设”“DAB 创新工作室建设”等几方面的融合之下不断完善、不断进步、不断发展，为祖国的强大、民族的繁荣培养更多专业精湛、品质优秀、全面发展的创新型人才，为社会的进步作出贡献。

参考文献

[1] 李庆义．创业教育促进高职学生就业［J］．山西经济管理干部学院学报，2011（4）7-9.

[2] 李南，洪燕云．经管类专业型学生社团创新发展模式研究［J］．教育与职业，2011（36）：175-176.

[3] 孙克芝．高校大学生社团现状问题及对策［J］．职业与科技论坛，2011（14）：247-248.

[4] 刘薇，陈美珠．专业教育与素质教育融通初探：以自动机与自动线课程教学为例［J］．常州信息职业技术学院学报，2011（6）：64-66.

以“挑战杯”为载体的创新能力人才培养研究

——以沈阳建筑大学管理学院为例

耿跃铁

（沈阳建筑大学　沈阳　110168）

【摘要】《教育部财政部关于实施高等学校本科教学质量与改革工程的意见》明确提出高校应培养大学生创新人才。但是，各个学校在培养学生科技创新能力上的重视程度大不相同，能够利用的资源不同，学生开展科技创新方面取得的成果自然不同。以“挑战杯创业计划大赛和校外科技作品大赛”为核心的大学生科技创新活动，为大学生提供了参与创新和探索性学习的机会，有力地推动了高校创新教育的广泛开展，并逐渐成为大学生自主创新能力培养的重要平台。对建立一种合理高效的大学生创新人才培养模式具有重大现实意义。沈阳建筑大学管理学院在人才培养的“1+3”教育模式、创业创新意识培养和社会实践平台的建立方面有其独特的经验，经过十几年的实践也取得了一定效果。

【关键词】“挑战杯”；大学生创新人才；培养模式

人才培养模式是在一定的教育思想和理念指导下以人才培养活动为目的，为实现培养目标所设计形成的某种标准构造样式和运行方式。作为时代产物的创新型人才也急需建立一定的培养模式。在这种背景下，沈阳建筑大学管理学院根据社会的需要，从学生的个性与发展的角度，使能力的培养逐步取代知识的传授而成为现代教育的核心内容，积极广泛借鉴现有成果，构建有管理学院特色的创新人才培养模式，培养出一批批高质量的创新人才。

一、创新人才培养的途径综述

多年来，沈阳建筑大学管理学院始终把大学生创新人才培养作为一项系统工程来抓，建立健全了组织机构和管理模式及其运作机制，拓展了大学生创新人才培养的思路，利用“三明治”式教学模式为学生提高实习实践能力，形成并创新了人才培养的多样化途径。

1. 课堂教学是大学生创新人才培养的基础

在现代教育技术条件下，传统的课堂教学仍然是教学的基本组织形式。因此，在人才培养方案上，高校以培养学生学习能力和科学思维为重点，在教学理念中体现“以人为本”，突出实践教学的重要性，注重基础课程安排，确保自由选择选修课的学生能够选上课。

2. 利用学生科技活动拓展学生第二课堂

大学生第二课堂活动是学生通过参加有组织的课余活动而获取知识、培养能力的一种教育教学形式，是大学生素质教育的特殊阵地。而大学生科技活动以其参与面广、形式多样、内容丰富新颖以及与专业知识学习联系紧密等特征，成为大学生课外活动的主体。特别是国家和省级的“挑战杯”竞赛活动以其层次高、规模大、范围广、质量优等特点和空前的影响力、号召力，极大地吸引了广大学子投身第二课堂学术科技创新活动，较好地发挥了其思想政治教育功能、创新教育功能、实践教育功能和专业教育等功能，普遍增强了大学生对课外学术科技活动的热情和信心，浓厚的校园科技学术的氛围，培养了大学生的科学精神和创造能力，涌现出了很多高质量的优秀学术科研成果，很好地培养了一批批优秀的创新人才，成为大学生创新人才培养的重要途径。

二、“挑战杯”创新人才培养模式运用

从课外科技竞赛衍生和发展来的“挑战杯”创新人才培养模式（以下简称“挑战杯”模式），继承了“挑战杯”竞赛培养大学生科技创新意识和能力的宗旨，又在培养时代所需要的创新人才的要求上发挥了特有的作用，成为新时期创新人才培养模式的重要参考依据。

1. “挑战杯”模式的形成

沈阳建筑大学管理学院为推进大学生科技活动的开展，制定了相关政策，在培养高素质创新人才方面做了很多实践探索，形成了以“挑战杯”创业大赛和校外科技作品大赛为依托，以专业类竞赛为主体，以社会实践为评定，以学术交流为基础的科技格局。学院“挑战杯”竞赛与创新人才的培养成为不可分割的一个整体。伴随“挑战杯”课题确定、项目研究、竞赛的开展与学生积极参与，承担“挑战杯”课题研究的大学生也完成了创新意识和思维的培养、创新实践的开展和创新成果的凝练这一创新人才培养的基本过程。

2. “挑战杯”模式的运行过程

“挑战杯”模式以创新人才的培养为目标，以“挑战杯”竞赛的开展为主线，突出了创新意识、创新实践和创新成果之间的良性循环。该模式最突出的特点就是将“挑战杯”竞赛开展的过程与创新人才培养内容紧密衔接，不同阶段的培养重点既体现了专业性，又将其实用性和可行性展现出来。

（1）“挑战杯”作品的定位和落实。

学生把自己的创新想法变成现实的创新实践是整个“挑战杯”模式最重要的部分。创新实践与“挑战杯”项目研究需要一同进行。“挑战杯”项目研究促进创新实践的落实主要是从不同研究阶段培养的创新能力来体现的。在整个研究过程中，宏观调控能力是关键，这从“挑战杯”项目进度与计划的制订和实施中可以体现出来；实地调研与分析能力主要从数据与材料的搜集与分析中得到锻炼和提高；团队协作能力和沟通能力通过对团队成员分工安排和控制活动结果方面得到提升。

（3）“挑战杯”创新成果的产生和创新人才的诞生。

“挑战杯”竞赛的最终目的是通过竞赛将长期研究得出的结论和形成的作品转化成对实际生产生活有用的科技成果。在“挑战杯”模式下，创新成果也就是项目研究的最终结果。当然，研究的结论并不等于创新成果，也并不表示创新人才的培

养就已经完成，因为创新成果的产生依赖成果的转化，这就要求我们构筑通畅灵活的转化渠道。创新成果的产生是创新人才浓厚的创新意识、较强的创新能力和务实的创新实践的有力证明。管理学院自从参加“挑战杯”竞赛以来，始终保持着学校领先的地位。2011 年，管理学院共获得辽宁省一等奖 7 项，二等奖 10 项，三等奖 25 项的优异成绩。

三、完善“挑战杯”模式，提高创新人才培养水平

虽然“挑战杯”模式在培养创新人才的工作上发挥了显著的作用，并正在日益走向成熟，但也存在不足之处，尤其是机制的完善还是急需解决的问题。今后还应在以下几方面做出努力。

1. 学校政策扶持

要使“挑战杯”项目研究顺利进行，必须为参与的老师和同学提供全面的帮助，制定有效的奖励措施。对参加“挑战杯”竞赛活动而获奖的同学，在保送研究生、评优秀学生、评奖学金、综合测评、创新学分等方面予以倾斜。在教师奖励机制上，对获奖的指导教师应给予核算工作量和发放奖金。充分调动学生与教师参与的积极性。

2. 优化项目内容

“挑战杯”项目遴选和学生创新思维的训练所需的最重要的三个因素就是氛围、平台和经费。围绕这三点，我们要做的是：首先，要加大宣传，营造浓厚的科研氛围。目前，很多学生、教师对“挑战杯”还不熟悉，所以要在全校范围内深入开展大型的宣传活动，使全校教师、学生、社团、各系所，以及各个职能部门均对其有足够认识。其次，要继承创新，进一步完善创新平台的建设。要在“挑战杯”主要依托的学校科技文化节、科研立项、“挑战杯”系列赛事等常规活动的形式、参与群体、效果评价等方面做更多探索，使这些平台能更大的发挥作用。再次，强化资助体系，保证科技活动能够顺利开展。一是要设立基本的课外科技活动基金，作为课外科技文化活动的开支和对重点项目的支持；二是要广泛地争取社会和校友的支持，获取外界对大学生课外科技活动的资助。

3. 积极引导有条件的大学生参与“挑战杯”

目前，很多低年级的学生、年轻教师及各个职能部门对“挑战杯”竞赛还比较陌生，因此必须使他们对其有足够认识与重视。鼓励有兴趣的老师、同学积极参加“挑战杯”，各职能部门积极支持配合。“挑战杯”项目从选题、设计实验方案、实验操作、结果分析、论文写作到参加竞赛，需要的时间很长，所以参加的同学必须从低年级开始，尽管这时他们都还没有学习专业课程，但要在教师的指导下进行自学，才能完成整个“挑战杯”项目，同时也能提高他们的自学能力。

参考文献

[1] 王平祥，唐铁军．着力构建大学生课外科技创新活动体系［J］．高等理科教育，2006（1）：31.

[2] 吴东升．科技活动与大学生创新能力的培养［J］．安徽科技，2005（12）：27.

作者简介：耿跃铁（1979—），管理学院学生工作办公室，讲师，硕士。研究方向：思想政治教育。

我国人才培养模式创新实验区内涵的深化及发展策略探究*

韩　凤　刘亚臣

（沈阳建筑大学　沈阳　110168）

【摘要】本文总结了“十一五”期间人才培养模式创新实验区内涵的主要研究成果，《中华人民共和国教育部、财政部关于“十二五”期间实施“高等学校本科教学质量与教学改革工程”的意见》（教高〔2011〕6号）（以下简称《意见》）给我国正在实施的本科教学工程（简称）提出了更深层次的理念、要求和建设内容。作为我国本科教学工程中的重要组成部分，人才培养模式创新实验区必须在此《意见》的基础上，进行更深层次的内涵探讨。本文对我国“十二五”期间人才培养模式创新实验区的内涵进行了深入探讨，并提出了相关的发展策略。

【关键词】人才培养模式创新实验区；内涵；深化

一、“十一五”期间我国人才培养模式创新实验区内涵研究成果综述

（一）“十一五”人才培养模式创新实验区的要求

《中华人民共和国教育部、财政部关于实施高等学校本科教学质量与教学改革工程的意见》（教高〔2007〕1号）（以下简称《意见》）中提出，人才培养模式创新实验区旨在推进高等学校在教学内容、课程体系、实践环节等方面进行人才培养模式的综合改革，以倡导启发式教学和研究性学习为核心，探索教学理念、培养模式和管理机制的全方位创新。该要求明确提出了人才培养模式创新实验区的创新目标和创新体系。

（二）各具专业特色的“十一五”人才培养模式创新实验区内涵理解

在此《意见》指导下，全国500多个实验区应运而生，均进入了以实践为先导的研究阶段[1]，极大丰富了人才培养模式的内涵，并形成了专业特色。

1. 基本内涵的理解

（1）对人才培养模式的理解。

对人才培养模式的定义，当前有不同的表述。有学者认为从操作层面是指学校为学生构建的知识、能力、素质结构，以及实现这种结构的方式，包括人才培养目

---

* 本论文是教育部财政部高等学校人才培养模式创新实验区建设项目（教高函〔2009〕27号）、教育部财政部高等学校特色专业建设项目（教高函〔2010〕15号）、教育部财政部高等学校国家级教学团队建设项目（教高函〔2010〕12号）课题的研究成果。

标、培养规格和培养方式，从根本上规定了人才的特征[1]。

有学者提出所谓创新人才培养模式，是指在新的教育思想和新的教育理论指导下，以培养具有创新能力的全面发展复合型人才为基本取向的教育教学内容和方法体系的总称。按照人才培养模式的内涵，创新人才培养模式在培养目标、专业设置、课程体系、教学方法等方面都有其特有的要求[2]。

(2) 对人才培养模式创新实验区的理解。

基于对人才培养模式内涵理解的不同，对创新实验区也出现了不同的理解。有作者认为，人才培养模式创新实验区是一种以培养模式创新为核心的人才培养综合改革，其目标在于创新教育思想、创新人才培养模式、提升教学质量，其重点在于结合学校办学定位和学科专业发展愿景，探索新的人才培养模式；立足实践能力培养，搭建集成性创新人才培养平台；依托学科建设，夯实创新实验区可持续发展基础；探索相关制度与政策，建立实验区的支持保障体系[3]。

2. 分专业模式目标与特征总结

(1) 各特色专业创新实验区的目标设定。

各专业对人才的目标设定均有着自己的理解，但基本上都强调“高层次”人才的培养。

① 经管类专业实验区[4]。以培养具有良好专业知识基础，掌握专业基本技术方法，具有基本行业体验和较强专业应用能力，综合素养较高，服务地方、面向基层的人才为目标。

② 医学专业实验区[5]。以重点学科为试点和龙头，探索专业课程交叉、师资兼容、创业活动并举的复合型人才培养模式。确定宽口径、厚基础、强素质、重能力的应用型、复合型人才培养目标，立足专业教育，开发创业能力，拓宽就业路径。

③ 乳品工程专业实验区[6]。突出人才培养的多类型、多规格、多层次；突出以就业为导向，强调社会和市场需求的适应性；强调岗位的针对性；突出专业实践能力指标体系，确立专业应用能力指标体系及实践技能指标体系。

④ 理工类专业实验区[7]。实验区充分利用理学院理科门类齐全、教学资源和师资力量丰富等优势，以“适应社会需求、遵从个性发展、培养创新型应用型人才”的育人理念为主导，以“因材施教与强化基础相结合、理科知识与创新能力培养相结合、个性发展与共性提高相结合”的三结合为培养模式，培育具有健全的理科知识结构、突出的实践能力、满足社会多元化需求的具有创新精神的应用型人才。

⑤ 艺术类专业实验区[8]。形成一套专业办学的新理论、新观点、新方法和新经验，构建一个全新的立体化结构的产学研互补系统。

⑥ 工程专业实验区[9]。工程应用型人才，介于研究型与技能型之间，高度重视学习能力、实践能力和创新能力的培养，重视工程应用能力的培养[10]，以及职业工程师能力的培养与训练；它所关注的焦点在于尽可能地提高受教育者适应当前与未来产业发展及技术变革的工程应用能力和创新能力。工程应用型人才培养模式的改革必须坚持“面向工程、学以致用，形成工程应用能力”的人才培养理念，其培养规格应突出表现在基础知识实、学习能力强、实践能力强、创新意识高、综合素质好的高层次应用型人才[11]。

（2）基本特征：以社会需求为导向，以能力培养为根本目标，以专业知识为基础，以实践平台与教学平台相结合为手段。

社会需求导向策略是各实验区的共识，就业导向是其中的重中之重，因此各类专业的目标中对人才培养的能力要求基本上都是应用能力占主体，复合型人才或创新型人才的提法较少，或干脆将三者相互结合在一起提出，但仍以应用型人才为绝对根本。这种理解可以从一定程度上反映出“十一五”期间各实验区对社会需求导向的认识有所不足，人才能力定位有所缺失。

二、“十二五”人才培养模式创新实验区的内涵深化

（一）“十二五”本科教学质量与教学改革工程意见要求

2011年《中华人民共和国教育部、财政部关于“十二五”期间实施“高等学校本科教学质量与教学改革工程”的意见》明确指出：我国“十二五”继续实施“高等学校本科教学质量与教学改革工程”（以下简称“本科教学工程”），并对其建设有了更加明确的指导。

其指导思想是：坚持以邓小平理论和“三个代表”重要思想为指导，深入贯彻落实科学发展观，全面贯彻党的教育方针，全面落实教育规划纲要，紧紧围绕人才培养这一根本任务，以全面实施素质教育为战略主题，以提高本科教学质量为核心，着力加强质量标准建设，着力优化专业结构，着力创新人才培养模式，着力提高学生实践创新能力，着力改革体制机制，大力提升人才培养水平，力争在解决影响和制约高等教育教学质量的关键领域和薄弱环节上取得新突破，充分发挥国家级项目在推进教学改革、加强教学建设、提高教学质量上的引领、示范、辐射作用，更好地满足国家经济社会发展对应用型人才、复合型人才和拔尖创新人才的需求。

（二）人才培养模式创新实验区的内涵深化

从上述的指导思想中，本文认为，人才培养模式创新实验区的内涵需要在实践中深化，以人才能力科学定位、分流培养为核心价值观，以社会需求为导向，以教学体系为基底，以实践体系为提升，以体制设计、组织和管理创新为手段。“十二五”人才培养模式创新实验区内涵基本框架图如图1所示。

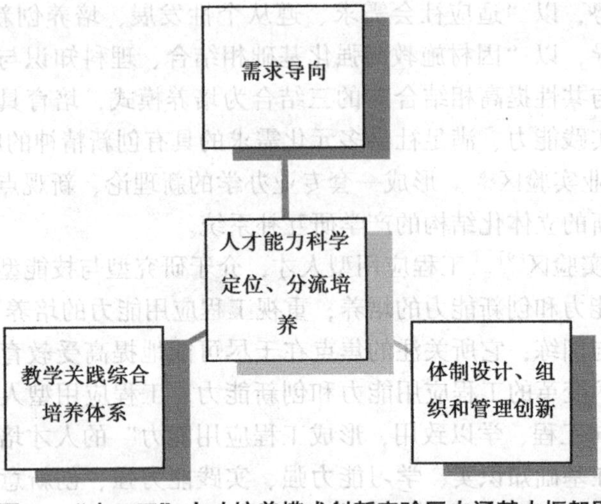

图1 “十二五”人才培养模式创新实验区内涵基本框架图

首先，人才培养模式创新实验区建立的本意就是选拔基础雄厚、经验丰富的特色专业院校，立足于优势专业的固有基础，通过国家丰富资源的支持，创新出具有专业特色的人才培养模式。因此，“人才能力”的价值观念就变得尤其重要，当今社会是一个人才需求多元化的社会，人才的能力也要相应地进行多元化能力分流培养，主动适应国家战略需求和地方经济社会发展需求。

其次，作为基础的教学体系，应转变重理论轻应用、重知识学习轻能力开发、重课堂教学轻社会实践等教学观念和学习观念，优化专业结构，结合专业特色，在满足基本能力培养的基础上，对三种人才进行能力定位、分流培养与考核体系。

再次，我国“十二五”“高等学校本科教学质量与教学改革工程”指导思想中明确要求三种人才培养目标，但其中应用型人才是复合型人才和拔尖创新人才的基础，这也决定了实践体系是培养和检验实验区人才基本能力培养体系成功程度的关键。

最后，人才培养模式创新实验区是一个复杂的系统工程，是打造人才培养的专业结构、能力定位、策略体系与各种教学实践活动的组织模式和运作方式的综合系统。因此，人才培养模式创新实验区必须创新自身体制机制的设计、组织和管理，以此实现人才培养系统工程的真正提升。

三、基于深化内涵的人才培养模式创新实验区发展策略

第一，结合专业特色对三种人才进行能力定位、分流培养与质量评价。

第二，打造教学基础平台和跨学科模块平台建设，使学生在掌握了基本知识结构的基础上可以进行不同方向的探索。使学生所学知识结构合理、基础扎实、特色明显。

第三，构建分层次实践体系，为三种人才的能力培养进行不同的实践内容设计，提供不同层次的实践平台。

第四，创新自身体制机制的设计、组织和管理。如人才培养体制设计方面，重点围绕跨学科门类、跨培养阶段和跨单位合作培养开展实验；教学机制与组织改革方面，重点围绕课程体系、实践教学、教学理论研究、教学方法创新等方面的相互融合开展实验；管理方面，重点围绕创新教学组织形式、整合实验实践教学资源进行开放管理、加强教师队伍建设等方面开展实验。

第五，总结发展规律和成果，以点带面，充分发挥实验区对全国同专业发展和本校其他专业发展的引领、示范及辐射作用。

参考文献

[1] 王平祥，唐铁军，刘薇，等．构建人才培养模式创新实验区的探索［J］．中国大学教育，2010（5）：50－52.

[2] 申彩芬，陈娜．深化教学改革探索创新人才培养模式［J］．合作经济与科技，2011（6）：108－110.

[3] 杨菊仙．人才培养模式创新实验区的建设路径与发展策略［J］．国家教育行政

学院学报，2010（3）：37－41.
[4] 经管类省级人才培养模式创新试验区简介［J］．安康学院学报，2010（6）.
[5] 丁淑琴，汤建中，张爱君，等．“多学科渗透式”人才培养模式创新实验区的探索［J］．中国科技信息，2011（15）：168－169.
[6] 孔保华，徐建成，姜瞻梅，等．“3＋1”人才培养模式创新实验区［J］．实验室研究与探索，2009，28（3）：5－8.
[7] 陈瑞，秦新强．地方性工科院校理科知识实践与应用能力人才培养模式创新实验区的探索［J］．探索研究，2011（27）：128.
[8] 王怀坚．“院团结合”人才培养模式创新实验区的探索与实践［J］．广东技术师范学院学报（职业教育），2010（2）：76－79.
[9] 左晓明，许兆美，郑晓虎，等．应用型人才培养模式创新实验区的探索与实践［J］．中国制造业信息化，2010，39（23）：76－78.
[10] 龙春阳，赵阿勇，周圻．改革实验教学体系，培养具有特色的应用型专业人才［J］．教育探索，2009（2）：64－65.
[11] 黄可．工科学校“四种能力”培养体系的探索与构建［J］．中国成人教育，2009（21）：75－76.

作者简介：韩　凤（1979—），管理学院商学系，副教授，博士。研究方向：城乡规划管理；城市交通。

工程管理专业人才培养方案的修订与特色研究

李丽红　郝晶星　傅国忠

（沈阳建筑大学　沈阳　110168）

【摘要】本文在介绍工程管理专业发展演变过程和沈阳建筑大学工程管理专业开办的背景基础上，分析了我校工程管理专业本科人才培养方案的修订，并剖析了新培养方案在专业定位、课程体系优化、学生创新能力培养、重视实践教学、拓宽学生发展空间等方面具有的特色。

【关键词】工程管理；专业人才；培养方案；特色

我国工程管理专业高等教育事业的发展是伴随着城市建设事业的兴起而产生和发展的，大致经历了以下五个发展阶段："一五"期间，为推进社会主义经济建设的需要，1956 年同济大学设立了"建筑工业经济组织"专业，原西安冶金建筑学院（今西安建筑科技大学）设立了"建筑工程经济组织与计划"专业，这是工程管理专业的雏形；1978 年政府机构及各行业企事业单位重新认识了管理对国家经济建设的重要作用后，很多高校在 1980 年相应设置了建筑管理工程专业；1989 年为了适应我国房地产业的发展设立了房地产经营管理专业；1993 年又将原建筑管理工程专业和基本建设管理工程专业合并为管理工程专业，同时新设立了国际工程管理专业（天津大学最为著名）；1998 年国家教育部颁布的《普通高等学校本科专业目录》调整设立了工程管理专业。

此次国家教育部对高校本科专业目录进行调整，将原建筑管理工程、国际工程管理、房地产经营管理（部分）等专业合并更名为工程管理专业，并下设房地产经营管理、投资与工程造价管理、工程项目管理、国际工程承包和物业管理 5 个方向。据不完全统计，目前全国已有 300 多所普通高校开设了工程管理专业。

沈阳建筑大学 1989 年就在工业与民用建筑专业后两学年设置了房地产专门化和国际工程管理专门化两个方向，之后分别设置了房地产经营与管理和建筑工程管理两个本科专业；1999 年，根据本科专业目录，合并相关专业为工程管理专业。后经教育部批准，分别于 2007 年和 2008 年招收房地产经营管理和工程造价等目录外专业，成为国内工程管理专业设置最齐全的高等院校之一（见表 1）。

表 1　　工程管理专业发展历程表

1989 年	设置工业与民用建筑专业房地产专门化方向 设置工业与民用建筑专业国际工程管理专门化方向
1993 年	开始招收房地产经营与管理本科专业
1996 年	开始招收建筑管理工程本科专业
1996 年	在建筑工程管理专业实行“三明治”培养模式
1999 年	相关专业合并为工程管理专业 设置房地产经营管理与建筑工程管理专业方向
2007 年	开始招收房地产经营管理专业（专业目录外）
2008 年	开始招收工程造价专业（注册执业造价师方向，专业目录外）

一、我校工程管理专业培养方案的修订

工程管理专业对于管理学院来说是一个核心专业，多年来均是以超过一本分数线招生，生源质量较高。为了保障教学质量和效果，结合教育部和辽宁省对高校课程设置的有关指导文件，1999 年合并专业申请工程管理专业的同时制订了工程管理专业培养方案。2003 年，国家建设部高等工程管理专业指导委员会颁布了《工程管理专业培养目标和培养方案（2003）》，强调了“厚基础、宽口径”的人才培养模式。在参考该方案的基础上，我校于 2004 年修改了培养方案。然而，面对用人单位的需求以及工程建设领域发展的最新动态，我校工程管理专业人才厚基础的专业知识与动手能力转化之间的矛盾、宽口径与社会人才需求专业化的矛盾、学生创新能力和相关专业领域拓展能力较差等问题仍然突出。2012 年为了迎接全国高等教育工程管理专业评估，我院启动了新一轮专业人才培养方案的修订，为我校工程管理专业建设与改革提供了契机。

考虑到社会用人需求和工程建设领域发展的最新动态，结合我校的办学条件和优势，借鉴国内同类院校和工程管理专业名牌院校的成功经验，2011 年我们再次修订了工程管理专业本科人才培养方案。作为培养本科生的纲领文件，培养方案是专业建设的主要内容，包括培养目标、课程体系构建、专业方向设置等内容。

1. 培养目标的确定

培养目标是人才培养方案的灵魂，决定着教学内容与课程体系的构建。沈阳建筑大学工程管理专业的培养目标和规格是：培养既懂工程技术、又懂经济管理，并具备相关法律知识的高级管理人才。通过本科四年的学习，学生能够系统地掌握建筑经济和技术经济的基本理论及技能，具有从事建筑企业生产经营管理能力及一定的理论研究能力；掌握建筑工程技术的必要知识，基本具备营造师所需的技术、经济、管理、法律等方面的知识和组织一个工程项目实施的能力；具备从事建设工程

合同管理、工程估价和建设方案可行性论证等具体工作的能力；掌握一门外语，能阅读本专业的外文书刊，具有较强的听说读写能力；能较熟练地掌握电子计算机应用技术，具备较强的文字语言表达能力，社会活动能力和社会调查能力及一定的文化艺术修养。

从社会对人才的需求、学校的办学层次等出发，我校工程管理专业人才培养的目标是在厚基础宽口径的基础上，提高学生的动手能力，培养学生创新能力和专业拓展能力，以满足社会对工程管理专业人才的需求，体现沈阳建筑大学工程管理专业的特色和优势。具体来说，本专业要培养具备土木工程技术知识，懂管理、懂经济、懂法律，能在房地产开发公司、房地产咨询公司从事房地产项目全程策划、开发和经营管理的房地产高级人才和城市经营人才；在工程建设公司、工程监理公司、工程项目管理公司、招标代理和工程造价咨询机构从事项目决策和全过程管理的复合型、开放型的专门人才；特别是能在土木工程施工领域从事项目管理的高级人才。

2. 课程体系的构建

课程体系是培养方案的主体，它直接影响到学生的培养目标和培养内容，因此做好课程体系的建设具有重要意义。我校工程管理专业原培养方案的公共课、专业基础课和专业课已经不适应宽口径和厚基础，学生动手能力、创新能力和相关专业领域拓展能力培养的要求。为此，新修订的工程管理专业培养方案中课程体系的基础结构是“公共课＋专业基础课＋专业核心课＋专业拓展课程＋实践性教学环节”的“合格＋特色”的培养模式。其中，公共基础课、专业基础课和核心课为必修课，非主干专业课和专业拓展课程为选修课（或限选课），确定了土木工程施工技术、工程项目管理、工程经济学、工程估价、工程结构、建设工程识图、工程招投标与合同管理七门课程为核心课程。

(1) 公共课设置。

公共课包括公共基础课和公共选修课两类。公共基础课包括英语、数学、道德法律、体育等课程；公共选修课程设置的思想是使学生具备自然科学知识和人文社科知识的合理知识结构，全面提高人才的素质。

(2) 平台课设置。

参考建设部工程管理专业指导委员会颁布的《工程管理专业培养目标和培养方案（2003）》，并结合我校工程管理专业的特色，我校队技术、经济、管理和法律等四类专业平台课程的设置和学时作了相应调整。新方案中的四大类课程具体见表2。

表 2　　目前的工程管理专业核心课程体系

课程类别	技术平台课程	管理平台课程	经济平台课程	法律平台课程
课程名称	画几与制图	管理学	经济学	经济法
	AutoCAD	会计学	工程经济学	工程建设法学
	工程测量	财务管理	房地产投资分析	工程招投标与合同管理
	房屋建筑学	运筹学	工程项目融资	
	材料力学	工程项目管理	工程项目咨询	
	结构力学	房地产经营管理	统计学	
	理论力学	国际工程管理		
	建筑材料	建筑企业管理		
	土力学与地基基础	市场营销		
	土木工程施工技术			
	工程估价			
	建筑工程识图			
	建筑设备			
	工程质量事故处理分析			

（3）专业拓展课程设置。

随着我国存量资产的增加，凭借我校在土木工程管理领域的学科优势，我们在工程管理专业新培养方案中增设了工程质量事故处理分析、房地产经营管理、建筑设备、房地产投资分析等课程，以培养学生具备全寿命周期的项目管理能力，从而提高学生的专业拓展能力，体现了我校工程管理专业培养的特色。

（4）实践性教学环节。

实践性教学环节包括军事理论与训练、专业实习、课程设计、“三明治”专业实践、毕业实习和毕业设计（或毕业论文）等。其中“三明治”专业实践历时 22 周，对提高学生的工作实践能力起到很好的锻炼和提升作用。

二、新方案的专业特色

1. 专业特色更加明确

新的培养方案在尽量遵守教育部专业标准、靠拢建设部工程管理专业指导委员会评估标准的情况下，着力建构自身专业特色，以特色求发展，表现在以下几个方面

第一，强调厚基础宽口径。工程管理专业是一个复合型专业，是工程技术、管理、经济、法律、信息技术、系统工程等学科交叉的基于土木工程技术的管理型学科。培养方案要求学生在土木工程技术、管理、法律、经济等方面掌握扎实的基础理论，形成合理的知识结构；同时也要求适当拓宽专业知识，以适应现代工程建设与管理等领域对专业人才的需求，使学生获得较大的发展空间。

第二，注重实务能力的培养。工程管理是应用型学科，不但强调理论知识，更强调实际解决问题的能力。因此，在新方案中把实务能力放在中心位置，通过实习等环节加强实践教学，全面提高学生解决实际问题的能力。

第三，在专业上构建特色。凭借我校土木工程管理专业的学科优势，强化我校建设管理方向的特色，培养全面的施工人员和管理人员。

2. 专业实践促进人才全面发展

新课程体系对三明治专业实践环节的考核和质量控制等进行了补充和完善，坚持专业实践模式促进人才的全面发展。“三明治”教学实践是一种产学研相结合的培养模式。学校从1996年起，在建筑管理工程专业开展“三明治”教学模式试点，即把四年分成“3（校内）+0.5（校外）+0.5（校内）”，学生在校学习6个学期的基础课、专业基础课和部分专业课后，到专业对口的企事业单位实践1学期，再回到学校继续学习。通过“三明治”教学改革，使学生对所学的理论知识有了感性认识，专业知识更加扎实，使学生提前接触并了解社会，缩短了毕业后参加实际工作的磨合时间。这种培养模式对课程设置、教学内容和方法手段都进行了系统整合优化，强化了融贯机制，使基础课、专业课与实践教学有机结合。按照知识衔接与深化的途径和能力积累过程，明确了以学生为主体获取知识并得到能力训练的途径。另外学校在2007年招收了第一批房地产经营管理专业本科生，2008年招收第一批工程造价（注册造价师方向）专业本科生，这两个专业的融入，为学生的个性化培养提供了更多的选择。

3. 强调工程管理专业方向分流，注重学生的个性化培养

工程管理专业依托学校学科优势，逐渐走向成熟，完成培养模式改革、师资队伍建设、课程体系建设、实践基地建设、形成了富有建筑与土木特色的工程管理专业人才培养模式。工程管理专业学生在第五学期依据个人专业愿望、专业发展特点和市场化人才需求模式，将分成建筑管理和房地产经营管理两个专业方向。从第五学期起，学生开始进行不同方向的专业课学习，有针对性地进行专业训练，为第七学期的专业“三明治”实践打下良好和扎实的知识基础。

4. 坚持以市场需求为导向，重视培养创新精神和实践能力

工程管理专业在人才培养过程中要始终坚持以市场需求为导向的人才培养模式。组建了工程管理专业教授委员会，吸取设计、施工、项目管理等各方面专家在专业改革中的意见，考虑到学生择业或以后转岗的需要以及教学模式本身的可操作性，构建了“宽基础、多方向、重应用”和“大平台专业培养，后期分流”的人才培养模式，并由此构建课程结构和教学内容体系，开创了全新的工程管理专业学生培养模式。坚持开展专业素质教育，强化实践育人意识，开设综合性、设计性实验，建立学生创新基地，设立学生创新学分，鼓励学生参加教师科研活动，组织教师、研究生、本科生联合编队，引导学生投身社会实践，注重第一课堂与第二课堂的有机结合，提升人文和科技素养，提高学生综合素质，培养学生创新精神。同时，推进因材施教，分级教学，探索多样化的人才培养之路。

5. 坚持产学研相结合的办学思路，服务地方经济

按照“产学结合、校企合作培养技术应用能力和基本素质主线”来设计学生的知识、能力、素质结构和培养方案，培养高级应用型人才。学校较长时期隶属于国家建设行政管理部门所形成的服务面向建筑土木学科优势以及划转地方后学校面临的新形势，决定了学校必须坚持面向地方经济建设和国家建设行业发展，立足于为

基层一线培养"稳定、好用、有为"的高级应用型人才。为此，学校加强工程管理专业的学科建设，合理调整专业方向，强化实践环节训练，鼓励学生创业创新活动，特别是通过开展以弘扬雷锋精神为主线的学生思想政治教育，培养学生艰苦奋斗、爱岗敬业、为人民服务等注重应用的建设人才应具备的品质，从而使学校毕业生以其高素质备受用人单位的青睐，活跃在国家建设行业的第一线上。

参考文献

[1] 汪文雄，杨刚桥．工程管理专业人才培养方案的修订与特色研究［J］．高等建筑教育，2006（9）：46－50

[2] 朱高峰，王众托，吴江宁．关于工程管理教育的一些思考与建议［M］．北京：中国建筑工业出版社，2007：367－371.

[3] 曾金山．我国工程管理教育的人文反思［M］．北京：中国建筑工业出版社，2007：393－397.

[4] 汪应洛，王能民．我国工程管理学科发展的战略思考［M］．北京：中国建筑工业出版社，2007：372－377.

[5] 刘武成，王进，王冬梅．工程管理专业应用型人才培养的课程体系改革与实践［J］．理工高教研究，2008（1）：109－122.

[6] 高武．工程管理专业本科生核心技能的培养［J］．长春理工大学学报：社会科学版，2011（7）：136－137.

[7] 张潞．工程管理专业人才培养模式创新研究［J］．高等建筑教育，2011（2）：19－21.

[8] 范秀琴．工程管理人才培养模式的创新与实践［J］．山西建筑，2011（33）：255－256.

作者简介：李丽红（1978—），管理学院营造与工程管理系，副教授，博士，硕士生导师。研究方向：工程项目管理、工程项目融资。

以创业教育为平台进行大学生素质教育培养的研究

刘 博 苏立红

（沈阳建筑大学 沈阳 110168）

【摘要】创业教育是知识经济时代就业的必然趋势，由创业教育引发的创新能力的培养是当代大学生素质教育培养的一个重要方面。面对目前大学生创新能力较差的现状，利用创业教育提供一个内容全面的创新能力训练场，着力转变教育观念，构建合理的课程体系，营造创新教育环境，促进大学生创新能力的培养，以适应新时期的需要。

【关键词】大学生；创业教育；创新能力；创业大赛

当今的世界是一个科技创造和知识创造的世界，知识经济占据主导地位。知识经济即以知识为基础的经济，是以现代科学技术为核心的，建立在知识信息的生产、存储、使用和消费之上的经济[1]。创业是知识经济时代就业的必然趋势，创业教育作为面向未来的教育模式，在培养大学生创新能力上被委以重任。创新在当今社会显得尤为重要，因为它是不断进步的灵魂。如果不能创新，不去创新，一个民族就难以发展起来，难以屹立于世界民族之林。创新，最根本的一条路就是要靠教育。

一、当前大学生创新能力的现状

近二十年来，我国的教育事业取得了突飞猛进的发展，各级各类学校发展很快，培养了大批社会主义现代化建设人才，成绩是十分突出的。各个高校都十分重视大学生的创新能力培养，十分重视培养学生对多元知识的综合及对多元文化的融合能力、运用现代技术手段获取新知识的能力以及把知识转化为实践的能力。目前，许多高校的大学生创新活动（如学术科技作品竞赛、创业计划竞赛）蓬勃开展，“挑战杯”全国大学生课外学术科技作品竞赛被誉为中国大学生学术科技的“奥林匹克”，以沈阳建筑大学管理学院为例，在第七届“挑战杯”中，该院学生外围赛投交73份作品，其中有7份作品获省一等奖，7份作品获省二等奖，25份作品获省三等奖，可谓全民参与创业。在第八届“挑战杯”组委会会议上，有关部门专家指出，中国大学生的科技创新能力在“挑战杯”中得到了大幅度的增强。但也有一些学校的大学生创新活动仅仅停留在表面上的轰轰烈烈，缺乏系统的组织和长期的物质支撑，规模小，分散且不稳定，因而难以获得良好的效果。从主观内部情况来看，大学生对科学的崇尚意识与参与行为之间存在很大反差。一方面在认识上追求创新，体现出比较积极主动的精神状态；而另一方面又在行动上迟迟不能落实，主动作用发挥不够、投身实践的勇气和能力有所欠缺。大学生的知行反差极不利于提高创新能力，也将是在一个较长时期内普遍存在的现象，需要进行深入而有效的工作才能得以改善和转变。

二、创业教育是促进高校知识群体积极服务社会的必然趋势

高校是一个智力资源库，有最活跃的思维，有最前沿的技术。但今天的高校也不能只作象牙塔式的孤芳自赏，这些智力资源要瞄准社会的需求，大到国家、民族的生存，小到一个家庭的基本需求。创新、创造要紧紧围绕社会的需求，并努力将这些最新的技术应用到具体的生产实际中去[2]。

高校的智力资源不仅要满足社会需求而创新，而且要为改造社会、引领社会发展而创新。科学技术革命为今天的世界带来深刻的社会变革。Facebook 的诞生来源于高校一群大学生想加强社交联系的初衷，通过发布个人真实信息而组成了一个真实的 Internet 版的社交网络。这个想法一经实践，很快就风靡全球，改造了人与人之间的关系。高校智力资源的创新、创造深深地影响着今天的世界[2]。

三、创业大赛是创新能力的训练场

创业教育的考试不能再采用传统的“老师出题—学生答题—老师评分”的模式，因为这种模式不能很好地去评价一个学生、一个团队及其商业计划的价值。而创业大赛作为真刀真枪的较量，是一个很好的训练场。其评委大多具有丰富的商业运作经验和投资经验，对学生的评价更加全面、更加客观。创业大赛可以常态化，全国挑战杯是一个很好的练习机会，但由于参加机会少，而让大多数的学生丧失了展示自己的机会。学校的创业教育可以将商业大赛常态化，由各个学院的学生参加，通过创业教育获得基本的商业技巧，通过邀请专业的评委和投资人，对各个团队的商业计划进行商业化价值考核。对于具有商业价值的团队，可以酌情考虑给予大学生创业种子基金支持，促使其商业化。并与各大产业园的孵化器、创业中心对接，将商业种子孵化。大学是人生的关键时期，是大学生培养创新能力的黄金时期，更是长见识、增能力的阶段。通过创业教育，可以引导大学生规划切实可行的人生计划，培养创造创新思考方式，打下厚实的专业基础，这些目标，这些思考方式，这些能力，在他们未来的事业中，将起着举足轻重的作用。

四、加强大学生创新能力培养的策略

1. 转变教育观念，改革教育方式

高校应站在迎接知识经济时代的高度，着眼并着手培养高层次的有创新能力的大学生。转变教育思想中不利于创新人才培养的价值观、质量观、人才观，牢固树立创新教育、素质教育、终身教育、开放教育和个性教育等新型教育观念。学校必须引导学生“学会学习”，掌握正确、科学的学习方法，尤其是适应他们自身特点的自学方法及自己获取知识的能力。要学会用已知的知识获取未知的知识，要逐步学会用所学的知识创造性地解决实际问题，并要养成创新的习惯。要培养创新型教师。课堂教学的主导是教师，他们教育思想的更新和教育观念的转变是至关重要的。

在现代化的课堂教学中，教师要从知识的传授者变为学生学习的指导者和科技创新活动的导演，学生要由被动的接受者转变为学习的主体。在教学方式上，根据可接受原则，选择适合大学生的教材，着重培养学生获取、运用、创造知识的意识和能力。教师应该发掘每一名学生的潜力，培养学生的创新意识，激发学生创造的积极性。因此，高等学校要全面培养高层次创新型人才，当务之急就是要培养大批具有创新意识和创新能力的教师。

2. 构建合理的课程体系

创新能力来源于宽厚的基础知识和良好的素质，仅仅掌握单一的专业知识是很难做到的。因此，加强大学生基础教育的内涵更新和外延拓展及构建合理的课程体系非常重要。首先要优化课程结构，要按照“少而精”的原则设置必修课，确保学生具备较为扎实的基础知识。由此，教师在课堂教学中既要有目的、有意识地培养学生的创新能力，又要切实抓好专业理论知识的教学，努力扩展学生的知识面，拓宽学生的视野，为培养其创新能力打下坚实的基础。在教学中教师应注意把本学科前沿的最新研究信息、动态及成果有机地引入课堂，并适当地介绍给学生，促进学生对本学科前沿研究信息、借此来拓宽学生的知识面，强化学生的创新意识。教师也可借此机会，适当地向学生介绍一些自己的科研创新成果，对学生可起到引导和示范作用，也容易对其产生潜移默化的深刻影响。另外，交叉学科知识也是创新能力培养所必需的。高校应该增加选修课比重，允许学生跨校、跨系、跨学科选修课程，使学生依托一个专业，着眼于综合性较强的跨学科训练。这样学生不仅具备完整的专业知识，而且具备比较广泛的社会科学和人文科学知识、比较扎实的自然科学知识。

3. 营造高校创新教育环境

高校创新环境的建设是创新人才培养的必要条件，要把学校创新环境的建设放在学校工作的中心地位。大学阶段，青年学生成长具有相当的自觉性，教育者在考虑培养目标时，不能单纯把受教育者简单地视为“教育对象”，而应当把受教育者当作发展主体。教育工作应该从单纯的教育、管理向引导、咨询、服务转变，从垂直、直线的管理体制向复杂的网络化方向发展。

参考文献

[1] 任健雄．知识经济与培养学生的创新精神［J］．社会科学研究，2000（1）：37－41.

[2] 桂黄宝．基于创新创业教育理念的我国高校经管类人才培养模式探索［J］．华北水利水电学院学报：社会科学版，2011（2）：154－156.

作者简介：刘　博（1980—），管理学院学生工作办公室，讲师，硕士。研究方向：学生思想政治教育。

基于项目教学法的工程管理信息系统课程教学模式研究

刘 迪

（沈阳建筑大学 沈阳 110168）

【摘要】管理信息系统是一门技术基础课，是一门综合了管理科学、信息科学、系统科学、计算机科学和通讯技术的新兴边缘学科，是进行有效管理、正确决策和实现管理现代化的重要手段。正是由于该课程的这些特点，在教学当中学生普遍反映该课程太抽象，难理解、难掌握，很难跟实际联系起来。本文总结了一套以项目为主线的教学方法，通过这些教学法，可以让学生首先看到了一个实际问题，然后结合这个实际问题，讲述系统分析、系统设计、系统实施、系统开发的全过程，随着问题的解决，课程的主要内容也就结束了，学生始终围绕着如何解决这个问题去听课，提高了学生的学习兴趣，取得了较好的效果。

【关键词】项目教学；项目设计；教学模式

以项目为主线的教学方法简称“项目教学法”，是通过解决实施一个完整的项目而进行的教学活动。在这里，项目指一个具体的、比较完整的、具有实际意义的问题，比如库存管理系统、工程项目计划管理系统等。项目具有一定的难度，要求学生综合运用多种知识和技能，解决过去从未遇到过的实际问题；采用小组工作的方式，即共同制订计划、共同（或分工）完成整个项目的开发，课程结束了，问题也解决了，师生共同评价项目成果，也就是课程的总复习。在教学过程中，也不再将知识根据课本独立地分类成具体的知识点，而是有系统地逐渐通过项目教学渗透在系统设计中。使学生更有兴趣去掌握知识，掌握技能，更能发挥学生的求知欲和创造欲。

一、项目教学法的基本原理

项目教学法的基本原理就是把一个开发项目先下达给学生，然后随着教学的进程，设计也不断地跟进，比如说库存管理系统的设计是工程管理信息系统教学中的一项重要内容，它所涉及的知识点繁多，是工程管理中非常实际的问题；具体内容大体上包括业务流程图、数据流程图、数据字典、总体设计、数据库设计、处理流程设计，等等。如果按传统的方法讲授，学生很难将上述设计内容跟一个具体项目联系起来，按项目教学法可以按下列步骤进行。

第一步，项目设计的原则：① 该项目具有一定的完整性，大小难易程度适中；② 能结合教学理论知识和实际技能，解决该项目的开发问题必须学习书本知识；

③ 项目要具有一定的难度，要求学生运用新学习的知识、技能和自己的创造力，解决实际问题。

第二步，安排2～3人为一组。一个系统的设计，涉及大量的工作需要完成。而一个人也无法身兼设计、搜索资料、筛选资料等一揽子任务，所以需要几个人进行配合，可以发挥集体的智慧。具体人数又不能太多，容易造成思想不统一，分工不明确。

第三步，将项目设计的要求以任务书的形式下发给学生小组，具体包括：系统目标、系统的开发背景、运行环境要求、系统的输入和输出内容等。

第四步，设计系统的具体内容以及具体工作安排。这一环节是为了让学生在思想上统一，在今后创作时有迹可寻，同时评价过程中也有针对性。

第五步，每个组合要认真阅读设计要求，带着问题去认真听课，搜集资料，并对不同的资料进行有目的的修改。教师就需要通过适当的课程教授有关的基本知识点，学生学习的兴趣会大大提高。

第六步，每名学生根据自己的内容开始具体的设计，但这一环节并非完全独立的设计，学生之间需要有合作，需要有沟通。一个库存管理系统的设计要根据课程进度进行，比如讲到数据流程图，就应该设计出库存管理系统的数据流程图；讲到数据字典，就要求学生设计出该系统的数据字典。

第七步，最后完善系统设计，对系统进行评价，并加深理解课程的全部内容，进一步营造学生的学习氛围。

二、设计合理的项目开发进度

项目教学并不是让学生设计一个项目了事，在这一过程中，教师首先要根据学生可能在设计过程中遇到的具体问题，所涉及的知识点进行阐述。而这些问题和知识点有可能超出知识单元范围，教师就需要重新设计教学进度，将一些重复的、有联系的知识点规划到项目教学中，一是结合作品有利于学生掌握知识，二是联系学生的知识体系，使知识不再是以一个独立的个体形式出现，而是几个相关的内容呈现在一个项目作品中。

而实施项目所必须的能力、经验和学生现实水平的差距构成的难度系数，教师要正确面对，应该分清主次，循序渐进，平滑过渡，引领学生完成总教学任务。例如库存管理系统的设计，开始学生可能设计得非常简单，而且不适用，那么就要在课程理解的基础上，反复修改，逐步完善系统，不能急于求成。

三、项目教学法的反思

1. 项目教学中教师的作用和师生关系

在传统课堂教学中，学生通过教师传授获得间接知识，而在项目教学中，学生则是通过直接体验探索获得知识。教师“知识的传授者”的角色与传统的教学法有很大的差异。项目教学法体现了专题性、综合性和开放性的研究性学习特点：以“学生发展为本”。课程的内容由师生共同构建，重视学生研究过程的体验等，由此决定了教师在教学中要体现“课堂的组织者、学习的参与者、信息的咨询者、情感的支持者”等角色。项目活动的实行要求教师灵活掌握时间，仔细观察每名学生的学习进展及兴趣发展，掌握每个学生的特点并相应提出或设计出既发展个性又注重全面平衡的教学方案。

2. 项目教学法与传统课堂教学的关系

项目教学法并不是日常教学的全部，它只是教学环节中一个非常重要的部分，不可能替代全部的正规教学。虽然该模式很重要，但不能替代课堂的教学模式，而核心是提高学生的学习兴趣和充分利用学生的课外时间。

不同的教学模式和实践有不同的优点和缺点。项目教学要求的课堂教学时间较多。比起传统的教学模式，项目教学允许学生在他们过去经验的基础上构建自己的知识，采用积极的学习行为以获得更好的学习效果；它鼓励学生尝试不同的解决问题的方法；在学习中调动积极性，并允许学生有多种选择；鼓励学生运用批判性思维，强调师生间的和谐平等关系。但是，任何批判性思维、创造和想象，都必须建立在足够的基础知识和技能的基础上，如果没有足够的知识基础，任何创造、想象、批判都将失去价值，因此，项目教学不能脱离其他教学，同样需要培养学生的理论基础和基本技能。

教学模式只有依据实际情况，选择和运用得当，才能有效地解决教学中的实际问题。教学模式也并非是一成不变的，教师在学习模仿和运用现成教学模式的过程中，一定要依据自己的新经验和掌握的新理论对其进行修正和完善，才能更加优化教学成果。而学生欢迎的“项目教学法”会带来什么效果呢？有一句关于实践的谚语是这样说的：“我听到的会忘掉，我看到的能记住，我做过的才真正明白。”这无疑是最好的回答。

3. 项目教学法的考核问题

一种教学方法的成功与否，关键还要看学生对知识的掌握程度，不论是什么教学方法，必须看成果，否则只是形式上的变化，没有任何实际意义，项目教学法如何能真是地考核出学生的水平，是一个更重要的问题。项目教学的考核除了卷面考试之外，还要适当地增加对项目开发的理解，经过口试、答辩给出成绩，再综合考虑卷面成绩，最后来确定学生的成绩。

当然任何一种教学方法都必须不断改进、完善提高，僵化的一定是落后的，改革才能不断进步，项目教学法也只有在实践中经受考验，才能精益求精，达到提高教学效果的目的。

参考文献

[1] 何克抗. 建构主义学习环境下的教学设计［M］. 北京：北京师范大学出版社，2009：35，38，65.

[2] 夏惠贤. 多元智力理论与个性化教学［M］. 上海：上海科技教育出版社，2003：101－102.

[3] 刘景福，钟志贤. 信息技术环境下的项目学习模式研究［J］. 外国教育研究，2010：21－23.

[4] 胡庆芳，程可拉．美国项目研究模式的学习概论［J］．外国教育研究，2003（8）：18－21．

作者简介：刘　迪（1954—），管理学院商学系，教授，硕士。研究方向：管理信息系统；财务管理的教学与科研工作。

工程管理专业本科毕业实习教学环节探析*

刘光忱　赵曼　孙磊

（沈阳建筑大学　沈阳　110168）

【摘要】工程管理专业本科毕业实习作为工程管理专业本科教育的重要实践性环节，是提高工程管理专业人才创新能力、动手能力及专业素质的关键环节与途径。目前普通高等院校工程管理专业本科毕业实习环节多数形式大于内容，效果并不明显。本文在明确工程管理专业本科毕业实习教学的作用前提之下，通过分析毕业实习过程中存在的问题，提出改进措施，达到毕业实习应有的效果。

【关键词】工程管理；毕业实习；对策

随着我国城市化进程的不断加快，带动大批工程项目和基本建设项目相继开工建设，促进了建筑业的蓬勃发展，社会对工程管理类人才应具有的专业知识和实践能力提出了更高的要求。工程管理专业是实践性极强的专业，设置毕业实习环节的目的就是要提高人才实践能力和综合素质。因此各高校应大力完善工程管理专业毕业实习教学环节，完成专业培养目标，满足社会对工程管理专业人才需求。

一、工程管理专业本科毕业实习的作用

1. 有利于理论知识的转化与拓展

通过毕业实习，学生直接参与工程项目管理、建筑工程预算和结算等工作，能将教学中所学的抽象理论知识真正理解、消化、巩固和提高，学会如何正确应用所学各种专业知识，从中系统地掌握有关建筑学、工程制图、施工测量、施工技术、建筑材料、工程估价、工程项目管理、工程经济、企业管理等学科方面的知识，并且接受实习工程师的直接指导和工程实践本训练，使学生就业后能很快适应自己的工作岗位。

2. 有利于提高学生综合素质，培养学生创新能力

工程管理涉及技术、经济、管理、法律等多学科知识，要求从事工程管理的人员具备良好的综合素质与创新能力[1]。在毕业实习期间学生会遇到诸多实际问题，而要解决这些问题所要涉及的知识也是多方面的，这就为学生提供了综合运用所学理论知识解决实际问题的环境，有利于加深学生对知识关联性的掌握，对学生的综

* 2011 中国建设教育协会立项课题（课题号：2011015）。

合素质与创新能力的培养起着理论教学无法替代的重要作用。

3. 有利于锻炼学生适应社会的能力

学生通过毕业实习更多地接触社会，在实习过程中，学生作为企业的临时雇员，既要从事专业技术工作，又要参与工程和企业管理工作，要面对和接触方方面面的人员，处理方方面面的事情。这就使学生受到了社会实践的锻炼，文化素质、人文素质、身心素质、思想道德素质和工程技术能力及管理能力、社会交往能力都得到培养和提高[2]。通过毕业实习环节，学生又学到了的社会知识，认知了社会，使学生的社会交往能力、语言表达能力得到了提高。

二、工程管理专业毕业实习教学环节存在的问题

1. 对毕业实习的定位不清晰

工程管理专业本科毕业实习是工程管理专业教育中重要的实践性教学环节，也是工程管理专业本科人才培养过程中必须具备的关键一环，但大多数院校对工程管理专业本科毕业实习的定位不正确，将工程管理专业本科毕业实习当做特色来办，甚至有的院校根本不设置毕业实习的教学环节，这使得教学对象的专业技能得不到有效训练，达不到专业人才培养目标的要求。

2. 时间设置不合理

通常大部分院校的教学计划将工程管理专业毕业实习安排在本科四年级进行，时间大概为2~4周。首先此段期间与学生毕业就业应聘时间、用人单位见习时间、考研复试时间相冲突，矛盾难以调和。而且学生毕业在即，许多同学要重修补考、补修学分、备考英语四六级考试等，因此学生普遍心情浮躁，实习态度不够端正[3]。其次，分配给毕业实习的时间较短，不能充分实现毕业实习的目的。

3. 缺乏校外毕业实习基地

目前，我国各院校每年培养的工程管理类学生呈逐年增加的趋势，然而社会上却没有足够的实习单位来接收逐年增加的实习学生。一般院校多数没有自己固定的实践基地，大多数院校工程管理专业毕业实习的组织多为学生自主联系实习场所这种毕业实习方式，虽然这在一定程度上解决了实习场所的紧缺问题，但由于学生能力有限，加之学生实习一般时间较短（多则4周，少则2周），当学生对工程实践刚刚有所了解，可以做些具体实际工作时，实习时间基本结束，需要返回学校，这就导致了很多企事业单位觉得浪费时间而不愿意接纳实习学生，因此学生的毕业实习基地问题还是得不到有效的解决[4]。

4. 过程管理不到位

由于学生进行毕业实习的地点较分散，这就增加了教师对学生的实习情况进行详细了解的难度，使得教师对学生毕业实习进行经常性、随机性监督管理不到位，造成学生的毕业实习存在前（期）松后（期）紧的情况。另外，多数院校对学生毕业实习完成效果主要通过毕业实习手册、实习专题报告、实习答辩等几个方面进行评价，作为评价学生实习效果好坏的指标，这些文字材料无法从根本上反应学生的实习效果，因此造成工程管理专业本科学生毕业实习的质量难以保证。

三、解决毕业实习教学环节存在问题的对策

1. 明确毕业实习的定位

工程管理专业毕业实习是工程管理专业教育的重要实践性环节，明确毕业实习的目的和地位，制订切实可行的毕业实习教学计划，充分认识毕业实习这一教学环节对于工程管理专业人才培养的重要意义，通过毕业实习教学环节使学生得到基本的工程实践训练，能够将在理论教学环节中学到的知识用于工程实践并能指导实践。采取各项措施加大毕业实习教学环节的管理力度，保证学生的实习质量，达到实习的目的。

2. 合理安排实习时间

为有效解决工程管理专业本科毕业实习时间分配不合理的问题，各院校可以将毕业实习穿插安排在多个学期。具体做法是：提前两学期或三学期公布毕业实习计划，要求学生根据所选专业方向自主安排毕业实习，可充分利用较宽松学期的课余时间开展小组实习，并配备教师加以指导；学校也可在假期社会实践中加入毕业实习内容并作为硬性考核指标，实习前后提交详细实习计划与实习报告并由实习单位盖章。这样通过较长时间分层次、多专题、多轮次的实习，既保证了实习时间，又保证了实习质量。

3. 建立稳固的校外毕业实习基地

各院校要利用这种资源，充分发挥教师和学生的积极性，结合工程管理专业学生毕业实习方向，与相关企事业单位共建长期稳定实习基地，从而解决学生实习没有基地这一难题。院校可以与项目管理公司、监理企业、房地产开发企业、建筑施工企业、造价咨询企业等进行联系，建立合作关系，将这些企业作为实践基地，为学生毕业实习提供场所，解决学生没有实习基地的难题。

4. 加强毕业实习过程监管

学生毕业实习效果的好坏与实习过程的监管是密不可分的，因此在学生毕业实习期间，应加强指导教师对学生的跟踪管理工作，指导教师应具有高度责任心和使命感。首先，指导教师通过与实习单位的负责人联系，不断了解学生的实习进展情况以及实习过程中遇到的困难和问题，并及时加以解决；其次，指导教师还要经常检查、敦促学生实习任务完成情况，使每位同学都能够在实践知识方面有所收获。与此同时，学校教学主管部门和二级学院教学管理部门，也要加强对指导教师的监督管理，从而形成对毕业实习的学生的双重管理机制。

四、结束语

毕业实习教学环节是培养合格工程管理专业人才必不可少一个关键环节，各院校要给予足够的重视，要结合高校自身对工程管理专业人才培养目标制订切实可行的毕业实习教学计划，解决这一实践教学环节存在的问题，培养出符合当前社会需求的工程管理专业人才。

参考文献

[1] 王建声，郭志涛．工程管理专业毕业论文（实习）教学环节改革的思考［J］．高等建筑教育，2007（4）：133－134.

[2] 李惠玲，刘光忱，赵亮，黄昌铁．工程管理专业“三明治”教学模式探析［J］．中国建设教育，2007（8）：21－22.

[3] 雷发斌．高校经济管理类专业实践教学问题探析［J］．今日南国：理论创新版，2008（12）：34－35.

[4] 王爱领．工程管理专业生产实习教学改革研究［J］．中州大学学报，2010（6）：112－113.

作者简介：刘光忱（1962—），管理学院营造与工程管理系，教授，硕士。研究方向：项目管理与工程经济。

工程管理人才特色培养模式的构建与实施路径*

刘　宁　刘亚臣

（沈阳建筑大学管理学院　沈阳　110168）

【摘要】本文提出了坚持以市场需求为导向，坚持产学研相结合的办学思路，坚持实践“三明治”培养模式，强调学生的个性化培养等工程管理专业培养模式特色，在培养目标、素质教育和校企合作等方面构建了工程管理人才特色培养模式，提出了包括校内与校外培养相结合，实现开放式教学、短期和长期实践教学相结合、实现阶段式教学、系列化和模块化培养相结合、实现菜单式教学、集中实习与分散实习相结合、提高教学效果等工程管理人才特色培养模式实施路径。

【关键词】工程管理专业；人才培养模式构建；实施路径

一、工程管理专业培养模式特色界定

1. 坚持以市场需求为导向，重视培养创新精神和实践能力

工程管理专业在人才培养过程中要始终坚持以市场需求为导向的人才培养模式。沈阳建筑大学管理学院组建了工程管理专业教授委员会，吸取设计、施工、项目管理等各方面专家在专业改革中的意见，考虑到学生择业或以后转岗的需要以及教学模式本身的可操作性，构建了“宽基础、多方向、重应用”和“大平台专业培养，后期分流”的人才培养模式，并由此构建课程结构和教学内容体系，开创了全新的工程管理专业学生培养模式。坚持开展专业素质教育，强化实践育人意识，开设综合性、设计性实验，建立学生创新基地，设置学生创新学分，鼓励学生参加教师科研活动，组织教师、研究生、本科生联合编队，引导学生投身社会实践，注重第一课堂与第二课堂的有机结合，提升人文和科技素养，提高学生的综合素质，培养学生的创新精神。同时，推进因材施教，分级教学，探索多样化的人才培养之路。

2. 坚持产学研相结合的办学思路，服务地方经济

按照“产学结合、校企合作培养技术应用能力和基本素质主线”来设计学生的知识、能力、素质结构和培养方案，培养高级应用型人才。学校较长时期隶属于国家建设行政管理部门所形成的服务面向建筑土木学科优势以及划转地方后学校面临

---

* 辽宁省教育厅2009年度辽宁省高等教育教学改革研究项目：面向工作的工程管理专业实践教学改革研究（辽教发〔2009〕141号）。

的新形势，决定了学校必须坚持面向地方经济建设和国家建设行业发展，立足于为基层一线培养“稳定、好用、有为”的高级应用型人才。为此，学校加强工程管理专业的学科建设，合理调整专业方向，强化实践环节训练，鼓励学生创业创新活动，特别是通过开展以弘扬雷锋精神为主线的学生思想政治教育，培养学生艰苦奋斗、爱岗敬业、为人民服务等注重应用的建设人才应具备的品质，从而使学校毕业生以其高素质备受用人单位的青睐，活跃在国家建设行业的第一线上。

3. 坚持实践“三明治”培养模式，促进人才的全面发展

“三明治”教学实践是一种产学研相结合的培养模式。学校从1996年起，在建筑管理工程专业开展“三明治”教学模式试点，即把四年分成“3（校内）+0.5（校外）+0.5（校内）”，学生在校学习6个学期的基础课、专业基础课和部分专业课后，到专业对口的企事业单位实践1学期，再回到学校继续学习。通过“三明治”教学改革，使学生对所学的理论知识有了感性认识，专业知识更加扎实，使学生提前接触并了解社会，缩短了毕业后参加实际工作的磨合时间。这种培养模式对课程设置、教学内容和方法手段都进行了系统整合优化，强化了融贯机制，使基础课、专业课与实践教学有机结合。按照知识衔接与深化的途径和能力积累过程，明确了以学生为主体获取知识并得到能力训练的途径。

4. 坚持工程管理专业方向分流，强调学生的个性化培养

工程管理专业依托学校学科优势，逐渐走向成熟，完成培养模式改革、师资队伍建设、课程体系建设、实践基地建设、形成了富有建筑与土木特色的工程管理专业人才培养模式。工程管理专业学生在第五学期依据个人专业愿望、专业发展特点和市场化人才需求模式，将分成两个专业方向，即建筑管理和房地产经营管理。从第五学期起，学生开始进行不同方向的专业课学习，有针对性地进行专业训练，为第七学期的专业“三明治”实践打下良好和扎实的知识基础。

二、工程管理人才特色培养模式构建

构建工程管理专业人才培养模式与培养目标、课程体系、教学内容等紧密相关。构建工学结合工程管理专业培养模式，并不是全盘否认过去的做法或成功的经验，而是在更新教育观念的基础上，力求站在经济发展的最前沿，重新审视过去的人才培养模式，有摒弃、有创新地构建出符合市场需求的工程管理专业培养模式。

1. 培养目标：人才培养模式构建的前提

当前我国教育和社会发展现实说明，就业是民生之本。一方面是产业界抱怨难以招聘到合格人才；另一方面大量大学毕业生难以就业。因此，培养出满足社会需要的工程管理专业人才不能仅停留在口号上，而应切实贯穿在办学的全过程中，这才是高等学校真正实现人才培养模式根本转变的基本前提。在办学理念上，要以培养应用型人才为导向准确定位学校发展方向，树立学校以人为本、办学以教师为本、教学以学生为本的理念；在管理体制上，要以就业为导向积极开拓办学主体多元化、经费来源渠道广、办学层次多的管理格局；在人才培养上，要从培养高级应用型人才的角度出发设计人才培养模式，建立起符合人才培养目标、体现能力本位、就业导向原则的培养机制。

2. 素质教育：人才培养模式构建的基础

知识经济时代的人才特征，不仅在于专业知识和专业技能，更在于基础素质，其中，创新素质、人文素质居其他素质之首。知识经济的核心是知识的不断创新，知识创新的基础是创新人才的培养，而创新人才是决定一个民族竞争力强弱的关键要素。由此可见，培养大批具有创新意识和创新能力的应用型人才，是迎接知识经济挑战的根本任务。人文素质体现了一个人的思想道德修养，反映了人才的质量。加强人文素质教育，需要从知识经济发展需求的高度，把知识的传授与道德精神的熏陶融为一体，促进人的全面发展。素质教育思想的核心是教会学生做人。为此，要在教育思想上变过去单纯地以培养学生“做事”为目标的模式为既培养学生“做事”，又培养学生“做人”的模式上来。就人才素质的整体而言，“做人”比“做事”处在更为基础、更为重要的位置上。特别是对于工程管理专业的学生，所要从事的工作岗位对职业道德的要求很高，要使学生具备这种综合的职业道德素质，学校必须要通过多种方式、多种渠道加强学生的思想教育。

3. 校企合作：人才培养模式构建的核心

校企合作教育是人才培养中的重要特色，是培养学生把理论知识转化为实践能力，提高学生综合素质与创新素质的有效途径。随着我国产业结构的调整，科学技术的进步，知识经济的发展，生产劳动的方式正在发生深刻的变化，因此，校企合作教育在新的发展时期，应有新的内涵。学生如果不经过产业实践这一环节的锻炼，就不可能有很强的实践动手能力，也就不可能具有创新意识和创新能力，因为创新能力、实践能力都是在大量产业实践中培养的，而校企合作教育就是其实现途径。国外高等教育发展历史经验和我国的实践探索都有力证明，高级应用型人才培养成功与否，关键在于工校企合作教育的实施效果。

三、工程管理人才特色培养模式实施路径

1. 校内与校外培养相结合实现开放式教学

按照“加强基础、注重实效、资源共享、规范管理”的建设原则，从工程实践教育中心质量建设为入手，整体规划、加大投入，建设与教学体系相匹配、与学科相结合的实践基地，低成本、高效率地构建面向各高校、各学科、各专业的实践教学平台，满足了不同层次的人才培养需求。坚持课内与课外、校内与校外全方位融合，并在管理、师资、实践基地建设等多方面采取措施保证开放式实践教学工作的顺利实施。根据“大工程”的教育理念，立足建筑行业和东北区域经济特征，结合行业和企业的实际条件，优化实践教学环境，营造工程实践氛围，突出特色和重点。以校企合作教育模式为载体的开放式教学流程如图 1 所示。

2. 短期和长期实践教学相结合实现阶段式教学

按照学生在校学习的不同阶段，根据大学本科教育的“基础教育阶段”、“学科基础教育阶段”和“专业教育阶段”等不同教学需求，分别设置认识实习、课程实习、专业实习、专业实践、毕业实习等实习实践教学环节，学习的周期短则几天，长则半年，依据工程的施工规律灵活确定，对学生进行连续四年不间断的实践能力训练。

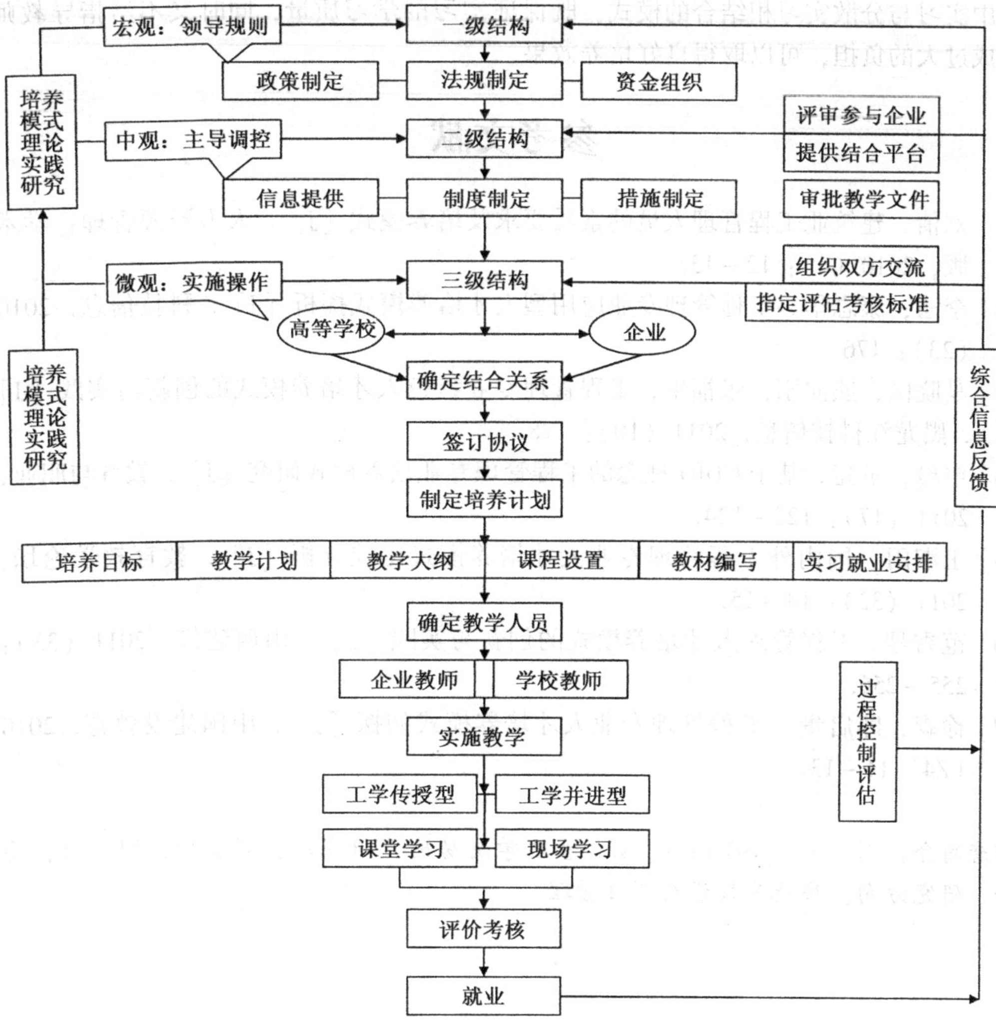

图 1　以校企合作教育模式为载体的开放式教学流程图

3. 系列化和模块化培养相结合实现菜单式教学

中心将各实践基地的培养内容按工作过程分解为若干个系列化的实践环节，按照学习的难易程度通过分解并组成若干个知识传授或能力训练的课程或训练项目，成为若干个模块化的培养单元，按知识传授和工程人才培养的规律，构建若干个知识平台，采用菜单式的培养方式，提供给实践教学单位进行选择。如土木工程专业的学生可在兼职教师的指导下，动手制作钢筋混凝土构件小梁，学生通过绑扎钢筋、支撑模板、配比搅拌混凝土及浇灌成形、测试混凝土梁的强度特性、分析影响混凝土梁质量的原因等一系列环节，使学生真正实践了整个混凝土梁的制作过程。

4. 集中实习与分散实习相结合提高教学效果

由于实践基地条件限制，集中实习往往由于学生数量过多造成拥挤，实习的效果往往不够理想。因此也可适当采取分散实习的方式，将实习的学生以实习小组的形式分散到中心的多个实习基地，根据实习基地生产场地的大小安排相应数量的学生，并由企业现场工程师、操作人员与教师共同指导。在整个校外实习期间，采用集中实习与分散实习相结合的模式，既保证实习的学习质量，同时又不给指导教师造成过大的负担，可以取得良好培养效果。

参考文献

[1] 刘倩．建筑业工程管理人员的素质要求及培养模式［J］．人力资源管理：学术版，2010（4）：12－13.

[2] 李茜，康志华．工程管理专业应用型人才培养模式探析［J］．科技信息，2010（23）：176.

[3] 马晓国，熊向阳，张福生．工程管理专业特色人才培养模式的创新与实践［J］．黑龙江科技信息，2011（10）：178.

[4] 申玲，王亮．基于CDIO理念的工程管理专业培养模式研究［J］．教育与职业，2011（17）：123－124.

[5] 王淑雨．国内外工程管理专业人才培养模式比较分析［J］．教育教学论坛，2011（32）：14－15.

[6] 范秀琴．工程管理人才培养模式的创新与实践［J］．山西建筑，2011（33）：255－256.

[7] 徐森，郎启贵．工程管理专业人才培养模式初探［J］．中国建设教育，2010（Z4）11－13.

作者简介：刘　宁（1976—），男，管理学院房地产研究所，副教授，副院长，博士。研究方向：房地产投资与项目管理。

基于特色和创新的工程管理专业人才培养模式实践*

刘亚臣　杨金星

（沈阳建筑大学　沈阳　110168）

【摘要】本文以实践为主线回顾了沈阳建筑大学工程管理专业的特色发展及取得的成就，历史的积淀和“三明治”专业实践提供的基于工作过程和职业导向的专业建设的哲学思考，特别是2006年以来的教学质量工程支撑了我校工程管理专业的专业定位与专业特色，构成了专业教学改革与发展的靓丽风景。

【关键词】工程管理；人才培养模式；特色

一、基础与发展：沈阳建筑大学工程管理专业

沈阳建筑大学在1989年就在工业与民用建筑专业后两学年设置房地产专门化和国际工程管理专门化两个方向，之后又分别设置了房地产经营与管理（1993）和建筑工程管理（1996）两个本科专业；1999年，根据本科专业目录，合并相关专业为工程管理专业。一个新的应用性本科专业的产生带来了挑战，也给予了我们很好的机遇。建设一个什么样的工程管理本科专业就成了萦绕心头命题。

基于惯例的人才分类和高等教育分类理论，我们一直把工程管理从总体上定位于技术本科教育，是与所谓的学术本科和工程本科教育有区别又等值的一种以技术为核心的教育类型，着重培养学生的技术应用能力。基于这样的专业定位，我们要培养卓越的管理工程师，其培养规格和目标，应着重从以下几方面把握：管理类技术本科要体现特定的教育目的和发展方向，其核心专业教育框架以理解、规划、实施和运行为基础构建（刘亚臣，2006），并以此为主线设计工程管理专业知识、能力和素质等要素；要体现一种综合的基于土木工程的技术教育，培养目标要体现在掌握数学原理，科学理论和技术原理方面的要求上，基于工作过程和职业导向的设计还要求学生了解技术工具的使用方法，熟悉技术规程，掌握一定的专业技术和技能并达到一定水准；要体现这是一种应用性的专业教育。对学生进行科学理论和技术原理教育主要内容的目的不在于培养学生的科学研究和技术开发能力，而在于促进学生对于科学理论和技术理解的充分掌握，以便能熟练地运用到职业生活和工作

* 辽宁省教育厅2009年度辽宁省高等教育教学改革研究项目：面向工作的工程管理专业实践教学改革研究（辽教发〔2009〕141号）。

现场中的各种特殊情境。2006 年以来，工程管理专业以学校整体教学评估为契机，重点培养专业学术带头人、学术骨干，建立了教学、科研和实践基地，取得了大量的科研和教研成果。2007 年首次通过高等学校工程管理专业评估；2009 年获得国家级人才培养创新实验区称号；2010 年被评为国家级特色专业；2010 年，工程管理教学团队获得国家级教学团队称号。

二、走实践和创新的专业定位与特色之路

1. 专业定位

（1）以特色办学为目标，服务地方经济和行业发展。

工程管理专业以学校土木建筑学科为基础，积淀了学校 60 年的专业基础和教学实践，汇集了学校优势教学资源，适应了我国建筑业、房地产业发展对人才的迫切需要，结合地区（东北地区）和行业（建筑业与房地产业）发展的形势以及学校的自身优势，秉承“博学上进，知书达理”的院训，实现了跨越式发展，形成了主动适应、紧密结合地方经济和国家行业发展的特色办学目标。培养了大批国家急需的多层次、高规格、高素质实用人才，满足了各地建筑和房地产企业对工程管理人才的迫切需要，促进了国家和辽沈地区建筑业、房地产业的快速发展。

（2）以专业建设为基础，强化学校优势和办学效益。

沈阳建筑大学工程管理专业以国家级人才培养模式创新实验区——工程管理人才培养创新实验区——以及“管理科学与工程”一级学科硕士点为基础，服务包括“工程管理”“工程造价”“房地产经营管理”三个本科专业，通过建设国家级人才培养模式创新实验区（工程管理人才培养创新实验区，2009）、国家级教学团队（工程管理教学团队，2010）、国家级特色专业（工程管理专业，2010）、省级精品课（“工程经济学”，2004、“工程项目管理”，2006、“土木工程概论”，2007、“房地产经营管理”，2010 等）、省级精品教材（《工程项目管理》，2008、《房地产经营管理》，2009），面向建筑业与房地产业，开设工程管理类学科专业所涵盖的所有核心课程、专业必修和选修课程，形成了课程系列化和精品化的特征。沈阳建筑大学已经成为国内工程管理类专业设置最齐全的高等院校之一。

（3）以人才培养模式创新为手段，提高人才培养质量。

在工程管理人才培养模式里，“实践”是永恒的主题与内在的精髓。沈阳建筑大学在 20 多年的工程管理人才培养实践中，探索和总结了面向实践的“三明治”培养模式。这一模式的培养过程符合专业培养目标及其基本要求，能非常明确地指出培养目标的基本要求是在哪些教学环节中实现的，并且通过课程平台解决各课程之间的衔接关系和具体培养要求。

2. 专业特色

（1）坚持实践“三明治”培养模式，促进人才的全面发展。

“三明治”教学实践是一种产学研相结合的培养模式。学校从 1996 年起，在建筑管理工程专业设计开展“三明治”教学模式试点，并于 1999 年正式施行，即把四年分成“3（校内）+0.5（校外）+0.5（校内）”，学生在校学习 6 个学期的基础课、专业基础课和部分专业课后，第 7 个学期到实习基地参加建筑生产实践，熟

悉和了解建筑产品的各个施工环节，然后再回到学院学习其余专业课和做毕业设计[1]。通过“三明治”教学改革，使学生对所学的理论知识有了感性认识，专业知识更加扎实，使学生提前接触并了解社会，缩短了毕业后参加实际工作的磨合时间。

（2）坚持工程管理专业方向分流，强调学生的个性化培养。

工程管理专业依托学校学科优势，逐渐走向成熟，完成培养模式改革、师资队伍建设、课程体系建设、实践基地建设、形成了富有建筑与土木特色的工程管理专业人才培养模式。工程管理专业学生在第五学期依据个人专业愿望、专业发展特点和市场化人才需求模式，将分成两个专业方向——建筑管理和房地产经营管理。

（3）坚持以市场需求为导向，重视培养创新精神和实践能力。

工程管理专业在人才培养过程中始终坚持以市场需求为导向的人才培养模式。学院组建了工程管理专业教授委员会，吸取设计、施工、项目管理各方面专家在专业改革中的意见，考虑到学生择业或以后转岗的需要以及教学模式本身的可操作性，构建了“宽基础、多方向、重应用”和“大平台专业培养，后期分流”的人才培养模式，并由此构建课程结构和教学内容体系，开创了全新的工程管理专业学生培养模式。坚持开展专业素质教育，强化实践育人意识，开设综合性、设计性实验，建立学生创新基地，设立学生创新学分，鼓励学生参加教师科研活动，组织教师、研究生、本科生联合编队，引导学生投身社会实践，注重第一课堂与第二课堂的有机结合，提升人文和科技素养，提高学生综合素质，培养学生创新精神。同时，推进因材施教，分级教学，探索多样化的人才培养之路。

（4）坚持产学研相结合的办学思路，服务地方经济。

按照“产学结合、校企合作培养技术应用能力和基本素质”的主线来设计学生的知识、能力、素质结构和培养方案，培养高级应用型人才[2]。学校较长时期隶属于国家建设行政管理部门所形成的服务面向建筑土木学科优势以及划转地方后学校面临的新的形势，决定了学校必须坚持面向地方经济建设和国家建设行业发展，立足于为基层一线培养“稳定、好用、有为”的高级应用型人才。为此，学校加强工程管理专业的学科建设，合理调整专业方向，强化实践环节训练，鼓励学生创业创新活动，特别是通过开展以弘扬雷锋精神为主线的学生思想政治教育，培养学生艰苦奋斗、爱岗敬业、为人民服务等注重应用的建设人才应具备的品质，从而使学校毕业生以其高素质备受青睐，活跃在国家建设行业的第一线上。

三、发展的教学改革与创新

1. 全面改革工程管理人才培养模式

组织教师积极参加教育部、辽宁省和学校等各个级别的教学改革项目，学校对于工程管理人才培养模式进行了系统深入的研究，创新和实践了“三明治”培养模式，相关研究和实践成果显著。

2. 建立系列课和精品课有效衔接的课程结构

基于工程管理人才培养目标与方案，学校在内容和课程体系上，调整优化了基础课、专业课和选修课的课程配置，在保持原有特色课程的基础上，增加了适应国内行业发展和地方经济建设的许多新课程。形成了以精品课为核心，将管理基础系列课、工程技术系列课、工程管理系列课和房地产经营管理系列课有机结合的课程结构。

3. 以网络化教学软件为特色的人才培养手段

以学校工程管理信息化实验室为载体，设立专项经费鼓励教师自主研发适应工程管理课程授课需要的网络化教学软件和系统，试制了"房地产投资实践模拟沙盘""公司治理与理财电子沙盘"等网络化课件，特别是基于 E - learning 的实践模式的提出和建立极大地提高了学生参与课堂学习的积极性和主动性。

4. 重视学生学习能力和创新能力培养

引导学生分析和理解经济和行业发展中的国内外实践经验，鼓励教师积极参与指导学生的科研活动，学校规定所有科研项目必须吸纳本科生参与。并且通过成立 DAB（Doing About Business，刘亚臣，2006）创新工作室，指导学生参加各级各类科技创新和创业的竞赛活动，提高学生的综合能力。

工程管理专业人才培养是一个长期的、艰巨的任务，要做好工程管理专业的定位，展现工程管理专业的特色[3]。面向建筑业与房地产业，面向地方经济建设，不断培养具有管理学、经济学和土木工程技术的基础知识，掌握现代管理科学的理论、方法和手段的合格毕业生，特别是为大中型土木工程建设企业和房地产开发企业培养具有较强学习能力、实践能力、创新能力和社会适应能力的基于技术本科的卓越管理工程师和高级应用型管理人才。

参考文献

[1] 李惠玲，刘光忱，赵亮，等. 工程管理专业"三明治"教学模式探析［J］. 中国建设教育，2007（8）：21 - 23.
[2] 姜大源. 职业教育学研究新论［M］. 北京：教育科学出版社，2007：54.
[3] 齐二石. 中国管理科学与工程类专业教育教学改革与发展战略研究［M］. 北京：高等教育出版社，2002：43.

作者简介：刘亚臣（1963—），男，管理学院院长，教授，博士。研究方向：工程经济与项目管理，房地产开发与管理。

工程管理专业人才的培养规律与培养定位*

刘亚臣　刘　宁

（沈阳建筑大学　沈阳　110168）

【摘要】本文在总结我国建筑和房地产行业对人才需求的基础上，提出了工程管理专业的人才培养规律，包括面向实践培养人才、“立地顶天”的培养目标、基于工作过程的教学方法，进一步提出了工程管理专业培养定位，包括以特色办学为目标，服务地方经济和行业发展，以专业建设为基础强化学校优势和办学效益，以人才培养模式创新为手段提高人才培养质量，提出了管理运行机制、教学方法、培养环境和教师团队等方面的保障措施。

【关键词】工程管理专业；人才培养规律；专业定位

一、工程管理专业人才社会需求

1. 行业的快速发展与人才培养规格存在矛盾

截至2010年底，全国共有建筑企业6.3万家，从业人员3134万人，房地产企业6.5万家，从业人员179万人。制约我国建筑业、房地产业发展的瓶颈仍是高素质工程管理人才供不应求、人才结构不合理和企业高端人才匮乏等突出问题。据调查显示，工程管理人才培养的最大问题仍在结构和质量两个方面，一方面企业急需用人，另一方面高校培养的学生面临就业困难的境况。

2. 工程管理专业办学规模逐步扩大

根据2011年教育部提出的《普通高等学校本科专业目录》（征求意见稿），新的工程管理专业将原普通高等学校本科专业目录中的管理工程、涉外建筑工程管理、国际工程管理、房地产经营管理等专业整合成为一个综合性极强的专业。该专业横跨管理学和土木工程两大学科，兼有工科和管理学科的特点，将工程技术和经济管理紧密结合。根据近几年全国工程管理专业系主任会议的统计资料，截至2010年底，共有295所高校设有工程管理专业，323所高校设有房地产经营管理、工程造价或工程管理专业，2010年招生20618人，毕业13902人，共有75321名在校生。在开设此类专业的309所高校中，以建筑工程为技术背景的学校占到了60%以上。

---

*　辽宁省教育厅2009年度辽宁省高等教育教学改革研究项目：面向工作的工程管理专业实践教学改革研究（辽教发〔2009〕141号）。

3. 社会需求对人才综合素质的要求不断提高

加强学生综合素质的培养和创新能力的训练，是实验区建设的核心任务。我校对近三年来的毕业生质量进行跟踪调查，走访了辽沈地区知名建筑业与房地产业的相关企事业单位，搜集了用人单位对毕业生的评价意见，对企业的董事长、项目经理和人力资源主管等进行了访谈，另外也召开座谈会听取了毕业生对学校各项工作的意见和建议，以及他们在学习中的体会和感受。通过以上调研发现，具有实践工程背景的工程管理类、技术类应用型人才有较大的社会需求，尤其是具有工程技术基础和管理能力的综合素质型人才非常缺乏，用人单位在选择毕业生时，非常重视学生的综合素质；所以，无论是研究型人才还是应用型人才的培养，都应注意加强综合素质、动手能力和创新意识的培养。

二、工程管理专业人才培养规律

1. 面向实践培养人才是培养模式的发展方向

专业建设是高校进行人才培养和服务社会的重要途径和实施手段，是高校发展重要的基础性工作。培养面向实践的应用型人才是高等教育由精英教育向大众化教育转变的产物，是社会经济发展的要求。胡锦涛同志在十七大报告中提出，在新的发展阶段继续全面建设小康社会、发展中国特色社会主义，必须坚持以邓小平理论和“三个代表”重要思想为指导，深入贯彻落实科学发展观。树立高等教育的科学发展观，必须坚持以人为本的价值观，力求高等教育质量、规模、结构、效益的协调发展。社会形势的发展对工程管理专业人才的培养模式、目标和方案都提出了新的更高要求。

2. “立地顶天”的培养目标是专业建设的必然选择

“立地”为工程管理专业毕业生的基本工作技能。既要从事专业技术工作，又要参与项目开发和企业经营管理，因此企业要求工程管理专业的学生应该掌握工程造价、工程咨询、工程监理、施工组织设计以及房地产经营管理等方面的专业知识，并能将这些专业知识灵活地运用于生产实践当中。“顶天”为工程管理专业的社会认可度和共识。工程管理专业通过国家工程管理专业评估，建立省级教学团队，培养省级教学名师，建设省级精品课，出版国家级规划教材，在行业和省内外树立专业的品牌与知名度。

3. 基于工作过程的教学方法是人才培养的创新路径

工程管理专业引入了以工作过程为导向的职业教育方法。面向工作过程的教育模式，不是以传授学科知识为目的，其宗旨是向学生传授工作过程知识，培养学生参与工作的能力，促进学生职业能力的形成。课程的教学内容不再按照课程的逻辑体系来构建，而是根据从初学者到专家的职业能力发展的五个阶段，把教学内容归为四个学习范畴，即入门和概念性知识、关联性知识、具体知识和功能性知识、以经验为基础的专业系统化知识。通过这四个范畴的知识，让学生从入学时的初级人才逐渐转变成毕业以后的业内高端人才。

三、工程管理专业人才培养定位

1. 以特色办学为目标，服务地方经济和行业发展工程管理专业以学校土木建筑学科为基础，积淀了学校60年的专业基础和教学实践，汇集了学校优势教学资源，适应了我国建筑业、房地产业发展对人才的迫切需求，结合地区（东北地区）和行业（建筑业与房地产业）发展的形势以及学校的自身优势，秉承学校“艰苦奋斗、知难而进、求真务实、自强不息”的精神，遵循“博学善建，厚德大成”的校训，“树优良学风、育一流人才”的办学宗旨，实现了跨越式发展，形成了主动适应、紧密结合地方经济和国家行业发展的特色办学目标。培养了大批国家急需的多层次、高规格、高素质实用人才，满足了各地建筑和房地产企业对工程管理人才的迫切需要，促进了国家和辽沈地区建筑业、房地产业的快速发展。

2. 以专业建设为基础，强化学校优势和办学效益

工程管理专业以省级教学名师刘亚臣教授为专业负责人，通过建设国家级人才培养模式创新实验区（工程管理人才培养创新实验区，2009）、国家级特色专业(工程管理专业，2010)、国家级教学团队（工程管理教学团队，2010)、省级精品课（“工程经济学”，2004；“工程项目管理”，2006；“土木工程概论”，2007；“房地产经营管理”，2010等)、省级精品教材（《工程项目管理》，2008；《房地产经营管理》，2009)，出版了4个工程管理专业相关的系列教材。2007年，工程管理专业以优秀成绩通过了全国高等教育工程管理专业评估。沈阳建筑大学工程管理专业通过全面建设，已经成为国内同类学校最具影响力的专业之一。

3. 以人才培养模式创新为手段，提高人才培养质量

在工程管理人才培养模式里，“实践”是其永恒的主题与内在的精髓。沈阳建筑大学在20年的工程管理人才培养实践中，探索和总结了面向实践的“三明治”培养模式。这一模式的培养过程符合专业培养目标及其基本要求，能非常明确地指出培养目标的基本要求是在哪些教学环节中实现的，并且通过课程平台解决各课程之间的衔接关系和具体培养要求。同时对不断变化的人才知识结构与能力结构的社会要求，尤其为综合能力和执业能力的训练创造了更大的适应空间，更能符合社会对高素质人才的需求。着重强调的是人才培养过程中分阶段组织教学，进行能力培养的循序渐进过程教育，有效提高人才培养质量。

四、专业培养的实施保障措施

1. 产学研密切结合的管理运行机制

在工程管理专业在长期办学中坚持加强基础理论和基本技能培养，重视实践的办学思路指导下，不断地调查研究，探索、改革与总结逐步形成的，体现了工程管理专业“具有良好思想道德品质、创新精神和实践能力的高级应用型人才”的人才培养目标。着重在拓宽专业口径、精简教学内容、整合课程体系、突出素质教育上下工夫。随着学分制的实施，为进一步发挥学生学习的自主性，进一步压缩了理论教学学时，将计划外学时全部纳入到了计划内后，规定四年制本科专业总学时控制在2500学时左右。把课程按不同性质分类形成系列课程，按照能力形成的顺序，形成与课程平台相对应的若干能力训练模块，为学生构建了清晰的知识与能力结构的框架。

2. 面向工作过程的教学方法

把工程管理专业的教育建立在以工作过程为导向的基础上，能够使工程管理专业的学生从入学就对所学专业的内容和工作环境有一个感性的认识，获得与工作岗位和工作过程相关的基础知识，进而学习专业知识。学生获取知识的过程始终都与具体的专业实践相对应，技术和理论不再抽象。同时实践教学密切了学校与企业之间的联系，促进了双方在教学科研生产上的全面合作，真正做到了双向参与，优势互补，克服了传统教育“理论脱离实际”的弊端，为工程管理专业向社会输送知识结构合理、有实践经验的专业技术人员提供了富有价值的平台。实践证明，这种面向工作过程的教学方法更加适应我国各行业对于人才多样化、着重实践能力的实际需求。

3. 学校优良的人文氛围

多年来，学校始终坚持德育教育根本，紧密围绕学生成长成才需要，通过多种形式、多种渠道开展思想政治教育工作，帮助学生形成科学的世界观、人生观、价值观，坚定正确的政治方向，塑造良好的思想道德品质，使学生在理想信念、知识文化、文明修养、心理健康、实践创新等各方面都得到锻炼，工作扎实开展，取得了良好效果。以开展学雷锋活动为线索，大力弘扬爱国主义、集体主义教育核心，我们利用学生入学、学期初、形势任务课以及毕业生离校等各种有利时机，通过主办开展“读史明智”等思想教育系列活动及大学生素质拓展工作，对学生进行理想信念、民族精神、公民道德、法制和安全、心理健康教育，通过骨干培养、形势任务课和党团班会等形式，进一步加强对学生的理想信念教育。涌现出了很多学风建设的先进集体、先进个人。平均每年获得“优良学风班”达十个以上，省、市、校级“三好学生”20名以上，省、市、校级“优秀毕业生”15名以上。工程管理02－1班曾获得“省优良学风班”称号。

4. 高素质的教师团队

在人才培养的过程中，教师是方案的设计者和执行者。沈阳建筑大学建设了“校内外结合、专兼职结合”多元化结构的工程管理教师团队。拥有一支人员稳定、有多年的高水平研究基础、有丰富的实践工程经验、结构合理的专职骨干教师队伍，为办学提供了坚实保证。聘请校内经验丰富的工程技术专业教师担任专业基础课程教学任务任务；努力加强与企业的联系，聘请资深经理和工程技术人员担任实习实践类课程的教学；聘请国外专家教授讲授技术先进课程。教师团队包括，省级教学名师12人、校级教学名师3名，企业教师20名。2008及2010年，工程管理教学团队分别被评为省级和国家级教学团队。学院制定了《教师工作考核实施细则》，实行教师综合考核制度，并通过听课、问卷调查、专家评价、学生评教等形式定期对教师的教学工作进行综合评价，考评结果直接与教师的先进奖励、岗位聘任和校内津贴挂钩，调动了教师教学工作的积极性、主动性与创造性。

工程管理专业涉及管理学和工学两大学科门类的知识体系，人才培养定位应围绕实践这一永恒的培养主题，使学生掌握工程管理的专业知识，提高学生的实践能力，加强综合素质训练，确保毕业生能够尽快适应工作，实现工程管理人才培养的系统性、整体性、渐进性、实用性培养特色。

参考文献

[1] 金长宏．对我国本科工程管理专业课程体系整体优化的思考［J］．中国建设教育，2008（3）：5－8.

[2] 姜保．工程管理专业技术类课程存在的问题及解决［J］．中国建设教育，2008（3）：22－24.

[3] 戚振强，刘长滨．工程管理专业教育的理解［J］．中国建设教育，2007（4）.

[4] 徐森，郎启．工程管理专业人才培养模式初探［J］．中国建设教育，2010（Z4）：10－12.

[5] 张明媛，袁永．工程管理专业应用型研究生培养中的一些问题［J］．中国建设教育，2011（Z6）：20－22.

工程管理专业人才培养模式的创新与实践*

刘亚臣　刘　宁

（沈阳建筑大学　沈阳　110168）

【摘要】本文以我国工程管理专业人才培养现状为背景，通过制订工程管理专业人才培养方案，确立了专业人才培养的实践基础和发展方向，提出了基于工作过程的创新培养路径。分析总结了沈阳建筑大学工程管理专业人才培养的主要做法：确立“立足工程、拓宽基础、面向实践、创新发展”的人才培养格局，实践“三明治”式培养模式，制订点面结合的模块化专业课程体系和全流程针对性实践嵌入型的实习实践环节，建立了“名师、团队、系列课、基地”的专业人才培养支持平台。

【关键词】工程管理专业；人才培养；“三明治”模式

工程管理专业主要面向建筑业与房地产业，特别是为大中型土木工程建设骨干企业和房地产企业培养创新型、应用型和复合型的高层次工程技术和管理人才。沈阳建筑大学工程管理专业突出了实践特点，通过与教学过程结合，创新并实践了工程管理专业人才培养新模式。

一、我国工程管理专业人才培养现状

制约我国建筑业、房地产业发展的瓶颈仍是高素质工程管理人才供不应求、结构不合理和企业高端人才匮乏等突出问题。据调查显示，工程管理人才培养的最大问题仍在结构和质量两个方面，企业急需用人，高校培养的学生却面临就业困难的境况。

根据1998年教育部颁布的《普通高等学校本科专业目录》，新的工程管理专业将原普通高等学校本科专业目录中的管理工程、涉外建筑工程管理、国际工程管理、房地产经营与管理等专业整合成为综合性极强的工程管理专业。该专业横跨管理学和土木工程两大学科，兼有工科和管理学科的特点，将工程技术和经济管理紧密结合。

笔者对近三年来的毕业生进行质量跟踪调查，走访了全国知名建筑业与房地产业的相关企事业单位，通过调研发现，具有实践工程背景的工程管理类、技术类应

---

*　辽宁省教育厅2009年度辽宁省高等教育教学改革研究项目：面向工作的工程管理专业实践教学改革研究（辽教发〔2009〕141号）。

用型人才的社会需求较大，尤其是具有工程技术基础和管理能力的人才非常缺乏，用人单位在选择毕业生时，非常重视学生的综合素质。

二、工程管理专业人才培养模式设计

1. 工程管理专业人才培养方案

坚持“三个融为一体”的教育理念（融素质教育与专业教育为一体，融知识传授与能力培养为一体，融基础教学与特色教学为一体），构建“宽基础、多方向、重应用”人才培养模式，面向建筑业与房地产业，面向地方经济建设，培养具有管理学、经济学和土木工程技术的基础知识，掌握现代管理科学的理论、方法和手段的合格本科生，能够具有比较宽广的土木工程技术知识和全面的管理知识，较强的动手能力，掌握先进的技术方法和现代化管理手段，具备优良的技术素质、管理素质、实践素质和文化道德素质，特别是为大中型土木工程建设企业和房地产开发企业培养具有较强学习能力、实践能力、创新能力和社会适应能力的复合型人才。

2. 工程管理专业人才知识结构设计

评价专业人才培养模式的优劣要看培养出的专业人才掌握和运用知识的能力。为了解决人才培养与社会需求脱节的问题，最大限度地满足社会对工程管理专业人才的实际需要，学校在走访了兄弟院校、建筑企业、房地产业企业、监理企业、工程造价咨询企业、招标代理企业以及其他相关用人单位的基础上，依照社会各界对工程管理专业人才提出的要求，对该专业的教学模式和教学方法进行了大胆的改革，具体体现在如下几个方面：

① 强化土木工程技术基础知识的培养；

② 提高学生的综合素质，培养知识复合型人才；

③ 改革传统考试、考核方式，增加成绩的可信度；

④ 在教学中贯彻“高新密现”的原则；

⑤ 加强外语、计算机等基本技能的训练；

⑥ 充分调动社会资源，培养学生的实践技能。

3. 基于工作过程的人才培养创新路径

工程管理专业引入了以工作过程为导向的职业教育方法。面向工作过程的教育模式，不是以传授学科知识为目的，其宗旨是向学生传授工作过程知识，培养学生参与工作的能力，促进学生职业能力的形成。课程的教学内容不再按照课程的逻辑体系来构建，而是根据从初学者到专家的职业能力发展的五个阶段，把教学内容归为四个学习范畴，即入门和概念性知识、关联性知识、具体知识和功能性知识、以经验为基础的专业系统化知识。通过这四个范畴的知识，让学生从入学时的初级人才逐渐转变成毕业以后的业内高端人才。

三、工程管理专业人才培养模式创新

1. 面向实践的“三明治”培养模式

学院探索和总结了面向实践的“三明治”培养模式。工程管理专业的学生首先在校内通过课堂教学学习 6 个学期的基础课，专业基础课和部分专业课之后，到工程项目工地实践一个学期，然后再回到学校学习其余专业课和做毕业设计（论文）。其主要特点在于：在一二三年级阶段，学生的主要任务依然是夯实专业基础，这是人才培养的基础，进入四年级之后，便依据学生学习素质的差异性，有针对、有目的地制定适合工程管理专业学生实际情况的个性化的实践培养方案。凸现培养方案的研究性与实践性，使培养方向由一般性的培养朝着高水平高素质人才的培养方向跨越，从而实现本科生人才培养质量的提升与拓展，使得本科生教育与社会对人才的培养需求达成有机的衔接与联系。工程管理专业人才从初级人才到业内高端人才要经历的学习路径如图1所示。

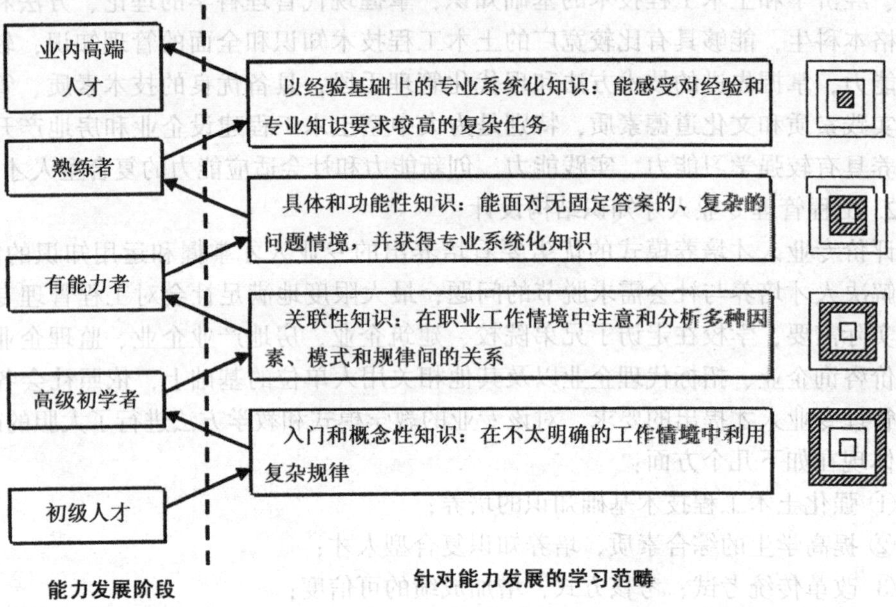

图1　工程管理专业人才从初级人才到业内高端人才要经历的学习路径（Raunen，2002）

从1998年以来，已有1200多名工程管理专业学生参加了三明治专业实践，学校已与近百个企事业单位合作，实践证明该培养模式是一般工科院校为生产第一线培养工程技术管理应用型人才的有效途径。此外，“三明治”实习也加强了校企合作，在学生的毕业设计论文题目中，有很大部分是学生从企业带回的实践性课题，通过这些课题，学校了解到建设领域新兴的热点问题，增强了学校同社会的联系。

2. 点面结合的模块化专业课程体系

学校根据人才培养模式创新的建设目标，构建人才培养方案，统筹兼顾局部优化与整体优化，突出创新能力、实践能力和研究能力的培养，充分考虑知识、素质和能力结构的完整性、系统性和交叉性，建立“多层次、多方向、模块化”的开放式课程体系。这一体系有利于课程平台的整体改革与建设，有利于明确各课程平台之间的衔接关系和具体培养要求的实现，便于目标明确地组织教学。

工程管理专业的课程教学分为基础教育、专业基础教育、专业教育这三个阶段，并通过“教学阶段—课程平台—能力训练”的模式培养学生（如图2所示）。各个阶段根据知识传授和人才培养的规律，按“公共基础课→管理基础系列课→土木工程系列课→专业课”的顺序，设置一系列循序渐进的系列课程平台。通过确定专业基础课程、专业主干课程，专业方向课程组，构建管理基础、土木工程、房地产经营管理和建筑管理四个系列课。每个课程平台又与一个或若干个能力训练模块相对应，着重强化学生的基本技能训练、工程技术能力训练、综合能力训练和执业技能训练。在这种教学模式下，按照相互衔接、相互渗透、顺序进行、整体推进的态势组织教学，全过程地培养学生的能力。

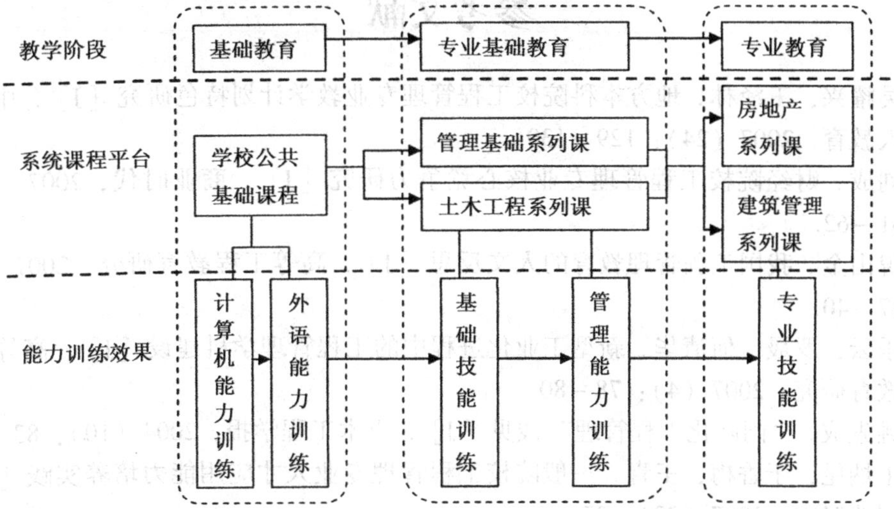

图2 “教学阶段—课程平台—能力训练”课程构成模式

3. 全流程针对性实践嵌入型的实习实践环节

学校工程管理专业强化实践教学环节，规定的学生实践性教学总周数达到52周，大大高于教育部的有关规定。培养方案确定的理论课程学时比例为：公共课基础（含人文社科类课程、自然科学类课程、体育、计算机等）不低于总学时的50%；专业基础课占总学时35%左右；专业课占总学时10%左右。着重在拓宽专业口径、精简教学内容、整合课程体系、突出素质教育上下工夫。随着学分制的实施，为进一步发挥学生学习的自主性，进一步压缩了理论教学学时，将计划外学时全部纳入到了计划内后，规定四年制本科专业的总学时控制在2500学时以内。

从2002级开始，工程管理专业学生在第七学期就选定毕业论文题目，并在导师指导下，选学专业选修课程，收集相关资料，完成外文翻译，确定研究方案。提倡学生毕业论文结合已签协议的就业单位的生产实际进行，并允许学生到企业去撰写论文，结束后回学校答辩，培养学生的实际应用能力，缩短就业后的磨合期。

工程管理专业人才培养模式对课程设置、教学内容和方法手段都进行了系统整合优化，强化融贯机制，使基础课、专业课与实践教学有机结合。按照知识衔接与深化的途径和能力积累过程，明确了以学生为主体获取知识并得到能力训练的途径。

四、结　语

沈阳建筑大学充分发挥了学校学科综合优势，建立了基于省级教学名师、省级教学团队、系列省级精品课和实践基地的专业人才培养支持平台。建立了以知识传授与实践能力培养为目标的多层次的能力结构指导框架，通过具体的课程内容改革、教学过程改革、评估指标改革，激发教师的主观能动性，激发学生的求知热情，促进从知识向能力的转化，达到培养方案的目标。使学生掌握工程管理的专业知识，提高学生的实践能力，加强综合素质训练，确保毕业生能够尽快适应工作。实现了工程管理人才培养的系统性、整体性、渐进性、实用性培养特色。

参考文献

[1] 吴耀兴，王泽林．地方本科院校工程管理专业教学计划特色研究［J］．中国成人教育，2007（24）：129－130.
[2] 刘成．财经院校工程管理专业核心竞争力研究［J］．商业时代，2007（27）：61－62.
[3] 曾山金．我国工程管理教育的人文反思［J］．高等工程教育研究，2007（5）：37－40.
[4] 乐云，罗晟，何清华．新型工业化进程中的工程管理学科建设［J］．高等工程教育研究，2007（4）：78－80.
[5] 姚先成．“国际化工程管理”浅见［J］．土木工程学报，2004（10）：83－86.
[6] 牛炳昆，于香梅，王青．一般院校工程管理专业人才应用能力培养实践［J］．职业时空，2007（22）：37.
[7] 陈春来，斯荣喜．工程管理专业人才培养模式研究［J］．高等工程教育研究，2007（11）：32－35.
[8] 何伯森．培养国际工程管理人才：思路与途径［J］．国际经济合作，2007（1）：8－11.
[9] 商如斌，杨秋波．为国家“走出去”发展战略服务培养高层次国际工程管理人才［J］．国际经济合作，2007（1）：18－19.
[10] 赖一飞．工程管理专业人才培养模式探索［J］．科技进步与对策，2002（5）：21－22.

“卓越工程师”国内外研究及发展趋势

齐宝库　李丽红

（沈阳建筑大学　沈阳　110168）

【摘要】“卓越工程师”的培养和教育是高等教育未来发展的重要方向，需要不断地加深对“卓越工程师”的理解和把握，以更好地满足社会对高水平专业人才的需要。本文通过对目前国内外相关文献的分析，深入剖析了目前“卓越工程师”的研究还局限于“卓越工程师”的素质和标准、培养模式、课程体系等方面，需要高校研究者从专业化与系统化的角度不断丰富“卓越工程师”的内涵，探索新型的教学模式，切实改善教学效果，提高教学质量。

【关键词】卓越；工程师；文献研究；专业化

2005年，国际著名的麦肯锡咨询公司发表的调查报告《应对中国隐现的人才短缺》指出：2005年中国有310万名高校毕业生，是美国的2倍多，但只有不到10%能够满足跨国公司在实际应用技巧和英语水平方面的要求；中国每年有60万名新工程师“诞生”，比美国多出9倍，但仅有1.6万人拥有在外国公司工作的实用能力和语言能力。为了改善这一状况，教育部在2010年推出了“卓越工程师教育培养计划”（以下简称“卓越计划”），该计划实施期限为2010—2020年，即拟用10年时间，培养百余万高质量的各类型工程技术人才，为建设创新型国家、实现工业化和现代化奠定人力资源优势。“卓越计划”具有三个特点：一是行业企业深度参与培养过程，二是学校按通用标准和行业标准培养工程人才，三是强化培养学生的工程能力和创新能力。教育部将遵循“行业指导、校企合作、分类实施、形式多样”原则，从创立高校与行业企业联合培养人才的新机制、创新工程教育的人才培养机制、建设高水平工程教育师资队伍、扩大工程教育的对外开放、制定“卓越计划”人才培养标准等五方面推进该计划的实施。

一、国外相关文献研究及发展

发达国家的工程师培养可以分为两大模式：美国模式和德法模式。美国模式注重知识的全面性和实践创新性，本科培养集管理、人文、经济、生态、伦理、工程、技术于一身的工程人才“毛坯”；德法模式则注重工程实践能力的培养，培养工程师成品。从课程设置上看，美国模式采用“核心课程＋主修课程＋选修课程”的形式，设置内容体现“宽口径、跨领域、重实践”的特点，以生产过程的顺序来组织课程教学；欧洲模式则体现企业需求的特点，以若干模块组成为教学系统。在实践教学方面，美欧模式的学生都较早进行工程综合训练：一是通过实践课程或项目开发，将工程实际问题带入课程；二是学生在企业进行为期一年的实践操作技能培训，学习加工方法、加工技术，进行工程师岗位能力必需的训练等[1]。

德国国际汽车制造商大陆公司（CONTINENTAL AG）早在多年前就设立了一个以促进全球工程教育和培养年轻工程师为宗旨的研究项目：全球工程教育卓越计划，并成立了“八校项目联盟”，该联盟由6个不同国家和地区的8所大学学者组成，研究内容包括对全球工程教育的评价、工程教育的需求和挑战，明确培养未来工程师的关键因素[2]。

德国应用科技大学（Fachhochschule，FH）是德国著名的工程师摇篮，该学校的教育目标是培养掌握科学的方法、擅长动手解决实际问题的工程技术专门人才；采用学校与企业紧密结合的双元合作教育模式、课程实行教授负责制等[3]。FH办学模式和成功的经验对我国的“卓越计划”具有很大的借鉴作用。

加拿大的滑铁卢大学也是世界上本科阶段实行产学研合作教育的成功典范。采用了交替式产学研合作教育模式，要求工程专业学生必须参加合作教育，实习工作必须与本专业有关；当然合作教育需要一大批企业提供与学生专业相关的工作机会，许多企业和政府主动给予了真诚的合作。其中加拿大相关政府制定了驱动企业接受学生实践的相关政策，如退税制度等[4]。

美国对工科人才培养提出了工程教育认证体系，包括：应用数学、自然科学和工学知识的能力；设计和操作实验的能力；为解决某问题设计系统、部分或者过程的能力；在多学科综合团队中工作的能力；认识、抽象和解决工程问题的能力；良好的职业道德和责任感；高效的交流能力；通过培训理解工程方案在全球和社会中的冲突；认识终生学习的重要性，并具有终生学习的能力；关心现实的问题；在工程实际中使用现代技术和必备工具的能力。

二、国内的研究情况

进入“卓越计划”第一批试点的61所高校，从建立组织管理体系、完善人才培养方案、加强师资队伍建设、启动工程实践教育中心建设、加大资金投入等方面初步采取了一些有效的措施[5]。从中国知网键入“卓越工程师”，搜索到相关文献65篇，剔除一些重复内容的影响，最终选定了23篇相关文献。从这些文献涉及的内容来看，主要分为如下几个方面。

1. “卓越工程师”的素质和标准

文献［6］认为卓越工程师应该具备如下素质：热爱祖国、国家利益高于一切，拓展知识视野、完善知识结构。林健通过研究“卓越计划”对于人才培养标准的变革，认为卓越计划的培养过程是由通用标准、行业标准和学校标准三部分构成的而标准体系所引导的[7]。天津大学经过调查和研究，拟制了“工程创新人才基本要求大纲”，主要从工程创新人才的品行、能力、知识三个维度将培养目标进一步细化，初步提出了对工程创新人才的具体要求[8]。但是目前对行业标准和学校标准的研究都只是概念框架，61个试点学校都还没有出台具体的标准和素质要求。

2.“卓越工程师”培养模式

很多专家都认为“校企合作”是一种非常重要的培养方式。文献［8］认为卓越教育需要变学校教育为产学合作教育；文献［9］介绍了湖南工程学院实施“卓越工程师教育培养计划”的经验——校企合作培养“卓越工程师”，该校学生在企业学习阶段主要采取了“轮岗实习”和“项目设计”相结合的培养方式。文献［10］还通过分析工程类大学生创新能力培养的现状及存在的问题，提出了“卓越工程师”创新能力应通过构建校企合作联合培养的新机制是改善现状的有效途径。张荣沂认为学生在学校期间就要不断地培养和提高他们的综合能力，产学有机结合与校企共建是卓越工程师培养的大趋势[6]。李博在《培养卓越工程师：比较视野下工程硕士培养模式创新》一文中指出“卓越工程师”培养的关键在于形成校企一体化的培养体系；清华大学的林健也认为卓越工程师培养需要创立高校与行业企业联合培养人才的新机制，以其从根本上解决工程人才培养中校企脱节的现象。张智钧从目前社会对人才的需求与我国现行的教育制度、模式、观念存在的矛盾出发，从探讨卓越工程师的内涵为切入点，对卓越工程师的培养模式进行了研究与探索，认为卓越工程师培养模式不仅要注重在校内培养阶段的培养，还要注重企业培养阶段的培养，而要提高后者的培养质量，需要优选企业（大型国有企业作为合作方）、探索校企联合培养的模式（分时分段原则，根据企业需求和学校培养定位，确定学生到企业学习阶段的培养目标和标准）、探索校企合作模式（建立校企间人才培养、研发等多方位的合作模式）。

除“校企合作”之外，傅越千和楼建明针对电器应用型卓越工程师的培养途径进行了深入研究，提出了小班化、工程项目驱动、从纸上谈兵到亲临实战到企业学习等培养策略；文献［14］从学科专业特色的视角探讨了“三海一核”特色方面卓越工程师培养模式，包括产学合作、构建开放式培养体系等。对于现行应用型、教学型工程教学院校的土木工程本科人才培养模式的人才培养定位模糊，个性教学缺乏，实践性教育缺位，教师队伍的非工程化趋向严重，导致培养的人才与社会需求的现象，文献［14］以专业卓越工程师的培养及培养模式为研究目标，立足于卓越工程师培养，以学生实践能力、创新能力和创业能力为主线，与国家土木工程执业资格对接，探讨改革教学内容和课程体系。

龚克认为，必须形成开放的培养体系，努力使教室内外、校园内外、国境内外的培养相互配合，构成有效地多要素、多形式的一体化培养过程，才能保障卓越工程师的质量[16]；阚树林也认为，卓越工程师的培养可以通过开拓国际化培养途径实现，包括探索国际合作模式、合作开展毕业设计和课程设计、海外学习交换生项目、国际课程的学习等。

至于校企合作的内涵，很多专家也给出了解释，其中清华大学林健的观点比较有代表性。因为行业部门掌握本行业的发展趋势、技术前沿和人才需求情况，应该发挥他们在人才培养方面的指导作用。企业拥有高校不具备的最先进的生产设备和制造技术、真实的工程环境以及经验丰富的工程师，这些对工程人才的培养至关重要。高校和行业企业联合培养人才机制的内涵有：在培养标准上，教育界按照工程人才培养的规律，与行业部门共同制订行业标准，满足工业企业界的基本要求；在培养方案的制订和实施上，高校与企业一道共同制订培养目标、共同建设课程体系和教学内容、共同实施培养方案、共同评价培养质量；在培养过程中，分为校内学习和企业学习两阶段，本科及以上层次学生要有一年左右的时间在企业学习，学习企业的先进技术和先进企业文化，深入开展工程实践活动，参与企业技术创新和工程开发，培养学生的职业精神和职业道德，企业要承担企业学习阶段的各项教学与实践工作；在学科专业设置和课程体系构建上，充分听取和吸纳行业企业的意见建议。

3.“卓越工程师”对课程体系及教学的影响

周雪梅认为，面向卓越工程师培养计划首先需要做到课程体系改革，该体系应该包括公共基础课、专业基础课、专业课、素质与能力拓展课所组成，涵盖专业领域发展最新动态与成果，将新知识或技能引入教学中[18]。文献［4］按照通用标准与行业标准的要求，将课程设置按纵向层次搭建2个平台，即基础教育课程平台、专业教育课程平台；按横向分类为理论教学环节和实践教学环节。

4.“卓越工程师教育”具体方案研究

卓越工程师教育培养计划的实施是涉及学校、企业、教师、学生各个方面，环环相扣的系统工程。因此专家学者们对如何开展卓越工程师教育分别从不同的环节和方面进行了具体研究。

王文燕等人对认识实习环节所采取的课程及生产时间教学模式进行了探讨并给出了实效描述，认为专业认识实习需要分成四部分进行：前期准备、生产现场实习、专题讲座及交流沟通、过程小结及后期结尾［19］。文献［20］结合土木工程专业的特点，对该专业卓越工程师培养的顶层设计和实验班体系进行了创新研究。认为可以通过开办“卓越工程师培养计划实验班”来验证、总结、完善人才的具体培养方案[20]。

沈阳建筑大学以工程管理专业为基础，也提出了对“卓越管理工程师”培养的期许与理解（刘亚臣，2010）。

5.“卓越工程师计划”与师资建设

张荣沂等人探讨了应用型本科院校必须建设一支工程实践能力强的师资队伍，定期组织安排具有一定背景的教师到企业、行业中加强新的工程知识和新技术的学习和应用[5]。

王贵成和张明雷对“卓越工程师教育”中青年教学能力培养进行了系统的研究，认为工科青年教师需在实践教学能力、双语教学能力和工程教育研究能力等方面不断改善与提高[21]。

鲁烨等人从“卓越工程师”培养德视角探讨了工科类大学教师的专业化问题，强调了工科类大学教师的工程实践性、技术创新性、工程国际性及人文社会性[22]。

王少怀等人认为，通过“产学研”结合，锻造“双师型”教学团队，聘请具有高学历、有丰富工作经验、具备高级职称的企业高管人员到校任教是实施“卓越工程师教育培养计划”的关键[23]。

由此可见，目前对卓越工程师的研究很多都集中在“校企合作”方面，但是对于如何构建校企合作、探索校企合作的政策制定等问题都是浅尝辄止，没有给出系统的结论或建议。另外，如何结合执业制度深入探讨专业的课程设置、实践环节等问题还没有进行相关研究，而这两个方面都是卓越计划能否成功的关键。

三、卓越工程师研究的趋势分析

综合相关文献内容及发展态势，卓越工程师研究呈以下发展趋势。

（1）将从专业化角度不断丰富卓越工程师的内涵。未来五年各个高校需要结合自身的特色专业和专业发展情况，详细制定适合其发展的工程师培养方案，并颁布实施细则，不断丰富卓越工程师的内涵。

（2）将从系统化角度完善卓越工程师的培养模式。未来几年各高校将结合学科发展不断探索新型的教学模式，做到校企深层次战略与技术合作、对接社会需求、重视实践动手能力培养等多环节为一体化的卓越工程师的培养模式。

（3）将从社会化角度不断细化各专业的卓越标准。未来将在实践性较强的学科如自动化、机械设计、工程管理、工程造价等专业设立各专业的基本能力标准、优秀能力标准和卓越能力标准，以提高专业人才对自己发展空间的认识和能力。

（4）将从梯队化角度加强卓越工程师的“双师型”师资队伍建设。卓越工程师培养的关键是师资队伍的建设，未来几年就如何打造不同学科“双师型”队伍成为研究的突破点。

参考文献

[1] 张安富，刘兴凤．实施“卓越工程师教育培养计划”的思考［J］．高等工程教育研究，2010（4）：56－59.

[2] 孔寒冰．国际工程教育前言与进展2007［M］．杭州：浙江大学出版社，2008：38－39.

[3] 卡尔恩斯特·费希特．德国应用科学大学的新发展［C］//应用型人才培养的理论与实践：首届中德论坛（杭州）文集．北京：高等教育出版社，2008.

[4] 赵韩强，韩宝龙，赵东方，等．国外大学产学合作教育对我国实施卓越工程师教育培养计划的启示［J］．高等理科教育，2010（4）：49－52.

[5] 造就一批高层次工程技术人才：教育部“卓越工程师教育培养计划”实施进展综述［J］．中国建设教育，2011（1）：96－97.

[6] 张荣沂，须莹，付彦虹，等．应用型本科院校培养卓越工程师应具备的素质［J］．交通科技与经济，2010（6）：126－128.

[7] 林健．谈实施“卓越工程师培养计划”引发的若干变革［J］．中国高等教育，2010（7）：30－31.

[8] 龚克．转变观念 大胆试验 建立卓越工程师教育培养的中国模式［J］．中国高等教育，2010（10）：10－12.

[9] 李博．培养卓越工程师：比较视野下工程硕士培养模式创新［J］．理工高教研究，2010（8）：79－82.

[10] 宋佩维．卓越工程师创新能力培养的思路与途径［J］．人才培养，2011（7）：

25 – 29.
[11] 阚树林. 上海大学机电工程与自动化学院卓越工程师培养举措 [J]. 仪器仪表学报, 2010 (8): 298 – 300.
[12] 张智钧. 浅析高等教育卓越工程师的培养模式 [J]. 黑龙江高教研究, 2010 (12): 139 – 141.
[13] 傅越千, 楼建明. 电类应用型卓越工程师培养途径的研究 [J]. 宁波工程学院学报, 2010 (12): 67 – 71.
[14] 崔媛. 基于学科专业特色的卓越工程师培养模式: 来自哈尔滨工程大学的实践 [J]. 煤炭高等教育, 2011 (1): 66 – 69.
[15] 陈金陵, 梁桥, 彭利英. 教学型高校土木工程专业应用型卓越工程师培养模式研究初探 [J]. 高等学校土木工程专业建设的研究与实践, 2011 (3): 174 – 180.
[16] 龚克. 关于"卓越工程师"培养的思考与探索 [J]. 中国大学教学, 2010 (8): 4 – 5.
[17] 唐勇奇, 等. 校企合作培养卓越工程师: 以湖南工程学院实施"卓越工程师教育培养计划"为例 [J]. 教育探索. 2010 (12): 71 – 74.
[18] 周雪梅, 腾靖. 面向卓越工程师培养的教学改革研究 [J]. 中国科教创新研究导刊, 2011 (5): 50.
[19] 王文燕, 袁科, 付勇智. 卓越工程师培育过程中专业认识实习的意义及教学模式探讨 [J]. 中国电力教育, 2011 (4): 140 – 141.
[20] 陈金陵, 梁桥. 教学型高校土木工程专业应用型卓越工程师培养模式研究初探 [J]. 中国建设教育, 2010 (11): 35 – 39.
[21] 王贵成, 张明雷. "卓越工程师教育"中青年教师教学能力培养研究 [J]. 煤炭高等教育, 2010 (3): 91 – 93.
[22] 鲁烨, 宋建军, 杨春艳. 基于"卓越工程师"培养的视角论工科类大学教师专业化 [J]. 教育与职业, 2011 (9): 82 – 84.
[23] 王少怀, 刘羽, 黄培明, 等. 实施"卓越工程师教育培养计划"打造"双师型"教学团队 [J]. 中国地质教育, 2010 (4): 63 – 65.

作者简介: 齐宝库 (1956—), 管理学院党委书记, 教授, 硕士生导师。研究方向是工程项目管理。

浅析当今高校学生社团管理工作

钱施光

（沈阳建筑大学　沈阳　110168）

【摘要】作为实施素质教育的重要阵地、学生活动的舞台和校园文化的载体，学生社团数量大批量增长，社团活动广泛开展。如何发扬学生社团在高校素质教育中的作用，积极探索学生社团的管理模式，引导学生社团向着健康有序的方向发展，已经成为高等院校学生工作的重要课题。笔者结合沈阳建筑大学学生社团建设，对学生社团的作用和存在的问题进行剖析，并提出了改进意见。

【关键词】学生社团；第二课堂；素质教育；社会实践；思想政治教育

一、当前学生社团发展中存在的问题

（1）学生社团管理存在着制度不完善、落实不到位，结构松散，领导力量薄弱的问题。学生社团是学生自愿组织、自愿发展的群众性组织，因此，结构较为松散，缺乏相应的制度约束。这几年来，为进一步加强学生社团的管理，学校有关部门制定了一系列的规章制度，但是国家和教育部门层面的制度相对缺乏。由于社团相对松散和自发性的特点，导致普遍存在一种“一管就死、一放就乱”的现象。在人员组成方面普遍存在“大一进、大二退、大三留几个”的现象，导致社团人员流动性很大，致使一些好的制度和经验不能被有效传承。

（2）社团活动质量参差不齐、多而不精，同质化现象严重，学生满意度不高。近年来，随着90后的学生成长起来，学生思想日渐开放，学生社团数量短时间内激增，学生社团活动开展得如火如荼，大致可分为：志愿服务、体育健身、文学艺术、书法绘画、学术交流等，内容广泛，数量众多。但正是由于数量过多，这些社团存在着严重的同质化现象，鲜有精品社团脱颖而出。

从当今众多高校的学生社团建设看，虽然社团组织较多，但是很大一部分管理松散、活动无新意，不能引起学生的兴趣，导致学生对社团活动的满意程度较低；只有少数社团活动被学生认为是丰富多彩的、有意义的。

（3）商业氛围浓厚，功利主义严重。学生社团的主要经济来源是外联部学生去社会上“拉赞助”。校园是一个蕴含潜力的消费市场，很多企业给予社团资助，是为了社团帮助其在校园内进行企业宣传或者产品推介。社团活动作为新兴的动态媒体广告资源，蕴含着不可估量的宣传效益和经济效益。当然，也不排除一些企业和社会组织出于社会责任感而资助学生社团，但总体数量不多。

二、新时期学生社团管理工作的思考

学生社团是大学生接受思想政治教育和进行社会实践的重要阵地，同时还是大学生锻炼自我的重要途径。随着高校学分制度改革的不断深化，可供学生灵活支配的时间更多。学生社团已渐渐成为学生学习和生活的第二课堂，成为重要的学生聚集地。进一步加强和改进对大学生社团的指导和管理，是学生社团制度化、规范化建设的必然要求，是学生社团健康、可持续发展的必由之路。

1. 统一管理，自主活动，充分发挥社团的素质教育阵地的功能

根据学生社团群众性强的特点，应制定一套“管而不死，活而不乱”的社团管理条例规定、合理的组织行为评价体系、奖励与监督制度，以纠正和杜绝一些不正确的组织行为。

一方面，为了便于统一管理，可以考虑对多而不精、同质化现象严重的社团进行整合，消除各自为战的割据局面。这样一来，既便于学校管理、监督和正确引导学生社团发展方向，又加强了与社团之间的交流，营造和谐管理，即让社团自觉把自己置于学校党、团的领导下，坚持正确的政治方向。这样才能较好地开展工作，充分发挥学生社团活动的宣传功能、教育功能、宣传功能、实践功能、感化功能、辐射功能。另一方面，完善奖励、惩罚制度，加强对社团经费管理，使其制度化、透明化，并将其纳入“明星社团”“优秀学生社团”“优秀社团干部”“优秀会员”等荣誉评选标准。学校亦可对学生社团投入一定费用，加大支持力度。

2. 让学生社团作为辅助第一课堂学习的阵地

第一课堂是学校向大学生传授理论知识的主阵地，学生社团为共同关注某个领域的大学生提供了无拘无束的学术交流空间和实践探索的平台，可以起到辅助和深化专业学习的功能，把专业知识的“第一课堂”拓宽到学生社团的“第二课堂”。同时激励社团组织开展内容丰富、形式新颖、学生喜闻乐见的校园文化活动，加强建设能够推进校园文化的节日活动、主题活动。丰富多彩的社团活动，可以让学生有事可干，从而可以更好地杜绝大学生“宅宿舍”和迷恋网络的现象。

社团活动要坚持“二个不违”“三个促进”的原则，即不违反法律法规，不违反学校规章制度；促进营造良好的校园文化氛围，促进学生非专业素质和专业素质的提高，促进营造良好的校园文化氛围。

3. 为学生社团配备辅导员，建立团支部，从而加强社团思想政治教育功能

学生社团成员之间兴趣爱好一致，有更多的共同语言，彼此容易进行思想交流，把学生社团这种非正式群体作为自己学习、实践、成才的阵地。可以在这块阵地进行思想政治教育，选择条件成熟的学生社团还可以率先建立党、团组织，扩大社团党建、团建工作的辐射力，以便能够更有效地指导社团开展活动，提高学生社团举办活动的质量。这样，我们在重视学生社团成员素质教育的同时，又不放松其思想政治素质教育，充分地发挥学生社团思想政治教育功能，不失为打造大学生思想政治教育新阵地的有效措施。

4. 把学生社团作为学生干部人才培养的阵地，培养和造就一批作风正派、素质过硬、业务精通的学生干部骨干力量

要重视和抓好学生社团干部的选拔、培训和管理工作；选配一些德才兼备的、有相关专业知识的教师担任学生社团的顾问和指导教师；社团指导教师应计入相应的工作量，并在经费上给予一定的支持。

5. 加强思想教育工作

选择学生社团内有特长、有威信的学生干部作为骨干，因为他们的兴趣对社团的发展方向往往有决定的作用。培训骨干，加强思想教育工作，提高素质，充分发挥广大学生的聪明才智，调动他们的积极性，坚持从人的全面发展的高度出发，挖掘人的创新潜能，促进人的个性和谐发展，进而让这些社团骨干带动其他同学共同前进，从而把握社团活动发展的方向，组织开展与社团宗旨一致的各项活动。

6. 完善相应的制度

为进一步做好对学生社团主要干部的管理工作，充分发挥学生社团干部的作用，应拟定相应的管理制度：第一，规范学生社团干部的任用工作，让真正有能力的学生得到历练。第二，增加对学生社团干部培训、考核工作，针对不同工作性质社团干部进行不同内容的培训，有计划地吸收他们参加党校、团校进行学习，帮助他们提高思想政治素质和对社团管理工作的水平。第三，明确社团干部身份，将社团干部纳入院系学生会干部的系列进行培养和管理。

因此，学生工作部门应该加强对学生社团的关注、管理和支持，可以通过开设培训班提高社团成员的思想素质，树立"以学生为本"的基本工作思路和原则。

四、结　语

高等院校学生社团管理工作是关系到高校学生工作和素质教育的一件大事，社团是丰富校园文化的阵地，也是培养综合性、高素质人才的摇篮。因此应该正视学生社团工作的现状，并研究解决的方案，让学生社团吹响和谐校园的冲锋号，奏响和谐校园的新乐章。

参考文献

[1] 吴笑兵．新形势下高校学生社团建设与发展的新思路［J］．青少年研究，2007（4）：30－32.

[2] 李研．对完善高校学生社团的几点思考［J］．教育研究．2008（1）：217－218.

[3] 张建国．思想政治教育视角下的高校学生社团建设［J］．河南教育：高校版，2006（6）.

作者简介：钱施光（1981—），管理学院学生工作办公室，讲师，硕士。主要研究方向：大学生思想教育。

试论以专业教育为核心的大学生思想工作

苏立红

（沈阳建筑大学　沈阳　110168）

【摘要】本文阐述了以专业教育为核心的大学生思想工作的内涵，指出了以大学生职业生涯规划为线索的专业教育思路，明确了以专业思想教育、学风建设和就业指导工作为专业教育的主要内容。

【关键词】大学生；专业思想；职业生涯规划；学风

从1999年起，我国开始了大规模的高校扩招，我国高等学校在校生总规模空前扩大，毕业生面临着越来越严峻的就业形势。如何提升毕业生的竞争力，在众多求职者中脱颖而出引起了很多专家和学者的关注。因此抓住专业教育核心开展大学生思想教育活动，具有十分重要的现实意义和长远意义。专业教育也称“专门教育”，是培养各级各类专业人才的教育。专业教育是学生职业发展的起点，是学生未来生存发展的基石，是培养学生学习能力和综合素质的重要载体。以专业教育为核心的教育模式，强调要把握学生成长成才的主流，抓住职业生涯规划的关键所在，运用科学的方法与手段，从而达到教育工作的实效。即以职业生涯规划为线索，通过专业思想教育和学风建设并结合就业指导，对学生进行专业兴趣、人才培养定位和职业理想方面的引导，使学生不断提升专业素质，对从事的专业充满向往和追求，从而形成指导行动的精神动力。

一、以大学生职业生活规划为线索

1. 大学生职业生涯规划的作用

大学生职业生涯规划是指学生在大学期间进行系统的职业生涯规划的过程。它包括大学期间的学习规划、职业规划、情感规划和生活规划，职业生涯规划的有无及好坏将直接影响到大学期间的学习生活质量，更直接影响到求职就业甚至未来职业生涯的成败。从狭义职业生涯规划的角度来看，此阶段主要是职业的准备期，主要目的是在于为未来的就业和事业发展做好专业准备。

大学生进行职业生涯规划的现实意义体现在多个方面。首先，职业生涯规划可以帮助学生避免盲目就业。通过职业生涯规划，学生能够正确认识自身的特性和潜在的优势，能对自己的价值进行全面的定位，从而避免在择业当中出现的各种高不成、低不就，最后只好盲目就业的现象。其次，职业生涯规划可以增强学生应对社会竞争的能力。当今社会，竞争日益激烈，要在竞争中占据有利位置，就要找到一个适合于自己发展的平台，尽可能地避免到处求职、频繁跳槽。这样不仅增长不了知识，还耗费了青春，更有可能挫伤个人的积极性，消磨了对工作的热情和锐气。职业生涯规划能帮助学生未雨绸缪，为他们走出象牙塔后找到一个比较好的起点。再次，职业生涯规划有利于人才在市场上的合理配置。学生盲目就业实际上给人才市场造成了混乱的局面。人才供求局面的混乱，往往造成两败俱伤的结果，一方面学生在竞争中找不到适合自己的岗位，只好盲目就业；另一方面，庞大的应聘队伍增加了公司选拔合适人才的难度，甚至招不到合适的人才。职业生涯规划把学生引导到了人职匹配的择业道路上，为人才市场的供求理顺了秩序。

2. 目前开展大学生职业生涯规划存在的问题

(1) 职业生涯规划的理念没有普及。

目前，虽然大学生职业生涯规划的问题越来越受到各高校的重视，但真正普及的面还不够，还有很多高校没有涉及给学生进行职业生涯规划的工作，有些学校虽有接触，但也没有真正开展起来。其次，现有的一些调查资料也表明，我国大学生职业生涯规划的普及工作还远远滞后。此外，还有调查发现，很多大学生认为在大学阶段进行职业生涯规划为时过早，误以为职业生涯规划是走入社会后自然而然就会做的一件事。这些调查结果都反映出，一部分高校对职业生涯规划的知识和重要性没有向大学生进行有效的普及。

(2) 时间安排不够合理。

职业生涯规划不是一蹴而就的事情，也不是就业和成才的灵丹妙药，它需要指导教师和学生身体力行去实践。而目前大学生职业生涯规划存在的一个普遍问题是，只给毕业班学生举办讲座或者在大四开设“职业生涯规划”的课程，有如把职业生涯规划当作了学生就业的“急救药”。时间安排上的不合理，使得职业生涯规划形同虚设，根本不能对学生产生积极的影响。

(3) 测评工具的专业化程度不高。

职业生涯规划是通过自我认识和分析来确定职业发展，自我认识首先可以通过测评来实现。目前，市面上的测评试题不胜枚举，但水平参差不齐。大部分测评工具是针对社会群体开发的，对大学生并不适合；有些是非专业人员开发的，测评工具缺乏信度和效度，诸如此类的问题在现有工具当中并不少见。

(4) 缺少专业的指导人员。

目前，许多高校就业指导中心还没有专门的职业规划师，一般是由做学生工作的教师或者思想政治辅导员来指导，而这些指导者往往缺乏相应的专业知识和技能。众所周知，我国的教育体制在某些方面还存在着很大的弊端，例如高考志愿的选择由家长作主，学校和专业的选择没有考虑学生自己的意愿等，因此上大学后仍有相当的大学生没有明确的发展目标。专业指导人员的缺乏对学生的职业生涯规划影响较大。

3. 开展职业生涯规划的对策与思考

(1) 理念的灌输与普及。

首先是学校自身要认识到职业生涯规划对大学生发展、对学校发展的重要性，并把它作为实实在在的工作来开展，而不是流于形式或者只是为了完成任务；其次是就业指导中心要做好宣传和教育的工作，让学生主动地、热情地、负责地参与到自己的生涯规划活动中来；再次是要做好学校与学校之间、地区与地区之间的沟通和交流工作，互相汲取经验，借鉴方法，更好地促进大学生职业生涯规划在全国的各所高校中开展起来。

(2) 合理安排时间。

从目前大学生职业生涯规划时间安排不合理的情况来看，解决的关键是有针对性地进行。不同年级确立不同的目标，并开展不同的指导。例如，一年级时，使学生认识到职业生涯规划的重要性，初步了解职业内容，了解自我，可以在新生入学教育中强调职业的发展应从大学生入校开始，带领新生参观高年级学生的实习基地，了解未来工作的基本条件，组织新生与高年级学生座谈，听取高年级学生在学习和就业方面的建议和经验，邀请专家，举办大学生职业生涯规划必要性方面的讲座，鼓励学生参加学生社团活动，在学年末，建议学生写自我总结，剖析对个人能力和未来职业等方面的认识和体会。二三年级时，力争使学生了解社会需求情况，掌握一定的求职技巧，利用多种渠道收集与就业相关的信息，初步确定自己长期发展的职业目标，可用的途径有开设职业生涯规划辅导课，邀请社会上不同行业的人士来校介绍本行业的发展趋势和对人才的要求等。四年级时，通过各种职业生涯规划的教育指导，使大学生顺利就业或继续深造，可以督促学生对前三年的准备做总结，检验已确立的职业目标是否明确，准备是否充分，组织学生进行模拟招聘，帮助学生完善求职材料，举办就业政策、就业程序的讲座，组织学生毕业实习等。

(3) 开发一套适合大学生的职业生涯规划系统。

大学生群体的特殊性决定了他们进行职业生涯规划的特殊性。因此，高校就业指导中心有必要选择专业化的评介工具，或者可以凭借内部专业人员的力量进行开发，或者联合外部的测评机构共同开发。大学生职业生涯规划系统工具的开发是一项具有重大实际意义的工作，需要开发者从大学生自身的特点出发，注重专业性、实践性和经济性的结合。

(4) 建立高素质的专业指导队伍。

一方面可以加强对就业指导中心教师的专业技能培训，使他们掌握职业生涯规划的知识和程序，朝专业化的方向发展。另一方面，通过引进专业人士来加强师资队伍建设。如引进心理学专业人员或者从事职业研究的相关人员，他们一般都具备职业生涯规划的知识，不仅能够对学生进行指导，而且还能为他们进行实际的规划。

二、明确专业教育的内容

专业教育的内容可以归纳为以下四点。

(1) 专业认知教育。让学生对专业的内涵和外延、专业发展历史和发展趋势、专业的特点和意义以及专业课程体系等基本概念形成系统认识，从而形成专业理念。

(2) 专业学习教育。对专业知识、技能、学习方法进行教育培养，提升学生学习、就业和职业发展的竞争力。

(3) 综合素质培养。拓宽专业教育的外延，好的专业教育应该能促进人的完善和综合素质的提高，否则培养出来的只是“机器”。

（4）就业教育。为学生引导方向、确立目标和提供达到目标的途径，并进行就业指导和职业生涯规划。根据以上内容，本文重点从专业思想教育、学风建设和就业指导的角度谈专业教育。

1. 专业思想教育

专业思想教育是针对学生专业思想问题所进行的积极引导，以稳定新生的专业思想，促进他们成长成才。具体要结合专业发展，让学生了解专业与职业发展的关系，了解从业方向对人的素质的要求，引导学生转变角色，适应大学生活，树立牢固的专业思想，养成自觉学习的习惯。把握专业教育的最佳时机——大一入学。

（1）大一新生专业思想问题的集中表现。

① 上进心松懈，学习意识淡漠 。进入大学以后，学生从紧张的高考中走出来，普遍有“解放”的感觉，加之有个别高中教师错误地引导“大学60分万岁”，致使学生思想上产生了懈怠，放松了对自己的要求：学习观念淡薄，不把主要精力放在学习上，游戏娱乐、沉溺网络风气盛行；学习纪律意识松懈，缺勤、迟到、早退现象严重；学习干劲和持久力差，很多学生高中时期优秀而进入大学后却成绩平平甚至很差。有些学生厌恶学校的规章制度，总想冲破纪律的束缚。

② 迷茫与困惑导致的厌学心理。新生入学后，普遍对所学专业缺乏认识和了解，总认为自己的专业比别人的差，专业思想极不稳定，这种先入为主的思想容易造成学习的盲目和茫然。随着时间的推移，初入校门的那种新鲜、好奇、兴奋也被无聊、郁闷和迷茫所取代，学习不安心，对专业学习不感兴趣，成绩不理想，甚至产生“厌学”心理。如有的学生一入学就要求转专业、退学；有的学生对专业不感兴趣，学习没有动力。

③ 学习焦虑与盲目。部分大学生因为没有考上理想的学校而内心十分失落，这种失落往往伴随着自卑感。还有些同学在入学前对大学十分神往，他们往往带着挑剔的有色眼镜观察校园的环境变化。但学校的现实与学生的理想总会有些差距，这种差距调适不过来，就会导致学生情绪失落。同时，大学以自我管理为主的学习模式也让很多习惯了“一切由老师安排，学生照做就行”的新生无所适从，他们不知道合理安排自己的时间和精力，往往一进校门就参加了好几个社团或者去竞选好几个学生组织，每一天都忙于参加各种学生活动，根本没时间进行专业学习，等到发现要期末考试了，才突击复习，效果可想而知。

④ 就业焦虑。近年来，日趋激烈的就业竞争给在校大学生带来了新的压力。想到大学毕业以后面对的就业形势，在各种复杂情况面前表现出难以把握、无可奈何，也使部分同学处于焦急和忧虑之中，以至于得过且过混日子。

（2）专业思想教育的具体对策。

开展专业思想教育，要紧密联系学生的思想实际和变化规律，根据不同年级学生的特点，对大学专业思想教育从内容、层次、时间上都做系统的计划安排，从学生进校直至毕业不间断地进行。

① 根据大一新生的特点，开展有针对性的专业思想教育。了解专业、了解专业发展、了解专业学习的特点、难点，做好专业学习规划与职业生涯规划。

② 把握专业思想教育的最佳时机。没有牢固的专业思想，就没有学习的兴趣和效果。大一新生刚刚入学，他们思想尚未稳定，对学校和所学专业不甚了解，有的还没有目标和追求。在入学教育中进行专业思想教育，不仅可使学生较全面地了解所学专业、课程设置的必要性，提高学生专业学习的信心和兴趣，促使学生树立牢固的专业思想，而且还可以促使学生确立远大职业理想，激发学生新的生命激情。

③ 就业教育和专业思想教育相结合，做到专业教育与就业指导相得益彰。许多学生存在专业思想问题，主要是担心将来找不到工作，对自己择业的惧怕心理造成的、我们应根据不同年级学生的不同特点，从学生一入学就开始进行职业常识、就业政策和就业形势教育，逐步树立和培养学生的就业和创业意识，使学生对未来的专业前途充满信心。一是可以邀请校外的专家、经理人到校就就业观念、求职方法和人才需求信息等进行讲座，解除学生的疑惑；二是利用节假日组织学生到人才市场、大中型企业进行调研，了解用人单位对人才的知识、能力和素质的要求，使学生有针对性地锻炼自己，完善自己；三是鼓励学生利用所学的专业知识，从事一定的社会实践活动，如见实习、自主创业等，并在实践中找准发展方向，不断提高完善自己。

④ 利用校园文化活动平台开展专业思想教育。由于学生的家庭背景、个人兴趣爱好不同，大学生存在的专业思想问题也千差万别。如果带着思想问题去学习自己不喜欢的专业，学生学习的积极性肯定不高。应多角度、多层次地强化专业思想教育，如邀请学术界知名的专家、教授，通过学术报告会、专业座谈会，外出参观或组织同学结合本专业积极开展社会实践活动等方式，使学生明确和了解所学专业的特点、专业方向、专业优势、培养目标、就业方向等，激发学生学习专业的积极性，从根本上端正学习态度。

⑤ 社团组织也是重要平台。例如可以组织兴趣相同的学生成立各种兴趣小组，利用业余时间为社区服务，在服务中体现他的专业价值和成就感，这样也能够把一定的道德要求化为自身的需要。

总之，专业思想教育既需要根据大一新生刚进入学时集中时间有针对性地开展，又需要贯彻于学生在校期间的整个学习活动中。专业思想教育的成功与否，是关系到能否真正培养出高质量人才的重大问题。只有重视专业思想教育，把专业思想深入到每名学生心中，奠定牢固的思想基础，才能调动学生学习的积极性、创造性，才能培养出具有一定基础知识水平和专长的高素质人才。

2. 学风建设

学习是专业教育的核心，因此学风建设也是专业教育的首要任务。学风建设是高等学校永恒的主题，是全面贯彻党的教育方针，是高等学校实现培养目标的重要条件，是衡量办学水平的重要标志。良好的学风是一种潜移默化的巨大而无形的精神力量，时时刻刻都在对学生产生着强烈的熏陶和感染，激励学生奋发努力，健康成长。

（1）当代大学学风问题。

学生进入大学后，普遍存在思想松懈的状况，缺乏学习目标，部分学生上完课后无所事事，从而就容易沉迷于上网，玩游戏。由于学生学习目标不明确，没有学习压力，缺乏学习的内动力，从而导致学生放松了学习。对于当前学风问题，国内的主流观点主要有以下几个方面：

①“不知道为什么要学习”——缺乏明确的学习目的，学习态度不端正；

②“不知道该学习什么”——学习方法不得当，存在着被动灌输的倾向；

③“不想学习”——专业思想不稳定，存在厌学情绪；

④“不知道该怎么学习”——不能正确地处理好学习与生活、工作等方面的关系。

（2）加强学风建设的具体对策。

① 帮助学生树立学习目标。很多学生不想学习，主要原因是进入大学没有明确的学习目标，因此，通过“两课”、辅导员个别谈话以及各种讲座，加强学生的理想和职业生涯规划教育，端正学生的学习动机，树立个人的学习目标，引导学生认真做好职业生涯发展规划和大学四年的学习发展规划。

② 巩固专业思想。专业思想的巩固与否直接影响学生学习的积极性，专业思想的教育仅靠新生入学的教育是不够的，应该贯穿于整个大学的学习。因此，针对不同年级不同专业要根据学生所学专业课的特点，开展形式多样的专业学术活动和社会实践活动，加强学生的专业认同感，引导学生巩固专业思想，培养专业情感，增强专业兴趣，从而激发学生的学习兴趣。增强学习的内动力，才能积极投入学习。

③ 重视心理教育。心理素质是学生的一项基本素质，直接影响着学生学习活动的开展。学校应重视学生的心理健康状况，通过开展各种校园文化活动引导学生学会缓解压力，调解情绪，保持身心健康的发展，增强成才意识和竞争意识，锻炼和培养各种能力，以心理健康教育促进学风建设。

④ 加强制度建设，以制度促学风。首先，学风建设既要靠教育引导，又要有规范的制度和严格的管理作为保证。建立长效机制，就是要完善学分制下学籍管理条例中相关的规章制度。学校应该健全包括学籍管理制度、学生处罚制度、请假制度和考试纪律等在内的学生管理制度；加强课堂管理，保证课堂纪律；严抓考风考纪，倡导诚信考试；实行必要的淘汰制，促使不努力学习的同学产生危机感和压力，形成公平竞争的环境。其次，抓学风建设不仅要健全学生管理制度，还要积极引导学生了解制度、遵守制度、维护制度，自觉用制度约束自己的行为。狠抓考勤，提倡诚信考试，与学生签《诚信承诺书》等，都是加强学风建设的有效方法。建立长效约束机制，可以增强学生的纪律观念和责任意识，保证良好的教学秩序，促进高校的学风建设。

⑤ 加强教风建设，以教风促学风。完善课堂教学质量评估制度，履行教书育人的职业道德，加强对年青教师的指导，提高年青教师的教学水平。同时，学院应积极打造师生交流的平台。定期开展专业教师和学生的座谈会，听取学生对教学上的意见，促进师生的交流，提高教师的教学水平。

⑥ 全面提高学生的科研能力，以科研促学风。第一，营造学术氛围，举办“专业名师”系列学术报告。以学术讲坛为载体，开设名师讲座，邀请相关专业的著名专家举办学术报告，用他们严谨治学的作风、奋斗求索的科学精神鞭策学生，同时让学生了解专业学科的最新研究进展，加深学生对专业的了解，从而活跃学术气氛，

营造良好的学术氛围。第二，鼓励学生积极参与科技创新项目。以科技创新活动为载体，培养学生的学术意识和科研意识。鼓励高年级的学生积极参与科技创新项目和教师的课题。学校和学院每年都有科技创新项目，对学生的科研活动给予经费上的支持，通过引导和资助学生参加科技活动，培养学生的科研能力，对在学习、科研和重大比赛活动中取得优异成绩的同学给予表彰和宣传，加强典型示范教育，为广大同学树立学习的榜样，塑造浓厚的学术氛围。第三，举办科研竞赛。鼓励学生参加各种学科竞赛，以赛促学，使学生在争先创优的活动中树立自信心，把课堂学到的专业知识应用于实践，增强了学生对专业的兴趣和认同感，从而增加了学生学习的积极性。

3. 就业指导

高校就业指导是指“对大学生进行职业观教育，指导学生进行职业选择分析、职业心理分析和职业生涯涉及的过程，也是提供职业信息和进行职业素质培训的过程”。通过这一过程，既要帮助大学生顺利实现初次就业，完成由学生向职业人的社会角色转变，又要帮助学生找到适合自己个性和能力发展的匹配度较高的职业，同时培养学生自主发展的意识、理念和能力，进行职业发展的规划与设计的能力。这一过程涵盖着高校就业指导四个方面的角色职能：提供信息、引导观念、促进能力、整合资源。

（1）现阶段高等学校就业指导工作存在的问题。

改革开放以后，特别是随着高等学校毕业生就业制度改革的深入，高等学校毕业生就业指导工作全面铺开，但发展比较滞后，尚处于低级阶段。缺乏理论指导，缺乏基于就业能力提升的运作逻辑。表现出诸多弊端，主要表现为以下三个方面。

第一，就业指导教育的形式单一，内容单薄，较多地停留在政策解说、信息发布、技巧指导这三大方面上，过分强调暂时的实用性和时效性，没有从大学生就业能力提升的角度进行全方位教育和指导，因此难于促进大学生就业，甚至掩盖了“就业难”的问题。

第二，就业指导教育一般安排在大四进行，这种“临阵磨枪式”的就业指导尽管是必要的，但在激烈的竞争中对毕业生就业起不了根本性的作用。其主要原因在于这种就业指导模式对提升大学生的就业能力作用不大，因为到毕业阶段，大学生的课程已修完，人际交往能力、沟通表达能力等一些影响就业的通用技能也已基本定型，再谈就业能力的开发为时已晚。

第三，我国部分高校从事就业指导工作的大多数是党政干部或思政教师，而非科班出身，缺乏专业理论的指导。同时在服务提供方面，习惯于长期以来形成的居高临下的“管理”学生，而非以学生为中心，做学生的“良师益友”，为学生服务的新局面。

（2）加强就业指导，提升就业能力的有效措施。

① 树立职业指导的就业指导理念。要改变就业指导“以大四学生的就业环节为主”和“以完成签约手续为中心”的“短期促销式”的指导局面，树立全新的思路，构建“职业指导”的理念——引导大学生从广阔的视野审视个人职业问题，帮助其正确进行人生定位和规划未来的职业生涯，帮助其正确地选择职业，顺利地走

上工作岗位和较快地适应工作，为个人的生涯建造坚实的基础。只有这样，才能使就业指导工作真正上升到以提升大学生就业能力为依托的崭新局面。

② 构建全程化的就业指导体系。要改变现有就业指导“临阵磨枪”的现状，树立对大学生“从一年级做起”、进行四年全程指导服务的理念。在大学一年级，侧重进行专业与职业前景教育，将所学的专业与未来的素质要求和就业出路相联系。大学二三年级是学生积累专业知识和职业技能的阶段，要引导学生思考和设计自己的职业生涯，结合社会需求建立自己的知识结构，注重通用技能的培养和提高，以塑造适应未来就业市场需要的既具备专业技能又具备通用技能的“全才”。大学四年级是实现就业的关键性阶段，要根据其特点进行就业制度政策和求职技巧方面的指导，并要对部分大学生进行教育和心理辅导，帮助其利用自身的通用技能成功的向雇主展示自己的专业技能，实现顺利就业。

③ 加强对就业指导教师的培训，建立一支职业化、专业化和专家化的就业指导队伍。就业指导的专业化关键是教师的专业化，专业化的教师需受过长期的专业训练、系统的专业伦理规范教育，具有较高深和独特的专门知识和技术。高等学校应该从如下三个方面去塑造一支专业化的就业指导队伍：在就业指导部门设立像心理咨询师和职业指导师这样的专业技术岗位，聘请这一领域专家层次的人才从事；新增的人员要以专业人才为主，把好“入口”关；对现有人员进行全员化的专业教育培训，限期达到能够从事专业工作的水平。这样一来，通过专业化人才队伍的构建，使就业指导的工作中心真正提升到职业指导上来，改变传统就业指导以政策解答、手续办理、技巧辅导等事务性工作一统全局的格局。

参考文献

[1] 孟鹏西，杨仪伟．浅论如何开展专业教育［J］．科技信息，1999－2012：417.

[2] 阚宝奎．论高校校园文化与学风建设［J］．思想教育研究，2009（6）：123－125.

[3] 懂春胜，吕淑云．学分制条件下的校园文化建设［J］．当代青年研究，2005（4）：34－36.

[4] 李华云，陆永超．高校学风建设探究［J］．现代商贸工业，2009，21（13）：203－204.

[5] 尚利花，王雅荣．探讨高等学校就业指导实践模式的思考［EB/OL］http：//www.stusda.net/gaodeng/111009/09125046.html.

作者简介：苏立红（1969—），女，管理学院讲师。研究方向：大学生思想政治教育。

以“1+3”模式为例浅谈大学生思想教育模式的创新

苏立红

（沈阳建筑大学　沈阳　110168）

【摘要】本文以“多元化”思想教育模式的提出，分析了思想教育的现有模式，并以沈阳建筑大学管理学院“1+3”教育模式为实例指出了思想教育模式的创新方法，提出了思想教育模式创新的四个类型。

【关键词】大学生思想教育；模式；创新

近些年来，随着大学生价值观念的不断改变以及独立意识的不断增强，高校的大学思想 教育工作也遇到了一系列的新问题。因此，新时期的大学思想教育模式的构建更要适应时代发展潮流，从多方努力，不断探索和创新教育的方式方法，从而更好地满足大学生身心发展的需要。本文以沈阳建筑大学管理学院“1+3”教育模式的形成与实践为例，提出了创新思想教育模式的思路与方法。

一、多元化的思想教育模式的提出

大学生对网络的依赖性、自我性、功利性和信仰危机等问题逐渐成为社会关注的问题，使得大学生思想教育也成为了学校教育的一大难题。传统辅导员式的德育教育也开始受到质疑，因此在学者在对传统教育模式分析的基础上，提出了一种“多元化”的教育模式，即教育主体多元化、教育形式多元化、教育内容的多元化。

1. 教育主体的多元化

目前大学生思想教育主体主要为辅导员、思政教师，由于主体的单一，思想教育将很难达到较好的效果。更好地做法应该是积极吸纳多种教育主体的参与，使思想教育不再成为孤立的一项教育任务，而是贯穿到整个大学教育之中，使其与学生自我教育、专业教育、家庭教育、社会教育相联结，构成一个完整的思政教育系统。

2. 教育形式的多元化

未来必须探索多样化、组合式的思想教育手段与方法，充分运用多种宣传媒介，实现立体化宣传与引导，营造健康、和谐、开放的校园文化环境。在教育形式与宣传媒介中，网络工具应该成为校园文化环境建设的重要工具，可以从以下方面发挥其作用：建立各类校园网站、开通校园 BBS 或校园论坛、设立班级、各类学生组织社团的 QQ 群、开通专职教师及辅导员博客、鼓励学生通过各类日志、博客记录自己的思想与成长等。除了网络工具以外，还可包括：针对不同时期的需要，开设不同的思想政治教育课程；重视校园心理辅导的重要性。

3. 教育时序与内容的多元化

大一阶段，入学及适应教育。入学教育是大学生初步了解大学生活、熟悉大学生存规则、引导大学思想变化发展的基础。这一时期学生的思想主要体现为对大学生活的不解与好奇，相应的教育内容应该围绕如何过好精彩的大学生活而展开，此阶段充分调动高年级的学生、各类学生组织与社团、班主任、辅导员、专业教师、家庭及社会各界的力量，向学生传导积极的思想，引导学生顺利从高中生活向大学生活转型，逐渐适应大学生活。

大二阶段，自我约束与管理教育。这一阶段学生的思想开始产生变化，主要体现在学习动力开始减弱，懒散现象越发严重，旷课现象开始出现，许多学生也开始恋爱，感情问题开始成为最大的困扰。这一阶段，学生的思想教育应围绕如何提高学生的自我约束与自我管理教育开展，为学生提供多个发挥才能的平台，重点引导各类学生组织与社团发挥作用，实现学生自治与自我管理。还应开始关注学生的心理辅导，即时解决学生出现的各类心理问题，尤其是感情问题。

大三阶段，职业素养教育。随着专业课的深入，毕业的临近，许多学生已经开始思考未来的出路问题，“是考研继续深造还是工作”，“工作的话需要准备哪些条件？选择哪些行业？”此阶段的学生已经开始产生迷茫的感觉。思想教育主要为未来的就业而做积累，主要向学生传输未来各种选择的利弊，各种选择需要准备哪些基础条件，以便让学生提早进入充实的准备状态，避免空虚与迷茫。这一阶段的教育最重要的两类主体应该是专业教师和社会力量，发挥这两类力量在职业素养教育方面的引导作用。

大四阶段，实习就业教育。大四阶段主要面临实习、就业或者进一步深造考试，是决定未来方向的重要阶段，许多学生将面临最严峻的考验。该阶段学生的分散实习与准备考试决定了思想教育从集中将走向分散，也加大了教育的难度。此阶段的思政教育关键在于为学生提供各类信息与咨询，让学生感受到支持与温暖。因而教育方式应该是分散式的互动沟通、心理辅导、利用网络工具提供各类信息等相结合。

二、“1+3”教育模式的形成与创新点

1. 沈阳建筑大学管理学院“1+3”教育模式

“1+3”教育模式，是该院于2006年提出并逐步形成的“以专业教育为核心、以知书达理教育、社团建设、DAB（Doing About Business）创新工作”为辅助工程的教育工作模式。该模式结合管理类学生成长成才的特点，并把握高等院校思想教育的规律，有针对性地进行的一次思想教育模式的探索。

以专业教育为核心，即围绕专业教育这项核心工作，系统做好学生职业生涯规划，积极进行专业思想引导，开展学风建设工程，科学开展就业指导，努力提升学生就业质量。

开展“知书达理”教育、加强社团建设和DAB创新工作正是围绕专业教育的需要，充分把握学生专业发展的要求和规律，进行了实际的设计。“知书达理”解决了学生的社会伦理、人文修养根本，培养学生成为“讲礼义、懂道理、明事理、

求真理”的优秀学生；社团建设解决学生综合素质根本，培养学生多才多艺，技能突出；DAB创新工作解决学生的能力提升根本，以社会实践、“挑战杯”创业大赛及创业教育为主要形态的活动实体，为学生提供丰富知识、进行专业实践和拓展专业技能的舞台。三者的有机结合，拓宽了专业教育的外延，促进了学生能力的完善和综合素质的提升。

2.“1+3”教育模式的创新点

该学院的“1+3”教育模式，有效地把握了思想教育的规律，体现出以下一些创新。

(1) 以学生为本，抓住了思想教育的针对性。根据发展心理学的观点，大学生正处于自我意识很强的心理阶段，喜欢按自己的方式接受和处理新事物，而且每个学生都是个性化的，各自的才能、优势各不相同。只有“量身定做”的教育模式才能收到良好效果，大而化之的方式不但不能满足学生成长的需要，还会招致反感。“知书达理”、社团活动、DAB创新均抓住了学生自身发展的关注点，易取得良好效果。

(2) 科学定位，把握了思想教育的系统性。思想教育属于高等教育的战略范畴，是一个系统化的教育过程，有其自身的规律性和科学性。这需要我们以循序渐进的态度来把握其规律性，对思想教育的各组成要素和相关环境进行系统思考，“1+3”模式的形成符合了该学院自身思想教育的实际。

(3) 内容新颖，提高了思想教育的有效性。现在能吸引学生的事物很多，这需要我们丰富教育内容，把学生从其他方面吸引过来。此外，还要把握学生心理，多一些创意，多花些心思，让专业教育入心、入脑，产生实际效果。

(4) 以能力培养为目标，注重了思想教育的实用性。以专业教育为核心的思想教育模式，突出能力的培养，学生能从中或学到知识、或掌握技术、或提升能力。一方面，专业教育与能力培养相结合，能造就学生扎实的能力，让学生看到实在的效果，对学生学习、就业和职业发展具有实用性，能进一步激发学生的成就性学习动机，从而对学风建设产生积极效应。

三、关于大学生思想教育模式创新的思考

通过对“1+3”教育模式”创新点的分析，笔者得出结论：要提高大学生的综合素质和创新能力，让他们成功走向社会、服务社会，最终目标是促进学生的全面发展，必须创新高校思想政治教育方法，改革传统的教育模式，更新思想政治教育内容，转变传统的思想教育模式。

1. 倡导主体型教育

主体型教育即通过培养学生的主体意识，激发学生的主体情感，锻炼学生的主体意志，发挥学生的自主性、能动性和创造性，实现学校教育指标的过程。实施主体型教育，首先要形成一个平等、民主、和谐、互动的教育氛围。教育者应持有足够的宽容；承认真理面前师生平等，允许学生对任何具体的规范提出质疑；教育者要特别注意通过启发式教育，培养学生的学习兴趣和自主能力，创新教育方法，给学生参与教育过程创造条件，让学生自己去发现、领悟、思考并作出道德判断和道

德选择，自主调节自己的道德行为，在生活实践中完善自己的品格。

2. 实施关怀型教育

高校的思想政治教育目标有三：一是教会学生生存，培养学生“生活在人们当中的能力”；二是教会学生自我教育，因为只有自我教育的人，才会不断持续发展，成为“真正的人”；三是促进学生发展。教育是一种双向互动的复杂过程。实践表明，单靠说教进行思想政治教育，不再会有应有的效果。教育是培养人的事业，应从根本上关注人的灵魂。我们要从一般情感、品格关怀深入到人生意义的关怀，教育学生懂得如何生活，如何实现人生价值，变知识运作为智情运作，变纯心灵关照为身心和谐发展，变单一手段为多因素合成。教会学生群育、他育和自育，让学生在适应社会的过程中，学会自我控制，克制不良情绪的错误思想、行为，学会改造社会、自我发展，成为真正的可持续发展的人。

3. 尝试创新能力型教育

当前，党中央强调要全面推进素质教育，提高学生的综合素质和创新能力。努力为造就社会主义的“四有”新人而培养学生的创新能力，这正是全面提高学生素质的核心和精髓。创新能力是一种高度发展的智力，只有构成智力的诸种因素，即认识能力和活动能力相互协调发展，才能焕发出高度的创新能力。因而，这种能力水平的高低，正是衡量一个人智力发达与否的根本标准。可见，创造性思维、创新能力是创造型、复合型人才的核心物质。要根据学生的不同年龄、不同学习层次、不同家庭背景和特点，精心设计思想政治教育过程，利用无限制性活动去发展学生的独立性和创造性。

4. 步入开放实践型教育

从总体上看，当代青年学生渴求知识、思想活跃、勇于创新、富有朝气，而他们心理、生理的特点以及生活的变化，又往往促使他们在思想上产生诸多困惑。校园文化活动、社会实践活动、学生社团活动等教育渠道，这已经形成一种相互渗透的格局，学生与社会接触的机会越来越多，学生也尝试用开放的心态、个性的体验去面对校外精彩的世界，也尝试走出校园、贴近社会、了解社会、增强才干。通过一系列丰富多彩的实践活动的开展，打破单纯灌入的思想政治教育模式，寓教育于活动、管理、文化、理论建设之中。

大学生是国家发展的未来力量，对他们施以科学、有效的思想教育将是决定他们大学教育成败的关键。本文所进行的思想教育模式创新的有关思考，立足于大学生的思想特点和成长实际，有针对性地展开探讨，从而展开不同时期的思政教育内容，达到思想教育的实效性，将具非常深远的意义。

参考文献

[1] 江萍．国内外思想政治教育工作的比较思考［J］．福建论坛，2009（2）：155－156.

[2] 程新平．构建“发展导向型”大学生教育管理模式的实践探索［J］教育探索，2008（4）：74－75.

[3] 周守红. 网络时代的大学生思想教育工作 [J]. 中国青年研究, 2009. (1): 109－111.

[4] 王歆玫. 大学生思想政治教育模式探讨 [J]. 环球市场信息导报, 2011, 418 (27): 40－45.

高校学生社团的建设与发展方向浅析

——以沈阳建筑大学为例

孙　红

（沈阳建筑大学管理学院　沈阳　110168）

【摘要】高校学生社团是高校文化建设的重要组成部分，在推进素质教育、促进学生全面发展等方面发挥着重要作用。高校学生工作者应充分重视学生社团的建设和发展，切实加强社团建设，把握社团阵地，开拓高校学生学习的新领域。作为学生课外素质拓展的有效载体，学生社团逐渐成为课堂教学在实践中的必要延伸和补充，对深化学生思想政治工作、繁荣学院文化、实施素质教育、推进大学生社会化产生了积极的促进作用。

【关键词】高校学生；社团；教育

一、引　言

学生社团在高等教育大发展的时代背景下不断地发展着，表现出了强大的生机和活力。高校学生社团作为校园文化和素质教育的主要载体，是生长在高等教育环境中的一种独特的文化现象，它具备校园特色的团体意识和精神氛围，是维系学校团体的一种精神力量。加强学生社团建设可以营造浓郁的校园文化氛围，是对学生进行职业道德教育的重要场所，也是带动学生走向社会实践的桥梁，学校要重视和加强对学生社团的建设。

二、大学生社团建设的发展背景

1. 大学生社团现状

通过调查研究表明，目前高校社团普遍存在诸多问题：社团活动对社员吸引力不大；社团管理缺乏健全有效的运行机制；社团日常管理工作不规范；社团建设深度有待提高等。目前，高校有各种类型的学生社团，根据社团活动内容主要归纳为兴趣爱好类、理论学习类、社会公益类、学术科技类四大类。高校学生社团在高等教育发展背景下不断地发展着，表现出了蓬勃的生机与活力，同时参与社团也是学生自我发展、自我追求的需要，通过参与社团活动来张扬个性、锻炼自我，并获得社会认可。

2. 发展大学生社团的意义

高校学生社团是校园文化建设的重要载体，是高校第二课堂的重要组成部分，是学生创新精神和实践能力培养、锻炼的重要途径，随着教育体制改革的不断深入，以及大学生学习、生活方式出现新的变化，高校学生社团的数量和规模日益壮大，逐步成为学生组织中具有重大影响力和凝聚力的群体。参与学生社团，已成为大学生构建和谐校园、丰富校园文化生活、培养兴趣爱好、扩大求知领域、增加交友范围和丰富内心世界的重要方式。但是，目前我国高校学生社团良莠不齐、问题明显，高校学生管理工作者必须充分认识到加强大学生社团建设的重要性，针对存在的问题进行正确引导和精心指导。

三、高校学生社团在校园文化建设中的作用

1. 社团活动增强学生实践创新能力、就业能力

大学生社团是在共同的兴趣和爱好的基础上成立的，社团的建立以及开展各种各样的活动是大学生自由想象、独立思考、勇于尝试、敢于失败的创新过程。每一次活动，都是新的体验，都是新的创造，每一次成功都有成就感，因为社团活动是付出了他们的辛勤劳动，克服各种困难，才得以完成。在新形势下，高校院级学生社团多以专业性见长，是以传播与专业相关的知识信息，结合有关课题、社会现实问题进行研讨、交流并深入社会实际进行实践探索为主要目标的学术活动型大学生组织，它以其鲜明与专业结合的学术研究特色而越来越受到高校师生的关注。高校社团为了能持久地开展，就要解决最基本的经费问题，这样就要常常与企业或其他组织接触，间接地提高了大学生的组织协调能力、分析与解决问题能力、人际沟通能力及实践创新能力，丰富了大学生的社会经验，提高了大学生就业能力，为就业打下良好的基础。

2. 丰富校园文化生活，提高学生的综合素质

社团活动不仅丰富大学生课外文化生活，活跃学校的学习气氛，还提高学生“自我管理、自我教育、自我监督”的能力，也提高了学生的综合素质，高校学生社团有组织的有针对的开展一些健康向上的文化活动，满足了学生求新知、求技能、求娱乐、善于交际、渴望表现的心理需求，极大地促进了学生的全面发展。高校学生社团根据学校的不同情况利用学生的课余时间开展各种形式的社团活动，以此来增进大学生之间的思想文化交流、技艺切磋、增进友谊，丰富了校园文化生活。开展了丰富的活动，满足了大学生个性化和多元化的需求，是实现素质教育的主要途径之一。

四、我校学生社团建设的现状与主要问题

1. 管理制度不健全，人员流动频繁

大多数学生社团有自己的规章制度，但大多的只是流于形式，而没有落实到实际行动中，缺乏对社团的现状及出现的问题进行及时的分析，存在组织不健全，分工不明确的情况，导致对社团举办的活动没有详细的计划以及活动结束后的总结的问题，直接影响社团的健康发展。而很多青年学生责任意识淡薄，缺乏团队合作意识，加入社团也是一时的热情，可能随时退出社团，从而导致社团因人而设，因人而退，对学生社团的健康发展有很大的影响。

2. 方向指导不够，活动资金不足

当前，各个高校学生社团的指导力量是由学办辅导员老师以及相关专业的特聘老师组成的。其中，学办辅导员老师本身就承担大量的学生日常工作，对社团的发展与现状无暇顾及；而专业老师由于工作量问题，也难以专心指导学生社团工作，充其量只起到了顾问的作用，使学生社团发展只能依靠学生的自我能力，而得不到一个正确的指导与方向。社团的发展与举办活动所需要的资金，往往只能通过收取少量的会员费与吸纳社会的赞助来得以维持，使一些有意义的社团活动难以举办，对社团的发展产生了制约。

3. 社团的种类单一，学生参与受限。

沈阳建筑大学学生社团的数目颇多，但种类较少，大多是依据学生的喜好而设立的一些休闲娱乐性质的社团，而真正的“科技含量高的，与专业结合紧密”的社团较少。应增加一些接触社会，服务社会的社团，使大学生更早地了解社会，融入社会。社团活动往往只能在课余时间开展，但由于一些高校制订的教学制度，如统一上晚自习，在周末或节假日上选修课，使课余时间少之又少，再加上随着年级升高，面临就业压力，学生没有时间、没有精力参加社团举办的文化活动，对学生的健康发展，对社团的发展都有影响。

4. 学生社团发展参差不齐

学校虽有众多的学生社团，但由于社团的种类不同以及社团学生干部的管理能力的差距，导致各个社团的发展有好有坏，出现有的社团人员过多，而有的社团却无人问津的问题，从而导致社团之间的差距过大，对社团健康发展也有一定的影响。

五、如何使我国高校学生社团健康发展

1. 学校高度重视，加大对学生社团的支持力度

社团的发展，需要有指导教师的高度重视，学校应从学生工作中挑选一些热爱社团工作的教师，并配备一些专家及专业教师兼职指导社团工作，所有配备的指导教师都应该把社团工作与业绩联系起来，建立激励制度，这样能更好地调动教师的积极性和主动性，更好地对社团进行管理指导，进而提高社团活动的档次与质量。对于一些专业性很强的社团，更需要专业教师指导，专业教师的加入不仅能帮助社团发展建立健康的目标，也提高了社团活动的档次。所以应挑选一些有责任心，专业知识过硬的教师，对学生社团有所了解，也更好地与学生沟通。同时学校也应该在社团活动资金上给予一些帮助，并对社团活动举办提供更大的方便。

2. 完善学生社团体制建设，加强社团干部队伍建设

为使社团健康发展，必须健全社团内部机制，强化管理，建立健全学校社团的规章制度，完善社团申报批准、日常管理、绩效考核的制度，使社团管理制度化、科学化、规范化。各高校团委应承担起对学生社团的日常管理职能，结合本校实际制定《大学生社团管理条例》，从社团成立审批、活动开展、工作考察、评优评失、队伍建设等环节入手，每学期对社团实行量化考核，同时要加强学生干部队伍建设，对学生干部进行定期培训，加强其对社团的管理能力以及相应的专业知识。也要开展学生干部之间的交流，分享自己在社团工作的心得，使社团更好地共同发展。

3. 加强与社会联系，吸引社会资源助推大学生社团发展

针对当前社团普遍存在资源不足的状况，鼓励大学生社团坚持“走出去，引进来”的原则。走出学校，加强外联实践，更好地开展与社会接轨活动。学校团委要为各社团争取尽可能多的各类资源并搭建更为广阔的展示舞台，鼓励社团在开展活动的同时依靠自身特色“养活自己”，但也应避免社团运作的过度商业化，净化社团环境。

五、总　结

综上所述，沈阳建筑大学学生社团的建设发展要从内外两个部分进行，社团内部加强制度的建设，培养学生干部队伍，加强对社团的建设与发展；外部需要学校对社团建设与活动进行高度重视，并给予帮助与支持。同时让社团走出学校走向社会，更好更快更健康地发展。

参考文献

[1] 张明．浅谈高校学生社团建设中的问题及对策［J］．赤峰学院学报：自然科学版，2011，(1)：238－240.

[2] 王敏坚．高校社团建设中的问题及对策研究［J］．长沙大学学报，2006（4）：159－161.

[3] 肖湘君，余生艳．大学生社团发挥有效作用的调查研究［J］．大众科技，2008（4）：182－183

作者简介：孙红（1982—），男，管理学院学生工作办公室，硕士，研究方向：大学生思想政治教育。

CBR 在工程管理类人才实践教学培养方案定制中的应用*

常春光　孔凡文　高波

（沈阳建筑大学　沈阳　110168）

【摘要】本文针对工程管理类专业人才的培养具有实践性强、理论更新速度快、理论与实践紧密、角色化突出、定制化培养需求强等特点，提出了角色驱动的个性化实践教学方案定制的思路。分析了 CBR 在工程管理类人才实践教学培养方案定制中的应用前提，研究了其应用的主要内容；整理出 CBR 在工程管理类人才实践教学培养方案定制中的应用整体思路，给出了应用框架，归纳了实施步骤。为工程管理类专业人才的角色化定制培养模式的构建提供了理论参考。

【关键词】案例推理；工程管理；实践教学；定制

一、引　言

普通高等教育中的工程管理类专业人才的培养一直是我省乃至全国高等教育中的一个热点问题，也是教研工作中的一个难题。工程管理类专业人才的培养与其他类型专业人才的培养相比，具有实践性强、理论更新速度快、理论与实践紧密、角色化突出、定制化培养需求强的特点。据此，角色驱动的个性化实践教学方案定制的研究显得尤为重要。

岗位角色分工精细化、动态化日趋明显已经成为社会对工程管理类专业人才需求的明显特征，原有大一统培养模式下培养的本科毕业生，很难较快地适应社会的新需求。量身打造的个性化职业生涯定位是促进工程管理类本科毕业生成才的重要因素。动态地变换与调整角色是工程管理类专业人才适应社会、适应工作的需要。

目前，工程管理类专业本科培养的课程的教学计划强调规范化、稳定性。这使得针对每名学生的个性化性格、心理、兴趣爱好、知识素养结构等典型特征的培养方案的制订显得困难重重，在一定程度上限制了学生的个性化培养。令我们高兴的是，工程管理类专业人才的培养方案中除了课堂教学之外，还包括了相当学时数的

* 本文获辽宁教育科学“十二五”2011 年度立项课题（JG11DB225），教育部财政部高等学校人才培养模式创新实验区建设项目（教高函〔2009〕27 号），教育部财政部高等学校特色专业建设项目（教高函〔2010〕）15 号），教育部财政部高等学校国家级教学团队建设项目（教高函〔2010〕）12 号），中国建设教育协会立项课题（2011009，2009023），2009 年度沈阳建筑大学教学质量工程项目，2010 年沈阳建筑大学研究生优质、精品课程立项建设项目资助。

实践教学的环节，这为我们实现个性化培养打下了基础。因此，如何以实践教学为突破口，实现个性化定制实践教学培养方案意义重大，具有重要的研究价值。

针对工程管理类实践教学，国内外同行从多角度进行了卓有成效的研究与实践。从相关文献报道来看，相关研究较多。文献［1］分析了工程管理专业实践教学的类型和课程设置框架；文献［2］从软件实训课程、实践模拟课程两个角度提出了工程管理实践教改方案；文献［3］针对工程管理专业实践教学存在的五个问题，提出了具体的思路和方法；同济大学的陈建国，许凤从实践能力培养环节、实践教学的方式和实践教学的基本架构三方面，提出工程管理实践教学体系[4]；西北工业大学的陈俊杰，田敏等提出工程管理专业综合实验的教改方案[5]；文献［6］构建了全面完整的工程管理专业实践教育体系；文献［7］设计了实践教学系统。

针对 CBR（Case Based-Reasoning，案例推理），省内外学者有广泛的研究。CBR 最早于 1977 年由 Schank 提出[8]。CBR 作为新的推理方法，借助过去成功地解决问题的方法来解决新问题，具有推理效率高、避免知识获取瓶颈的优势。CBR 目前已经在咨询、诊断、设计、规划、调度、建筑生产安全诊断、工程项目估价[9,10]等领域广为应用。

综上所述，关于工程管理类专业人才实践教学环节培养方案的研究较多，但借助于 CBR 等新方法的角色化、个性化方案定制的研究，目前未见报道。

二、CBR 在工程管理类人才实践教学培养方案定制中的应用前提分析

1. 论文研究的假设

学生从理性出发，选择自己愿意从事的职业角色；每名学生可能会有 2～3 个感兴趣的职业角色；每名学生在实践教学培养方案实施中，必要时可动态调整；通过多角度评价，可以消除某一单方面评价的失真情况。

2. 研究范畴的界定

以工程管理类专业人才培养为研究对象，依托案例推理（CBR）技术，以实践教学为研究范畴，以角色化、个性化定制为特色，研究工程管理类专业人才实践教学培养方案的定制。所研究的实践教学包括：专业实习、毕业实习、课程设计、实验课、上机课、毕业设计（论文）等环节。

3. 论文研究的出发点

（1）基于心理学、数据挖掘等基本理论或方法，给出学生个性特征细化识别方法，为工程管理类学生实践教学培养方案的“对症下药”建立基础；

（2）针对工程管理类学生，形成一套基于 CBR 的角色导向的个性化实践教学定制解决方案，提高实践教学方案制定效率与准确性。

三、CBR 在工程管理类人才实践教学培养方案定制中的应用内容

1. 角色化导向的工程管理类专业人才社会需求辨识

立足于不同岗位角色，细化社会对工程管理类专业人才的需求，研究课堂教学与实践教学的互补性，据此进行精细度需求辨识。

2. 基于模式识别的学生个性化特征细分化识别

结合心理学、教育学及工程管理等基本理论，应用数理统计与数据挖掘方法对学生的主要特征进行细化识别。

3. 角色化与个性化双驱动的工程管理类实践教学培养模块设计

实践教学培养模块是实践教学培养方案的基本组成单元。从角色化社会需求与个性化学生特征两个角度出发，研究实践教学培养模块的功能与作用，即考虑社会需求，又考虑到学生个性化合理定位；实践教学培养模块的设计具体包括：专业实习、毕业实习、课程设计、实验课、上机课、毕业设计（论文）等模块设计。

4. 基于框架体系的实践教学培养方案的表达与匹配

研究基于框架体系的实践教学培养方案表达技术与匹配技术，实现自助式培养模块的筛选。

5. 基于领域规则的实践教学培养方案的调整与维护

立足于学生对匹配方案的满意度，研究基于改写规则的培养方案的调整技术；研究基于冗余度消除与一致性检验的培养方案维护技术。

四、CBR 在工程管理类人才实践教学培养方案定制中的应用思路与步骤

1. 应用思路

本研究的总体研究思路为“工程管理类人才社会需求调研—学生个性信息提取—学生个性特征细分—实践教学培养模块设计—自助式培养模块筛选—培养方案集成—培养方案执行—培养方案实施中效果反馈—培养方案实时中动态调整—毕业生跟踪反馈—实践教学培养方案修正”。CBR 在工程管理类人才实践教学培养方案定制中的应用框架如图 1 所示。

从社会需求出发，充分调研，归纳工程管理典型岗位，分析不同岗位所需实践经验与知识结构。运用统计分析、规范研究与数据挖掘方法实现各类角色的需求特征的辨识；运用统计分析与数据挖掘实现学生特性特征识别；基于心理学、教育学、工程管理等理论，应用规范研究，实现实践教学模块基本内容设计；将人才社会需求特征、学生个性特征作为案例的状态属性，将选用并细化的实践教学模块设计作为案例的解属性，应用框架体系实现实践教学方案的案例表达技术；采用最邻近法实现匹配；基于改写规则实现培养方案的匹配；运用冗余消除技术与一致性处理方法维护培养方案的案例库的优良性能；在实践教学培养方案实施过程中，及时反馈实施效果，必要时进行动态调整；应用并针对毕业生跟踪反馈，修正并推广。

2. 实施步骤

（1）调研社会需求与学生个性信息，进行理论准备与研究；

（2）实现整体方案规划与具体内容研究与设计；

（3）对工程管理某班级进行试点，验证有效性，分析与改进出现的问题，不断完善本研究成果；

（4）试点成功后，将研究成果进行推广。

CBR 在工程管理类人才实践教学培养方案定制中的应用框架如图 1 所示。

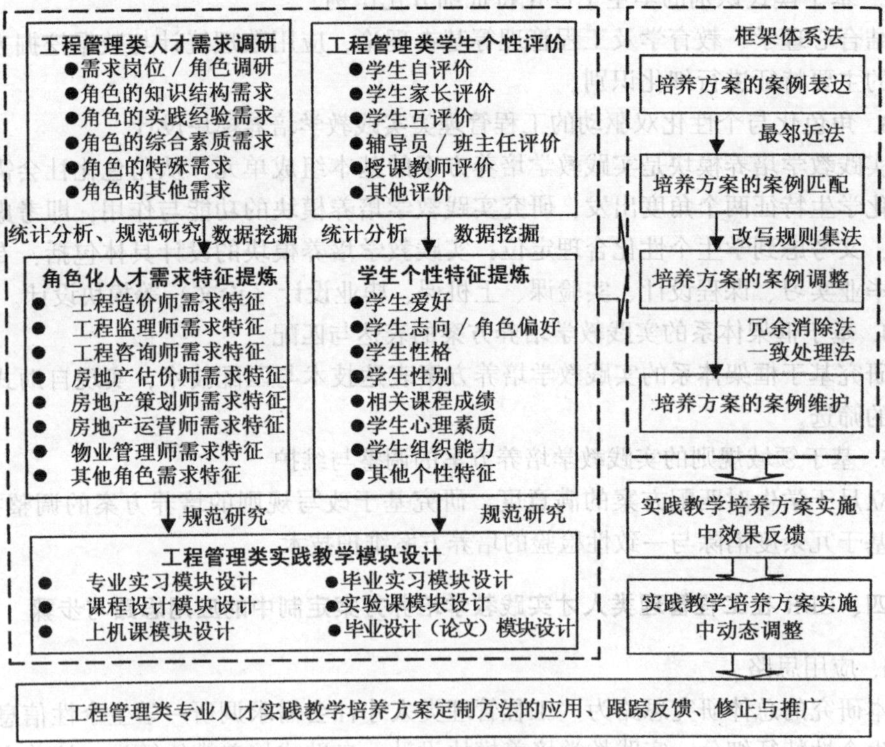

图1　应用框架

五、结　论

岗位角色分工精细化、动态化日趋明显已经成为社会对工程管理类专业人才需求的明显特征，原有大一统培养模式下培养的本科毕业生，很难较快地适应社会新需求。

角色驱动的因人打造的个性化实践教学方案定制模式是满足社会新需求的重要思路之一。CBR 在工程管理类人才实践教学培养方案定制中的应用显示出明显优势。本文所提出的 CBR 在工程管理类人才实践教学培养方案定制中的应用的主要内容、应用整体思路、应用体系框架与实施步骤，为工程管理类专业人才的角色化定制培养模式的构建提供了理论参考。经过应用实验，对比分析与验证后，随着本文研究成果的进一步推广，将有助于提高工程管理类学生的实践教学模式的创新与水平提升。

参考文献

［1］沈良峰．工程管理专业学生实践技能培养的探讨［J］．中国建设教育，2007，8（8）：43－46.

［2］彭海艳，杨会云，等．工程管理专业实践教学方法改革探讨［J］．中国建设教育，2008，10（10）：51－53.

[3] 王志英. 我国高校工程管理专业实践教学环节存在的问题与对策 [J]. 科技创新导报，2010 (5)：147－148.

[4] 陈建国，许凤. 工程管理专业实践教学体系构建研究 [J]. 高等建筑教育，2010，19 (1)：89－94.

[5] 陈俊杰，田敏，等. 工程管理专业综合实验的研究与实践 [J]. 实验室研究与探索，2010，29 (3)：130－132.

[6] 孙虹，刘红，等. 工程管理专业实践教学改革探讨 [J]. 高等建筑教育，2009，18 (2)：127－130.

[7] 高广章，刘源. 工业工程专业实践教学体系设计：以郑州航空工业管理学院为例 [J]. 商业经济，2009 (9)：120－121.

[8] Roger C S, David B L. Creativity and learning in a case－based explainer [J]. Aritificial Intelligence, 1989, 40 (1－3)：353－385.

[9] 常春光，陈冬文，等. 基于 CBR 的建筑生产安全诊断系统研究 [J]. 科技进步与对策，2009，26 (21)：166－170.

[10] Chang Chun Guang, Dong Yan, et al. Scatter Degree－Based Case Retrieval Method for CBR in Project Cost Assessment [C]. The 7th World Congress on Intelligent Control and Automation, 2008, 6：3500－3504.

作者简介：常春光（1973—），管理学院规划与城市管理中心，副教授，博士。研究方向：城镇管理；应急管理；工程管理。

角色化驱动的工程管理类创新人才实践教学培养模块的研究*

常春光　刘亚臣　王秋菲　高波

（沈阳建筑大学　沈阳　110168）

【摘要】为加强工程管理类专业人才的创新能力培养，本文提出了角色化驱动的工程管理类创新人才实践教学培养模块体系，涵盖了工程造价师、工程监理师、工程咨询师、房地产估价师、房地产策划师、房地产运营师、物业管理师的专业实习模块、毕业实习模块、课程设计模块、实验课模块、上机课模块、毕业设计（论文）模块设计。给出了角色化驱动的实践教学培养模块的操作要点，为工程管理类创新人才的培养提供了理论参考。

【关键词】创新人才；工程管理；实践教学；模块

一、引　言

随着我国建筑产业的快速发展，工程管理类人才特别是工程管理类创新人才的需求与日俱增，而工程管理类创新人才的培养又是摆在高校、教育研究机构的一项重要课题。

国内外教育工作者针对工程管理类实践教学环节，从实践教学内容设置、实践教学质量控制、实践教学模式研究等多角度进行了相关的研究与实践。文献［1］对工程管理专业实践教学的整体改革进行了有益的探讨；文献［2］、文献［3］围绕完整的工程管理专业实践教育体系的构建展开了相关研究；文献［4］分析了工程管理专业实践教学的类型和课程设置框架；文献［5］系统地提出了工程管理专业综合实验的教改方案；文献［6］从软件实训课程、实践模拟课程两个角度提出了工程管理实践教改方案；文献［7］针对工程管理专业实践教学存在的五个问题，提出具体的思路和方法。

综上所述，关于工程管理类专业人才实践教学环节培养方案的研究较多，但以角色化、个性化方案定制驱动的实践教学培养方案的研究，特别是结合工程管理类创新人才培养的还有待于进一步研究。

---

* 本文获辽宁教育科学“十二五”2011年度立项课题（JG11DB225）资助。

二、工程管理类创新人才的界定

1. 工程管理类人才的界定

工程管理类人才是指以工程管理为主要研究领域或从业方向的人才，从专业领域上来看，涵盖了工程管理、房地产经营管理、工程造价等相关专业领域的人才；从知识结构上来看，既掌握建筑与土木工程基本理论与知识，又精通基本管理理论与方法，并能熟练运用相关计算机软件辅助完成工程管理领域中的管理问题的一类人才；从未来所从事的职业岗位来看，包括工程造价师、工程监理师、工程咨询师、房地产估价师、房地产策划师、房地产运营师、物业管理师等方面专业人才。

2. 工程管理类创新人才的界定

工程管理类创新人才是对工程管理类人才培养提出的更高要求，要求培养出的工程管理类人才除了具备上述界定范畴外，还更具创新的本质特性。鉴于工程管理类人才的典型实践特性，因此，其创新性人才的本质特征通常包括以下几个方面。

（1）理论联系实践的创新意识。创新意识包括强烈的理论与实践的创造热情、探寻新事物的欲望、需求新领域知识与实践经验的精神、对所见到的新事物具有强烈的好奇心、进取心、自信心等心理品质，也包括具有克服困难、寻求真理、锲而不舍的意志品质因素。

（2）活跃的创新型思维。创新型人才的应当保持创新型思维，在整个创新活动的智能结构中，创新思维是其关键，是创新型人才的核心前提条件。活跃的创新型思维主要包括：发散思维与聚合思维的结合、求异思维与系统思维的融合、横向思维与纵向思维的关联、逆向思维与正向思维的整合，等等。

（3）创新的应用转化能力。工程管理类人才是典型的应用型人才，因此其创新人才必须要在扎实的基本理论知识的基础上，具备集成运用多学科的知识和方法，将各领域知识与实践整合，系统全面地分析解决实际问题，将创新思想、创新知识转化为具有实际可应用、可操作的现实创新型方法与技能。创新能力主要包括创新主体的信息处理能力、一般工作能力、团队协作能力、动手操作能力、公关交往能力、操作能力等。

三、角色化驱动的实践教学培养模块的设计

为培养出具有上述特征与潜力的工程类创新人才，在此，设计角色化驱动的实践培养模块，具体如下。

1. 工程造价师的实践教学培养模块的设计

专业实习模块设计：选择到建筑公司、工程造价公司等工程造价工作强度较大的相关公司来完成专业实习的培养模块工作。

毕业实习模块设计：与工程造价师的专业实习类似，但选择时考虑其与工程造价专业实习的连续性、互补性等因素。

课程设计模块设计：围绕工程造价师核心课程设定出工程概预算、工程结算、工程决算等课程内容模块。

实验课模块设计：围绕工程造价师核心课程，特别是需要借助软件平台、实验

平台的课程而设定的配合核心课程的模块。

上机课模块设计：围绕工程造价师核心课程中需要计算机辅助完成的内容而设定模块。

毕业设计（论文）模块设计：针对工程造价师未来所从事的领域工作中的前沿性、理论性、应用性的问题完成毕业设计（论文）模块的设计。

2. 工程监理师的实践教学培养模块的设计

专业实习模块设计：选择到工程监理公司、项目管理公司、建筑施工企业等工程监理工作强度较大的相关公司来完成专业实习培养模块的工作内容设计。

毕业实习模块设计：与工程监理师的专业实习类似，但选择时考虑其与工程监理师的专业实习的连续性、互补性等因素。

课程设计模块设计：围绕工程监理师核心课程设定出工程监理实例课设内容模块。

实验课模块设计：围绕工程监理师核心课程，特别是需要借助软件平台、实验平台的课程而设定的配合核心课程的模块。

上机课模块设计：围绕工程监理师核心课程中需要计算机辅助完成的内容而设定模块。

毕业设计（论文）模块设计：针对工程监理师未来所从事的领域工作中的前沿性、理论性、应用性的问题完成毕业设计（论文）模块的设计。

3. 工程咨询师的实践教学培养模块的设计

专业实习模块设计：选择到各工程咨询公司、房地产开发公司、建筑施工企业等工程咨询工作强度较大的相关公司来完成专业实习培养模块的工作内容设计。

毕业实习模块设计：与工程咨询的专业实习类似，但选择时考虑其与工程咨询师的专业实习的连续性、互补性等因素。

课程设计模块设计：围绕工程咨询师核心课程设定出工程咨询案例课设内容模块。

实验课模块设计：围绕工程咨询师核心课程，特别是需要借助软件平台、实验平台的课程而设定的配合核心课程的模块。

上机课模块设计：围绕工程咨询师核心课程中需要工程咨询管理及决策支持系统辅助完成的内容而设定模块。

毕业设计（论文）模块设计：针对工程咨询师未来所从事的领域工作中的前沿性、理论性、应用性的问题完成毕业设计（论文）模块的设计。

4. 房地产估价师的实践教学培养模块的设计

专业实习模块设计：选择到各房地产估价事务所、工程咨询公司、房地产开发公司等房地产估价工作强度较大的相关公司来完成专业实习培养模块的工作内容设计。

毕业实习模块设计：与房地产估价的专业实习类似，但选择时考虑其与房地产估价的专业实习的连续性、互补性等因素。

课程设计模块设计：围绕房地产估价师核心课程设定出房地产估价案例课设内容模块。

实验课模块设计：围绕房地产估价师核心课程，特别是需要借助软件平台、实验平台的课程而设定的配合核心课程的模块。

上机课模块设计：围绕房地产估价师核心课程中需要房地产估价管理信息系统辅助完成的内容而设定模块。

毕业设计（论文）模块设计：针对房地产估价师未来所从事的领域，工作中的前沿性、理论性、应用性的问题完成毕业设计（论文）模块的设计。

5. 房地产策划师的实践教学培养模块的设计

专业实习模块设计：选择到各房地产咨询公司、工程咨询公司、房地产开发公司等房地产策划工作强度较大的相关公司来完成专业实习培养模块的工作内容设计。

毕业实习模块设计：与房地产策划的专业实习类似，但选择时考虑其与房地产策划的专业实习的连续性、互补性等因素。

课程设计模块设计：围绕房地产策划师核心课程设定出房地产策划案例课设内容模块。

实验课模块设计：围绕房地产策划师核心课程，特别是需要借助软件平台、实验平台的课程而设定的配合核心课程的模块。

上机课模块设计：围绕房地产策划师核心课程中需要房地产策划决策支持系统辅助完成的内容而设定模块。

毕业设计（论文）模块设计：针对房地产策划师未来所从事的领域工作中的前沿性、理论性、应用性的问题完成毕业设计（论文）模块的设计。

6. 房地产运营师的实践教学培养模块的设计

专业实习模块设计：选择到各房地产开发公司、房地产咨询公司等房地产运营工作强度较大的相关公司来完成专业实习培养模块的工作内容设计。

毕业实习模块设计：与房地产运营的专业实习类似，但选择时考虑其与房地产运营的专业实习的连续性、互补性等因素。

课程设计模块设计：围绕房地产运营师核心课程设定出房地产运营沙盘模拟课程设计内容模块。

实验课模块设计：围绕房地产运营师核心课程，特别是需要借助软件平台、实验平台的课程而设定的配合核心课程的模块。

上机课模块设计：围绕房地产运营师核心课程中需要房地产运营管理信息系统辅助完成的内容而设定模块。

毕业设计（论文）模块设计：针对房地产运营师未来所从事的领域工作中的前沿性、理论性、应用性的问题完成毕业设计（论文）模块的设计。

7. 物业管理师的实践教学培养模块的设计

专业实习模块设计：选择到各物业管理公司、房地产开发公司等物业管理工作强度较大的相关公司来完成专业实习培养模块的工作内容设计。

毕业实习模块设计：与物业管理的专业实习类似，但选择时考虑其与物业管理的专业实习的连续性、互补性等因素。

课程设计模块设计：围绕物业管理师核心课程设定出物业管理沙盘模拟课设内容模块。

实验课模块设计：围绕物业管理师核心课程，特别是需要借助软件平台、实验平台的课程而设定的配合核心课程的模块。

上机课模块设计：围绕物业管理师核心课程中需要物业管理管理信息系统辅助完成的内容而设定模块。

毕业设计（论文）模块设计：针对物业管理师未来所从事的领域工作中的前沿性、理论性、应用性的问题完成毕业设计（论文）模块的设计。

四、角色化驱动的实践教学培养模块的操作要点

1. 突出创新能力培养

在上述实践教学模块的操作中，突出创新能力培养，鼓励学生以创新的思维、创新的精神、创新的知识完成各实践教学模块的内容。引导学生积极思考，不断反思，着力发现各个实践教学模块中的可创新之处，不断培养学生的综合创新能力。

2. 注重学生个性化需求

角色化驱动的实践教学在一定程度上体现出了注重学生的个性化需求的思想。在此基础上，对同一角色的实践教学模块仍针对不同学生的不同特性，以“双向选择”的方式完成学生的个性化实践教学培养模块的选择。

3. 强化各环节的连贯性与延续性

不同的实践教学模块的设计目的与培养方向是不同的，但对于任何一名学生来讲，为其选定的实践教学模块间应当是具有较强的连贯性与延续性的，在总体上体现出系统优化，实现各个实践教学模块对人才培养的功效最大化。

4. 实施模块的动态调整

实践教学模块的实施应当是一个动态的过程，根据学生的适应程度应当及时作出动态调整，实现对人才培养模块需求的动态跟踪，不断寻找最适合特定学生的实践教学模块的最佳组合，达到预期的创新型人才培养的目标。

五、结　论

工程管理类创新人才是对工程管理类人才培养提出的更高要求，作为工程管理类创新人才的培养模式的一种探讨，角色化驱动的实践教学培养模块对于诸如工程管理类创新人才的培养具有重要的作用。

本文所提出的角色化驱动的工程管理类创新人才实践教学培养模块体系涵盖了工程造价师、工程监理师、工程咨询师、房地产估价师、房地产策划师、房地产运营师、物业管理师的专业实习模块、毕业实习模块、课程设计模块、实验课模块、上机课模块、毕业设计（论文）模块设计。由于该模块体系具有较强的针对性，使学生在实践教学环节对未来的职业岗位角色分工有一个明确的认识，并对学生原有素质的缺欠加以及时弥补，提高了学生的综合素质，增强了学生的理论与实践相结合的创新能力。随着本文研究成果的进一步推广，将有助于通过实践教学模式提升工程管理类学生的创新能力。

参考文献

[1] 孙虹，刘红，等．工程管理专业实践教学改革探讨［J］．高等建筑教育，2009，18（2）：127－130.

[2] 陈建国，许凤．工程管理专业实践教学体系构建研究［J］．高等建筑教育，2010，19（1）：89－94.

[3] 高广章，刘源．工业工程专业实践教学体系设计：以郑州航空工业管理学院为例［J］．商业经济，2009（9）：120－121.

[4] 沈良峰．工程管理专业学生实践技能培养的探讨［J］．中国建设教育，2007，8（8）：43－46.

[5] 陈俊杰，田敏，等．工程管理专业综合实验的研究与实践［J］．实验室研究与探索，2010，29（3）：130－132.

[6] 彭海艳，杨会云，等．工程管理专业实践教学方法改革探讨［J］．中国建设教育，2008，10（10）：51－53.

[7] 王志英．我国高校工程管理专业实践教学环节存在的问题与对策［J］．科技创新导报，2010（5）：147－148.

基于创新人才培养的“房地产经营管理”课程考试改革与实践*

王　静　刘亚臣

（沈阳建筑大学　沈阳　110168）

【摘要】本文在分析了传统考试模式弊端的基础上，提出了高校考试改革的实践意义。阐述了“房地产经营管理”课程实施考试改革的手段，提出了师生互评相结合、过程与结果评价相结合、理论与实践评价相结合的多元化考核体系，以实际效果证明了考试改革对培养创新型人才的必要性，同时提出了考试改革应注意的两个问题。

【关键词】房地产经营管理；考试改革；创新人才

考试，对人才的选拔、培养具有重要的作用和影响，对高校教学、教育活动以及人才培养的过程都具有很大的制约与影响。考试的方式不同，考试内容的侧重点不同，采用的评判标准不同，选拔、培养出来的人才的质量就会大不一样。高校要培养时代所需要的创新型人才，就必须加强考试改革对创新型人才培养的探讨、研究，要尽可能地探索出一套有利于创新型人才培养的考试制度。

一、传统考试制度的弊端

1. 考试目的错位，无法充分调动师生“教”与“学”的积极性

传统的考试模式把期末成绩作为衡量学生掌握知识和具备能力的唯一标准，使学生为分数而考试，失去了对学习过程的体验和积累。课堂不听讲、不记笔记、甚至旷课，考前请求老师给出考试范围、复印笔记、通宵突击、作弊等现象在高校早已司空见惯，课堂教学面临着“为考试内容而教学”的尴尬局面，从而无法调动师生“教”与“学”的积极性，甚至使学生走向“高分低能”的边缘。

2. 考试内容片面，制约学生创新精神的培养

传统的考试内容大多偏重于对知识的记忆，缺乏对学生综合能力的评价，“上课记笔记，下课看笔记，考试背笔记，考后全忘记”成为目前许多大学生司空见惯的学习方法，进而使学生形成“接受—复制性思维”，不能形成“创造—发散性思维”。而“房地产经营管理”强调的是培养学生从房地产环境分析到目标决策，再到投资开发，直至市场营销、物业管理等综合管理能力，单纯的一张卷纸是很难全

*　辽宁省教育厅2009年度辽宁省高等教育教学改革研究项目：面向工作的工程管理专业实践教学改革研究（辽教发〔2009〕141号）。

面体现这些教学要求的。考试划范围、定重点，客观性试题比例大，综合性考题、分析论述题少，这些方面都不同程度存在着制约、干扰、阻碍学生综合能力和创新精神的培养。

3. 考试形式单一，难以客观、全面地评价教学效果

目前高校普遍采用的是闭卷、纯理论、一卷定成绩的笔试考核方式。这种考试方式的弊端在于考试的偶然性较大，缺乏对平时成绩的综合积累，不能客观、全面地反映学生的真实水平。不仅对教学起不到应有的积极作用，相反会挫伤学生学习的积极性和自尊心，阻碍学生创造力和个性特长的发展，缺乏科学性和灵活性。

4. 评分注重标准化，难以体现高等教育的创新性

现在高校考试在评分方式上，注重答案的规范化、标准化，要求任课教师出试卷时必须附交“标准答案”，缺乏求异性、创新性意识。这种考试与评分，最大的弊端就是影响人才培养的素质与质量，尤其是不利于创新型人才的培养。它把高校教与学的活动仍然禁锢在对基本知识、基本理论、基本技能的理解、掌握这个圈子中，没有体现出高等教育探索性、研究性、创新性的特点，导致培养出来的人才仍然是能力不够、综合素质较差、缺乏创新性的，不能适应时代发展的要求。

5. 考试管理落后，考试中充斥着许多不公平现象

传统考试的管理随意性较大，缺乏统一有效的制度，即使制定了一定的制度，也仅仅是一种管理形式的加强，并不能在质量上起“把关”的作用。在很多情况下是考什么内容教师自己定，从头到尾“大包干”，即使需要教研室主任签名审核，也只是走形式而已。考试内容、题型结构、难易程度、评判标准等是否科学、合理、适度，是否注重了能力、素质、创新因素的检测，都无法保障，对于培养具有创新能力的人才具有明显的负面作用。

二、“房地产经营管理”课程考试改革实践

传统考试制度将学生引向了僵化、死板的学习轨道，限制了学生的学习主动性和积极性的发挥，阻碍了创新思维的培养与发展。为此，沈阳建筑大学管理学院积极推行考试改革制度，积极探索真正全面、客观、合理的课程考核体系。“房地产经营管理”课程在此次改革中率先进行了尝试，针对培养创新性人才的培养目标，提出了考试改革方案，并大胆进行了尝试。

1. 成立“房地产经营管理”考试改革课程组

为进一步推进考试改革，“房地产经营管理”成立了课程组，该课程组由4名教师组成，其中教授、副教授、讲师、助教各一名，负责全院各专业“房地产经营管理”的课程授课。课程组成员在多年教学经验的基础上，针对目前房地产业对人才的需求特点重新修订了教学大纲和考试大纲；编写了重点突出、特点出色的教案和多媒体课件；收集了大量实际案例，用于课堂案例教学；突破了以往传统教学的模式，探索了全新的授课方式。

2. 小班授课，情境教学

“房地产经营管理”课程主要是从房地产开发商的角度，对房地产项目开发的全过程、房地产市场营销和物业管理等进行介绍，主要锻炼学生对理论知识的实际

应用能力，因此该课程始终坚持小班授课的原则，并以项目小组为单位展开学习，每组6~8人。选定学习基础较好、组织能力较强、有强烈表现欲的学生担任组长。

教师在授课中采用情境教学法，要求学生将自己的项目小组假想成开发公司，根据所学知识去作出判断或决策。例如，在学习房地产市场研究和市场定位这一部分时，假定开发商在学校附近拿到了一块土地，要求学生课后进行市场调查，并对该项目进行市场定位，上课时每组派一名代表阐述本组观点，可以相互提问，甚至可以相互辩论，最后由教师进行点评。通过这种方式，不仅提高了学生的主观能动性，更重要的是引导学生们学会如何思考问题，如何学以致用，培养了他们的创新意识和创新能力。

3. 成立命题组，实行考教分离

“房地产经营管理”在课程组的基础上，成立了考试命题组，命题组成员除了担任该课程的部分任课教师外，还邀请了长期参与房地产项目开发经营的专业教师和房地产企业的专业人员共同参与。

任课教师在命题组中的任务是提供教学大纲和考试大纲；房地产企业的专业人员主要提供房地产业当前的热门问题以及房地产企业对专业人才的需求方向；其他专业教师负责根据教学大纲、考试大纲以及房地产企业对人才提出的要求编制考试题目。最后由命题组全体教师对试卷的内容、结构、难度等进行分层审核。

如此设计的考试内容能在很大程度上克服以往重书本理论知识而轻实践的弊端，同时，由于这种考试能将理论知识与房地产业的实际问题紧密结合，不仅能大大提高学生的学习兴趣，充分调动其学习的积极性，也能依据社会对人才需求的岗位能力来重点进行考核，使培养的学生能更好地满足社会、市场及用人单位的需求，更好地促进学生毕业后顺利就业。

4. 建立多元化考核体系

要培养创新人才就需要建立一个多层次、多元化的，科学、合理、规范的考试、考核体系，克服单纯以一次考核的成绩为衡量标准的传统作法，要将学生的全面素质纳入评价体系之中。因此“房地产经营管理”课程组在总结多年教学经验的基础上建立了多元化考核体系，提出了综合评价方案，采用师生互评相结合、过程与结果评价相结合、理论与实践评价相结合的考核方式，并为每个学生建立了成绩考核档案（见表1）。

该考核体系把学生总成绩分为三部分，即总成绩（100%）=平时表现（20%）+实践体验（40%）+期末考试（40%）。

表1　房地产经营管理课程学生成绩综合评定表

<table>
<tr><td colspan="5">班级：房地产0801 姓名：××× 学号：08053401×× 第×组 2011年春季学期</td></tr>
<tr><td colspan="2">平时表现20%</td><td colspan="2">实践体验40%</td><td rowspan="2">期末考试40%</td></tr>
<tr><td>项目</td><td>成绩</td><td>项目</td><td>成绩</td></tr>
</table>

续表 1

班级：房地产 0801 姓名： × × × 学号：08053401 × × 第 × 组 2011 年春季学期					
出勤（5%）			资料搜索（5%）		
作业（5%）			分析能力（5%）		
发言（5%）			方案的规范性（5%）		
小组讨论（由组长打分）	参与态度 2%		理论知识的运用（10%）		
	参与广度 2%		答辩情况（10%）		
	参考深度 1%		创新性（5%）		
合计					
总评分数					

（1）理论教学的平时考核

平时表现主要考查学生平时的出勤、作业以及课堂发言情况，这三部分由教师打分，占总成绩的15%，平时成绩的第四部分（5 分）由各小组组长打分，根据每次讨论课以及实践体验过程中各组员的参与态度、参与广度以及参与深度进行打分。

（2）实践教学考核

实践体验占总成绩的40%，要求以小组为单位组建模拟公司来进行开发项目的整个流程，学生在各自的模拟公司分别任总经理、项目前期部经理、策划部经理、预算部经理、财务部经理、销售部经理、工程部经理。教师分配给每个小组一块土地、一笔资金，由各小组完成整体战略、市场调查、土地取得、项目定位、项目策划、投资预算、融资规划、市场销售、财务经济指标分析等多方面的内容，最终各组以 PPT 的形式进行演示，并提交完整的项目开发报告。

（3）理论教学环节的期末考核

期末考试采取闭卷形式，占总成绩的40%，由“房地产经营管理”命题组负责命题。考试内容分为客观题和主观题两部分，题型包括不定项选择、判断改错、简答和案例分析。客观题考核点覆盖了房地产开发经营的全过程，教师不必划重点，学生也不必死记硬背教材，需要的是对基本知识点的综合运用。主观题主要考查学生对理论知识的实际应用能力，以实际项目为例，要求学生运用所学知识解决实际问题。该种题型不设标准答案，只要言之有理，均可得分。答题观点基本准确，思路脉络较清晰的学生给予及格，对于那些学生在答题中有自己独到见解，思路广且论据充分者，给予其高分。

三、考试改革的成效

我院“房地产经营管理”课程通过三轮考试改革的尝试，已初见成效。

（1）以往平时成绩占总成绩的比例较低，不少学生不在乎出勤、作业等考核，而在考试前挑灯夜战，甚至在考试中作弊，以求课程及格。推行考试改革以后，学生的到课率达100%，课堂积极回答问题的人数明显增多，课后作业的完成质量大大提高，未发现互相抄袭的现象。

（2）由于本课程成立了考试命题组，实施教考分离，考试内容不局限于书本的条条框框，从而减轻了学生考前背书的压力，也避免了考试作弊的现象。经调查发现，参与了考试改革的学生，80%以上均认为考试改革减轻了他们的学习压力，只要平时上课认真听讲、课堂多多参与、课后积极调研，期末就不必死记硬背，大大节省了期末复习的时间，及格率也大大提高。

（3）单纯的理论考试方法学生只是机械地背诵，学生之间缺乏交流。实行考试改革后，加强了学生的沟通能力，学生共同收集资料、共同讨论、共同谋求解决问题的方法，培养了集体观念和团结协作精神。

四、考试改革需要注意的问题

1. 不要全面否定传统的考试制度

考试是教育测量和评估的一种重要手段，其目的是检查学习情况和教学效果，对“教”与“学”给予客观的评价，起到一种竞争和激励的作用。因此我们不应该对传统考试制度进行全面否定，而是应致力于对传统考试方法改革的研究，在改革知识测评方法的同时，重点改革能力与素质的测评方法，以利于创新人才的培养。

2. 不要片面强调考试形式的改革

要培养创新型人才，就必须改革传统的考试模式，即对考试形式、考试内容以及考试管理和考核方法进行全面改革。高校考试改革的关键是要认真研究“考什么”“怎么考”的问题，而不是仅仅把注意力放在对考试形式的改革上。重视“怎么考”而忽视“考什么”，这样的改革是不利于创新人才培养的。

参考文献

[1] 沈月琴，黄水灵．经管类课程综合性全程动态考试模式研究：以浙江农林大学考试改革与实践为例［J］．安徽农业科学，2011（21）：13244－13245.

[2] 刘志春，孙明磊，高新强．土木工程专业课考试模式改革探索与实践［J］．中国电力教育，2011（19）：84－85.

[3] 曹静．国内外高校考试制度比较［J］．商业时代，2010（24）：115－116.

[4] 刘宁，董秀．高校考试改革模式与保障机制研究［J］．沈阳建筑大学学报：社会科学版，2008（1）：45－47.

[5] 李冰．以创新教育观念看高校考试制度改革［J］．中国科技信息，2008（13）：38－40.

土地资源管理专业人才培养现状比较分析

王　玥　孔凡文　李海英

（沈阳建筑大学　沈阳　110168）

【摘要】本文从专业设置现状、专业课程设置现状及专业教学计划三方面对全国44所开设土地资源管理专业的高校进行了对比分析，以期能够更好促进土地资源管理专业发展，适应社会经济变化和就业市场需求。

【关键词】土地资源管理；人才培养；现状

1985年以后，伴随着国家土地管理局的成立，为了适应我国土地管理事业的发展需要，中国人民大学、华中农业大学等相继恢复或开设了土地规划与利用、土地管理等本、专科专业。教育部1998年修订的《普通高等学科本科专业目录》正式颁布，统一原来相对混乱的专业设置和课程体系，设立“土地资源管理专业”，划归公共管理一级学科。经过20多年的发展，据不完全统计，全国开设土地资源管理本科专业的高校有65所，开设硕士研究生教育的高校有90多所，开办博士研究生教育的高校近20所[1]。除大部分农业院校外，师范类、理工类、经贸类、地质类、矿产类、综合类大学相继开设该专业。目前，全国各校土地资源管理专业培养方案并不统一，加之各校专业优势不同，导致该专业课程体系多样，学生跨校进阶通识基础各异、人为增加提高专业门槛；另外，我国对土地资源管理专业人才需求在呈现地区差异和结构差异，使得学生专业能力、学历学位与社会需求匹配存在偏差。因此，为了更好地促进土地资源管理专业发展适应社会经济发展的需求，本文对土地资源管理专业人才培养现状进行了系统比较。

本研究中按照综合类、农业类、师范类、理工类、经贸类、地质矿产类六类学校，对2008年武汉大学中国科学评价研究中心发布的土地资源管理研究生教育排名，A、B类共44所院校进行统计分析，结果见表1。从数量上分析，开设土地资源管理专业的农业类院校数量较大，占统计总数的39%。其次为综合类院校，统计数据中仅有一所经贸类院校。据其他学者研究，人文社科师范类除中国人民大学具有博士学位授予点和上海财经大学具有硕士学位授予点外，近80%的院校仅有学士学位授予点。

表1　　2008年中国土地资源管理专业设置情况

院校类型	综合类	农业类	师范类	理工类	经贸类	地质矿产类
	武汉大学 浙江大学 西南大学 中国人民大学 天津大学 南京大学 四川大学 中山大学 河南大学 广州大学 清华大学 重庆大学	南京农业大学 中国农业大学 华中农业大学 河北农业大学 东北农业大学 山东农业大学 江西农业大学 华南农业大学 新疆农业大学 四川农业大学 河南农业大学 西北农林科技大学 山西农业大学 内蒙古农业大学 安徽农业大学 甘肃农业大学 福建农林大学	北京师范大学 福建师范大学 山东师范大学 广西师范学院 湖南师范大学 内蒙古师范大学 江西师范大学	哈尔滨工业大学 华中科技大学 河南理工大学 长安大学 东华理工大学	上海财经大学	中国地质大学 中国矿业大学
总数	12	17	7	5	1	2
比例	27	39	16	11	2	5

学校地理位置、专业影响力、辐射半径等因素或多或少地会影响学生的就业情况。从全国土地资源管理专业分布来看，东部地区学校密集度高于西部地区，以湖北省和北京市密度最大且质量最高。多数省份内均有1~2所开设该专业的学校，但属b类以上的学校仅为图中显示的省份。省内两所高校开设土地资源管理专业一般为一个农业院校和一个师范类院校，一所的院校大多为农业院校。从高校土地资源管理专业密度来看，有些省份缺乏高水平专业人才的供给，有些省份反而密度过高，如湖北省和北京市，排名前44位的高校各有4所分布在这两个地区，在区域层次上我国的专业人才供给不平衡。从需求角度，土地行政管理人才需求区域间相对平稳，工程技术人才与区域行业市场相关，但总体差异有限。因此，区域层次上易造成人才需求与供给的不平衡，信息的不完全更易加剧这种不平衡。全国的土地资源管理专业可根据专业定位（偏重管理或技术）、学校优势跨出学校的平台建立专业联盟，加强培养模式、学习平台、就业信息等综合资源和信息的共享，学校取长补短增强交流，学生信息共享促进跨区域流动，促进土地资源管理专业的良性发展。

二、专业课程设置状况比较分析

分析研究院校土地资源管理专业开设课程，按照课程性质将土地资源专业课程分为地学基础类、经济类、管理类、技术类、应用类、工程类、房地产类七大类课程。地学基础类课程主要为土地资源学，所有农业大学及部分综合类院校开设该课程，其他地学基础类课程如地质地貌学、土壤学等课程开设率极低，仅有部分农业大学（华中农业大学、东北农业大学）开设相关选修课。技术类课程土地信息系统、测量学基本所有院校均开设，以武汉大学为代表的具有测量优势的综合和理工科院校更侧重技术类课程的比重，另外开设遥感技术、地图学、数据库原理与应用、GIS 软件应用等课程，甚至开设多门 GIS 软件应用课程供选（ARCGIS、MAPGIS、SUPERMAP）；相反，中国人民大学、经贸类大学侧重于经济管理类课程，人民大学统计的 16 门课程中有 9 门经济管理类课程。部分研究院校土地资源管理专业定位为城市建设与房地产管理方向，因此提供工程类和房地产类课程供学生选修，如房屋建筑学、工程制图、工程项目管理、房地产经营管理、房地产投资开发、房地产市场营销、物业管理等课程。由于各院校专业方向定位、优势学科背景不同，各类课程所占比重不同，但在各类课程中也有统一认识，一致开设的课程，如土地经济学、土地管理学、测量学、土地利用规划学、土地法（不动产政策与法规），上述课程 80% 以上院校开设。

综上，全国土地资源管理专业课程未统一，主干专业课程开设不一致。土地规划管理类、地学基础类、经济学类、房地产及技术类在不同院校有不同的侧重，且每个大类开设课程也差异较大。笔者认为，高校过于注重专业特色而忽视专业的统一性，基于统一的特色更有实际意义，土地资源管理专业（房地产方向）无论如何侧重房地产方向相信也不能达到房地产经营与管理专业的高度，而同时具有土地资源管理的专业知识技能又了解房地产知识才能更具有“特色”。因此在课程体系设置在上应根据土地资源部门的需求开设相关课程，制定相对比较统一的课程体系，在这个前提下各高校可以根据自己的特色开设特色课程。同时可以根据科学技术的发展和社会需要，增加相关课程。

三、专业教学计划设置状况比较分析

高校教学计划设置都分为两部分，即理论教学环节和实践环节。教学学时差异较小，总学时在 23000 ~ 80000 学时之间，必修学时 1700，选修 700 左右。其中武汉大学总学时 2259，为理论教学最少学时，而涉及专业课的教学实习周高达 22 周，实践环节比重较大。实践环节部分，研究院校差异较大，主要体现在实习课程内容和实习时间安排，而毕业实习和毕业论文基本都为 16 周。课程实习安排方面土地规划、土地信息系统、测量学均安排实习，这与上述理论课程开设率高相关，并且所有开设上述课程的院校都对应安排课程实习。其他实习课程设置体现专业特色方向，如定位房地产方向的院校开设不动产开发经营实习，偏重技术的院校（武汉大学）开设航测与遥感、数据库、数字测土等，其他实习如土地社会经济调查与分析、土地管理综合实习、自然地理、统计学、会计学、土地开发整理、土地资源学各院校选择性设置。对于上述课程实习的时间安排未有一致，整体的课程实习时间也不同，分布在 8 周至 22 周之间，主要集中在 16 周左右。

对于调查院校土地资源管理专业教学计划研究发现，学校对理论学时和实践学

时的比例大体相似，最多的实践时间达38周（含非专业的生产实践），学校为了提高学生的专业实践能力，已经有意识地提高了实习课程的比重。但对实习安排的深入研究，笔者发现多数院校实习课程很多覆盖生产实习、能力培养实习、专业课程实习等多方面，但单一课程的实习时间平均为2周。相对于任意专业相关的项目（土地利用总体规划、土地整理等）或完整的工作流程，在具有一定专业基础和技术技能的前提下都是需要大段的时间，来完成的。单一科目过短的实践时间，学生只能了解皮毛、一知半解、照葫芦画瓢。

因此，专业实践的广度和深度应该有机地结合，适度减少实习科目，增强实习深度，关注实践的完整性，基于工作流程的实践才能提高学生的动手实践操作能力，在完成理论知识的重新认识和巩固的同时，更好地适应就业的需求。

参考文献

[1] 李新举，于开琴，王瑷玲．土地资源管理专业的现状与对策［J］．学理论，2010（31），285－287.

[2] 彭文英，李子田，宋克杰．土地资源管理人才培养现状及改革思考［J］．高等理科教育，2007（3），47－51.

[3] 徐丽华，等．统筹城乡发展背景下的实践教学体系探索：以西南大学土地资源管理专业为例［J］．安徽农业科学，2010，38（36）：21050－21052.

作者简介：王玥（1981—），管理学院房地产研究所，讲师，博士在读。研究方向：土地利用与规划。

浅谈加强高校公寓文化建设的必要性

苏立红　尹浙霖

（沈阳建筑大学　沈阳　110168）

【摘要】公寓作为大学生学习生活的主要场所，它的作用日益突出。良好的公寓文化，对于大学生的成长成才有着潜移默化的影响。加强学生公寓文化建设已成为高校学生思想政治教育的重要手段，只有加强公寓文化建设，才能进一步促进思想政治教育工作的开展。

【关键词】高校公寓文化；建设；思想政治教育

高校公寓文化是指高校学生公寓及其周围的物质环境和精神环境的总和，是大学生共同生活、学习、互相影响和作用过程中形成的环境和氛围，它是校园文化的重要组成部分，在高校思想政治教育中也发挥着重要的作用[1]。公寓是高校学生生活的主要场所，可以说公寓文化对于大学生树立正确的世界观、人生观、价值观发挥着举足轻重的作用。特别是2004年《中共中央、国务院关于进一步加强和改进大学生思想政治教育的意见》发布以来[2]，“全员育人、全方位育人、全过程育人”的育人理念已得到广泛认可。因此，加强公寓文化建设已成为对高校学生进行思想政治教育的重要手段，加强公寓文化建设有助于思想政治教育工作的开展。

一、公寓文化建设的内容与功能

1. 公寓文化建设的内容

高校公寓文化是校园文化的重要组成部分，是公寓成员在道德标准、学识智能、审美情趣、价值取向、行为方式等方面彼此融合的产物[3]。高校公寓文化主要由以下三个层面构成。

（1）精神文化层面。主要指公寓成员的审美情趣、精神面貌、政治态度、价值取向、理想信念、心理素质等，是公寓成员在长期交往相互影响过程中逐渐形成和发展起来并被广大师生共同接受的群体精神。精神文化是公寓文化的核心。

（2）制度文化层面。它是指由学校规定的、对公寓成员的相互制约、相互监督的规范体系。它包括各种规章制度、准则、条例、道德行为规范、奖惩措施等，以及为实施这些制度而建立的监督体系，如公寓内部公约以及相应的公约惩罚条例等。

（3）物质文化层面。主要包括公寓的内部设施、布局结构、环境卫生等方面，是公寓成员整体审美观共同取向的外在体现，是其文化层面的载体以及公寓得以区分的最直接的外在标志，如洗漱用品、床上用品的整理摆放等。

2. 公寓文化的功能

（1）导向功能。系指公寓文化通过自身各种文化要素或层面的集中、一致的作用，对学生个体的价值与行为趋向产生引导作用。任何文化都具有一定的功能[4]，公寓成员在群体心理环境的影响下认同公寓的整体文化，并把公寓文化的价值要求内化为自己的价值体系。公寓中大多数成员的一致态度和想法会形成一种群体性的压力环境，这种环境对成员具有导向功能。同学之间通过思想交流、言行模仿而相互影响，各种行为习惯、思维方式、思想倾向和个人情感有较强的趋同性，积极乐观的公寓文化会对公寓中少数思想消极的成员产生潜移默化的同化功能。

（2）约束功能。系指公寓文化对公寓成员的思想、心理和行为具有约束和规范的作用，这种约束作用不是通过直接的硬性手段实现的，而是通过营造一定的思想氛围、道德氛围、行为氛围，影响公寓成员的世界观、人生观、价值观、道德观和行为心理来间接地、软性地实现的。这种约束首先是制度约束，即各种规章制度对公寓成员的要求和约束；其次是群体约束，是公寓文化中行为文化对人的影响；再次是舆论约束，即公寓成员对某种行为进行的肯定或否定的评价与判断，形成一种舆论，约束着每个人的行为；最后是道德约束，即道德作为一种行为准则，对公寓成员产生的约束，主要表现为规范性，要求人们遵守各种公德等。

（3）陶冶功能。公寓文化能够陶冶人的情操、净化人的心灵，养成高尚的道德品质和行为习惯。健康高雅的公寓文化对学生的思想、道德情操、行为方式等都能产生积极向上的作用；低级趣味、格调低下的不良文化，则能扭曲人们的心灵，影响学生的身心健康。尤其是在网络已全面进入公寓的情况下，公寓文化和网络文化交织在一起，对学生的影响更加突出。此外，公寓也是成员技能、爱好展示和交流的最好平台，公寓的字帖、绘画、音乐、手工艺品都构成了公寓文化的重要内容。生动活泼的公寓文化活动，具有满足大学生身心发展需要、陶冶情操、缓解疲劳等娱乐调节功能。

二、公寓文化建设中存在的问题

1. 社会不良思想对公寓文化带来负面影响

当前大学生的思想非常活跃，学生公寓的文化氛围较为复杂，公寓文化与社会文化的发展息息相关，社会上的一些思想意识不可避免地影响着学生公寓文化。大学生比较关注国家大事，他们在公寓内谈论的内容，多为一些敏感的社会热点问题，由于他们涉世不深、阅历较浅，对国情了解不够且对社会环境的复杂性知之不多，只是根据各种传媒、舆论去分析和判断，极易被一些表面现象所迷惑，看问题也容易以偏概全。从总体而言，现阶段的管理往往只满足于完成事务性工作，忽视了广大学生在公寓内的思想动态，导致对公寓主流文化把握不够，对学生思想的正面引导也缺乏力度，从而造成公寓文化偏离正确的轨道。

2. 公寓学习氛围不浓

大部分学生的自控能力有限，在公寓内只是休息和娱乐，公寓成员间很少讨论学习、研究学业，学习气氛不足。学风问题没能成为学生公寓的主要话题，互帮互学的氛围没有形成，一些不健康的书籍和刊物成为学生相互传阅和议论的焦点。这些不良文化和思想的进入以及具体行为表现，对人才的培养以及素质教育产生了不良的影响。

3. 缺乏明确的公寓文化建设发展目标

在日常管理中，由于对公寓这一文化阵地特殊性和重要性的认识不够、正确引导和教育不够深入，当前高校在学生公寓文化建设方面多数还停留在对作息制度和卫生的管理上，只关注到了文化建设的表层和中层，而忽视了对大学生内心精神世界的探索；对于公寓文化建设采取“一阵风”“走过场”的做法，热衷于开展各种形式的检查、评比活动，没有一个统一的、长远的且符合学校实际的公寓文化建设目标。

4. 缺乏特色与新意，难以调动学生自主参与公寓文化建设的积极性

学生积极参与是做好公寓文化建设的前提，在公寓文化建设中，学校应该努力创造条件为学生搭建文化建设的平台，充分发挥学校舍管中心、学生社团等各方面的作用，探索丰富多彩的文化活动形式，调动学生互动参与的热情。然而不少学校忽视了公寓文化的这种重要功能，存在着思想上重视不够、工作思路不很开阔、投入精力不足等状况，最终导致了公寓文化建设千篇一律，在形式与内容上相差无几，使活动缺乏新意和品位，长此以往，学生就对公寓文化建设滋生出抵触情绪和逆反心理。

三、对加强公寓文化建设的几点建议

高校公寓文化建设对于学生的成才、成长起着至关重要的作用，针对以上问题，笔者有以下几点建议。

1. 加大公寓管理规章制度的宣传力度，狠抓工作落实

制度只停留在纸面上，是远远不够的，许多院校针对公寓建设制订了大量而全面的制度，但不能够及时地宣传，导致学生不知道自己犯了什么错，造成了管理上的尴尬。大学生公寓文化建设在有一套完善的、行之有效的规章制度的基础上，还要真抓落实，才能保证大学生有一个良好、有序的学习生活环境，才能使之养成良好的行为习惯。比如，充分发挥公寓公共黑板的宣传作用，可根据学校的实际情况并结合当今学生思想文化、道德素质发展的方向每日更新刊登内容，内容可涉及时事要闻、心理卫生、安全防范、生活常识。

2. 统一认识，明确学生在公寓文化建设中的主体地位

大学公寓文化建设的主体是学生，公寓是他们的第二个家，要从学生的所思所想出发，制订学生愿意主动参与的活动，同时制订公寓发展计划和学期目标，鼓励学生在公寓内开展各种寓教于乐的活动[5]。公寓文化建设的关键之处在于一定要采取切实可行的措施调动起同学的积极性，使同学们树立主体意识，深刻感受到“公寓是我家、整洁和谐为大家”[6]。

3. 提倡主流文化，加强对学生的政治思想引导

从学校教育要培养全面发展的建设者和接班人这一总体目标出发，大力弘扬优秀的民族文化，提倡体现时代精神的主导文化，加强它在公寓文化建设中的主导地位和指导作用。依据公寓文化潜移默化的特点，采取渗透的形式，把教育思想贯穿

于整个公寓文化建设之中，加强对学生的思想政治教育工作，引导学生不断提高思想道德素质。

4. 重点突出公寓学风建设，丰富公寓文化深层次的内涵

学生的根本任务是学习，同样，公寓文化也应该为学风建设服务，要突出学风建设，使公寓文化建设富有更深层次的内涵[7]。要强化文明自律、创建一流学风，增加公寓的凝聚力、向心力、亲和力，促使学生努力学习，广泛积累知识，提高自身综合素质，不断地充实自己。

良好公寓文化的形成是一个长期的过程，一旦形成将会持续稳定发挥其功能，它能够把不同教育背景的大学生，按照统一的目标、要求引导到一个积极的生活方向和思想轨道上来，熏陶学生的道德情操，净化学生的思想，改造学生的不良行为，促进学生的学习，从而有效地促进学校的思想政治教育工作。

参考文献

[1] 唐伟优．高校学生公寓文化建设与思想政治教育［J］．边疆经济与文化，2008（10）：165－166.

[2] 李宝玺，杨武成．浅析新时期高校宿舍文化建设［J］．青少年研究：山东省团委校报，2008（S1）：384－386.

[3] 赵大为．大学生宿舍文化建设与思想政治工作探究［J］．江西金融职工大学学报，2008（21）：155－156.

[4] 丁科，秦静波．谈大学生宿舍文化建设［J］．科技信息，2008（15）：656－657.

[5] 周俊录．浅谈大学生宿舍文化与学风建设的关系［J］．中国科技信息，2007（13）：236－237.

[6] 姜婷．新时期高校宿舍文化建设探析［J］．经营管理者，2011（9）：271.

[7] 何朝阳．浅谈大学生宿舍文化建设［J］．内江科技，2009（10）：172.

作者简介：苏立红（1969—），女，管理学院党委副书记，副院长，讲师。研究方向：学生思想政治教育。

建设工程领域卓越法律人才培养模式研究

袁日新

（沈阳建筑大学　沈阳　110168）

【摘要】卓越法律人才教育培养计划，为不同类型高校找准自身的定位指明了方向。该文指出了以建筑土木为主的沈阳建筑大学法学专业培养建设工程领域卓越法律人才的目标定位，阐述了建设工程领域卓越法律人才的知识素养和能力素养，最后从教学改革与创新、师资队伍建设、环境条件支持等方面分析了建设工程领域卓越法律人才的培养途径。

【关键词】建设工程领域；卓越法律人才；培养模式

2011年12月，我国开始实施卓越法律人才教育培养计划，为深化高等法学教育教学改革和提高法律人才培养质量进行了全面部署。在这一背景下，以建筑土木为基础的工科大学如何在法学教育中改革教学方式与实践方式，切实提高法学专业学生的素质和实践能力；如何使其在毕业时具有较强的就业竞争力，拥有其他政法院校法学专业学生没有的优势；如何使法学人才培养符合市场需求，体现较高的市场化程度，是我们面临的不容回避的严峻问题。

一、建设工程领域卓越法律人才的培养目标

专业培养目标的制定是人才培养的首要任务。2011年12月，教育部和中央政法委联合下发的《关于实施卓越法律人才教育培养计划的若干意见》提出分类培养应用型、复合型法律职业人才的目标，为不同类型的高校找准自身的定位指明了方向。有些院校已经做出了有益的探索，比如2012年2月东南大学法学院与土木工程学院两院共建工程法学学科的尝试。两个学院就学科设置、实施步骤、专业人才培养、教材建设等方面共同探讨，对共建工程法学学科达成了高度共识，明确了工程法学学科建设的思路，并提出了联合培养工程法专业全日制及在职专业硕士研究生的构想。

作为以建筑土木为主的工科院校，沈阳建筑大学是在理工科大学的基础上发展起来的综合性大学，我校法学专业创办至今8年来，借助学校土木工程类、工程管理类优势学科资源，整合土木工程类、工程管理类专业知识和法学基础理论知识，在课程设置和人才培养方面进行了初步探索，为培养具有“建设法学”特色、具备复合知识结构和实践能力的应用型、复合型法学本科人才奠定了基础。

但是，我校现行的人才培养目标定位本身还有一定的缺陷，在实施中还没有完

全到位，与“卓越法律人才教育培养计划”还有一定的差距。根据国家“卓越法律人才教育培养计划”的要求，结合我校目前的优势和条件，我校法学专业人才培养目标应当调整为立足本地、面向地方和区域、辐射全国，培养德、智、体、美、劳全面发展，具有扎实的法学基本理论、基础知识和良好的土木工程、工程管理专业知识，具有生存能力、学习能力、工作能力、适应社会能力，具有正义感、道德良知和人文素养，具有法律职业技能，能够适应国家机关、公检法司机关、律师事务所、公司法律事务的岗位和工作，并为建设工程领域提供优质服务的应用型、复合型法律人才。这一卓越法律人才培养目标不仅符合国家的政策导向，而且适应市场的客观需求；不仅符合工科院校法学专业发展的规律，而且符合我校的实际。

二、建设工程领域卓越法律人才的培养内容

为了实现建设工程领域卓越法律人才的培养目标，在培养内容上要注重知识素养与能力素养的培养，在法律教学与法律职业的密切关系中寻求共同发展的人才培养模式。

(一) 知识素养：人文课程+核心课程+专业课程+特色课程

美国联邦最高法院前大法官弗兰克·福特认为，出任司法高位者必须具有哲学家、历史学家和先知的素质[1]。法学专业学生的知识素养应以人文知识为基础、核心课程知识为主干，以专业知识为主线，以特色课程知识为应用，形成交叉融合的知识结构。

首先，人文知识要“丰富、广博”。法律知识需要与其他人文社会科学的知识有机地结合起来，关注隐含在法律背后的法律理念、价值取向、社会观念、文化背景和知识传统，彰显法律的人文主义价值关怀。其次，核心课程知识要“足够、扎实”。这些基础理论知识的系统化学习，有助于形成开放的、具有极强的接受和再生能力的理论体系，是学生安身立命的根本。再次，专业课程知识要“实用、管用”。“房地产法学”“城乡规划法学”等专业课程知识的深入学习，有助于形成全面的、精深的专业知识体系，是学生今后生存发展的优势所在。最后，特色课程知识要“鲜明、独特”。“建设工程合同管理”“建筑工程招投标法”等特色课程知识是建设工程领域特别实用的法律知识。对这类知识的系统深入的学习有助于打造法学专业学生的品牌，是将来发展的方向。

(二) 能力素养：社会实践+专业学习+实务课程+实习环节

实践是认识的基础，是将知识转化为能力的源泉。通过实践，不仅可以提高学生的专业技能，还可以促进学生品格的全面发展[2]，实践教学对培养建设工程领域的法学人才具有不同寻常的意义。

首先，要鼓励法学专业学生广泛参加各种社会实践活动，让他们在社会实践活动中增强与人沟通交流的能力，掌握人们如何运用自己的理性寻求解决各种纠纷和冲突的办法，为将来服务社会提供宝贵的经验[3]。其次，要加强模拟法庭教学课程模式，通过“模拟法庭”教学，提高学生运用法律知识解决具体问题的能力。再次，要加强建设工程领域实务课程的教学，通过“房地产开发与实务”“建设工程合同实务”等相关实务课程的教学，使学生系统掌握实践中的法律运作，提高学生

运用所学知识和技能解决具体实际问题的能力，最后，要增加实习的频率和效果。目前的实习主要是安排在第7学期，实践证明这种实习期安排得并不合理。毕业前夕学生的主要任务应放在找工作上，能够充分利用这段时间来实习的很少。我们设想把实习期分解到各个学期，在各个实习期制定一个主体实习目标，如第一实习期做一个社会调查，第三个实习期了解庭审过程等，既能和学习过程合拍，又能很好地利用实习期间，达到实习的目的。

三、建设工程领域卓越法律人才的培养路径

卓越法律人才培养模式的构建是一项系统工程，需要从培养目标定位、教学改革与创新、师资队伍建设、环境条件支持等多个方面进行整体性改革。其中，教学改革与创新是整个系统的核心环节。

（一）教学改革与创新

1. 课堂教学改革与创新

课堂教学改革是我们培养建设工程领域卓越法律人才的突破口。首先，积极推进教学方式改革，不断提升课堂教学效果，要大力支持任课教师广泛采用比较新颖的案例教学法、对话式教学法、情景教学法、诊所教学法以及模拟教学法等教学方法与手段。其次，适时开设法律职业能力训练课程，努力实现课堂教学与国家司法考试的有效对接。通过对司法考试所涉法律内容、考核内容的重点难点作出有针对性的分析与讲解，为学生参加司法考试创造有利条件。最后，改革课程考核方式，提高课程考核效果，就必修课的考核来看，在平时成绩的评定环节，可以采取课堂讨论、期中论文、随机问答等多种形式，根据每门课程每位同学的实际情况作出评判；在期末考试成绩评定环节，则重点抓好试卷命题的科学性和试卷评阅的严肃性等环节。对于选修课的考核方式，主要应体现多元化，尽量减少闭卷笔试的适用范围，尽量让学生充分按照自己的实际学习情况选择课程[4]。

2. 实践教学改革与创新

建设工程领域需要的法律专业人才尤为强调实践能力。实践教学的改革与创新，是我们培养建设工程领域卓越法律人才的重点环节。总结以往实践教学的成功经验，我们可以作出以下改革与尝试：一是鼓励和支持学生参加各种社会实践活动，鼓励和支持学生利用在校学习和寒暑假期间开展挑战杯大赛、创业大赛、英语大赛、送法下乡、义务普法、民生调研、志愿者服务等多种形式的科技创新和社会实践活动，以培养学生的社会责任感和使命感[4]。二是适时开展“诊所式法律教育”，适时开展法律诊所教育的尝试，让学生通过模拟场景和实践操作，进一步提高法律职业实践能力。三是积极推动模拟法庭审判实务的规范化、制度化建设，要将建设工程领域涉及的重点法律实务问题作为独立设置的专业实践课程纳入新版法学专业人才培养方案，确保模拟法庭审判实务课程开设的针对性和时效性。

（二）师资队伍建设

师资队伍的建设是培养建设工程领域卓越法律人才的重要保障。要高度重视法学专业任课教师的业务培训和知识更新，每年通过鼓励和支持广大教师参加科术研究会年会、专题研讨会以及教育部组织开展的师资培训等方式，使任课教师能够及

时了解和掌握法学前沿动态和法学教育教学的最新信息，努力与学科发展、学术进步和教学理念的更新保持同步，还要加强教师队伍实践教学的能力，对任课教师投入一定的经费，鼓励教师到法院、检察院和工程建设单位进行定期学习，把司法实践作为培养高素质法学教师的培训基地，使他们成为具有解决建设工程领域法律实务能力的教师[5]。此外，还可以聘请具有一定理论水平的工程实务专家担任兼职教师，向学生传授工程实践中的实务问题，弥补学生建设工程领域的实践经验。

（三）环境条件支持

建设工程领域卓越法律人才的培养需要有良好的环境条件支持。首先，进一步推进实践教学基地建设，应当充分发挥学校的智力资源和校友资源优势，按照合作双赢的原则，在原有实习基地的基础上，与政法机关和建设单位签署共建实践教学基地协议，特别是与大型建设单位建立长期密切的合作关系，力争实现招生、培养、就业一体化模式，切实解决法学专业毕业生就业问题。其次，加强学校与政法部门的交流与合作，不断探索实践教学的新领域和新方式，可以尝试“法庭进校园”、模拟示范庭、法学专家工作站、交叉任职等多种方式，有效推进实践教学领域和途径的新发展。最后，充分发挥工科院校各类实践教学资源的功能，努力提高学生的综合实践能力，土木工程、工程管理、理工基础、文化艺术等其他实验平台的实践教学资源可以为法学专业学生共享，通过自主选择、协同配合，提升其综合实践创新能力。

参考文献

[1] 张文显．法理学［M］．北京：高等教育出版社，2007：19.
[2] 刘小宁．工科院校复合型法律人才的培养模式研究［J］．武汉纺织大学学报，2011（1）：73.
[3] 苏力．法治及其本土资源［M］．北京：中国政法大学出版社，2004：21.
[4] 孟庆瑜，范海玉．法学专业人才培养模式改革与创新研究［J］．保定学院学报，2011（5）：108－109，111.
[5] 何宏莲，刘尊梅．应用型人才培养与高校法学专业实践教学改革研究［J］．黑龙江省政法管理干部学院学报，2011（6）：143.

作者简介：袁日新（1974—），管理学院建设法研究所，副教授，博士。研究方向：经济法学。

浅谈大学生社团在高校校园文化建设中的作用

张 帆

（沈阳建筑大学 沈阳 110168）

【摘要】 良好的校园文化有利于学生素质的提升。大学生社团组织是高校校园文化建设的生力军，依托广大学生社团，开展丰富多彩的校园活动，创新活动的形式、提升活动的内涵，在丰富校园文化生活的同时，为加强和提高大学生素质提供了平台。

【关键词】 大学生社团；校园文化；大学生素质

大学生社团是由高校学生在校党委的领导和校团委的指导下，以“自我教育、自我管理、自我服务”为宗旨，依据兴趣爱好组成的优秀青年大学生先进组织。高校学生社团活动是实施素质教育的重要途径和有效方式，在加强校园文化建设、提高学生综合素质、引导学生适应社会、促进学生成才就业等方面发挥着重要作用。近年来，随着素质教育的推进，学生社团已经成为我国高校校园文化建设的重要载体，在各大高校都得到了蓬勃发展。

一、建设有特色社团，提升社团活动品味

学生社团是由具有相同兴趣爱好、共同理想目标的大学生自发创办，经过向校团委申报、审批，制订社团章程后确立的学生组织。根据不同的社团宗旨和兴趣定位，社团的种类也是多种多样的，例如：文艺类、体育竞技类、服务实践类、学术科技类，等等。一个学生社团能否持续发展，不仅需要社团成员饱满的热情，更依赖于社团自身的品牌特色，通过提高活动质量和品位，吸引更多志趣相投的青年学生加入，根据社团自身的性质和宗旨，与时俱进，不断发展壮大。

二、规范大学生社团的组织和管理，促进社团文化良性发展

规范大学生社团的组织和管理，建立完善的社团成立、活动审批及考核体系，是保证校园文化健康发展的前提。一个成熟的学生社团应具备以下几个要素：① 规范的社团章程及管理办法；② 有相关专业的社团指导教师；③ 隶属于各二级学院；④ 有一批社团活动骨干；⑤ 有活动经费来源。目前，各大高校都活跃着各类社团组织，呈现出“百团大战”的局面，但社团的档次参差不齐，应该严抓社团活动考核，重点培养明星社团、A 级社团，同时大力扶持新成立的、有发展前景的社团。而对于活动单一、缺乏影响力、社团干部工作热情不高的社团，可以考虑“降级”，

甚至注销处理。同时，根据各高校专业特点，还可以提倡发展科技类、学术类社团，积极培养大学生的创新能力，鼓励相关社团参与“挑战杯”“算量大赛”等专业比赛，拓展学生的视野。

三、健全社团指导教师选聘及考核制度

本着学生、教师双向选择的原则，指导教师由学生自主选择和邀请。为了更好地对社团活动进行指导，社团指导教师的选聘可以不局限于本学院、本学校，通过引进校外各行业的精英人才、学者、专家，对本校年轻教师进行培训等多种渠道，扩充社团指导教师队伍。同时，校团委需要根据教师对社团的实际指导情况、参加活动情况以及社团活动的开展情况、各社团成员对指导教师的评价情况等，对指导教师的工作进行考核，并将考核成绩作为教师评奖、评优的一项重要指标，从而激发广大教职员工的工作热情。

四、充分发挥大学生社团在校园文化建设中的作用

大学生社团在高等院校校园文化建设和文化活动中起着重要作用，它有利于活跃校园文化生活，增强校园文化氛围。

1. 不断培养朝气蓬勃的校园文化建设生力军

学生社团作为高校校园文化建设的生力军，具有活动目的明确、凝聚力强、学生参与率高等特点，通过开展内容丰富、形式多样、吸引力强的学术科技、文化娱乐、社会实践、志愿服务、体育竞技等校园文化活动，把德智体美教育渗透到校园文化活动中，在丰富大学生的业余生活、培养兴趣特长的同时，对建设良好的学风、校风，营造浓郁的校园文化氛围也起着重要的作用。社团活动所感染的校园文化氛围，对大学生有着直接或者潜移默化的导向作用，深刻影响着每名学生的价值观念、行为规范和生活态度，对提高大学生的综合素质起着至关重要的作用。社团文化是一种以学生为主体、以课外活动为主要手段的群体文化，是校园文化的内容之一，对大学生有巨大的感染力、渗透力和影响力。各高校应不断加大对大学生社团的培养、建设、管理和扶持力度，通过不断探索和创新社团的管理机制，使学生社团向多元化发展，成为课堂教学以外，学生学习、生活、工作的“第二课堂”，为广大学生的健康成长创造了良好的条件和氛围。通过开展形式多样的各类活动，使校园文化得到传承和发展。

2. 学生社团有助于实现学生综合素质的提高

根据社团性质的不同，社团带给学生的收益也有所差别，有的社团能够辅助专业学习，有的社团有利于完善个性，有的社团帮助提高人文素质，等等。

社团活动打破了校内外、院系、专业和班级间的界限，让学生可以接触更多专业的同学，增加了人际交往的机会，能有效改善学生孤僻、内向等人际交往问题。同时，在社团内，评价一个人的标准不再单一，充分展现个人特长，得到知音的认同和赏识，有助于提升学生自信。适当的参与社团活动也可以缓解学习压力，丰富课外生活，在学习知识的同时愉悦身心，增强学生心理素质。

好的学生社团能够培养学生的团队精神和协作意识，对培养大学生的创新能力、实践能力和创业精神，普遍提高大学生的科学素质和人文素养起到积极的促进作用。

3. 学生社团有助于实现学生能力的拓展

开展丰富多彩社团活动的同时，社团成员在这些活动中锻炼了组织能力、协调能力、人际沟通及交往能力、统筹安排能力，等等。对于一些大型活动来说，还会涉及如何撰写策划、如何外联赞助、如何设计海报、如何对活动进行宣传、如何确保活动现场秩序、保证人员安全，等等。此外，不同的社团会因活动内容的不同而锻炼到不同方面的能力。比如，有的社团联合用人单位，为学生提供就业实习的机会；有的社团着重志愿服务，倡导低碳环保等，参与这些社团能促进大学生在校园文化生活中实现能力的拓展。

4. 学生社团有利于学生从校园到社会的过渡

大学生作为即将步入社会的群体，他们需要认知社会中的竞争与合作，需要提高自己的综合素质，需要表现自己、锻炼自己，达到接触社会、适应社会，逐步被认可并实现自己价值的目的。社团能有效地帮助大学生增强社会责任感、提前体验社会生活。学生社团可以积极开展各类实践活动，如志愿者团队参加义务支农、走访敬老院、关爱野生动物，科技类社团可以结合专业特点，发挥专业优势，参加企业实习，为普通市民日常生活提供专业帮助等。大学生在社会实践中贡献自己的力量，同时也在社会实践中得到锻炼和成长。

高等院校还可以根据专业特点发展学生社团，吸引那些对专业感兴趣、不满足课堂讲授知识、探求更大学习空间和容量的学生参加。一方面，将高校充分的专业师资加以利用；另一方面，为在校大学生提供了自主研究，提高专业素质的机会，让学生在巩固专业知识的同时，将课堂向课外和社会延伸，做到既能发展学生的认知和参与兴趣，又能让社团成员服务师生走向社会。

参考文献

[1] 王源．创建和谐校园文化视角下的高校社团建设［J］．世纪桥，2010（9）：102－103.

[2] 赵会民，旺爱娟．学生社团在高校校园文化建设中的地位和作用［J］．河北广播电视大学学报，2008（6）：98－99.

[3] 管秀平．论高校社团活动队和谐校园文化的构建作用［J］．燕山大学学报：哲学社会科学版，2007（51）：64－65.

[4] 李荔．论高校校园文化建设在推进素质教育中的作用［J］．重庆图情研究，2007（3）：15－17.

作者简介：张帆（1983—），管理学院学生工作办公室，助教，硕士。研究方向：思想政治教育。

专题二：专业建设

篇首语

专业建设是教学内涵建设的核心，是教学改革的切入点，是学校办学特色和优势的集中体现，是提高人才培养质量的关键。专业建设涉及人才培养模式、专业教学团队、实践教学条件、学生综合素质培养等多方面的建设与完善。通过加强专业建设，不仅帮助学校形成自己的特色与品牌，更有利于学校的特色发展，紧密结合国家经济社会发展需要推进人才培养目标的实现。

沈阳建筑大学管理学院一直注重特色专业建设，秉承“以教师为主导，学生为主体”的办学理念，在专业课程体系、人才培养模式、教师队伍建设、实验实训条件等方面，借鉴了国内外高校成功的办学经验，不断做强、做精，走出了一条以工程管理专业为龙头的特色之路。目前，我校工程管理专业被遴选为国家级特色专业。

本专题收录的论文汇集了管理学院教师在专业建设方面积累的改革经验和成果，反映了管理学院专业建设的创新与特色。具体包括：专业人才的培养规律与培养定位；培养模式的构建与实施路径；创新人才实践培养模块研究；“卓越工程师教育培养计划”与工程专业人才培养；创业教育与大学生素质培养；管理学院学生工作“1+3”教育培养模式等。

基于 ArcGIS 构架的 GIS 试验室建设与管理

毕天平　孙立双　任家强

（沈阳建筑大学　沈阳　110168）

【摘要】随着 GIS 在众多行业的广泛应用，高校 GIS 教学和实践环节也越来越受到重视。本文通过分析沈阳建筑大学 GIS 实验室的建设和管理途径，设计基于 ArcGIS 体系结构的新型 GIS 实验室，以提供基于 DeskTop GIS，WebGIS 和 3DGIS 的一体化教学和研究环境，适应多专业的共同要求。并采用开放式的实验室管理与运行方式，以推动实验室与实验室之间的成果交流和数据共享，并提供对外服务，以拓展学生的视野，最终提高教学质量。

【关键词】实验室；GIS；ArcGIS

一、建设目的与背景

地理信息系统（Geographical Information System，GIS）是以地理空间数据库为基础，在计算机软硬件的支持下，对空间相关数据进行采集、管理、操作、分析、模拟和显示，并采用地理模型分析方法，适时提供多种空间和动态的地理信息，为地理研究和地理决策服务而建立起来的计算机技术系统[1]。GIS 是基于计算机解决问题的工具，GIS 实验室的建设目的是满足沈阳建筑大学工程管理、城市规划、城市管理、土地管理、房地产管理、环境、测绘、计算机科学与技术、给排水、信息管理与信息系统等相关专业本科生日常实践教学以及研究生和教师科研需求，能够提供桌面 GIS（Desktop GIS）、组件式 GIS（ComGIS）服务，网络 GIS（WebGIS），三维 GIS（3DGIS）平台服务，应用和开发服务，遥感影像数据的分析、处理，空间数据采集等。同时配备多媒体网络教室软件，实现老师直接操作演示，学生现场学习和跟随。

ArcGIS 系列产品是美国环境研究所（Environment System Research Institute，ESRI）在全面整合了 GIS 与数据库、软件工程、人工智能、网络技术及其他多方面的计算机主流技术之后，成功地推出的代表 GIS 高技术水平的全系列 GIS 产品，其产品结构见图 1[2]，其体系结构涵盖 GIS 桌面平台应用与开发，GIS 网络应用与开发，和 GIS 三维应用与开发等 GIS 的各方面领域。

利用 ArcGIS 构架来共建的 GIS 实验室，能适用于各个专业，不同角度的需求，有利于组建开放式，“无边界”的信息化综合 GIS 实验室。

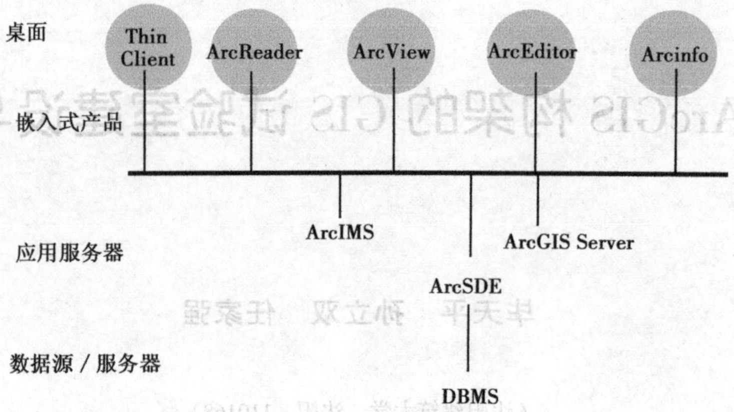

图 1　ArcGIS 的产品结构

二、GIS 实验室建设现状

据统计，目前国内约有 200 多所高校建立了 GIS 实验室，由于各高校 GIS 专业所依托的专业背景不同，研究重点不同，表现出来的层次与命名也不同，如：测绘遥感信息工程国家重点实验室、资源环境与 GIS 重点实验室、图形图像处理与 GIS（数字城市）实验室、遥感与 GIS 实验室以及各院系 GIS 实验中心，等等。综观各高校主要用于教学的 GIS 实验室，大致有如下一些特点[3]。

（1）GIS 实验室一般包括实验场地和仪器设备、技术人员与管理人员以及相应的规章制度。仪器设备主要指 GIS 系统的硬软件设备，即与 GIS 数据采集和输入、数据管理与分析、数据输出与传输等相配套的硬件设施与软件平台。由于受投入资金的影响，大部分教学用的实验室往往只配备了学生实验用的微机和网络设备、一些 GIS 平台软件以及少量的 GIS 数据采集与传输设备。

（2）教学与科研用的实验设备相对分散与独立。由于研究方向不一样，一些硕士或博士研究生导师都有各自的实验室，用于科研项目，本科生则参与较少。

（3）课程实验与实习材料，包括实验数据和实验指导材料等，一般由任课教师安排和保留，很少集中管理。

（4）实验室一般处于半开放状态。这里的半开放是指除了学生在规定的时间内进行实验，虽然在上班时间实验室处于开放状态，学生可凭借证件上机，但学生除了可自行上网查阅资料和使用微机上已经安装的软件外，GIS 项目和数据一般无从触及，其他仪器设备也很少有使用的主动权。

（5）实验室技术人员与管理人员很少经过 GIS 专业培训，不能真正起到为 GIS 实验服务的作用。

随着 GIS 的不断发展，封闭和半封闭状态的 GIS 实验室已经阻碍了学生的视野，同时也阻碍了实验室内部资料和数据的快速更新，只有开放 GIS 实验室，才能适应时代的要求。

三、GIS 实验室建设内容

基于 ArcGIS 体系结构的 GIS 实验室的建设规模以最大同时上机实践的学生数为标准。硬件和软件部署围绕 ArcGIS 的具体产品来进行，实验室内部基本上按服务器和客户机模式组成，其硬件主要由服务器、交换机、计算机终端、计算机保护卡和投影仪等教学设备组成。其中服务器用于提供 Web 服务、数据库服务和地图服务等功能，交换机提供数据中转服务。计算机终端分为教师机和学生机两类，教师机用于远程操作服务器，以及连接投影仪等教学设备进行教学示范；学生机向学生提供上机服务，计算机保护卡安装在每台计算机上，用于在计算机软件安装完成后对系统进行备份，在系统被更改后能够自动回复初始正确状态。实验室的外部实现与 Internet 的连接，重点要搭建内部 Web 服务器与外部网络的有效连接。其建设过程见图 2。

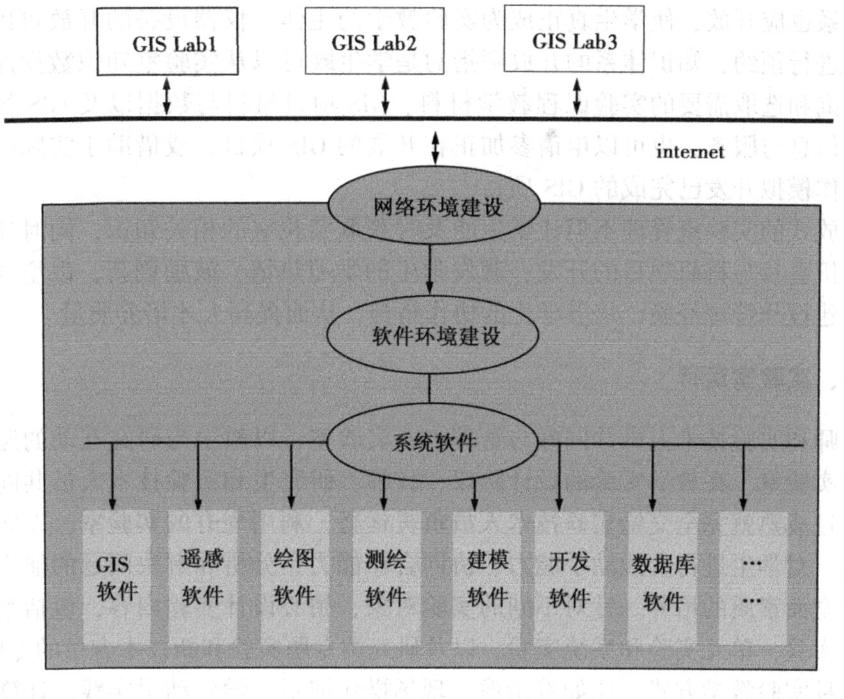

图 2　基本建设内容和过程

（1）硬件建设

组网硬件建设：交换机，学生电脑若干台（配置保护卡），服务器 3 台（地图服务器 + Web 服务器 + 数据服务器），重要是组建网络，实现内外网的互访；

数据采集工具：测绘仪器（GPS，全站仪等），数字化仪等；

外设：扫描仪，打印机，绘图仪，投影仪等；

基础设施：桌椅，插排，讲桌，黑板等。

（2）软件建设

操作系统：Windows XP（学生电脑），Windows Server 2008（服务器）；

GIS 软件：ArcGIS DeskTop V10 及其开发包，ArcGIS Server V10；

遥感软件：ENVI 4.8；

绘图软件：AutoCAD，南方 Case；

三维建模软件：3DMax，SketchUp；

开发软件：Visual Studio 2010，ArcGIS Engine；

办公软件：Microsoft Office 2007；

数据库软件：Oracle，ArcSDE for Oracle；

多媒体网络教室软件：可选产品多，例如红蜘蛛多媒体网络教室软件；

杀毒软件：360 安全卫士；

其他软件：工程项目管理沙盘模拟系统，项目管理软件、专业技能训练平台等。

三、开放的实验室管理

实验室在管理上对教师与学生都开放，不但在时间与空间上开放，仪器设备与知识体系也应开放，使学生真正成为实验教学的主体。仪器设备的开放可以与实验管理员进行预约，知识体系的开放则指的是学生既可以从实验室知识数据库管理系统中查询和选取需要的实验课程教学材料、GIS 项目材料与数据以及 GIS 提供的各种空间信息与服务，也可以申请参加正在开展的 GIS 项目，或借助于实际的数据与资料协作模拟开发已完成的 GIS 项目[5,6]。

开放式的实验室管理不但让学生能及时获取实验室的相关知识，同时让学生有更多的机会参与科研项目的开发，激发学生的学习热情，鼓励创新，以增加 GIS 工程项目建设和管理经验，培养学生的协作精神，从而提高人才培养质量。

四、实验室运行

教师和实验技术人员共同参与管理 GIS 实验室，以教学与研究互动的原则运行和发展实验室。在教学实验的设计阶段，教师、研究生和实验技术人员共同策划开发，一旦成熟就完全交给实验技术人员负责运行。利用现有的实验室，以教学计划为依据，对学生进行实践动手能力、协同合作能力、分析和解决问题的能力、创新能力等全面素质的培养。针对不同的实验对象，精心设计实验内容，包括基础实验和提高实验，单元实验和系统实验，以及研究类专题实验和新技术含量的专题实验。采用多种实验教学方式，比如看录像、现场操作演示、学生动手实践、计算机仿真等。与此同时，也将新研究成果引入教学，不断更新和丰富教学实验内容，使实验教学始终能够紧跟学科的发展，具有一定的先进性和代表性。

配合专业课程和教学实验，实验室还开发制作了丰富的多媒体课件和网络课件，供学生自学。同时实验室接纳本科生的生产认识实习，毕业设计（综合论文训练），研究专业技术的研究生论文工作。此外，还对工厂、企业、工程技术人员、大学、大中专教师进行 GIS 专业相关技术的继续教育培训。GIS 实验室将成为教学、科学研究和技术服务的重要基地。

参考文献

[1] 张超，陈丙咸，邬伦. 地理信息系统［M］. 北京：高等教育出版社，1998.

[2] ESRI中国（北京）有限公司. ARcGIS产品体系介绍，2006.

[3] 刘兴权，邹艳红. 创新型GIS实验室建设初探［J］. 实验室建设与科学管理，2008（1）：134－138.

[4] 吉云松. 对非GIS专业的GIS教育的思考［J］. 测绘与空间地理信息，2006（1）：115－117.

[5] 许捍卫，张友静. 论GIS专业的实践教学体系构建［J］. 测绘通报，2005（3）：62－65.

[6] 郭成操，李刚俊，杜涛. 创新实验室建设模式 培养创新型专门人才［J］. 实验室研究与探索，2010（6）：195－197.

作者简介：毕天平（1979—），管理学院房地产研究所，讲师，博士。研究方向：地理信息系统与遥感。

工程管理专业课程体系的优化方案研究*

——基于《工程管理专业人才培养调查问卷》的社会需求分析

李丽红　刘亚臣

（沈阳建筑大学　沈阳　110168）

【摘要】 工程管理专业的课程体系建设是一个动态化的调整过程，需要不断地对其进行调整与完善，以更好地满足社会对工程管理专业人才的需要。通过调查问卷结果的分析，本研究剖析了沈阳建筑大学工程管理专业课程体系应该改善的内容，从学时、教学内容、教学方法、课程体系完善等方面提出了改进的意见和建议。

【关键词】 工程管理；课程体系；社会需求

一、目前工程管理专业的课程设置

目前沈阳建筑大学工程管理专业的课程设置采用的是2010年的修订版本。修订后工程管理专业核心课程共有33门，按照课程内容可以将其分为技术平台、管理平台、经济平台、法律平台等四大类课程，其中技术平台课程共有课程15门，管理平台课程9门，经济学课程6门，法律平台课程3门。具体课程见表1所示。

表1　　目前的工程管理专业核心课程体系

课程类别	技术平台课程	管理平台课程	经济平台课程	法律平台课程
课程名称	画儿与制图 AutoCAD 工程测量 房屋建筑学 材料力学 结构力学 理论力学 建筑材料 土力学与地基基础 土木工程施工技术 工程估价 建筑工程识图 建筑设备 工程质量事故处理分析	管理学 会计学 财务管理 运筹学 工程项目管理 房地产经营管理 国际工程管理 建筑企业管理 市场营销	经济学 工程经济学 房地产投资分析 工程项目融资 工程项目咨询 统计学	经济法 工程建设法学 工程招投标与合同管理

*　资金项目：教育部财政部高等学校人才培养模式创新实验区建设项目（教高函〔2009〕27号）。

为了进一步对该课程体系进行优化调整，2011 年 3—6 月，管理学院进行了“工程管理专业人才培养课程体系”大型调查，希望通过调查问卷的方式更好地掌握社会需求的变化，使得专业的课程体系建设更加科学、优化。

二、预调查问卷与调研内容筛选

本调查问卷主要针对工程管理专业的毕业生设计，共经过了初步调查—问卷修改—问卷试做—问卷完善—正式问卷五个阶段。结合目前工程管理专业的培养目标和设置课程，初步建立了工程管理专业校友的调查问卷。

1. 预先调查问卷

为了满足调查问卷的全面性，选择 2011 届工程管理专业学生 10 人和沈阳市某工程公司沈阳建筑大学工程管理专业毕业生 10 名作为调查对象。10 名调查对象均有 3 年以上工作经验，来自各个项目部，具有广泛的施工经验，共发放调查问卷 20 份，收回问卷 20 份。

定义无效问卷的标准为：第一，漏选的题目占题目总数 10% 以上的；第二，存在连续 5 个问题都选同一个答案的情况；第三，存在明显乱填的情况（如第 1 题选 1，第 2 题选 2，所有问题都选 1 或者将所有选项都画上标记等）。

根据该标准，获得有效的预先调查问卷 18 份。

对课程评价的标准为：1 为非常重要，即对学生的思维和日后工作帮助很大，是重点学习的课程；2 为比较重要，即相对的对学生的思维和日后工作帮助比较大，是需要掌握的课程；3 为一般，即对学生的思维帮助比较大，工作中的实用性不大，是需要熟悉的课程；4 为比较不重要，即需要学生对某些事物有概念即可，是需要了解的课程；5 为非常不重要，即该课程可以省去，仅作为学生扩充知识面的渠道。

2. 预先调查的结果

在调查问卷中，认为与同事们相比，在技术知识方面具有相对优势的数量与在管理知识方面具有相对优势的数量相当，没有人选择法律知识；认为与职业生涯规划相比，需要重点学习的课程技术知识和管理知识者的比例仍然高居不下，经济知识位居其后，选择法律知识的依然较少，经过与调查对象的沟通，发现出现这种结果的原因是他们工作单位往往委派有专业的律师为其服务，鉴于律师并不懂工程专业的知识，律师的工作往往需要工程管理专业人才的配合才能展开，而且工程管理专业人才在考取律师执照后将大大扩大其在单位的工作空间，因此依然保留了法律知识的相关问题；通过预先调查，发现工程管理专业的学生就业范围较广，有关“工程管理专业学生比较合适到哪些单位工作”方面，调查对象认为施工单位和监理公司、房地产开发企业将是最重要的就业首选（选择度 95%），因此对该指标进行了进一步的细化，将其分为房地产企业、设计院、监理公司（项目管理公司）、施工企业、造价咨询公司、招标代理公司、物业公司、其他等 8 个指标。

在工程管理专业的课程应该涉及工程技术、管理、经济与法律四大平台方面也取得高度一致的意见，但受调查对象的工作内容、职业规划及个人价值观等因素的影响，调查问卷中对四大平台各课程的重要性认识差距较大。因此我们详细设计了所有专业基础课程和专业课程重要程度的内容，以期对我们的课程体系不断完善，更好地满足社会对工程管理专业人才的要求。

三、正式问卷的设计

参考预调查问卷，设计了正式调查问卷。同预先调查一样，定义满足以下条件的问卷为有效问卷：第一，漏选题目占题目总数的20%以下；第二，不存在连续5个问题都选同一个答案的情况；第三，没有明显乱填的情况（如第1题选1，第2题选2，或者将所有选项都画上标记等）。

正式调查所选取的120份样本来自辽宁、北京、天津、河北、山东的往届工程管理专业的毕业生，有的是以纸质的文件寄出，有的是以电子邮件的形式发出。80%以上的校友在进行问卷填写前均与我们进行过网络联系，要求他们根据自己亲身的项目和工作进行指标评价。数据的获得是通过填写回寄和邮件回复的方式，其中前者占调查对象的比重为75%。发放调查问卷120份，收回问卷109份，根据上述标准，有效问卷为100份。据统计，有效的调查问卷对象包括77名男性和23名女性，这些受调查者的个人资料统计见表2。

表2 调查对象的相关数据分析

变量	统计值
性别：	
男	77
女	23
从业工作年限	M = 5.21（SD = 2.15）
受教育程度：	
本科毕业	79
硕士毕业	20
博士毕业	1
主要工作领域：	
前期咨询	31
建设咨询	53
运营咨询	14
后评价咨询	2
单位性质：	
房地产企业	21
设计院	9
监理公司	14
施工企业	30
招标代理机构	7
造价咨询公司	9
物业公司	4
其他	6

四、调查结果

（一）调查对象的基本信息

1. 调查对象的职业分布

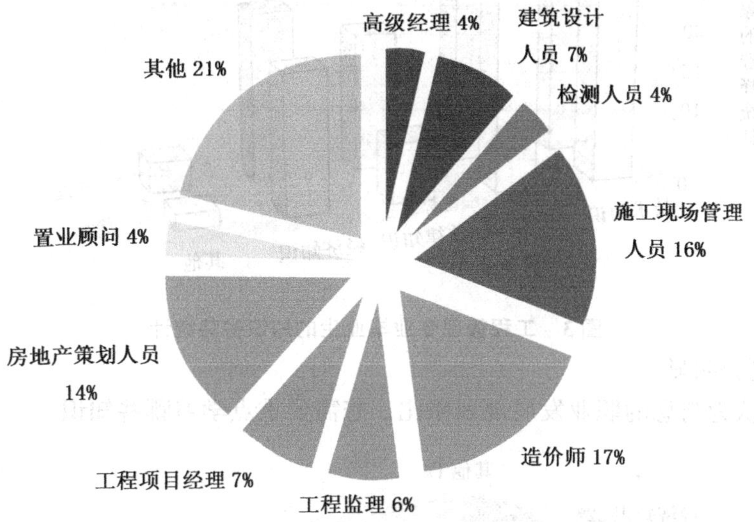

图 1　调查对象的职业分布统计

如图 1 所示，目前工程管理专业的毕业生就业范围就广。就本次调查对象来看，最多的是施工现场管理人员和造价人员，占到总调查对象的 1/3。受到近年来的房地产企业快速发展的影响，在房地产公司工作的毕业生在众多类型中排列第三位。值得注意还有，近 1/5 的调查对象选择离开了自己的专业岗位。

2. 所在单位项目部的一般规模

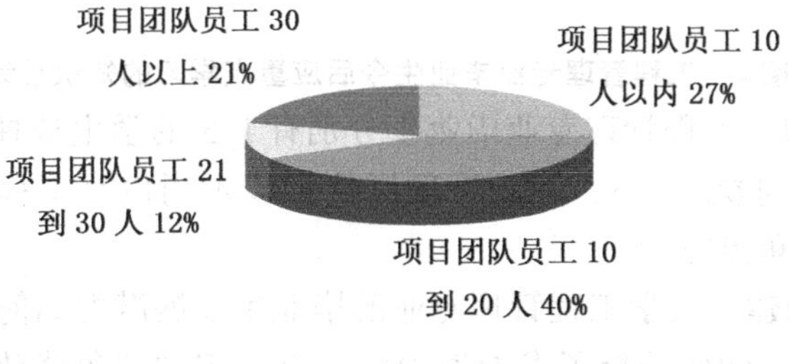

图 2　所在单位项目部的一般规模统计

由图 2 所知，目前工程管理专业需要接触的项目团队成员绝大多数在 10 人以上，所以在校阶段就应指引学生提高与同事的口头与书面沟通、团队的意识培养等方面的能力培养与锻炼。

3. 您认为与同事们相比，您哪方面的知识处于相对优势和不足

将工程管理专业毕业生的知识优劣对比分析之后不难发现（见图 3），技术知识和管理知识的优势与劣势都较突出，其中技术知识的优势与劣势大体相当，管理知识的优势明显大于劣势，法律知识和经济知识的优势都要小于劣势，但是法律知

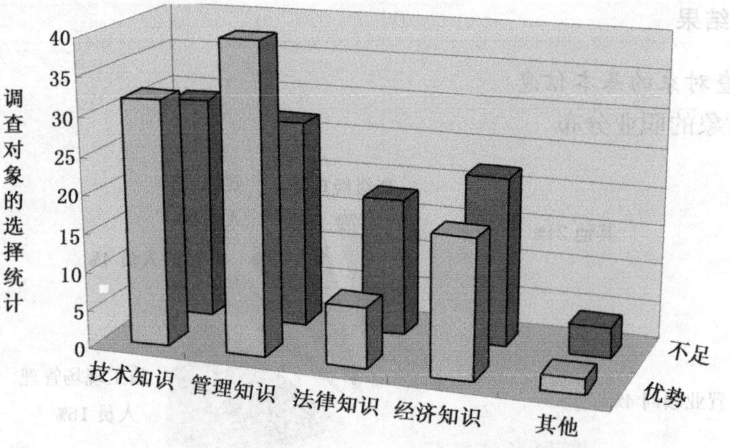

图3 工程管理专业毕业生的知识劣势统计

识的表现更为明显。

4. 您认为与您的职业发展规划相比，您需要重点学习哪些知识

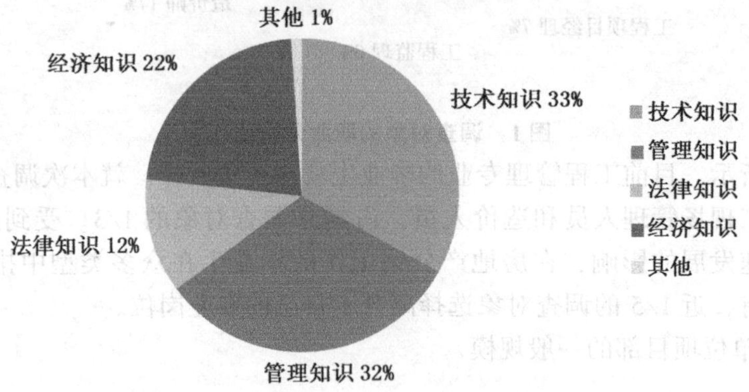

图4 工程管理专业毕业生今后应重点学习的知识统计

通过图4可知，工程管理专业毕业生分别有1/3的学生选择了管理知识和技术知识，占到总调查问卷的2/3，因此管理岗位和技术岗位是工程管理专业学生职位提升和生涯规划的重点方向。

5. 您认为沈阳建筑大学工程管理专业的毕业生发展潜力如何

根据统计结果，68%选择了发展潜力大，有一定的竞争优势，16%的选择了发展潜力很大，有较强的竞争优势，12%选择发展潜力一般，另有4%选择了发展潜力受限。由此可知，工程管理专业的毕业生具有一定的竞争优势，发展潜力大。

6. 您认为工程管理专业学生比较合适到哪些单位工作

由调查结果（见图5）可知，对于工程管理专业学生的就业单位的认知较为分散，工程管理专业培养目标最为接近的施工企业和监理公司的之和也仅为39%。值得注意的是，我们的调查对象并没有在招标代理机构工作的人员，但是在适合的单位统计时，该数据高于造价咨询公司一个点。

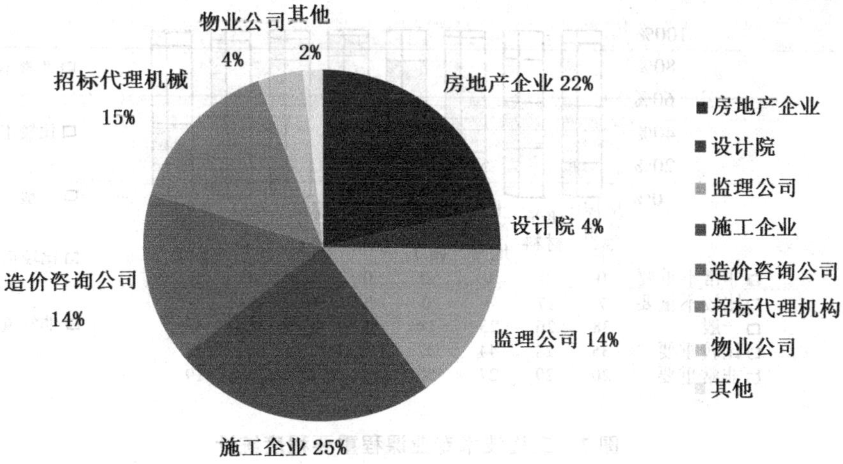

图 5　工程管理专业学生比较合适的单位统计

（二）课程设置

1. 工程技术专业基础课程

调查问卷中的工程技术课程可以分为专业基础课和专业课，其中将画法几何与制图、AutoCAD、工程测量、材料力学、结构力学、理论力学及工程结构确定为专业基础课程，其余的 8 门课程确定为专业课程，调查问卷的数据如图 6 所示。

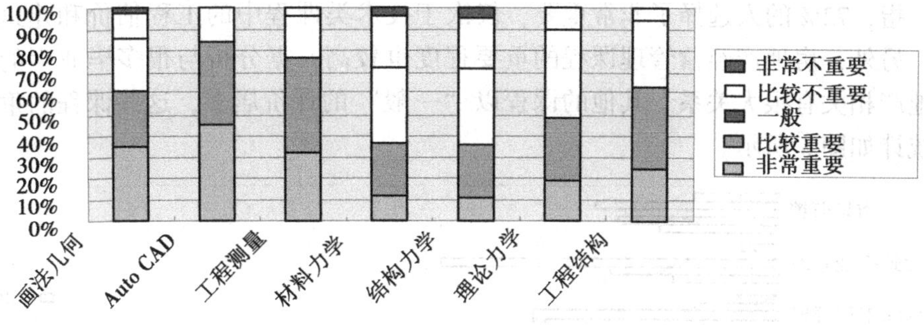

图 6　工程技术专业基础课程重要程度统计

排名前三位非常重要的课程分别为画法几何与制图、AutoCAD、工程测量。以非常重要和比较重要汇总排名前三位的是 AutoCAD、工程测量和画法几何与制图。通过对比两项指标后发现，3 门课程并没有发生变化，因此可以总结出：对于工程管理专业的课程设置而言，需要继续关注画法几何与制图、AutoCAD、工程测量等课程的教学大纲及教学内容的合理安排。

2. 工程技术专业课程

8 门专业课程的重要程度调查汇总情况如图 7 所示。

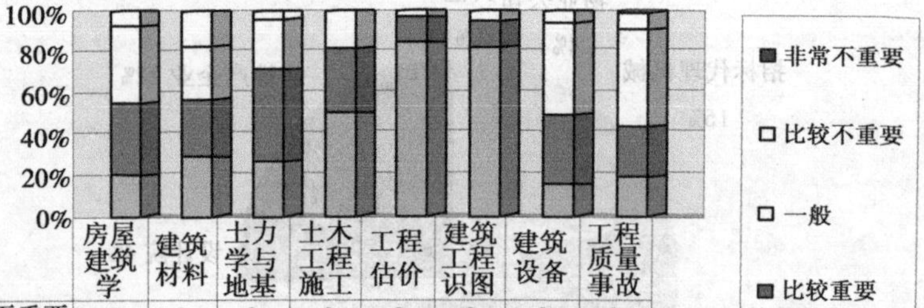

	房屋建筑学	建筑材料	土力学与地基	土木工程施工	工程估价	建筑工程识图	建筑设备	工程质量事故
非常不重要	0	0	0	0	0	0	0	2
比较不重要	7	17	4	0	0	0	6	7
一般	38	26	25	18	3	5	45	48
比较重要	35	28	44	32	12	13	34	24
非常重要	20	29	27	50	85	82	15	19

图 7　工程技术专业课程重要程度统计

由课程的重要排序可知，工程估价和建筑工程识图、土木工程施工技术远远领先于其他专业课程。相比而言，工程质量事故处理分析与建筑设备的非常重要和比较重要得分之和均低于 50%，需要进一步针对该两门课程的教学内容和教学大纲等进行细致深入的进一步分析。

3. 管理类课程

相比与工程技术课程而言，管理类的课程为“非常重要”的得分率明显要低于技术类课程，且由于工作的不同岗位对管理知识的要求差距较大，出现了明显分散的调查结果。值得注意的是，无论是从事何种职业，工程项目管理课程的重要性首屈一指，72% 的人选择了非常重要，仅次于技术类课程中的工程估价和建筑工程识图。另外，房地产经营管理课程的重要程度也较高，据分析与很多毕业生的业务与房地产相关有很大关系。其他的课程以“一般”的评价居多，这些课程的重要性认知统计如图 8 所示。

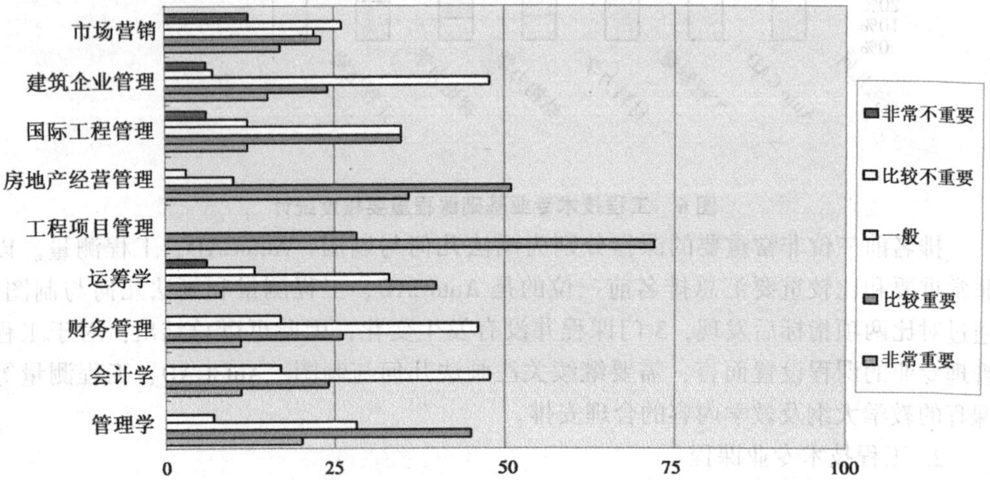

图 8　管理类课程的重要程度统计

4. 经济类课程

由于课时限制，沈阳建筑大学工程管理专业的经济类课程只有 6 门，调查对象对工程经济学、房地产投资分析与工程项目融资均给出了重要评价，具体统计数据如图9所示。

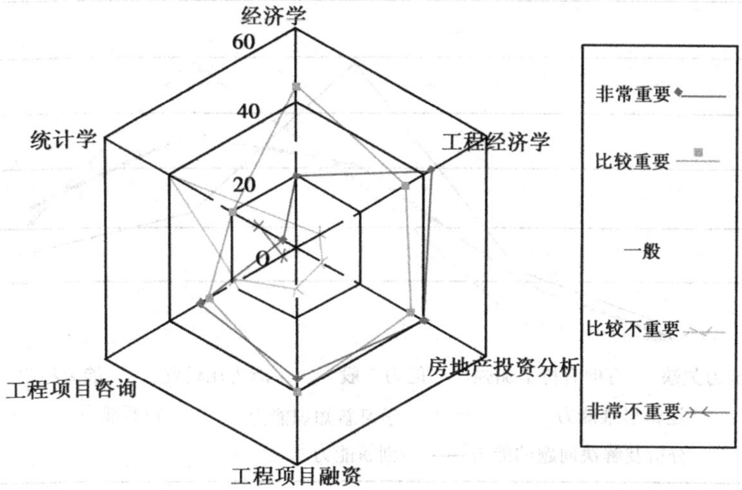

图9　工程技术专业课程重要程度统计

5. 法律类课程

目前工程管理专业共开设3门法律类课程：经济法、工程建设法学及工程招投标与合同管理。根据调查问卷的调查结果显示，工程招投标与合同的重要统计明显高于工程建设法学，工程建设法学也远高于经济法，具体数据见表3所示。

表3　**法律类课程重要程度统计**

课程 / 重要性	非常重要	比较重要	一般	比较不重要	非常不重要
经济法	3	16	27	45	9
工程建设法学	23	34	29	9	5
工程招投标与合同	73	24	3	0	0

6. 关于本校工程管理专业所开设的课程是否合理的调查

在是否合理的调查统计中，发现有85%的调查对象选择了较合理；15%的选择了合理，而对于改进的建议，很多毕业生强调要加强课程间的知识联系、增加实践环节等。

对于如何改进工程管理专业的课程体系，毕业生也给出了较多的意见和意见，汇总典型性的改进意见主要包括：

（1）针对课程安排，认为应该增加安装专业的相关课程，培养“土建＋安装”的复合型人才；

（2）广而不精，缺乏深度，建议把部分课程（如工程项目管理、工程经济学、建筑施工等）与实践相结合，进行深度系统的学习和培养；

（3）施工技术方面应该多学习，估价方面应更系统；

（4）应根据学生所学专业方向不同开设不同的课程。

7. 学生能力调查

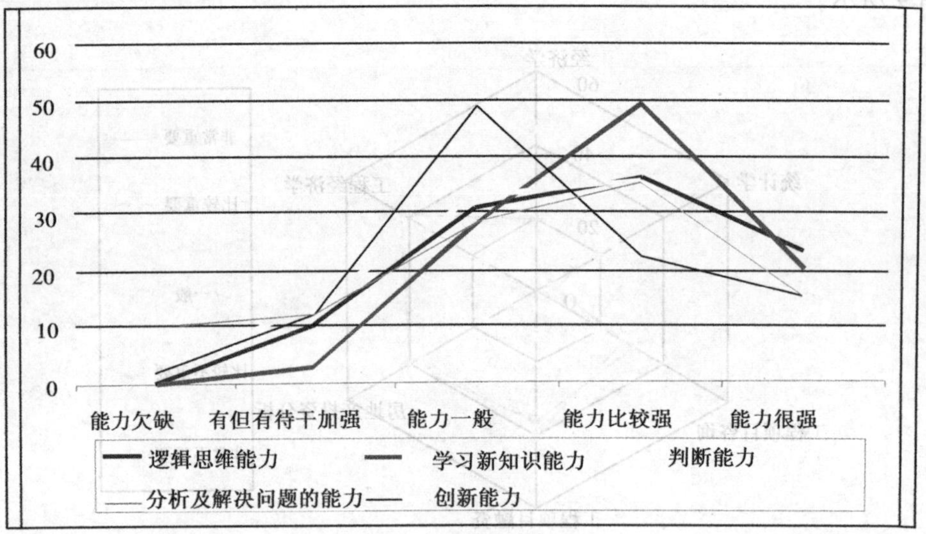

图 10 能力情况调查

从统计的结果上来看（如图 10 所示），毕业生在知识、技能和才干方面的综合评价均处于“一般”和“能力比较强”之间，因此需要专业教师提高教学质量、改进教学方式、创新教学模式，提高学生的综合素质，扩大学生就业环境和职位的选择空间，吸引更好的学生生源，最终促进和带动学生培养的良性循环。

五、调查结论与课程体系调整方案

目前沈阳建筑大学工程管理专业的课程设置比较合理，能够基本满足社会对该专业人才需求的要求，在保持原有教学大纲不变的前提下，对技术、管理、经济、法律的课程建议做一些调整，建议如下。

（1）对技术类课程，加大课程的内在联系，对学生加大宣传选修课程的学习重要性，在能够保障后续课程知识链稳定性的基础上，力争减少一些专业基础课程的学时，如理论力学等。压缩的课时可以用来适当增加建筑工程识图等重要课程的学习课时，对于具有特色的工程质量事故处理分析这门课程，可以通过改进教学内容、改革教学方式的方式让学生充分认识到该课程与其他课程的相互联系，并力争能够真正帮学生解决“三明治”专业实践中的质量事故的实际问题。

（2）对于管理类的课程，可修改管理学为必修课程，要求学生务必掌握管理学的基础理论与方法；适当减少建筑企业管理与国际工程管理的学时，增加工程项目管理课程讲解的深度和难度，以使学生毕业后能更好地适应工作要求。

（3）对于经济类的课程，鉴于工程经济学和房地产投资分析的重要性，可通过增加课设或大作业的方式使得学生的掌握更牢固，帮助他们在参加工作后考取一级建造师、监理工程师等执业资格的需要。

（4）对于法律类课程，要加强三门课程任课教师之间的沟通与交流，减少知识点的重复讲授，增加对工程招投标与工程合同方面的讲解，满足工程管理专业人才的培养目标的实现。

（5）工程管理专业课程体系的构建。建议工程管理专业的课程体系修改如下表4所示。

表4　　工程管理专业基本课程设置

<table>
<tr><td rowspan="2">阶段
课程
要求</td><td rowspan="2">决策阶段</td><td colspan="3">实施阶段</td><td rowspan="2">收尾阶段（及部分运营阶段）</td></tr>
<tr><td>设计阶段</td><td>招投标与合同准备阶段</td><td>施工阶段</td></tr>
<tr><td>专业基础课程</td><td colspan="5">画几与制图、AutoCAD、工程测量、结构力学、材料力学、理论力学、工程结构、管理学、经济学、会计学、经济法、统计学</td></tr>
<tr><td rowspan="2">专业必修核心课程</td><td>1. 财务管理
2. 工程经济学
3. 房地产投资分析
4. 运筹学</td><td>1. 土力学与地基基础
2. 建筑材料</td><td>1. 工程招投标与合同管理</td><td>1. 工程项目管理
2. 土木工程施工技术
3. 建筑工程识图</td><td></td></tr>
<tr><td colspan="5">房地产经营管理、工程估价、房屋建筑学、工程管理前沿讲座</td></tr>
<tr><td rowspan="2">专业选修课程</td><td>1. 工程项目融资
2. 工程项目咨询</td><td>1. 建筑设备</td><td></td><td>1. 工程质量事故处理分析</td><td>1. 物业管理</td></tr>
<tr><td colspan="5">建筑企业管理、市场营销</td></tr>
</table>

注：＊专业基础课程和专业核心课程，应该在大学专业必修课程中完成，并且应该依据知识体系的衔接安排先后顺序。

为了拓展学生的发展空间发展可以通过开设一些专业选修课程完成，目的为开拓学生视野。

第一，增加运营阶段的相关课程“物业管理”，理由如下：随着国家对房地产行业的调控及国内房产存量的增加，在建工程大大减少，运营阶段的存量房产需要大量的工程管理人才。

第二，建议增加“工程管理”前沿讲座课程，借助企业力量，使学生提前把握社会需求和变化趋势，增强学生的就业能力。

第三，对调查对象普遍认为比较不重要的课程进行删减，如可以适当删减建筑企业管理、市场营销和国际工程管理的课时或课程。对于比较重要的课程可以通过改进教学内容和方式、课时增加等方式以满足社会对专业人才的要求，如可以适当增加工程估价、工程招投标与合同、工程项目管理、土力学与地基基础等课程的课时，调整工程经济学、房地产投资分析等课程的教学内容和考核内容。

参考文献

[1] 沈阳建筑大学工程管理专业培养体系调查问卷［R］．课题组报告，2011.

[2] 汪文雄，杨刚桥．工程管理专业人才培养方案的修订与特色研究［J］．高等建筑教育，2006（9）：46－50.

[3] 边晶梅，白泉．工程管理专业技术平台课程实践教学探讨［J］．高等建筑教育，2011（5）：74－77.

[4] 龙振兴，刘鹏．我国工程管理教育中法律教育的缺陷和反思［J］．山西建筑，2008（10）：225－226.

[5] 李云．改革土木工程管理课程 培养学生工程管理能力［J］．重庆交通学院学报：社会科学版，2004（12）：127－130.

作者简介：李丽红（1978—），管理学院营造与工程管理系副教授，博士，硕士生导师。研究方向：工程项目管理；工程项目融资。

工程管理专业法律平台课程体系优化的研究

李丽红　张　舒

（沈阳建筑大学　沈阳　110168）

【摘要】结合高等学校工程管理专业指导委员会对工程管理专业培养目标和课程设置的要求，本研究基于问卷调查的结果，深入剖析了工程管理专业课程设置中法律平台课程的设置，分析了沈阳建筑大学工程管理专业法律平台课程体系建设的不足，就如何优化我校工程管理专业法律平台课程体系给出了建议。

【关键词】工程管理；法律平台；课程体系；优化

高等学校工程管理专业指导委员会1999年7月制订的《工程管理专业（四年制本科）培养目标和培养方案》中，对工程管理专业培养目标和毕业生基本要求做了描述。

工程管理专业培养适应社会主义现代化建设需要，德、智、体、美全面发展，具备土木工程技术及与工程管理相关的管理、经济和法律等基本知识，获得工程师基本训练，具有一定的实践能力、创新能力的高级工程管理人才。

工程管理专业培养方案采用“基础课程＋平台课程＋方向课程”的课程结构体系，其中各平台课程设置如下：技术平台课程包括工程制图、工程测量、房屋建筑学、土木工程概论、工程力学、工程结构、城市规划、建筑材料、建筑设备和施工技术；经济平台课程包括经济学、工程经济学、金融与保险、统计学；管理平台课程包括管理学原理、财务管理、运筹学、工程估价、工程项目管理、会计学原理；法律平台课程包括经济法、工程合同法律制度、建设法规。

帅传敏（2006）等调查了清华大学、同济大学、哈尔滨建筑大学、天津大学、原武汉城建学院（并入华中科技大学）、三峡大学、武汉理工大学、上海财经大学、山东财经大学、天津商学院、天津理工大学、华中农业大学、湖北大学和武汉化工学院14所高校的工程管理专业的教学体系和人才培养模式，调查结果显示这些学校大多采纳了这个方案。

一、我校工程管理专业法律平台课程体系的现状分析

目前沈阳建筑大学工程管理专业核心课程共有33门，各专业平台课程设置如表1所示。

表 1　　　　目前的工程管理专业核心课程体系

课程类别	技术平台课程（共14门）	管理平台课程（共9门）	经济平台课程（共6门）	法律平台课程（共3门）
课程名称	画几与制图 AUTOCAD 工程测量 房屋建筑学 材料力学 结构力学 理论力学 建筑材料 土力学与地基基础 土木工程施工技术 工程估价 建筑工程识图 建筑设备 工程质量事故处理分析	管理学 会计学 财务管理 运筹学 工程项目管理 房地产经营管理 国际工程管理 建筑企业管理 市场营销	经济学 工程经济学 房地产投资分析 工程项目融资 工程项目咨询 统计学	经济法 工程建设法学 工程招投标与合同管理

由此可见，沈阳建筑大学工程管理专业的法律类课程共3门，与专业指导委员会中经济法、工程合同法律制度、建设法规基本吻合。

1. 我校工程管理专业人才的培养目标缺少法律描述

我校工程管理专业人才的培养目标是："面向建筑业与房地产业，面向地方经济建设，培养具有管理学、经济学和土木工程技术的基础知识，掌握现代管理科学的理论、方法和手段的合格本科生，特别是为大中型土木工程建设企业和房地产开发企业培养具有较强学习能力、实践能力、创新能力和社会适应能力的高级应用型人才。"

对比高等学校工程管理专业指导委员会1999年7月制订的《工程管理专业（四年制本科）培养目标和培养方案》中工程管理专业培养目标和我校的培养目标可以发现：我校工程管理专业人才的培养目标中明确管理知识、经济知识和土木技术的地位，但缺少法律知识的表述。这在某种程度上反映我校对工程管理专业法律教育的重要性认识不足。

加强工程管理专业法律平台教育的重要性体现在以下几个方面。

（1）有利于搭建合理的知识结构，促进毕业生今后的职业发展。随着我国建筑及房地产市场的健康稳定发展，法制化进程的推进，市场将更加需要懂技术、能管理、会法律的复合型应用型人才。加强工程管理专业法律平台的教育，使大学生树立法律观念和法律意识，增强其应用法律的能力，有利于毕业生形成合理的知识结构，拓宽就业领域，有利于增强毕业生的综合实力，有利于毕业生今后的职业发展。

（2）有利于规范建筑市场，促进我国建设事业健康稳定发展。我国现在实行社会主义市场经济，市场经济就是法制的经济。近年来，基础工程建设和房地产行业的迅猛发展，一定程度上得益于相关法律法规的健全为其提供相应的保障，也得益于高校为社会培养了一大批懂得相关建设专业知识的高素质人才。培养大学生的法律意识和法制观念，做到学法、懂法、守法和用法，对规范建筑市场，促进我国法制化进程具有一定意义。

2. 工程管理专业课程体系中法律平台课程与社会需求仍不太适应

为了进一步对该课程体系进行优化调整，2011 年 3 月至 6 月沈阳建筑大学管理学院对工程管理专业往届毕业生开展了名为“工程管理专业人才培养课程体系”的大型问卷调查，希望通过调查，更好地掌握社会需求的变化，使得专业的课程体系建设更加科学，培养方向更加符合市场的需求。问卷中有关法律课程体系方面的问题如下。

（1）您认为本校工程管理专业所开设的法律课程合理吗？

□合理　□较合理　□不合理

结果显示，15% 的调查对象选择了合理，85% 的调查对象选择了较合理，在给出的建议中提到应该加强课程之间的联系。

研究认为我校工程管理专业的课程设置较为合理；应加强各课程之间的联系，法律平台内部加强联系，法律平台课程与其他三大平台课程之间加强联系，使四大平台课程体系形成合力，培养大学生的综合实力。

（2）您认为与同事们相比，您哪方面的知识处于相对优势？

□技术知识　□管理知识　□法律知识　□经济知识　□其他

（3）您认为与同事们相比，您哪方面的知识处于相对劣势？

□技术知识　□管理知识　□法律知识　□经济知识　□其他

调查统计结果如图 1 所示。

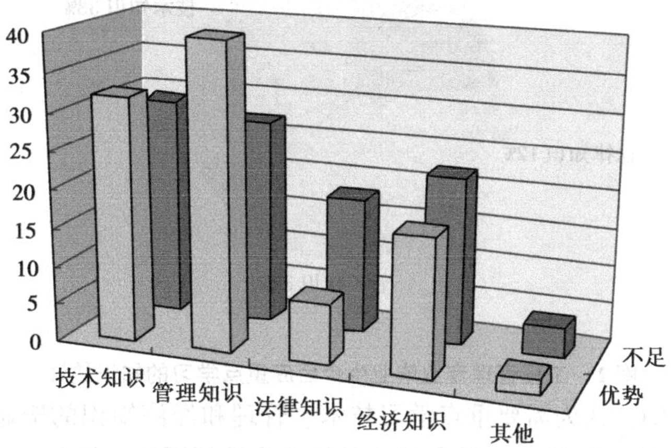

图 1　工程管理专业毕业生的知识优势与劣势统计

注：该图表来自李丽红，刘亚臣（2012）的论文《工程管理专业课程体系的优化方案研究——基于〈工程管理专业人才培养调查问卷〉的社会需求分析》

该调查结果说明了以下两个问题。

第一，将工程管理专业毕业生的知识优劣对比分析之后发现，在工程管理四大平台课程体系中，唯有法律平台的知识，毕业生认为自身处于劣势的人数远大于认为处于优势的人数。

第二，我校法律平台课程体系的建设尚有不足，在一定程度上对毕业生的职业发展造成不利影响。

（3）三门法律类课程的重要程度排序

调查统计的结果如表2所示。

表2　法律类课程重要程度统计

重要性 / 课程	非常重要	比较重要	一般	比较不重要	非常不重要
经济法	3	16	27	45	9
工程建设法学	23	34	29	9	5
工程招投标与合同	73	24	3	0	0

因此，本调查研究的数据证明：一是工程招投标与合同的重要程度统计明显高于工程建设法学，工程建设法学也远高于经济法；二是调查对象认为课程的重要程度与其具体工作的贴合程度大致成正相关关系。

（4）四大平台之间的关系

您认为与您的职业发展规划相比，您需要重点学习什么知识？

□技术知识　□管理知识　□法律知识　□经济知识　□其他

统计结果如图2所示。

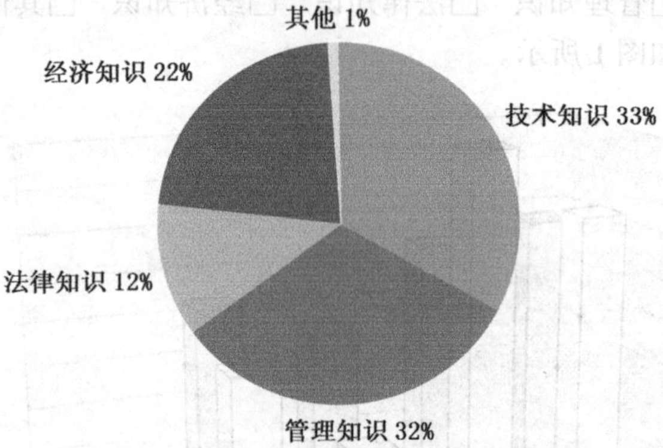

图2　工程管理专业毕业生今后应重点学习的知识统计

通过图2可知，认为需要重点学习技术、管理和经济知识的毕业生分别占到调查总数的33%，32%和22%，只有12%的毕业生选择了法律知识。详细分析后发现以下几点。

① 四大平台课程体系之间的重要程度不同，不可等量齐观，其中技术和管理知识对于工程管理专业的毕业生来说尤为重要，经济知识其次，法律知识最后。

② 研究提出应该增加对法律平台课程体系的重视程度，增加法律平台和其他平台的结合程度等建议，但也要防止矫枉过正。

③ 前文提到法律平台有两个方面的作用，一是有利于学生职业发展，二是有利

于规范建筑市场，此题的数据仅反映法律平台课程对调查对象今后的职业发展作用，不能反映法律平台课程对规范建筑市场的重要作用。所以，不可据此忽视法律平台的重要性。

二、优化我校工程管理专业法律平台课程体系的建议

1. 加强工程管理专业法律平台课程的定位与培养目标

从事工程管理者必须熟悉、掌握和应用法律，法律知识是工程管理专业一个重要的知识平台。工程管理专业对法规课程设置的要求应该描述得更加清晰、准确，建议将法律平台的培养目标修改如下。

一是要使学生初步掌握经济法的基本理论，熟悉经济法的内容体系、我国市场经济活动的法律环境以及有关法律制度和规定，具备运用经济法知识有效地解决工程建设项目全过程管理中的有关经济法律问题的初步能力。

二是使学生对招投标与合同管理有一定的认识，熟悉招投标与合同管理的法律知识，理解和掌握工程建设中的招投标程序、合同种类及其法律特征、法律性质和主要内容。

三是使学生掌握建设法律、法规基本知识，培养学生的工程建设法律意识，使学生具备运用所学建设法律、法规基本知识解决工程建设中相关法律问题的基本能力。

2. 将法律平台建设与职业资格制度相结合

我国工程项目建设领域已经普遍建立了执业资格准入制度。同时，建设事业的发展也需要大批懂技术、懂经济、懂管理、懂法律的复合型、应用型人才。我校提出培养“高级应用型人才”，可以适时考虑将工程管理专业教育与执业资格制度挂钩，讨论实现工程管理专业教育与执业资格一体化的可行性；同时积极适应人才市场的需求，对法律平台课程体系和课程内容进行调整优化，并对法规课程的教学方法与手段进行必要的改进。

3. 调整与优化法律课程体系

调查显示出的法律教育的问题在四大平台中较为突出，法律平台课程之间重要程度不同等问题，需要结合社会需求，将法律平台体系的课程内容进行调整和优化，主要建议如下。

第一，将“工程建设法学”改为“工程建设法规”，调整课程内容，增加该课程与实际工作的贴合程度，将必要的法学学理知识调到“经济法”课程中去。

第二，安排一定数量的学时，请工程界、实业界有关专家进行专题讲座或与学生进行专题研讨，以增强学生对法律知识在工程实际中应用的认识。

随着我国法制化进程的推进，法律法规的不断完善，法律在市场经济中将发挥越来越重要的作用。目前我院的工程管理在法律平台建设方面还有一定的空间。何伯森提出要培养各种类型的国际工程管理专家，其中就特别提到了法律专家。尽管法律教育在工程管理教育中有很长的路要走，但是我们坚信，大家携手共进，我校的工程管理学科一定会更加完善。

参考文献

[1] 帅传敏，付晓灵，宫培松．工程管理专业人才培养模式的构建［J］．湖北教育学院学报，2006（5）：120.

[2] 何伯森．适应走出去形势发展，大力培养国际工程管理人才［M］．北京：中国建筑工业出版社，2007：416－420.

[3] 严伟．对工程管理专业教育的几点探讨［J］．高等建筑教育，2004（2）：18－20.

[4] 吴经熊．法律哲学研究［M］．北京：清华大学出版社，2005.

[5] 朱高峰，王众托，吴江宁．关于工程管理教育的一些思考与建议［M］．北京：中国建筑工业出版社，2007：367－371.

[6] 曾金山．我国工程管理教育的人文反思［M］．北京：中国建筑工业出版社，2007：393－397.

[7] 汪应洛，王能民．我国工程管理学科发展的战略思考［M］．北京：中国建筑工业出版社，2007：372－377.

[8] 刘武成，王进，王冬梅．工程管理专业应用型人才培养的课程体系改革与实践［J］．高教研究，2008（1）.

[9] 高武．工程管理专业本科核心技能的培养［J］．长春理工大学学报：社会科学版，2011（7）.

[10] 张潞．工程管理专业人才培养模式创新研究［J］．高等建筑教育，2011（2）.

[11] 范秀琴．工程管理人才培养模式的创新与实践［J］．山西建筑，2011（11）.

[12] 沈阳建筑大学工程管理专业培养体系调查问卷［R］．课题组报告，2011.

建筑类院校法学专业特色探析

李　朔

（沈阳建筑大学　沈阳　110168）

【摘要】 建设行业的迅猛发展迫切需要复合型法律人才，而传统的法学教育却与此不相适应。要想在建筑类学科为主的综合性大学中创办法学本科专业，培养出具有适应当今市场需要的专业类法学人才，必须从培养目标定位及课程设置等多角度来实现。

【关键词】 建筑类院校；法学专业；特色

目前在我国的普通高校中，除了原有的政法类院校之外，大多数综合类院校、理工类院校、财经类院校、师范类院校和农林类院校均开设了法学专业。据统计，截至 2007 年 5 月，我国开设法学专业的高校共有 606 所。由于高校法学专业的盲目扩招，致使法学教育面临严峻的挑战。各高校开始凭借自身的教育资源优势大力开展法学专业的特色建设，以培养适应社会需求的法律人才。

一、建筑类院校创办法学专业的现实性分析

1. 建设行业的发展需要法律人才复合化

随着市场经济的不断深入和完善，国际化程度的不断提高，建设行业越来越需要既懂法律知识，又有一定专业知识与技能的复合型人才。建设行业主要包括“三建三业”，即工程建设、城市建设、村镇建设，建筑业、房地产业和城市公用事业。在目前建设行业大发展的形式下，由于历史和现实的原因，不规范的行为大量存在，各种矛盾和纠纷不断出现，越来越多的问题需要用法律手段去解决，而专业的法律人才又很难解决这种问题。现实的问题是：法务工作者对于建设行业专业知识了解不多，而行业内的工作人员法律知识又不够系统，严重影响了行业法律服务的质量。建设行业欲实现又好又快地发展，迫切需要能够有机融合土木类、建筑类、工程管理类相关专业知识与法学基础知识，为其提供事先防御性的专业法律服务，或事后采取补救性的法律措施。

2. 法学专业的生命力需要办学特色化

我国法学教育改革的关键在于更新教育观念；出路在于拓宽专业口径；重点在于优化课程结构；核心在于更新教学内容；目的在于培养高素质、复合型法律人才。如何在“厚基础、宽口径”的人才培养模式下，整合学校的优势资源，创建有特色的法学专业，培养复合型应用型法学本科专业人才，确立学科发展的“专业特色”，

成为亟待解决的问题。近年来，建设项目的全过程法律服务已成为大势所趋，提供全过程法律服务涉及建设领域众多专业技术问题，法律服务技术性、专业性强，要求法律服务人员不仅具备专业法律知识与能力，还要具备专业技术知识。虽然法学至今是一个独立的学科，但是法学确实已经不是一个自给自足的学科。经济学、社会学以及自然科学中，非法律学科的知识大量地融入传统的法学领域，法学与其他学科分支互相交叉又日益渗透。“建筑法学作为一门学科设置的必要性，实是由建筑生产自身固有的技术经济特点决定的。”

3. 建筑类院校需要多学科与优势学科交叉渗透

沈阳建筑大学是一所具有土木建筑类专业优势资源的综合性大学，建校 50 年来，始终遵循现代教育的办学理念，以质量求生存、以特色求发展，目前正在努力建设成为一所以工学、理学、文学、农学、法学和管理学学科交叉渗透、协调发展，土木建筑类专业优势突出、特色鲜明的教学研究型大学。土木建筑类专业的优势为其他专业的建设发展奠定了良好的学科基础，因此，我校法学学科确定了在“厚基础、宽口径”原则的指导下，依托土木建筑类优势学科资源，使法学学科与土木工程、工程管理、房地产经营管理等优势学科相互渗透、交叉与融合，强力打造“建设法学”特色的法学学科建设方向，既注重法学本科专业学生共有知识平台的搭建，又能够面向社会和市场需求办学，培养法学本科毕业生具备从事一般的法律服务，尤其是从事建筑与房地产法律实务所需的综合能力，以加强就业竞争能力。

二、建筑类院校法学专业培养目标定位

建筑类院校法学专业的培养目标是：培养系统掌握法学知识，熟悉国际市场运行规则和我国相关法律法规，了解党的相关政策，有良好的政治素质和道德修养，能在国家机关、企事业单位、社会团体和法律服务部门从事法律工作的高级专门人才，特别是能在建筑行政管理部门和建筑企业从事建筑管理和法律服务的高级复合型人才。

1. 与建筑专业相融合，突出针对性

与土木建筑专业的融合，是建筑类院校法学专业最大的特色。依托建筑类院校而建的法学专业，可以融合校内的土木建筑专业的资源，具有不可模拟的特性。所以，必须要突出建筑类院校法学专业的这一针对性，打出建设法学专业的独特品牌。

2. 与前沿知识相融合，突出前瞻性

建筑类院校开设法学专业，从师资和底蕴上都与历史悠久的大学甚至院校的法学专业有很大差距。要树立此类院校法学专业品牌，打底蕴牌和师资牌，都没有优势。前边所说的差距，恰恰可以创新为另一个优势——建设法方向的法学专业是我们的一个优势：这是一个新方向，没有框子，没有陈规，正可以放手使法学及其他学科的前沿知识融合，突出塑造建筑类院校法学专业的时代性。

3. 与社会资源相结合，突出开放性

用现代的办学思维来看，建筑类院校办法学专业潜存着优势，为我们跳出从大学范围内办法学专业提供了条件。我们以不求所有、但求所在的办学新理念来经营法学专业，学校内工科类教学资源、社会上各路精英为我所用，不但要把法学专业

办在学校，还要办在社会，整合社会资源，这种法学专业理论与建筑类实践能够进一步融合，而且使办学海纳百川，呈现“百花齐放，百家争鸣”特点，从而打造出建筑类院校法学专业办学的开放式特色。

4. 与用人单位相结合，突出实践性

本着社会对应用专业要求越来越细、越来越有针对性而且还兼有复合性的市场需求，建筑大学的法学专业在兼顾法学专业和建筑土木专业理论性的同时，为扬长避短，体现优势和办学宗旨，必须突出法学专业的实践性特点，紧紧依靠律师楼、法院、建筑部门、房地产商等用人单位，与其他大学法学专业相比，适度增加实践的内容，在教学实践中增强学生的综合能力和解决实际问题的能力，形成建筑类院校法学专业办学的实践性特色。

三、建筑类院校法学专业课程设置的特色探索

1、以基础法律为平台，以专业法律为特色

按照教育部法学专业的课程设置标准，法学专业必须开设十四门法学核心课程。如民法、刑法、行政法与行政诉讼法、经济法、商法、民事诉讼法、刑事诉讼法、国际法、国际私法、国际经济法等相关法学课程；同时为了体现建设法方向的特色，建筑类院校法学专业还应该开设房地产法、建设法与建设法规、城乡规划法、工程招投标法、建设工程合同与 FIDIC（Fédération Internationale Des Ingénieurs Conseils）条款等课程，充分体现建筑类院校的法学专业特色。这是建筑类学院的学科优势，是别的法学院和法学专业不可比拟的。

2、以法学课程为主体，以建设工程课程做补充

在开设大量基本法和专业法的同时，还可以利用建筑类院校的资源和师资优势，开设一些建筑和土木工程方面的课程作为法学专业的专业限选课和任选课程。如土木工程概论、土木工程材料及施工、施工组织与项目管理等课程，为学生将来能在建筑行政管理部门的管理工作和解决建筑工程方面的法律纠纷提供专业的背景知识。

3、以理论教学为基础，以实践课程为支撑点

法学专业是一个实践性和操作性非常强的专业，尤其是建筑类院校的法学专业，仅有书本的理论知识是远远不够的，在理论教学上要想和那些有多年经验的学校相比，此类院校没有优势，所以必须突出建筑类院校法学专业的实践性和实用性特点。例如，在合同法的讲授中要结合建筑施工合同的国家标准，与用人单位的实际相结合，突出可操作性。在法律文书、法律实务、模拟法庭和施工组织设计等课程设计中突出建筑土木专业的优势。

参考文献

[1] 王淑华，王倩．“建设法学”之法学专业特色的建设［J］．法制与社会，2009（12）：283.

[2] 谢珺．理工科院校法学专业的特色建设［J］．河北理工大学学报：社会科学版，2011（11）：101－102.

[3] 赵海峰.“理工科院校法学专业人才培养模式研讨会”综述 [J]. 当代法学，2008 (5)：157－160.
[4] 李妮等. 理工类高校人文社科竞争力评价体系的构建 [J]. 理论导刊，2010 (4)：96－98.

作者简介：李朔（1964—）管理学院建设法研究所，教授。研究方向：建设领域的行政法与合同法。

复合式考试法在“房地产法学”中的运用*

李闫岩　乔立新　李薇

（沈阳建筑大学　沈阳　110168）

【摘要】“房地产法学”是一门专业性、实践性很强的课程，传统笔试考试的方法不能有效地考核学生对知识掌握的程度和运用能力，其弊端已显现。本文结合专业培养方向和“房地产法学”的课程特点采用复合式考试法并对其进一步完善提出看法。

【关键词】房地产法学；考试；复合式

一、“房地产法学”复合式考试法的特点

“房地产法学”是房地产专业和土地资源管理专业的主要专业课，共设置32学时的课堂教学，该课程教学的基本目的是使学生通过本课程的学习掌握房地产法规基础理论，房地产开发、经营、管理、交易、税收等法律规定，要求用所学知识分析相关案例，成为既懂房地产管理又懂房地产法律、法规等方面知识的复合型人才。通过该课程教学，要求学生既要掌握房地产基本理论知识，也要掌握房地产法规的基本运用。从某种意义上讲，传统的以期末一次性闭卷考试得分确定学生的该课程学习成绩的方法，显然不能客观、全面地反映学生对该课程内容的实际掌握程度。传统考试模式难以适应高等教育的目的和出发点，不利于很好地完成创新型人才培养的任务。因此，需要对课程考试形式和成绩评定方法进行改革。

本次改革对象为土地资源专业“房地产法学”，该专业曾开设过“经济法”“法学概论”等相关法学课程，具有一定的法学知识。同时，经过前三年的基础知识和专业知识的学习，对土地的权属、土地管理、开发利用与保护有较深入的了解。授课对象的较高起点，为本门课程的改革提供了有力保障。

为了使总评成绩能够全面、客观、真实地反映出学生对该课程教学大纲要求的基本理论知识和专业技能的实际掌握程度，根据该课程所设置的丰富教学环节和内容，改变传统的以期末一次性闭卷考试得分作为学生该课程学习成绩的做法，开学初召开课题组会议，商讨本课程改革的具体办法，授课前向学生传达考核改革意义和方式，让学生理解考核的目的与意义，并配合改革。复合式考试法较传统考试方法有以下特点。

1. 考核形式多样化

* 本课题为沈阳建筑大学2007秋（第二批）课程考试改革资助项目。

（1）除了传统的期末闭卷考试之外，该课程在第十一周单独安排了期中考试，课改组并未因此次考试只是一个期中考试且在具体考试时间上由教师自行安排而懈怠，在诸如试题的分量、试卷形式、监考方式等考核形式上丝毫未降低标准，但在内容上与传统考核又有区别，突出课改课程的特点，题型以主观兼实践性较强的为主，辅之以少部分客观题。主观题重点考核应用能力，此部分为开卷方式；客观题考核基础知识，此部分为闭卷。

（2）要求学生结合房地产现实问题、热点问题每人撰写论文2篇，时间分别安排在上、下半学期，如第一次论文题目由教师命题，针对当前“小房产证”问题突出，虽国家已明令禁止，但面对大量实际存在的“小房产证”房，如何更好地解决，是一个现实问题。因此，本次论文命题为“我国小房产证房现状和对策研究”。经过近一学期的学习学生已基本掌握房地产法规，对房地产的现实热点问题已有一定的关注和了解。因此，第二次论文题目由学生对其感兴趣的焦点问题，自由命题。论文要求字数不少于2000字，并予以评分和点评。

2. 成绩评定综合化

该课程采用百分制评定学生成绩，其中期末闭卷考试占50%、期中考试占20%、撰写论文占10%、课后作业占10%、平时成绩占10%。课后作业由20道左右较为综合性的习题构成、平时成绩从上课出勤、课堂表现、学习态度和钻研程度、案例讨论参与等几个方面给出，论文从质量上和结构上给予评判（详见表1）。

表1　　成绩评定方式比较

名称	考试改革前	考试改革后				
考核形式	期末闭卷考试	撰写论文	课后作业	平时成绩	期中考试	期末闭卷考试
比例	100%	10%	10%	10%	20%	50%
合计	100%	100%				

3. 考核内容全面化

改变以单纯知识评价为重点的考核模式，根据该课程教学是培养本专业毕业生对房地产法规熟练掌握和运用的目的，本课程的考核除了能够考核出学生对该课程的基本理论知识掌握程度外，更应注重考核出学生解决问题的能力，构建包括态度、素质、能力等综合性的考核体系。

传统考核方式，教师结合授课内容编制卷纸，题型以填空、选择、名词解释、问答、论述为主、即便有案例分析，也多有统一标准答案，学生只能被动地接受和机械地记忆，背离该课程为应用型的特点，学生的思维被禁锢。复合考核法将案例分析贯穿于整个教学，让学生积极参与，允许不同观点的存在，并将其参与度作为平时成绩计入考核总分，调动了学生兴趣，考核了学生应用法律解决实际问题的能力。

4. 操作过程复杂化

考核形式的多样性和成绩评定的综合性，导致复合考试法实施过程的复杂性，考核方式的确定及权重的分配是否合理直接影响到成绩评定的客观公正。要求授课教师在考核前，甚至授课前，针对不同授课对象制定出科学合理的考核方式和权重，并贯穿于教学的全过程。

二、"房地产法学"复合式考试法的积极作用

改变过去采用的以期末一次性闭卷考试得分确定学生该课程学习成绩，不能客观、全面地反映学生对该课程内容的实际掌握程度的考核方法，学生成绩由多项组成，把平时成绩纳入考核范围，调动学生学习积极性。

1. 提高了学生学习积极性主动性

考试改革后从上课出勤、课堂表现、学习态度和钻研程度、案例讨论参与等几方面给出平时成绩，调动了学生的学习主动性，课堂回答问题主动了，出勤率提高了，无故旷课、迟到、早退的现象基本没有了。

2. 培养了学生的分析、思辨、表达能力

考核中要求学生结合房地产现实问题、热点问题每人撰写2000字以上论文2篇，一篇为命题论文，一篇为自拟题目论文。从论文质量上、结构上给予评判。学生为写好论文，通过上网、图书馆等途径收集了大量资料，对这些资料进行整理、概括，形成中心突出、观点明确的文章，锻炼了学生独立思考和分析问题的能力。

3. 实现了全过程考核

这样全方位的考试制度，学生要想突击复习应付考试，已经是不可能的了，要想取得优异成绩必须注重平时，避免了一卷定乾坤，将考核贯穿于整个教学过程的始终。

4. 提高了教学质量

考试改革在加大对学生全方位的考核同时，教师的工作量也无形加大，需要大量具体细致的工作，尤其在如何提高教学效果和课后作业的布置上。结合本门课程的特点和授课对象的具体情况，课题组改变过去传统的教学方法，加大案例教学的比重，注重课堂的互动，取得了较好效果。学生学习兴趣提高，成绩自然提高，此外平时成绩按比例计入总分，整体成绩普遍提高（见表2）。

表2 改革前后成绩对比

授课时间	授课对象	优秀率%		不及格率/%		最低分		最高分		平均分	
		期末卷面	最终成绩	期末卷面	最终成绩	期末卷面	最终成绩	期末卷面	最终成绩	期末卷面	最终成绩
2006年秋（改革前）	土地03	3.2		16		30		90		64.5	
2007年秋（改革第一年）	土地04	0	0	11.4	8.5	3	27	86	87	69.4	71.6
2008年秋（改革第二年）	土地05	0	5.7	45.7	3	46	54	86	92	61.8	71.9

从表2可以看出：①改革后平均最终成绩分别比改革前提高7.1分和7.4分；②不及格律明显下降，由改革前的16%分别下降为8.5%和3%；③从两次改革期末卷面成绩和按考试改革方案给定最终成绩的各项数据分析来看，无论是优秀率、不及格率还是最高分、最低分、平均分，最终成绩均好于卷面。值得注意的是，卷面的优秀率和卷面最高分数都低于考试改革前的成绩，这应引起一定的重视。

三、“房地产法学”复合式考试法的进一步完善

考试特有的评定、检测、诊断、导向、反馈和激励功能，是其他教学环节所不能代替的。科学的考核方法会有力促进教与学，不同的课程面对不同的授课对象，其考核的方式不能千篇一律，这其中既有共性可以借鉴又有其个性，需要不断地探索和完善。

1. 复合式考试法运用中的问题

（1）考核形式需进一步完善

复合式考试法虽然改变了单一的闭卷考试方式，考核形式呈多样化，但如何加强具体考核形式的可操作性及其权重的分配合理化，还有待进一步完善。如出勤考核和听课效果考核方式，面对三个班级以上的合办授课，该种考核方式会增加一定的难度。

（2）期末考试卷面成绩整体略有下滑

考试改革加大了平时成绩的权重，将考核贯穿于教学的始终，取得较好效果。但将期末卷面成绩的50%计入总分后，有些学生产生了懈怠思想。因此，对期末考试不够重视，导致卷面整体成绩下滑，缺乏高分段成绩，卷面不及格率高于最终成绩不及格率，两次考试改革的卷面最高分均为86分，比改革前的90分低4分，甚至出现最低3分的极不正常现象。

（3）复合式考试法增加了教师工作量

复合式考试法要求教师在完成传统考核方式出题、判卷的工作量以外，加大了学生作业、论文的批改量。案例的精心选择和指导学生辨析的课前准备，也使工作量加重。

2. 完善复合式考试法的具体措施

（1）提高考核方式的针对性和合理性

复合式考试法是根据课程性质和特点确定考核形式，重点考查学生灵活运用知识的能力，理论部分将闭卷考试与开卷考试相结合；能力部分以过程考核为主，综合成绩充分考虑学生参与学习过程的态度以及学习效果。因此，其考核方式是动态的，不同课程、不同对象，考核方式应有所不同，力求取得最佳考核效果。

（2）加强考核宣传使学生重视每个环节

坚持考试改革不动摇，做好考核前教育，使学生高度重视，主动参与。既重视平时的学习，又认真复习备考。避免出现平时高分，期末卷面偏低的现象，可设定卷面基本分，低于该分，综合成绩评定不予通过。

（3）多形式鼓励教师实行考试改革

重面对实行复合考试法后，教师工作量加重，除原有的加大授课学时系数外，

对授课教师实行多形式奖励。

(4) 构建学生学习质量评价反馈体系

作业、论文批阅、点评要及时，学生出勤及听课状态要及时反馈，卷面分析要透彻，学生学习的质量评价及时反馈。一学期考核结束后，及时总结，建立质量评价反馈体系。

参考文献

[1] 姜乃力，孙永平．大学课程考试评价体系及模式改革研究［J］．沈阳教育学院学报，2011（6）：18－19.

[2] 田甜．高校实施考教分离的浅析［J］．管理观察，2010（8）：169－170.

[3] 段颖立．中国高校考试制度改革初探［J/OL］．http：//search. studa. net/gaodeng/070302/15433590－2. html.

作者简介：李闫岩（1968—），女，管理学院营造与工程管理系，副教授，硕士。研究方向：建设工程合同管理；房地产征收的法律制度。

建筑企业管理特色课程建设创新模式的探索与实践

刘颖　王星　白庶

（沈阳建筑大学　沈阳　110168）

【摘要】本文结合本校工程管理专业教学中，为适应建筑业对专业人才需求进行课程建设改革的实践发展历程与探索实践，总结出建筑企业管理课程建设的几种创新模式，即依据专业和学科的不同，将建筑企业管理课程在专业培养目标中分别定位；建立高水平和富有特色的课程教学的学术团队；明确以服务行业为依托的建筑企业管理课程的教学目标；突出技能训练，创造性地实施工程管理“三明治”实践教学模式。对于提高课堂教学质量，培养具有较高技能的、对建筑业发展的有用人才进行了探索。

【关键词】建筑企业管理；特色课程；建设

一、引　言

建筑企业管理是工程管理专业必修的一门专业课程，随着我国经济建设的迅速发展，建筑业对工程管理专业人才需求大量增加。建筑企业管理课程的教学在受到日益重视的同时，也面临着严峻挑战？迫切需要对传统的教学模式进行与改革，在课程特色和教学模式创新建设上下工夫。

在我国的大多数建筑类高校土建类各专业的课程体系中，建筑企业管理课程源于建筑经济与企业管理课程，早期在土木工程、工程造价相关各专业的教学计划中设立，由土木工程院系的施工管理教研室教师进行授课。

沈阳建筑大学的管理工程系自 1995 年建立时开设建筑企业管理课程，作为专业基础课程在工程管理、房地产本科、工程造价等专业教学中实施。起初与建筑企业管理与建筑经济课程有一定交叉，1999 年按照国家学科目录的规范要求进行的课程整合以后，为区别于技术经济学，学校决定正式开设建筑企业管理课程。该课程作为管理类各专业的必修课，在工程管理、土地资源管理、人力资源管理、会计、房地产经营管理、工程造价各专业开设。其中，除土地资源管理为考查课外，各专业均为考试课。

我校作为拥有博士、硕士、学士学位授予权的以土木、建筑工程以及相关学科为主体，经管文工多学科的建筑类高等院校，为突出大土木、大建筑的行业特色高校发展战略特点和构建工程管理特色学科的核心竞争力，加强了建筑企业管理特色课程的建设，作为突出工程管理系列专业特色的重要组成部分。经过近 20 年的努力，这一课程建设在教学条件、人员保证等方面，积累了较丰富的教学经验并取得了一定的教学、科研成果，并且不断探索和创新，逐步总结出了适合自己的建筑企业管理课程建设模式。

二、“建筑企业管理”课程建设创新模式

1. 按照专业特点确定课程在专业培养目标中的定位

建筑企业管理课程在我校本科教学的培养目标中的定位是：使学生了解建筑企业的组织结构、经营与管理等基础知识后，初步掌握建筑企业管理的基本知识与基本技能，能运用建筑企业管理的基本原理解决建筑企业管理的实践问题。

依据专业和学科的不同，将建筑企业管理课程在专业培养目标中分别定位为三大类。

（1）工程管理类专业

工程管理、房地产经营、工程造价各专业：系统掌握建筑企业管理基本理论和基本方法，侧重了解建筑企业生产要素管理与生产过程管理的基本知识并培养一定的实践应用能力。

（2）公共管理类专业

城市管理专业：重点掌握建筑企业管理的基本知识和规律，了解建筑行业管理的基本内容。

（3）工商管理类专业

工商管理、会计学、人力资源管理：理解建筑企业管理的基本活动的内涵，掌握其基本理论和方法，为提高对建筑企业的综合管理能力打好基础。

2. 建立高水平和富有特色的课程教学学术团队

建筑企业管理课程依托本校管理学院工程管理教学团队，该团队于2008年被辽宁省教育厅评为省级教学团队，它以沈阳建筑大学房地产研究所、营造与工程管理系为主体，以工程管理专业（包括工程造价和房地产经营管理等学科目录外的专业）为建设平台组建特色专业的国家级教学团队。该团队共有专业教师38人，其中教授15人，副教授17人、讲师6人。他们主要来自清华大学、哈尔滨工业大学、同济大学、大连理工大学、英国帝国理工学院等国内外知名院校，专业、职称、年龄结构合理（见表1）。从学历结构来看，包括博士19人，硕士18人（其中在读博士4人），具有博士学位的教师占团队教师总数的50%。另外，团队还包括入选辽宁省“百千人才工程”百人层次4人。

表1　　教学团队中教师职称和年龄结构表

专业技术职务	35岁以下	36至45岁	46至55岁	56至60岁	人数合计
教授		3	12		15
副教授	2	12	3		17
讲师	2	4			6
合计	4	19	15		38

3. 明确以服务行业为依托的建筑企业管理课程的教学目标

为突出学校大建筑、大土木的学科集群优势和特色，建筑企业管理课程建设结合学校以本科教学为主的特点，以及教学研究型大学的战略发展定位，在实践中力图使学生在接受系统的建筑企业管理科学教育的同时，掌握建筑领域生产经营活动的基本规律和管理方法，以适应这一产业迅速发展的实际需要。

建筑企业管理课程的教学目标：以建筑业为行业依托，以建筑企业为研究对象，在阐述现代企业制度、企业管理基本原理的基础上，强调建筑企业生产过程和生产要素管理，针对建筑商品交易和建筑市场的特点，研究建筑企业的外部经营活动以及建筑企业内部的生产活动，系统介绍建筑企业生产、经营、管理方法。通过课程的学习，使学生系统掌握建筑企业生产和经营的基础知识和基本技能，为其进入工作岗位打好基础。

4. 重视课堂教学，创新教学方法

在课堂讲授方面，建筑企业管理课程主讲教师采用传统的讲授式的教学方法，重视课程基础知识、基础理论、基本方法等内容的介绍。由于基础知识、基本理论和基本方法是课程教学的灵魂，因此应该给学生一个规范的理论框架，使其对课程内容有基本的了解，才能在此基础上结合建筑领域发展实际，尽可能多的给学生传授更多的学科前沿信息，引导他们进一步自学，拓展知识面。

在案例教学方面，结合工程管理专业对实践知识和技能要求较多的特点，课程在教学过程中分阶段穿插很多与教学内容相吻合的工程实践案例。教学案例具有的客观性、典型性、实用性和创新性，引导学生深入思考，运用所学知识探究解决这些问题的方法。课程中的“开篇案例”，帮助学生对即将要学的知识有一个感性的认识，主要起启发思考的作用；每章教学结束后的“案例应用”，即对所学知识进行归纳总结分析，对学生已学知识起到了巩固和应用的作用。

课堂互动教学方面，在课程教学过程中，根据课程的内容有针对性地设计一些情景模拟训练，模拟施工企业现场情景或运用一些图片、视频资料，让学生体验工程管理实践的过程，把枯燥的理论解释融入案例中，使学生参与互动，既活跃了课堂气氛，教学效果也比较理想。

5. 突出技能训练，创造性地实施工程管理“三明治”实践教学模式

建筑企业管理课程建设把工程管理专业的教育建立在以工作过程为导向的基础上，让工程管理专业的学生从入学就能够对所学专业的内容和工作环境有感性的认识，获得与工作岗位和工作过程相关的基础知识，进而深入学习专业知识。

在工程管理人才培养模式里，实践教学是重要的环节。沈阳建筑大学总结近20年的工程管理人才培养实践经验，创造性地实施了工程管理“三明治”实践教学模式。这一创新模式明确指出工程管理培养目标的基本要求：如何通过教学环节中实现，并且通过建筑企业管理课程平台解决相关知识的课堂教学要求，以及各课程之间的衔接关系和具体培养要求。

实践中，学生获取知识的过程始终都与具体的专业实践相对应，技术和理论不再抽象的同时，丰富多彩的实践教学环节增强了学校与企业之间的联系，促进了双方在教学科研生产上的全面合作，真正做到了双向参与、优势互补，克服了传统教

育“理论脱离实际”的弊端，为工程管理专业向社会输送知识结构合理、有实践经验的专业技术人员搭建了有效的平台。实践证明，这种面向工作过程的教学方法更加适应我国建筑行业对于人才多样化、注重实践能力的实际需求。

6. 结合专业特点的教材建设

教材是课程教学的基础，为了配合课程的教学，工程管理教学团队教师编写了专业适用系列教材，涉及工程管理、房地产、管理基础和建设法学等四个系列，并有多部教材被评为辽宁省高等学校精品教材或普通高等教育“十一五”规划教材（如表2所示）。1994年到2008年，陆续出版的工程管理专业系列经典教材和房地产系列经典教材，已经再版5次，累计发行近10万册。

表2　获奖教材和规划教材名称

年度	教材名称	编著者	教材奖励或规划教材名称
2008年	工程项目管理	齐宝库	辽宁省高等学校精品教材
2007年	工程项目管理	齐宝库	普通高等教育“十一五”规划教材
2008年	管理学	刘亚臣	普通高等教育“十一五”规划教材
2006年	土木建筑工程概论	刘光忱	普通高等教育“十一五”规划教材
2008年	建筑企业管理	刘颖	工程管理系列精品教材
2011年	施工企业管理	刘颖	普通高等教育“十二五”规划教材

建筑企业管理课程使用的教材包括：2008年由大连理工大学出版社出版发行的《建筑企业管理》和2011年由中国电力出版社出版发行的《施工企业管理》。这两部教材总结了教师多年从事建筑企业管理教学的经验，较好地体现了行业技术经济特点，实现了按照不同专业特点来编制和使用。通过编写教材，主讲教师对学科体系发展、前沿理论和实践有了更清晰的了解，为提高课程的教学质量奠定了坚实的基础。

7. 运用最新科技成果，完善课程教学手段

在当前网络与信息通讯技术高度发达与普及的时代，如何合理、灵活地将这些已经给人们生产与生活带来高度便捷性的现代技术手段应用到课程教学过程中来，以达到教学环境的改善与教学效率的提高，是在进行教学研究与课程改革过程中需要探索和解决的问题。

虽然当前多数的高校课堂教学采用了多媒体、信息技术等现代化教学手段，但在建筑企业管理课程教学中，主讲教师依然重视板书教学。因为板书的教学手段有利于学生的思维跟着教师的讲解节奏，教师可以边书写板书边讲解，并进行启发式的提问。利用教师板书的时间间歇，学生还可以进行思考和理解，所以，板书是课程讲解过程中引导学生思维不可或缺的手段。

由于多媒体技术可以大幅度增加教学过程中的信息传递量，而且表达方式直观、生动、形象，根据教材的内容，“建筑企业管理”课程已经出版了一套完整的教学课件，由出版社发布在其网站上，便于教学者和使用者的使用，同时，各个主讲老师在讲课的过程中根据自己对知识的理解，根据需要也制作了自己的讲课课件。

参考文献

[1] 王孟钧，陈辉华，蔡海蛟．建筑企业管理学教学改革与课程建设探讨［J］．长沙铁道学院学报：社会科学版，2009（1）

[2] 姜野军，官孟琼．国家课程实施与学校特色课程建设相结合［J］．基础参考教育，2011（16）

[3] 刘颖．建筑企业管理［M］大连：大连理工大学出版社，2008.

作者简介：刘　颖（1963—），女，管理学院营造与工程系，副教授，硕士。研究方向：建筑经济与建筑企业管理；城市管理与战略管理。

浅谈房地产特色专业建设

栾世红

（沈阳建筑大学　沈阳　110168）

【摘要】当前高校人才培养的重要载体就是特色专业建设，特色专业建设可以深化教学改革、全面提高教学质量。结合房地产经营管理特色专业的建设，本文从对特色专业的分析入手，逐步解读当前建设房地产经营管理特色专业的必要性，提出房地产经营管理特色专业建设的设想，以期对高校的房地产经营管理特色专业教育建设建言献策。

【关键字】特色专业；房地产专业；专业建设

专业建设是高等学校人才培养的基础和保障条件，也是反映高校办学水平和竞争力的一项主要指标，尤其是特色专业，因其所具有的独特性、创新性、不可模仿与替代性的特征，决定了它必然是高等学校的特质资源与核心竞争力之一，是高等学校深化教学改革、以特色强校的重要要素。进行特色专业建设，是高校在高等教育大众化新形势下得以生存和发展的重要战略手段。

一、特色专业的内涵分析

当专业与培养人的活动产生联系时，常常成为一种人才培养的基本单位，演变成一种教育实体。这个实体的形成主要依据学科分类，其任务是对高深的专门知识进行分类的教与学。由此可知，高等教育究其本质是一种以学科为本的专业教育，学科结构与学科分类在人才培养上的体现即专业结构，专业建设则是高等学校教学的一项基本建设。

特色专业建设是将高校专业设置进一步优化，提升专业建设的整体水平，提高人才培养的质量、效益和人才竞争力的重要手段。建设特色专业首要的是确立自身的特色，并且不断加以深化、完善和升华。特色专业建设目标应包括教学、社会服务和科研三个维度，以培养“基础厚、口径宽、能力强”的创新性应用型人才为目标。建设特色专业首先应该符合学校学科专业的整体发展布局与规划，符合社会人才需求的现状和变化趋势，还应与学校的办学方向、层次、规模、能力和特色相符合。

二、房地产经营管理特色专业建设的必要性

1. 市场需求旺盛

我国房地产业自20世纪80年代以来，一直以高速度发展。2001年，房地产开发投资对我国GDP增长的直接贡献率为1.3%，间接贡献率为0.6%~1.2%，两者合计在1.9%~2.5%之间。到2006年，房地产开发投资对我国GDP增长的直接贡献率为10.74%，间接贡献率为11.5%。但就是在关系几十个行业，上千万名工作人员的房地产业，真正的专业人士不足10%。尤其是房地产专业教育、学术研究相对滞后，缺少懂市场、有专业的人才。鉴于此，为适应房地产业迅猛发展对人才的需要，目前已有过百所高校（或与行业协会、企事业单位等联办）开设了房地产专业的高等教育、中等教育与在职成人教育及专业培训。但由于我国高等房地产教育起步晚，办学经验不足，行业发展不规范，学术理论研究滞后等原因，教育工作者以及行业从业人员对房地产专业高等教育的认识尚不统一，也无规范标准（尤其是在培养目标、课程设置、师资队伍等方面问题）。因此，房地产专业教育需要改革。

2. 房地产专业的发展不断深入

首先，对房地产经营管理专业的历史进行深入的分析。我国房地产专业高等教育产生于20世纪80年代初，是随着我国市场经济体制的初步建立、房地产业的兴起逐步发展起来的。为了促进房地产业专业人才的培养，首届全国城市房产住宅职业教育座谈会于1983年在哈尔滨召开。1984年，原国家建设部批准在武汉城市建设学的三年制“房地产经营管理”专业，标志我国高校房地产专业教育的开端。随后，如华中师范大学等比较有影响力的高校于1985年也开设了房地产经营管理专业。到1993年，原国家教委正式将“房地产管理”专业列入全国四年制本科招生目录（专业编号：1909），原建设部也于1994年成立了“全国高等学校建筑与房地产管理学科专业指导委员会”对房地产专业的建设和发展进行指导，使得房地产专业在我国得到更进一步的规范发展。在经济高速发展和住房体制改革的影响下，我国在20世纪90年代初掀起了一场房地产热潮，房地产专业也成了我国各类高等院校争相设置的热门专业之一。至1995年，全国已有60多所院校设置了房地产专业，初步形成了以全日制教育为教学主体，以房地产专业硕士研究生培养为发展前沿的新型学科体系。目前全国设置房地产经营管理专业的高等学校已超过了百所，许多国内一流的高校都开设了房地产经营管理本科专业。随着全国范围内各高校对房地产专业的招生数逐年递增，房地产特色专业的建设也势在必行。

3. 特色专业的建设有助于提高就业率

“特色是大学立足与发展的根本，是生存与竞争的前提。”通过特色专业的建设可以促使学校形成自己的特色与品牌，促进结构优化，切实推进专业建设与人才培养。而学科与专业在大学的建设与发展中始终是相辅相成，不可或缺的。特色专业建设是一个动态过程，需要根据就业市场的变化进行调整，以保持特色专业建设的先进性和实效性。教育部开展的质量工程建设是打造特色专业的重要契机和抓手，通过精品课程、教学团队、教学名师、教学改革等方面的建设，细化特色专业建设的具体内容，为特色专业的形成提供扎实的基础和保障。特色专业建设对学生就业

竞争力的提高起到了积极的促进作用，近几年接受过特色专业教育的学生在求职过程中，大都能够较好地展示其个人竞争力，比较轻松地得到了炙手可热的职位。

三、房地产经营管理特色专业建设的设想

1. 以案例教学法调动学生学习的积极性

案例教学是在实地调查的基础上编写出来的实际案例，与实际工作紧密接轨，具有高度的案例拟真性，是教学方法中非常重要的一种。案例教学一般根据专业知识点设计案例情节，并设计一定的问题，有的外露，有的含蓄，留待学生去挖掘，并且给学生留下充分的思考空间。

2. 以学前实践法强化学生的职业意识

高等教育的目标就是培养理论与实践相结合的人才，而从目前我们的实际教学状况来看，一般只有到了第二学年（三年制），学生才开始学习专业知识以及接触房地产企业，并进行专业实践，这是不利于学生学习专业、了解行业情况的。因此，建议该专业学生在大一的时候通过社会实践等形式，接触房地产业，增加感性认识。

3. 以多媒体技术提高专业教学效率

传统的教学方法是采用讲、练结合的形式，容易忽视学生自主性学习能力的培养，压抑学生的主动性和积极性，忽视学生课堂学习的主体地位。而将多媒体应用于教学，可以最大限度地增强学生学习的自主性、积极性。多媒体技术就是利用计算机来辅助教师执行教学，它不仅能呈现单纯的文字、数字等字符教学信息，还能非常容易地做到教学信息的图、文、声并茂，这些优势都是传统教学方法无法比拟的。

4. 建立弹性考试制度，增强人才培养的适用性

目前的考试方法以笔试为主，重在考核学生对知识的记忆程度，并不能全面考核学生对专业知识的实践运用能力，不适应目前中等职业教育培养人才的需求。要想真正评价学生的学习成果，需要多种考核方法相结合，并侧重于实践操作能力的考核。我们可以在教学中，采取闭卷考试、开卷考试和实践操作能力考试相结合的方法，也可以因学生个体差异分别考核，甚至在教学过程中考核，不一定都要集中到期末。

5. 加强师资队伍与专业建设

由于我国房地产高等教育起步晚，时间短，但发展较快，其教师队伍的构成较复杂，大多数房地产专业教师都是从土木工程、建筑施工、土地资源、经济管理等专业转行而来，也有相当一部分教师是从非教师队伍转过来的，所以他们有一定的从业经验和房地产行业相关知识。从专业建设学术发展的角度来看，我们的教师队伍需要不断地发展与壮大，提高现有教师的素质是提高教学水平的必要条件之一，教师队伍建设是专业学科建设工作的重中之重，这就要求我们各院校在教师队伍建设上，除靠边教边学、教学相长来培养教师以外，还要采取以下几种切实可行的方式来培养教师队伍。

（1）鼓励和支持教师进修。原来从其他专业转来的教师，需要进行相关专业课程或硕士课程的进修，扩展其知识的深度和广度，有条件的院校可以将有培养潜力

的教师送到美、日、英等西方发达国家去深造，学习一些成熟与先进的教学方法、专业理论与教育知识。

(2) 鼓励和支持教师进行实践锻炼。房地产这个专业有着较强的实践性，与实际工作结合紧密，所以，专业教师除了要带领学生参加实习外，还应安排时间深入实际，从房地产项目的设计、论证、立项、征地、报建、建设施工、房屋销售到后期的物业管理，全程参与，理论联系实际，提高教学效果。

(3) 加强学术交流，加强校际、校企和行会之间的交流。开设房地产专业的各学院应鼓励并创造条件，让专业教师参与学校与学校、学校与企业、学校与房地产行业协会之间进行交流，扩大专业教师的视野，深入了解房地产行业中存在的问题及成因，探索解决问题的办法，改进教学的方式方法，促进教学水平的提高。在房地产专业所用的教材编写上也要与时俱进，瞄准国际性的房地产专业教育，缩短中外房地产教材的差距，编写出具有国际水准的专业教材，以适应房地产市场发展的需要。

(4) 在专业建设上，除大力加强师资队伍的建设和专业教材的编写外，还要组织好教育教学工作，提高专业学术理论研究水平，加强与实业界的联系、与房地产行会之间的交流，以及国家在教育政策上的倾斜，这样通过四面八方的努力，才能使房地产专业建设建得更快更好，房地产专业教育才能更稳更扎实。

四、展望

房地产是国民经济的重要产业门类。本科层次房地产经营管理专业为社会培养的专业人才，对引导产业向高层次、高效率发展的作用重大。在未来，房管经营管理专业教育还会出现一些新的变化和趋势。房地产经营管理专业是我国本科教育一个年轻的专业，伴随着国家改革开放和市场化进程而不断成长，我国本科层次的房地产经营管理专业教育恢复的年限还很短，尚未形成广泛的学术交流氛围，专业领域内的研究还未深入展开，专业范畴界定较为模糊，富有实践经验的教师比较匮乏。这些问题都需要在日后专业教育发展的过程中不断改善和修正。

未来，在全球经济一体化趋势的引导下，在国民经济和社会不断发展的带动下，房地产业的行业水平会不断提升。而这都有待于培养更多高素质的专业人才，推动行业良性发展、健康发展。为此，房地产经营管理专业的高等教育不但必要，而且定会发展壮大，为社会输送越来越多的精英人才。

参考文献

[1] 于仲安，梁建伟．地方高等学校特色专业建设研究［J］．中国电力教育，2010 (22)：36－38.

[2] 马丽娟．房地产经营管理专业探秘［J］．考试与招生，2008：48.

[3] 石金和．房地产经营管理本科专业发展探析［J］．中国西部科技，2010 (20)：83－86.

[4] 李莉，高献伟，李雪梅．依托学科加强特色专业建设［J］．中国电力教育，

2011（26）：75－76.
[5] 肖云忠．以特色专业建设提升大学生就业竞争力［J］．中国电力教育，2011（5）：161－164.
[6] 谭明辉．房地产经营管理专业教学改革初探［J］．才智，2009（2）：13.
[7] 李鹏，武振霞，汤云刚．房地产经营管理本科教育发展与展望［J］．建筑经济，2012（1）：101－103.

作者简介：栾世红（1970—），管理学院房地产研究所，副教授，博士研究生。研究方向：房地产金融；区域经济。

工程管理专业增设“地理信息系统”选修课程的探讨

任家强　刘亚臣　毕天平

（沈阳建筑大学　沈阳　110168）

【摘要】本文介绍了地理信息系统（GIS）的概念、特点、功能及与其他系统的区别，阐述了GIS作为数据存储和可视化显示、空间查询的工具在工程管理领域的应用现状，分析了增设该门选修课程的重要性，结合沈阳建筑大学工程管理专业的实际，提出了GIS选修课程的课堂教学与实践教学内容，并分析了师资力量与实践条件。

【关键词】工程管理；地理信息系统；选修课

地理信息系统（Geographic Information System，GIS）自20世纪60年代提出、90年代推广以来，其发展速度之迅猛，应用范围之广泛，已引起了政府、企业和人们的极大重视与关注。当前，GIS依靠其强大的数据管理与可视化显示、空间查询与分析等功能在建筑工程管理以及房地产等诸多工程管理领域得到应用，取得了良好的效果，提升了工程管理的效率和准确性。因此，为满足就业市场对工程管理毕业生GIS应用技能的需求，提高学生个人的综合素质，在实际工作中较好地掌握和应用GIS技术，提高解决实际问题的能力，有必要增设GIS选修课程，以完善教学体系，适应新时期、新形势下的工程管理专业的发展。

一、GIS基本概况

GIS是一门新兴学科，也是一项新兴技术。1963年加拿大测量学家R. F. Tomlinson提出并建立了世界上第一个GIS系统。它是采集、存储、管理、分析、描述和应用整个或部分地球表面与空间和地理分布有关数据的计算机系统，由计算机系统、数据库和用户组成，智能化的GIS中包括知识和推理组成的专家系统，集地理学、信息学、计算机科学、空间科学、地球科学和管理科学等多学科为一体的多学科集成的基础平台，在土地利用、资源管理、环境监测、交通运输、经济建设、城市规划、政府部门行政管理、工程设计管理等领域提供支持和决策服务。

1. GIS的特点

根据GIS的组成及其应用，可以看出其具备如下三方面特点：①具有采集、管理、分析和输出多种地理信息或属性信息的能力，同时具有空间性和动态性；②由计算机系统支持进行空间数据管理，并由程序模拟常规或专门地理分析方法，作用于空间数据，产生有用的信息，完成人们难以完成的任务，因此具有无损失模拟的特点；③计算机系统的支持，使地理信息系统能快速、精确、综合地对复杂的地理系统进行空间定位和过程动态分析。

2. GIS 的功能

由计算机技术和空间数据相结合而产生的 GIS 包含了处理地理信息的基本功能和应用功能。基本功能包括数据采集与编辑、数据存储与管理、数据处理与变换、空间查询与分析、数据显示与输出；应用功能主要在资源清查管理、城乡规划、土地监测、环境管理、工程管理、辅助决策等领域发挥作用。

3. GIS 与一般信息系统的区别

信息系统主要包括两种：一种是以管理信息系统为主，只有属性数据的管理，即使存储了图形，也往往以文件形式来存储，不能进行相关的空间数据操作，如空间查询、检索、分析等，更无法进行复杂的空间分析；另外一种为非地理信息系统，如 CAD，只具有处理空间信息的能力，但不能进行复杂的空间分析，对属性数据管理较为繁琐。地理信息系统则在分析处理问题中使用了空间数据与属性数据，并通过数据库管理系统将两者联系在一起共同管理、分析和应用。

二、GIS 在工程管理领域中的应用

国内外已经开展了有关 GIS 在建筑工程管理中的应用研究，主要是将 GIS 技术应用于工业与民用建筑施工管理信息系统中，达到为施工设计人员以及领导决策提供直观的图形显示和分析统计的功能，对工程中的进度、质量、成本三大指标的控制管理，并将 GIS 与 GPS 相结合，实现了对远程施工机械可视化的调度管理，真正达到施工设计和管理的科学化和规范化，同时通过建立相关施工管理信息系统进行施工现场管理，对全面高效动态地管理整个施工过程，起到了很好的效果。

此外，通过开发建筑工程质量监控 GIS 信息系统等各种专题工程管理信息系统，并采用 Web GIS 的网络平台进行科学组织管理，实施工程项目的“网络动态监管”。

三、增设 GIS 选修课程的重要性

1. 完善教学体系，适应教学改革的需要

沈阳建筑大学工程管理专业创办历史悠久，形成了以“三明治”教学模式为主的教学体系，GIS 课程作为新兴的应用型科学技术课程，在工程管理专业中进行增设，将是对教学体系的进一步完善，对培养学生的专业技能具有重要意义。同时，对教学内容改革产生积极影响，GIS 在城市建设、项目管理中具有广泛的应用前景，开设 GIS 课程，将其与工程测量、计算机等技术类课程有机结合，促进学科的发展。

2. 建立合理的知识结构的需要

通过对 GIS 课程的学习，使学生可以从总体上对 GIS 有一个较为全面的认识理解，结合课程实践环节，初步掌握 GIS 的应用方法及相关专题 GIS 系统的运用，使学生进一步建立合理的知识结构。同时，由于 GIS 是一门交叉学科，通过对该门课程的学习，加强加深对相关课程知识的理解与运用。

3. 提升毕业生就业竞争力的需要

目前就业市场对工程管理毕业生个人综合能力的要求不断提高，要求毕业生了

解与掌握的专业理论知识和应用技能不断延伸拓展。因此，为在日趋激烈的就业市场竞争中，使工程管理专业毕业生能够立足市场，增加成功的筹码，获得用人单位的认可，就需要使学生掌握先进的技术，尤其今后一段时期内，GIS 在工程管理领域中应用推广力度加大，培养学生具有一定的 GIS 基础知识和应用能力，将是十分必要和迫切的。

四、GIS 选修课程内容

根据非 GIS 专业的 GIS 课程教学内容要求，结合工程管理专业特点，GIS 选修课程教学采用“原理 – 方法 – 操作 – 应用”四位一体的课堂教学与实践教学相结合方式开展，课程教学总学时设定为 32 学时，为保证实践教学效果，安排课堂教学学时为 20 学时，实践教学 12 学时。

课堂教学内容：了解 GIS 的基本概念、构成、功能、特点、发展历程、应用现状和发展方向；掌握 GIS 的基本理论和技术方法，包括空间数据基础、空间数据结构、数据组织与管理、数据的采集与处理、数据查询与管理、空间分析与制图等。

实践教学内容：GIS 软件的基本操作、空间数据的采集、空间数据的处理、空间查询，GIS 空间分析、综合实验、建筑工程管理专题 GIS 系统设计与操作等。

五、师资力量与实践条件保障

工程管理专业的 GIS 选修课程的增设，其师资力量和实践教学条件的完备事关该门课程教学效果的优劣。本门课程的师资力量主要依托土地资源管理专业 GIS 课程的师资力量，授课教师教学经验丰富，在授课过程中针对工程管理专业的特点对 GIS 教学进行难易区分、重点与非重点区分，在教学师资方面得到可靠保障；同时，沈阳建筑大学管理学院在 GIS 实践教学方面已经拥有了配置先进的计算机和 ArcGIS 及相关专业软件，并积极筹办 GIS 实验中心，因此亦能够保证该门课程的实践教学质量。

参考文献

[1] Maguire D. J. . An overview and definition of GIS, Geographic Information System [J]. London: Long man Inc. , 1991, 20: 9 – 19.

[2] 汤国安，赵牡丹. 地理信息系统 [M]. 北京：科学出版社，2000.

[3] 陈述彭，鲁学军，周成虎. 地理信息系统导论 [M]. 北京：科学出版社，2000.

[4] 吕伟，杨小静. 基于 GIS 技术的建筑工程管理系统设计 [J]. 山西建筑，2010，36 (35)：365 – 366.

[5] 周长青，黄旭东，伊尧国. 关于在城建类专业中开设地理信息系统课程的思考 [J]. 天津城市建设学院学报，2012，8 (4)：283 – 286.

作者简介：任家强（1980—），管理学院房地产研究所，讲师，博士。研究方向：土地与房地产管理及 GIS 应用。

工程管理类学生毕业论文全过程质量控制研究*

常春光　孔凡文　刘亚臣　高波

（沈阳建筑大学　沈阳　110168）

【摘要】本文分析了工程管理类本科毕业论文质量的现状与问题。界定了毕业论文全过程管理的含义。从论文质量形成的起点保证、方向保证、逻辑保证、规划保证、内容保证、监控保证、提升保证、规范保证与格式保证等几方面分析了面向全过程的工程管理类毕业论文质量形成机制。在此基础上，在资料收集与调研、选题、拟定提纲、开题、撰写初稿、中期检查、初稿改写、论文定稿、论文排版等环节给出了面向全过程的工程管理类毕业论文质量控制对策。经应用实验与对比分析，本文提出的机制与对策有助于提高工程管理类等专业毕业论文的质量。

【关键词】工程管理；毕业论文；全过程；质量控制

一、引　言

毕业论文环节是检验本科学生综合运用专业理论知识从事科研活动能力的重要环节，其质量的高低是体现高校本科教学水平的重要标志，直接影响到高校的办学声誉。大多数工程管理类的学生将以毕业论文的形式为大学的学习生活画上句号。关于工程管理类毕业论文质量形成机制与提升途径的研究具有重要的现实意义。

对于工程管理类的本科学生，由于其所依托的行业背景通常为土木工程，在传统上注重实践能力培养，或多或少地忽略理论上的学术研究。同时，由于招生规模增长过快，实验、实习条件有限等原因，也在一定程度上影响了工程管理类本科毕业论文的撰写质量。目前，从我国高校工程管理类本科毕业论文环节来看，存在一些较为突出的问题，如论文选题新颖性差，重复的成分较高；论文的内容在理论深度方面有待于提高；论文撰写规范程度较差，等等。工程管理类本科毕业论文质量水平的进一步提升势在必行。

国内外许多高等教育工作者已在本科生毕业论文质量方面进行相关的研究。Ravenscoft 等人研究发现，学生通过小组学习，其学习效果有了明显改善，并有利于

* 本文获辽宁教育科学“十二五”2011 年度立项课题（JG11DB225），教育部财政部高等学校人才培养模式创新实验区建设项目（教高函〔2009〕27 号），教育部财政部高等学校特色专业建设项目（教高函〔2010〕15 号），教育部财政部高等学校国家级教学团队建设项目（教高函〔2010〕12 号），中国建设教育协会立项课题（2011009，2009023），2009 年度沈阳建筑大学教学质量工程项目，2010 年沈阳建筑大学研究生优质、精品课程立项建设项目资助。

学生毕业论文的质量提升；肖翔、马忠等研究了研究型大学管理类毕业论文设计模式；黄海燕、王慧锋等研究了校企合作指导本科毕业论文的有效模式；陈维平、马义飞研究了本科生毕业论文选题质量保证体系；周新年、丁艺等研究了毕业论文选题；刘冬华、刘福成分析了高校扩招、就业压力、教学与实践脱离以及青年教师大幅增加等诸多因素，导致近年来管理类本科生毕业论文质量出现整体滑坡的现象，就此提出了保障管理类本科毕业论文质量的“3I”策略，并从学校制度安排、导师智力支持以及企业的实践接口3个维度有针对性地给出了政策建议；钟林飞针对毕业设计全过程，包括选题、开题、中期检查与指导、答辩、评审环节，提出将质量管理贯穿在毕业设计过程的全阶段，重视整个设计过程中各个阶段的全面质量管理监控；蒋长春针对新办本科院校管理类专业毕业论文中存在的问题，从毕业论文存在问题的成因入手，围绕毕业论文质量控制点，提出毕业论文质量控制策略；梁宏中阐述了构建本科教学质量监控与保障体系的理论基础，并结合实践分析了如何构建系统完善的本科教学质量监控与保障体系；王君萍对如何应用全面质量管理，提高本科生教育教学工作水平进行了探讨；刘正远、段玉玺等针对毕业论文选题工作中存在的选题缺乏创新性、实用性、可行性和范围和深度不当等问题，提出了加大对毕业论文选题的指导力度、控制每位教师指导的毕业生数量和加强实验室和实习基地建设等措施。可见，关于本科毕业论文质量方面的研究较多，但针对工程管理类学生，面向全过程的毕业论文质量形成机制与对策的研究还较为缺乏。

二、面向全过程的毕业论文质量形成机制构建

毕业论文全过程管理是指在资料收集与调研、选题、拟定提纲、开题、撰写初稿、中期检查、初稿改写、论文定稿、论文排版等各环节对毕业论文实时全过程监控与管理。提出这些过程的合理考核阶段划分与考核方法。通过各个阶段的环环相扣、有序运行来实现毕业论文质量的提升。毕业论文形成的全过程如图1所示，其各个环节如资料收集与调研、选题、拟定提纲、开题、撰写初稿、中期检查、初稿改写、论文定稿、论文排版等都对毕业论文质量有直接影响。

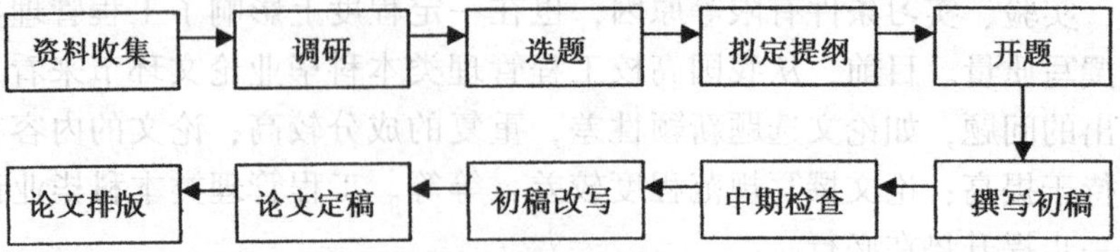

图1　毕业论文形成的全过程

1. 论文质量形成的起点保证

资料收集与调研是论文质量形成的源头，很明显，该阶段的工作会直接影响到后续各环节的顺利开展与质量水平。资料收集与调研可以被称为论文质量形成的起点，只有前期的资料收集与调研全面，才能做到对所研究领域有全局把握，找出论文选题的方向。

2. 论文质量形成的方向保证

论文选题是在资料收集与调研基础上实现的，通常，即使教师已经给定论文题目，学生也应针对自己论文写作的方向与侧重点进行准确定位。如果选题或对题目的把握不准，就会影响到论文研究方向的科学性。

3. 论文质量形成的逻辑保证

拟定提纲是在消化吸收大量资料，并对论文写作方向明确的基础上，对论文的整体架构给出一个清晰的描述。若教师对学生的提纲不能很好把握，后续论文写出来后甚至会存在致命的逻辑结构不合理问题。

4. 论文质量形成的规划保证

论文开题是在进行前期的初步探索与研究的基础上，对论文的题目调整并敲定，对论文研究范畴界定，对论文的顺利开展的可行性进行论证的环节。

5. 论文质量形成的内容保证

撰写初稿要以论文提纲为框架与脉络，将所研究的问题展开，力求将所研究的问题描述完整。许多学生在写初稿时，并不重视内容的完整性，想到哪，写到哪；对什么感兴趣，就多占些篇幅，否则就少些笔墨，这在一定程度上严重影响了论文的内容完整与均衡性。

6. 论文质量形成的监控保证

中期检查是对论文撰写进展跟踪、论文质量监控的重要环节。该环节能及时纠正毕业论文撰写中发生的方向偏移、进度过慢、深度不足等问题，为后续初稿修改环节提供重要的依据，以便确保论文按质、按量、按期完成。

7. 论文质量形成的提升保证

初稿改写是提高学生毕业论文写作水平的关键环节，通过初稿的改写，学生能了解到论文写作的基本要求、基本方法，对论文的主体结构有一个很好的把握。若此阶段，指导教师不能及时、细致地找出初稿中的问题，并提出中肯的修改建议，学生将丧失一个提升论文写作的质量的机会，从而影响最终的论文质量。

8. 论文质量形成的规范保证

论文定稿是学生熟悉一个完整毕业论文写作的规范性的重要阶段，通过此阶段的训练，学生对毕业论文写作规范、完整的毕业论文的基本要素有总体的把握，凝结作者深层次的研究成果。若忽视本阶段，毕业论文的规范性会出现很多问题，以至于许多同学本科毕业后仍然对论文写作的标准规范无法掌握。

9. 论文质量形成的格式保证

论文排版是确保毕业论文格式符合学校基本格式要求的基本保证，通过此环节可以训练学生的排版能力，是对毕业最终质量的重要保证，直接影响到毕业论文的可观看性与标准化，是培养学生严谨态度的重要阶段。

三、面向全过程的毕业论文质量控制对策

1. 资料收集与调研环节对策

重视资料收集与调研是质量形成的源头，对后续各环节的顺利开展与质量水平起到决定性的作用。资料收集应覆盖面广泛，并分阶段收集。在前期阶段，以面广

为基本出发点；在后续阶段，以针对性、重要性、深入性为基本出发点。针对工程管理类专业实践性强的特点，在后续阶段，实际数据、实际案例、实际算例的收集是重点。

2. 论文选题环节对策

在论文的选题环节，应对现有的资料收集与调研内容进行仔细分析与研究，针对自己论文写作的方向与侧重点进行准确定位。针对工程管理领域研究的特点，关注工程管理领域的前沿问题，选题时尽量回避与以往重复的论题，注重实效性、理论创新性、学术价值与应用价值。

3. 拟定提纲环节对策

在消化吸收大量资料的前提下拟定提纲，并在对论文写作方向明确的基础上，对论文的整体架构给出一个清晰的描述。既考查各个部分的逻辑结构合理性问题，又要考虑论文整体结构分布合理性。针对工程管理类学生思维倾向于实际应用方面，在提纲拟订时特别强调其理论研究部分的内容与深度。

4. 论文开题环节对策

以论文开题论证会的形式，严把论文开题这一关。在此环节应对学生论文的题目调整与其研究规划的可行性进行充分论证，对于未达到论题明确、思路清晰、内容可行三方面标准的论文，限定在一周内重新开题。针对工程管理类实践性较强的特点，论文开题论证时还特别注重其理论与实践相结合的合理性。

5. 撰写初稿环节对策

以论文提纲为框架与脉络，要求学生尽量将所研究的问题描述完整。要求学生在写初稿时，重视内容的完整性，避免“想到哪，写到哪；对什么感兴趣，就多写些篇幅”的情况发生，保证论文的完整性与均衡性。针对工程管理类学生的实践导向思维特点，在此阶段，强化其逻辑性、系统性思维训练。

6. 中期检查环节对策

以召开中期检查会的形式，严格监控论文的撰写进度、内容、深度。对于毕业论文撰写中发生的方向偏移、进度过慢、深度不足等问题，给出指导性建议；对于未达到要求的论文限期整改。针对工程管理类学生对项目管理进度控制、成本控制与质量控制的基本思想的掌握情况，引导工程管理类学生，培养其控制论文进度与质量的能力。

7. 初稿改写环节对策

在初稿改写环节，教师应指导学生掌握论文写作的基本要求、基本方法，学生应对论文的主体结构有一个很好的把握。教师应及时、细致地找出学生初稿中的问题，并提出中肯的修改建议，提升论文质量。针对工程管理类学生熟悉工程监理的思想的特点，指导其对初稿自查并修改。

8. 论文定稿环节对策

此环节作为学生熟悉一个完整毕业论文写作的规范性的重要阶段，教师指导学生对毕业论文写作规范、完整的毕业论文的基本要素有总体的把握，并注重凝结论文的深层次研究成果，对论文起到画龙点睛的作用，规范毕业论文的写作标准。针对工程管理类学生熟悉各类工程技术文件规范的特点，引导其规范化论文写作。

9. 论文排版环节对策

以引导的方式，传授学生论文排版的基本技巧，使学生感到论文排版是一项重要环节，最好使学生对排版感兴趣，而不至于对论文排版厌倦。明确学校基本格式要求，防止前后标准不一致带来的额外工作量。针对工程管理类学生熟悉招投标文件排版规范特点，指导其认真执行排版标准。

四、应用与分析

以我校工程管理类本科生的毕业论文指导工作为研究背景，从我校的学术文化来看，以前更注重设计，对论文方面，与同等院校相比略显不足。当前，我校本科毕业论文质量水平也遇到了前所未有的提升机遇：首先，在校领导、校党委的指导下，在教务处等各个职能处室和广大教师员工的辛勤努力下，我校以优异的成绩通过了国家本科教学水平评估；之后，我校工程管理专业又通过了国家专业评估。校党委、校领导、教务处等非常重视教学水平的提高，这都为本项目的实施打下了坚实的立项基础。

为验证本文所提出的一套毕业论文质量形成机制分析的客观性、相应对策的可行性，基于上述论文质量形成机制的考量，将上述对策应用到我校工程管理类毕业论文指导实践中。首先，将本年度本课题组主要成员（6 名教师）指导的48 名同学（其中工程管理专业（建筑管理方向）16 人，工程管理专业（房地产经营管理方向）16 人，工程管理专业（专升本）16 人）划分为甲、乙两大组，甲组为实验组，乙组为控制组。为保持实验的客观性，在分组时注意按相同比例划分。为确保两组同学的学习成绩基本相当，分组时将各班学生按前三年半的学习成绩平均分排序，依次分入到实验组与控制组中。为提高说服力，控制组选成绩排名为奇数的同学，实验组选成绩排名为偶数的同学。为了克服系统误差，在指导教师分配时，也严格按比例划分，即 6 名教师，每名教师指导 4 个实验组的同学与 4 个控制组的同学。对甲组采用本文第三部分所叙述的一整套面向全过程的指导对策（实验前将本文提出的一整套面向全过程的指导对策时各位指导教师进行充分培训）；对乙组仍沿用过去的指导方式。最后成绩结果为：甲组优良比率为 43.75%，乙组仅为 25%。可见，本文提出的机制与方法对于提高工程管理类本科毕业论文质量是有效的。

五、结　论

撰写毕业论文是本科生接受高等教育的重要环节之一，是检验本科学生综合运用专业理论知识从事科研活动能力的重要手段，其质量的高低是体现高校本科教学水平的重要标志，直接影响到高校的办学声誉，可见关于毕业论文质量形成机制与提升途径的研究具有重要的现实意义。本文以沈阳建筑大学工程管理类本科生毕业论文的实践为研究对象，从论文质量形成的起点保证、方向保证、逻辑保证、规划保证、内容保证、监控保证、提升保证、规范保证与格式保证几方面分析了面向全过程的毕业论文质量形成机制。在此基础上，在资料收集与调研、选题、拟定提纲、开题、撰写初稿、期中检查、初稿改写、论文定稿、论文排版等环节给出了面向全过程的工程管理类毕业论文质量控制对策，并经过应用实验，对比分析，验证了本文提出的机制与方法的有效性。本文研究成果进一步推广，将有助于提高工程管理类学生的毕业论文撰写质量。

参考文献

[1] Ravenscroft S P, Buckless F, McCombs G, et al. Incentive in student team learning: an experiment in cooperative group learning [J]. Issues in Accounting Education, 1995 (10): 97-109.

[2] 肖翔，马忠，屈波．研究型大学管理类毕业论文设计模式的研究 [J]．高等教育研究，2006 (3): 28.

[3] 黄海燕，王慧锋，孙自强．校企合作指导本科毕业论文的优势、问题与有效模式 [J]．化工高等教育，2007 (6): 53-55.

[4] 陈维平，马义飞．经济管理类本科生毕业论文选题质量保证体系研究 [J]．科学教育，2006，12 (3): 1-2

[5] 周新年，丁艺，邱荣祖，等．毕业论文选题与分析 [J]．中国林业教育，2004 (3): 21-23.

[6] 刘冬华，刘福成．管理类本科毕业论文质量提升的3I策略研究 [J]．管理观察，2009 (6): 176-178.

[7] 钟林飞．全过程质量管理下提高本科毕业设计质量的思考 [J]．电脑知识与技术，2010，6 (2): 506-507.

[8] 蒋长春．管理类本科毕业论文质量控制探讨 [J]．管理观察，2009 (6): 163-165.

[9] 梁宏中．本科教学质量监控与保障体系的构建 [J]，世纪桥，2009 (1): 133-134.

[10] 王君萍．本科教育实施全面质量管理的探讨 [J]．职业时空，2001，6 (1): 100-101.

[11] 刘正远，段玉玺，呼汉卫，等．本科毕业论文选题质量的探索与实践 [J]，辽宁科技大学学报，2009，32 (6): 301-304，307.

作者简介：常春光（1973—），管理学院规划与城市管理中心，副教授，博士。研究方向：城镇管理；应急管理；工程管理。

普通高校工程管理特色专业的构建模式与对策研究*

常春光　孔凡文　包红霏　高波

（沈阳建筑大学　沈阳　110168）

【摘要】为促进普通高校工程管理特色专业建设，针对普通高校工程管理特色专业构建，本文研究了内生为主模式、外生为主模式与混合共生模式三种典型构建模式。从工程管理特色专业师资队伍建设、工程特色专业理论教学内容与教材建设、工程特色专业实践教学体系建设三个角度给出工程管理特色专业建设的对策。在此基础上，归纳出工程管理特色专业建设的要点。

【关键词】特色专业；工程管理；构建模式

随着我国教育投入政策的转变，特色专业建设逐渐成为普通高校争取竞争优势的一种重要方式。特色专业建设水平日益影响着普通高校的办学水平与社会声誉。

特色专业是指高校在教学改革和专业建设过程中，在办学理念、人才培养目标、培养模式、培养质量等方面具有显著特色，培养的学生某些方面的素质和能力优于其他院校该专业学生，并得到社会的广泛认可、有较高声誉的专业[1]。针对特色专业建设在教研领域，出现了许多研究成果。文献［2］探讨了改革人才培养模式，实现高素质创新型人才培养目标；改革课程教学内容，加强教材建设；改革教师培训和使用机制，加强师资队伍建设；改革实践教学，推进人才培养与社会实践相结合。较为全面地研究了特色专业建设的内容。文献［3］对比分析了 9 个教育部工程管理特色专业点的建设目标与建设成效，归纳了其建设经验与不足，讨论了工程管理学科建设及专业建设中应关注的问题，提出了工程管理专业建设应采用 CDIO 的教育思想，并强调了企业参与人才培养过程和工程管理教育国际化的重要性。文献［4］详细地介绍了在“卓越工程师教育培养计划”初步推行和行业专业规范即将出台的背景下，土木工程国家特色专业建设点的建设规划的内容。文献［5］探讨了高校特色专业建设的相关理论与实践。文献［6］研究了新建应用型本科院校品牌专业和特色专业建设与评价。可见，关于特色专业建设的研究较多，针对一般普通高校工程管理特色专业建设的研究还有待于深入。

一、工程管理特色专业建设的模式对比分析

工程管理特色专业建设的模式通常可以划分为内生为主模式、外生为主模式与

* 本文获辽宁教育科学“十二五”2011 年度立项课题（JG11DB225）资助。

混合共生模式，在实际应用中，各高校应根据自身实际情况加以选择，并无绝对的好坏之分，只有适合与否的说法。

1. 内生为主模式

所谓的内生为主模式，是指依托学校现有办学声誉、办学条件、师资力量等重要资源，依靠学校整体办学特色、专业特色来生成并培育新的特色专业。对于工程管理特色专业的建设来讲，需要依托与工程管理专业密切相关的优势特色专业，扶持工程管理特色专业的建设。

内生为主模式的优点在于便于整合学校整体优势资源，推进学校整体专业建设规划进程，使得学校整体专业建设的轻重缓急更具系统性，便于总体协调；缺点则是新的特色专业建设的步伐较慢，与现有优势特色学科关联性较弱的特色专业在有限的时间内很难建成。

2. 外生为主模式

所谓的外生为主的模式，是指立足于社会的人才结构需求的重大变化、学校学科建设的重大调整战略，借助外部人才与团队的大力引进，构建与学校现有优势特色学科关联程度不高的具有重要战略意义的新的特色专业。对于工程管理特色专业的建设来讲，学校原来并无工程管理相关的优势特色专业，通过引进国内外有一定影响力的人才与团队，构建起工程管理专业。

外生为主模式的优点在于特色专业建设见效快，在较短的时间内可以实现一些关联性较少的特色专业的快速引进与建设；缺点在于引进的人才与团队还需要花费较长的时间与学校整体环境磨合，另外，学校的专业历史在一定程度上也会影响新的特色专业建设的社会认同度与办学信誉。

3. 混合共生模式

混合共生模式是介于内生为主模式与外生为主模式之间的一种模式，在特色专业构建时既兼顾本校原有优势特色学科的支撑资源，又考虑外来拟引进的人才与团队对特色学科建设的作用，实现优势互补，甚至强强联合。对于工程管理特色专业的建设来讲，结合本校的工程管理相关的优势特色学科的资源，联合外来引进工程管理类特色专业的人才与团队共同完成工程管理特色的专业建设。

混合共生模式的优点在于该模式能够在学校内部现有资源与外部优势资源的很好结合，既确保了学校整体专业战略调整与规划的顺利实现，又能加快学校特色专业建设的进程，弥补自身资源有限的不足；缺点在于内部现有资源与外部优势资源的整合需要花费一定的时间与精力，若协调不好，会影响特色专业建设的总体效果。

二、工程管理特色专业建设的对策

在实际操作中，除了根据上述所阐述的三种模式展开工程管理特色专业建设工作外，还应考虑工程管理特色专业建设的具体对策。

1. 强化工程管理特色专业师资队伍建设

（1）加强师资队伍的工程管理特色程度

围绕工程管理特色专业建设的需要，整合现有或引进具有较强工程管理特色的高层次人才与团队，突出师资队伍的工程管理特色程度。对于不适合工程管理特色专业教学与科研的教师，应及时培训或调整到其他的岗位。

（2）鼓励师资队伍的职业化特色程度

围绕工程管理专业未来可能从事的工程造价师、工程监理师、工程咨询师、房地产估价师、房地产策划师、房地产运营师、物业管理师等职业，鼓励教师掌握这些岗位的基本技能、考取相应的注册师资格，并参与相关的职业工作，丰富教师自身的工作经历，实现理论与实践紧密结合，突出工程管理职业化特色程度。

（3）提升师资队伍的特色学历层次

注重工程管理特色专业师资队伍的学历层次的提升，需要鼓励教师攻读国内外知名大学工程管理专业的博士学位，尽量避免本专业教师为了一时的方便、省力，通过随便攻读其他专业的博士学位来充数。

（4）鼓励师资队伍教师理论学习与实践培训

鉴于工程管理专业具有很强的实践应用特征，为提高工程管理专业的特色程度，师资队伍建设离不开理论联系实践的多环节培训。鼓励工程管理专业教师多参加各种类型的访学、培训、交流等理论学习；鼓励工程管理专业教师多参加各种类型的实践工作，参与政府、建筑施工企业所遇到或经历的重大工程项目的管理工作，提升自身实践能力。

2. 加强工程特色专业理论教学内容与教材建设

（1）改革课程教学内容与方式

更新“工程项目管理”“工程经济学”和“工程造价”等专业核心课程内容，突出工程管理专业课新知识、新技术；加大选修课的选修力度，设置工程管理学科前沿讲座，打破传统理论知识体系，构建既实用又可灵活衔接的工程管理专业课程体系。

（2）加强工程管理专业特色课程教材建设

重点推出包括“工程项目管理”“工程经济学”“工程项目融资”“工程管理信息系统”等课程在内的工程管理特色系列教材；并逐步将这些教材建设为国家级规划教材。

3. 加强工程特色专业实践教学体系建设

（1）完善工程管理实验室建设，建设一流的工程管理特色实验教学环境

依托校内已有的相关专业的重点实验室，加大工程管理特色实验室投入力度，改善实验室实验的硬件与软件条件，研制和更新实验设备，进一步建设和完善工程管理特色实验室建设。鼓励教师充分利用实验室开展工程管理特色的实验教学、沙盘模拟与科研活动。

（2）加强校外专业实践基地建设

充分利用学校校友对学校发展高度关心的机会，通过校友协助，争取建立更多的工程管理专业实践基地。为学生投入到工程管理专业实践中提供便利条件，充分调动成功的校友为专业实践作指导与报告。在专业实践指导方面，继续坚持校内指导教师与校外实习现场指导教师所组成的“双导师制”指导队伍建设，建立完善的企业导师聘任制度，让企业工程管理专家参与到工程管理类特色人才培养的工作中。

三、工程管理特色专业建设的要点

1. 突出工程管理专业建设的特色

在工程管理特色专业建设的过程中，应注重挖掘学校与工程管理专业相关的各种特色，如学校的特色专业历史沿革、学校的学科特色与亮点、学校的行业领域背景、学校的师资力量、学校的校友资源与社会影响力，等等。

2. 紧密结合工程管理专业人才的社会需求

工程管理特色专业建设的最终目的是培养出社会需求的相关人才，特色专业建设成功与否的一个重要标志是其培养出的特色人才的社会需求程度。因此，在特色专业建设过程中的教学内容、教学环节等需要紧密结合社会需求，实现真正的特色人才需求。

3. 充分调动各方资源为工程管理特色专业添砖加瓦

对于一般的普通高校，想要争取到国家的大规模资金投入是很困难的，因此，需要抓住国家对一些特色专业进行扶持的良好机会，多争取国家专项资金的投入。并争取学校所隶属的省、市、行业主管部门，社会组织、团体对工程管理特色专业的大力扶持。

4. 处理好工程管理特色专业与学校整体专业建设的关系

工程管理特色专业的建设毕竟是学校整体专业建设的一个组成部分，该特色专业的建设应与学校整体规划紧密结合，不能孤立，特别是要抓住学校学科建设、博士点建设的契机，推动工程管理特色专业的建设系统性。

四、结　论

特色专业的建设对于高校的发展，特别是一般普通高校的发展具有重要的意义。特色专业的建设是一般普通高校在新的国家教育政策下，争取一定的竞争优势、扩大学校办学声誉的重要手段之一。

工程管理特色专业的建设，也是国内许多高校特别是具有建筑土木特色类院校所推出的重点工作。本文所提出的内生为主模式、外生为主模式与混合共生模式，为工程管理特色专业建设提供了重要的参考；所提出的工程管理特色专业建设的对策、工程管理特色专业建设的要点对工程管理特色专业的建设工作具有一定的可借鉴之处。随着国内高校对教育资源的竞争，特色专业的建设将成为一种重要的表现形式，我国的特色专业建设水平也必将不断提升。

参考文献

[1] 刘彬让．试论高等学校的特色专业建设［J］．高等农业教育，2008（3）：47－49.

[2] 陈满乾，尹敏，石必明．安全工程特色专业建设及成效［J］．中国电力教育，2010（3）：33－34.

[3] 王雪青，杨秋波．工程管理特色专业建设的思考［J］．中国大学教学，2011

(9)：44－46.
[4] 荀勇，李建宇．土木工程特色专业建设探讨［J］．高等建筑教育，2011，20（4）：30－34.
[5] 徐精明，刘朝臣．高校特色专业建设探索与实践［J］．安徽科技学院学报，2008（4）：47－50.
[6] 朱中华．论新建应用型本科院校品牌专业和特色专业建设与评价［J］．黑龙江高教研究，2005（10）：98－99.

与执业资格制度相适应的工程管理专业教学改革研究

王　静　刘亚臣

（沈阳建筑大学　沈阳　110168）

【摘要】工程管理专业是培养建设领域全过程管理的复合型人才的培养基地，因此，我们有必要清楚地认识到执业资格制度与工程管理专业教育的关系，探索出一条教学应用型本科人才培养与执业资格制度接轨的新路，以满足学生毕业后“一纸文凭多张证书”的要求，增加学生的就业机会。

【关键词】工程管理；执业资格；教学改革

随着我国建筑业的国际化、规范化发展，工程建设相关领域均设置了执业资格准入制度。执业资格准入制度的实施，对于工程技术人员的理论水平、专业能力、实践经验等提出了标准化的要求，同时，也对高校的专业建设提出了更高的要求。

一、工程管理专业教学改革的必要性

1. 有利于促进执业资格考试制度的推行

目前，与工程管理专业有关的执业资格考试包括注册建造师、注册造价师、注册房地产估价师、注册咨询师等专业认证考试，这些执业资格考试的内容就是以本科专业教学的内容为基础的。因此，加强工程管理专业教育与执业资格考试制度的联系，进行与执业资格制度相适应的工程管理专业教学改革，并在专业教育中体现出来，必将有利于促进执业资格考试制度的顺利推行。

2. 有利于形成完整的工程管理教育体系

培养一个优秀的工程师一般需要 7 ~ 9 年的时间，主要包括“专业知识的学习”“工程实际的训练”及“工程经历”等三个阶段的培养。比较中外工程管理专业本科教育，最大的区别在于国外本科教育仅为学生提供工程师的职业基础，真正的注册工程师所需的职业训练则由学生毕业后在社会经历若干年的工程实践方能完成，这是与其完善的注册工程师制度相适应的，而我国多数企业不具备岗位前工程师培养训练的条件，这就要求将工程师培养的基本环节都在学校内完成，毕业生一旦上岗即应熟练掌握工程技能，而这并不符合人才培养的基本规律。因此，进行与执业资格制度相适应的工程管理专业教学改革，必将促进我国工程管理专业教育与工程建设领域之间形成一个由学历教育、专业培训、继续教育和工程实践等环节有机组成的完整的工程管理教育体系。

3. 有利于学生的职业发展

从现在用人单位的招聘条件可以看出，用人单位十分重视具有执业资格证书的专业技术人员。具有执业资格证书，比如一级建造师或造价师证书的应聘人员具有更好的发展前景和待遇。因此，学生毕业后获取相应的执业资格证书，有利于他们的职业发展。

二、工程管理专业教学改革的思路

1. 制定与执业资格制度相适应的课程体系

课程体系是高校本科教学的总体蓝图，传统教育思想指导下的课程体系存在着结构松散、课程之间无相关性等问题，一些课程各自为重，过分强调课程本身的体系，使学生难以建立起整体的知识结构。作为设有工程管理专业的院校，应该有意识地调整工程管理专业的课程体系，将不同的知识在各个课程中进行分配、整合，使它们能够相互支撑、相互联系，以培养学生的综合能力，适应执业资格制度的要求。

教学体系的制定应注重工程技术土木化、经济管理综合化、专业课程特色化，真正的拓宽专业口径，形成以多方向课程体系为主导的综合性人才培养模式。在教学体系制定时，不仅可以按照专业方向设置课程，还可以设置课程组团，每一个课程组团容纳一个与执业资格考试相关的主要课程（如图 1 所示），学生在选课时可根据自己的爱好完成一个或多个执业资格课程的学习。例如注册建造师考试，其内容分为综合知识与能力和专业知识与能力两部分，包括了以突出施工阶段管理为重点，从事工程项目管理所应具备的相关知识点，注重的是对综合能力的测试。因此，应设置以施工技术为基础、以建设法规为依据、以工程经济为重点、以项目管理为核心的课程组团，以加强注册建造师的基础理论教育。

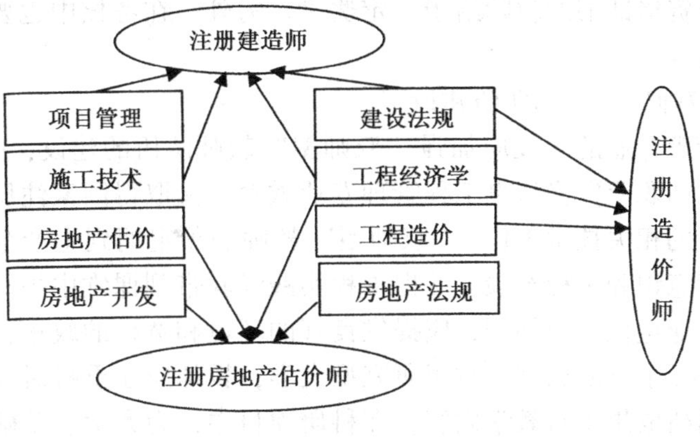

图 1　工程管理专业课程组图

2. 建立多元化的考核方式

除了传统的课程考试方式之外，工程管理专业应积极探讨其他类型的考核方式，以适应执业资格制度的要求。首先，可以建立考试题库，集成部分执业资格考试标准化试题，与教学大纲的自命题部分一起组成专业考试课程试题库；其次，可以建立执业资格模拟考试系统，如建造师模拟考试系统、造价师模拟考试系统、房地产估价师模拟考试系统等，在学生修完一个组团课程后，自由选择一套模拟考试系统，进行综合测验，以达到综合运用各学科知识的目的。另外，还可以将考试放到社会中去，课程的结业考试以完成建设企业的具体任务为依据。例如，房地产估价这门课程，可以选择一个具体的评估实例，让学生根据所学的知识，参与从接受项目委托、资料收集、现场勘察、评估过程到出具报告的全过程；工程经济学这门课程，可以安排学生为某具体建设项目编制工程财务评价报告；项目管理这门课程，可以让学生为某具体项目进行详细的施工组织设计。教师可以根据学生参与实际项目的表现和成果的质量进行打分。这种考核方式，锻炼了学生运用知识的综合能力，提高了实践能力，为各类执业资格考试中最薄弱的一方面——综合实务，打下了良好的基础。

3. 加大实践性教学

执业注册考试中一个重要环节就是实践环节，如房地产估价师考试中的“房地产估价案例与分析”、一级建造师考试中的“专业工程管理与实务”、造价工程师考试中的“工程造价案例分析”等均考察考生的实践能力。

目前，学生的实践课程存在时间短、实践教学教师队伍不足等问题，致使一些实践环节的课程在课程建设中没有起到预期的作用，因此，加强现有实践环节的课程建设，即使是一个学期十几个学时的实践课程，师生也要像对待毕业设计那样认真对待，如可以给学生设立多个可供选择的实践题目，要求形成严谨的实践报告，题目应该和实际工程结合，让学生通过实践课程真正学到可以应用的知识并提高能力。同时，应采取一系列的激励措施，鼓励教师丰富专业知识，提高实践能力。针对现行的执业资格制度的发展及考试内容注重实用性的特点，鼓励教师进行教学内容、教学方法、教学手段等方面的研究，积极推进教学改革，对于教学改革成果突出的教师要予以奖励。鼓励教师参与实践工程训练，参加执业资格的相关培训与考试，对获得执业资格证书的教师给予一定奖励。另外，在考核中也要加大实践环节工作量的考核力度。

4. 加强“双师型”教师队伍建设

设立工程管理专业的学校应加强“双师型”教师队伍的建设，所谓“双师型”教师指既取得教师职业资格从事工程管理专业教育，又取得国家注册工程师执业资格从事建设行业的相关技术工作。“双师型”教师必须定期到生产企业进行工程实践，以增加工程意识和工程经验，并把工程实践经验带到课堂中去。对于无工程实践经验的硕士毕业生担任教师的，应提供良好的环境和宽松的政策，使其能够在工程现场接受6～12个月的训练。对于研究型大学，教师应注重科研成果与教学的互相促进，利用科研成果丰富教学内容，在科研项目中，为大学生基础知识的学习和创新能力与综合素质培养提供实践和锻炼的机会。

5. 搭建校企合作平台

学校要积极同建筑类、工程管理类及房地产类公司企业建立广泛的社会联系，以建立稳定的校外实习基地，既为这些单位解决具体问题，也为学校解决实习难的问题，对一些在实习期间表现较好的学生，实习单位可以留下聘任，反过来，学校也可以聘请企业中有实践经验的工程管理专业人员任学校的兼职教师。通过这种固定的产学合作机制，学校利用自己的优势给社会以一定的服务，同时利用社会力量来解决实习教学环节的部分事务性工作，使教师有更多的精力投入到教学过程的组织上及实践环节的考核上，对双方而言都是一种有益的探讨。

6. 引入教育部门和专业协会的双重认证机制

工程管理专业的人才培养、专业教育的评估、执业资格的注册制度在某种意义上目前是各自独立运行的。可以尝试引入教育部门和专业协会的双重认证机制，工程管理专业接受教育部门和相关行业协会的双重评估。教育部门主要就培养目标、教学计划、师资力量、学校软硬件条件进行评估；而行业协会则将学校专业课程体系设置的合理性，人才培养目标是否适应社会需求等作为评价标准。工程管理专业双重认证机制如图 2 所示。

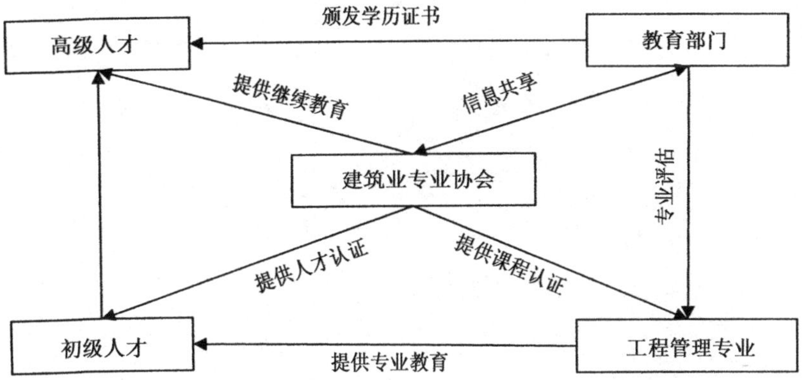

图 2　工程管理专业双重认证机制

三、结束语

执业资格制度的实施，不但明确了工程专业人员应具备的条件，而且能促进我国工程教育界与工程界有机结合。高等学历教育环节的工程管理专业的执业资格知识渗入，便于学生在校期间有重点有选择地汲取知识，打好工程执业的基础。开设有工程管理专业的院校，应积极研究建设行业执业资格制度的特点和要求，并以此为参考确立合理的专业培养目标和培养计划，推动课程体系、教学内容与教学方法的改革，强化实践环节与技能掌握要求，以确保高校紧紧围绕市场，为社会培养具有较高执业素质和创新精神的合格人才。

参考文献

[1] 杜艳华．工程管理专业特色化建设研究［J］．高等建筑教育，2011（20）：44－46.

[2] 吴强．土木工程专业教学与注册造价师的培养［J］．理工高教研究，2007（26）：97－99.

[3] 未碧贵．基于国家注册工程师制度的给水排水工程专业教学改革初探［J］．长

春理工大学学报，2011（7）：187－188.

[4] 黄鲁成．工程管理本科专业课程体系建设调查与分析［J］．中国建设教育，2007（4）：13－15.

沈阳建筑大学工程管理专业毕业生就业反馈调查

蔚筱偲　刘　宁

（沈阳建筑大学管理学院　辽宁沈阳　110168）

【摘要】对沈阳建筑大学工程管理专业2008届毕业生进行四年后就业反馈调查与分析，内容涉及毕业生的就业情况、资格证书取得、能力素质要求和知识结构等方面，期望得到的最终结论能够为工程管理专业的人才培养和专业发展提供一定的建议。

【关键词】工程管理；毕业生；就业；问卷调查

沈阳建筑大学工程管理专业可以追溯至1989年学校在工业与民用建筑专业后两学年设置房地产专门化和国际工程管理专门化两个方向后，分别设置的房地产经营与管理和建筑工程管理两个本科专业。随后，1999年根据本科专业目录调整，将如上两个专业合并为工程管理专业，至今已有20余年的历史。为掌握沈阳建筑大学工程管理专业毕业生的就业情况和社会对于本专业人才的需求，本文以作者所在的2008届毕业生为调查对象，进行了工程管理专业毕业生就业情况问卷调查。

本次调查以通过主客观回答题组成的问卷形式展开，通过网络以电子邮件方式发放问卷。问卷发放自2012年1月6日起到2月20日止，共发出问卷131份，收回119分，其中有效问卷114份，有效率为87.03%。另外，还通过座谈、电话、网络等其他方式对有关问题进行了深入调查。

一、毕业生初次就业情况

综合近年来沈阳建筑大学工程管理专业学生的初次就业情况来看，2008届学生的就业率好于之后的几届学生，如表1所示。这也体现出了建筑、房地产行业当时的发展特点，2008年后期和2009年初，房地产市场陷入困境，导致了2009届毕业生就业困难。

表1　　工程管理专业学生就业率

	2008届	2009届	2010届	2011届
就业率	98.47%	94.44%	97.67%	97%
就业人数	131人	126人	129人	101人

1. 就业地域

与以往毕业生就业“北上广”的优先选择不同，2008届毕业生更注重工作质量和生活质量，从调查结果来看，选择在北京、上海等一线城市就业的比例仅为23.68%，而选择学校周边沈阳、大连，或者其他省会城市如武汉、长沙、郑州等二线城市的比例高达63.16%，如图1所示。这一方面说明了一线城市就业情况紧张二、三线城市的建设和房地产行业的发展迅速，也表明了毕业生对于地域选择逐步趋于合理。

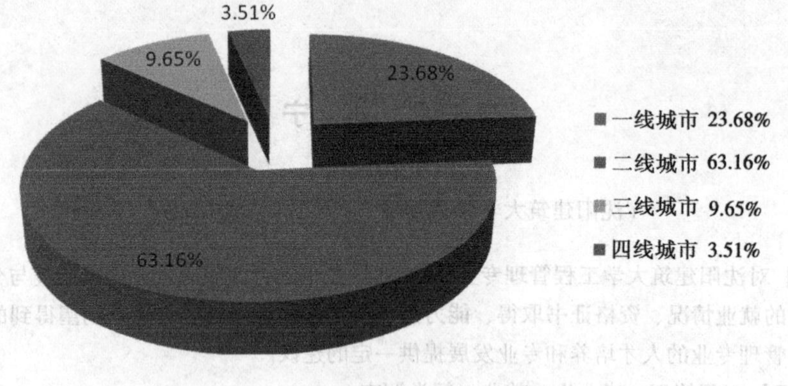

图1　工程管理毕业生就业地域

2. 就业领域

沈阳建筑大学的工程管理专业依托学校土木工程的专业背景，毕业生主要从事建筑及其相关行业。在被调查者中，66.67%选择了进入工程承包企业，并有3.51%选择了建设监理企业，如图2所示。这与工程管理专业毕业生中男生的比例高达79.9%也有关，因此大部分的毕业生还是愿意选择从事较为艰苦的与施工有关的工作，调查也显示首先选择进入施工企业有助于对毕业生个人专业技能的提升，另外也有助于他们之后工作岗位或者行业的二次选择。

相对而言，以房地产为代表的甲方企业的入门条件相对较高，毕业生进入房地产企业的机会较少；中介咨询机构的工作主要以工程造价和工程前期可行性研究有关，往往女生倾向于选择此类工作。另外，选择继续深造，考取研究生或者出国发展的毕业生比例也不小，达10%以上。

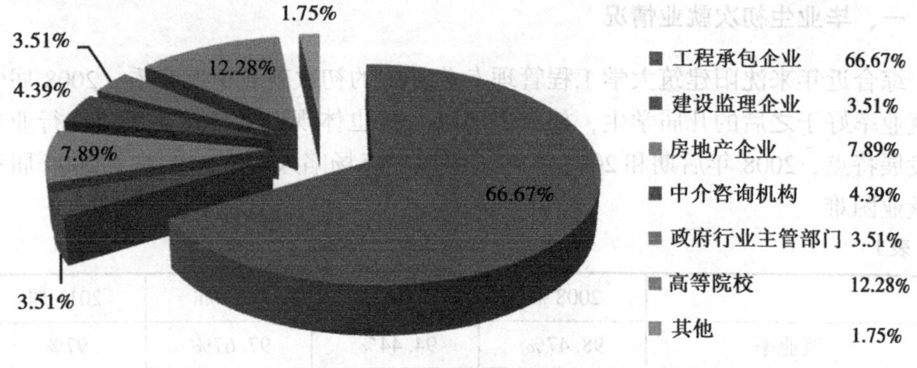

图2　工程管理毕业生就业领域

3. 专业对口情况

由图3可知，被调查者中有90.35%的人从事专业相关的建设行业、房地产、

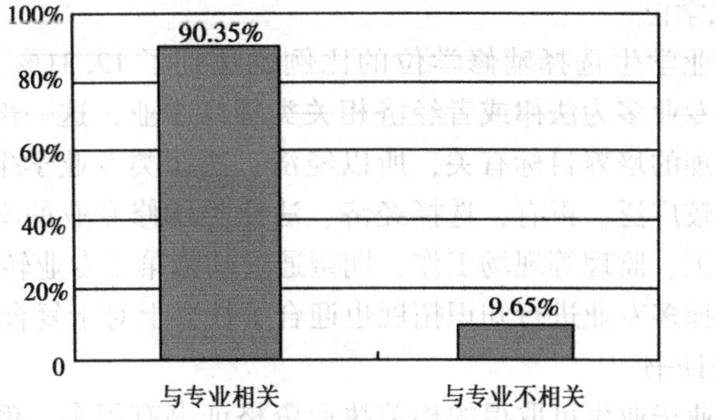

图 3　工程管理毕业生就业方向

咨询等相关行业的工作，另外 9.65% 的被调查者选择继续深造或者选择其他政府行业主管部门工作，这一部分人的工作与所学专业无关。

二、毕业生取得的资格证书

1. 英语等级证书

由图 4 可以看到，毕业生对于英语相关证书的关注度较高，并且在学习阶段往往以获得英语等级证书为目标。常见的英语等级证书有全国英语四级、六级证书，GRE、雅思等，还有近几年学有余力的同学们热衷的商务英语考试（BEC）等。英语作为国际通用语言，招聘单位越来越多的关注毕业生的英语能力，这一方面是企业的工作需求，也在一定程度上体现了毕业生的个人能力。

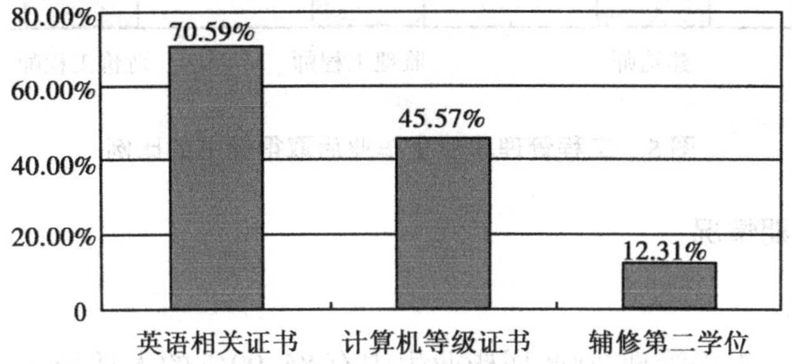

图 4　工程管理毕业生取得证书的比例

2. 计算机等级证书

在考证热的大潮中，计算机能力等级证书也是学生的考证对象，常见的计算机国家二级、三级证书是学生在英语证书之外的必考证书。由于工程管理专业的学生在学期间的计算机开设的是 VFP 课程，所以他们往往选择进行计算机二级考试的 VFP 科目进行过级。另外，部分计算机能力较好的学生会选择计算机三级考试。这两部分学生的比例达到 45.57%。但是在调查中，毕业生也表示在工作中涉及计算机二级、三级考试内容的计算机知识并不多，在实际工作的计算机应用往往是通过工作后的再培训或者其他方式获得。另外，在施工企业中的毕业生长期使用计算机的机会也不是很多，所以，多数毕业生都表示计算机等级证书除了在找工作中是一个筹码外并无大用。

3. 辅修第二学位

工程管理专业学生选择辅修学位的比例也达到了12.31%。从调查结果来看，他们选择的辅修专业多为法律或者经济相关类辅修专业，这一部分与工程管理专业技术、经济加管理的培养目标有关，所以经济、法律类专业学生比较熟悉并且在社会中适用范围也较广泛。再有，选择经济、法律类辅修专业的学生往往也是不想在毕业生后从事施工、监理等现场工作，期望通过辅修第二专业转换个人的就业方向。另外，学生们选择多专业进行知识拓展也迎合了社会上对于复合型人才的需求。

4. 职业资格证书

工程管理专业毕业生可取得的相关执业资格证书有很多，例如建造师、监理工程师、造价工程师、房地产估价师、资产评估师等。在对2008届毕业生的调查中发现，学生对于建造师的认可程度较高，选择考取或者准备考取建造师执业资格的人数占总数的68.42%，如图5所示。其次，28.95%的人准备考取造价工程师，20.18%准备考取监理工程师。

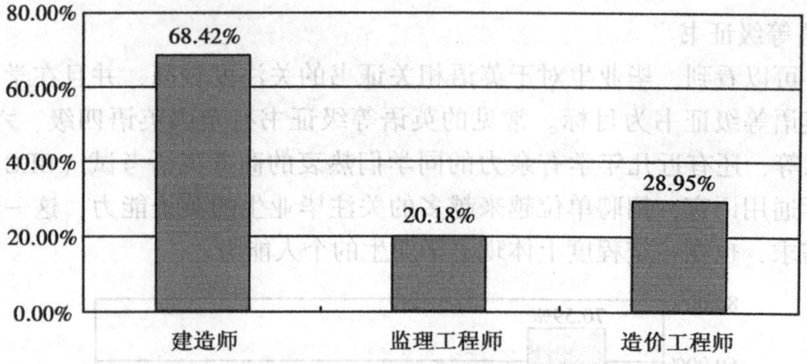

图5 工程管理毕业生毕业后取得证书的比例

三、就业初期情况

1. 方向选择

由图6可知，工程管理2008届毕业生中有85.09%的人选择了先找工作，这也符合一直以来沈阳建筑大学“先就业后择业”的就业指导特点。这种就业观念的培养很好地解决了学生在就业和择业中无所适从的困惑，先找工作，工作以后再充电也成为了大部分毕业生的优先选择。

另有一部分人选择继续深造，通过考取研究生或者出国留学等方式进行自我提升，这部分人的比例为12.28%。综合看来，更高学历的取得与个人的发展目标有关，另一方面与近一段时间以来的就业形势有关。再有，沈阳建筑大学管理学院一级硕士点于2007年度开始招生，2008届毕业生也多考虑此因素选择考取本校本专业的研究生。经过这几年的发展来看，选择继续深造的毕业生在完成了更深层次的专业学习后，也都找到了适合自己的工作，当然这一部分人的就业起点相对本科毕业时就高出很多。在2008届毕业生中也有人选择个人创业，这部分人的创业资金来源和知识积累都不能得到有效的保证，因此此部分的比例较小，仅为1.75%。

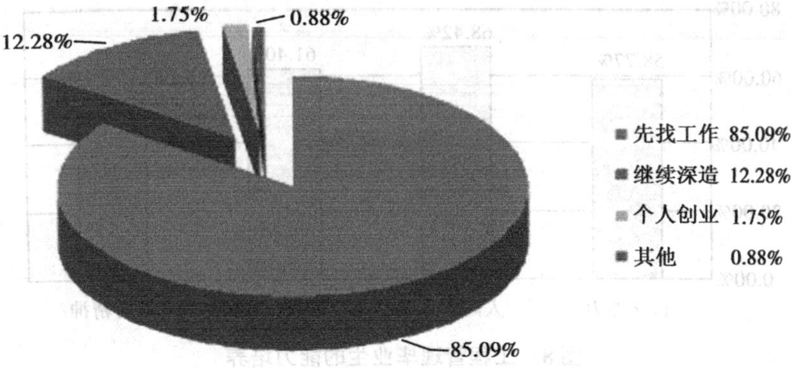

图 6　工程管理毕业生的方向选择

2. 薪资待遇

从图 7 可以看出，工程管理毕业生的薪资待遇多在 1500 ~ 3500 元之间。其中 48. 25% 的被调查者月薪在 2500 ~ 3500 元，32. 46% 的被调查者月薪在 1500 ~ 2500 元。另外，少部分的 13. 16% 被调查者月薪在 3500 元以上，6. 14% 的调查者月薪在 1500 元以下。根据毕业生初次就业的特点，以及大部分人选择工程承包企业，他们的月薪在 1500 元到 3500 元之间也是较为合理的。另外，对于加入房地产企业的毕业生而言，他们的薪资待遇相对较好。

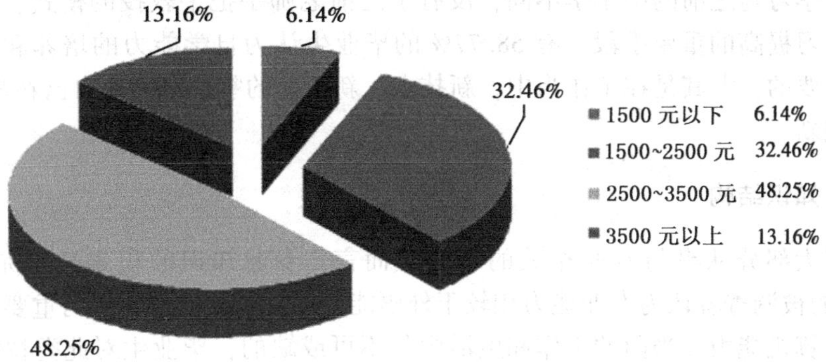

图 7　工程管理毕业生的薪资标准

四、能力素质培养

1. 人际关系

在对毕业生有关能力素质培养的调查中发现，有 68. 42% 的被调查者认为毕业生的人际关系和人际交往能力是初入社会职场的基本素质和必备能力（如图 8 所示）。在本科学习阶段也是学生们从学生到社会人逐步转变的过程，此阶段学校、学院提供的各种社团活动都有助于毕业生人际交往和社交能力的提升。在企业的用人反馈中，也能够得到企业越来越重视员工的人际关系和交往能力。因此，在校期间形式各样的群体性活动是学生进行人际关系和能力培养的最佳时机，要积极主动地培养这种能力，以便更好地融入社会。

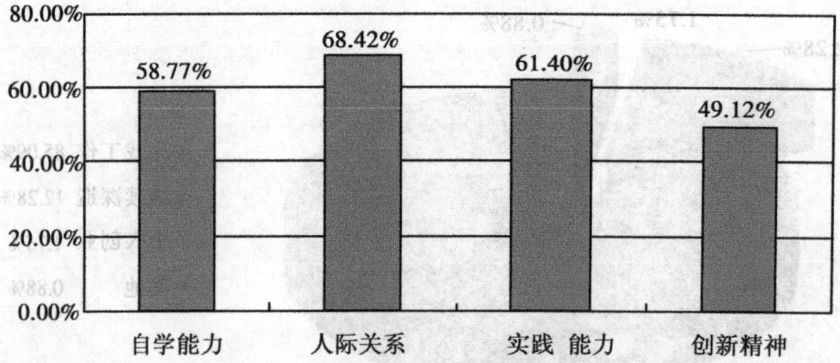

图 8 工程管理毕业生的能力培养

2. 实践能力

实践能力是另外一个重要的能力素质。在调查中发现，毕业生对于工程管理专业进行的“三明治”实践实习反馈普遍良好。“三明治”教学实践是一种产学研相结合的培养模式，学生在第七学期进行整个学期的校外专业实践。通过“三明治”实践实习，学生对所学的理论知识有了进一步的感性认识，专业知识更加扎实，使学生提前接触并了解社会，缩短了毕业后参加实际工作的磨合时间。61. 40% 的毕业生都反映这种实践模式有助于他们提早的进入社会，进入工作实践状态，也有利于他们理论知识与实践知识的衔接与深化，提升了他们的实践能力。

3. 自学能力

大学学习与之前的中小学不同，没有了之前老师手把手教授的模式，自学成为了学生学习提高的重要手段。有 58. 77% 的毕业生认为自学能力的培养和提升是必要的和重要的，尤其是在工作当中，新技术、新工艺的掌握都需要自己在学校摸索、总结和创新。

五、知识结构

对于大部分从事与专业相关的毕业生而言，专业知识的积累显得尤为重要。89. 47% 的被调查者认为专业能力相较于外语能力和计算机能力是更为重要的。英语能力和计算机能力在当前的工作和生活中是不可或缺的，毕业生对此类技能的认可也大多将其二者划为工作基础能力的范畴。

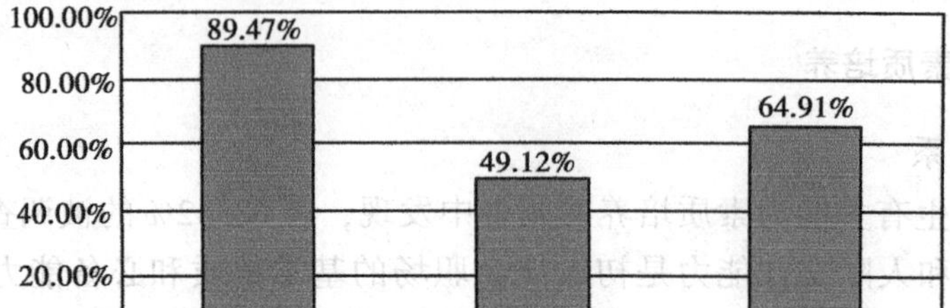

图 9 工程管理毕业生的知识结构

另外，在知识的累计中，毕业生的选择也有所不同。大部分（85. 96%）都是需要在工作后根据实际需要进行自学。在大学阶段的专业知识学习，尤其是工程管理专业的知识往往以面多、识广为主，而在工作中的知识需求往往是更加专门化、高深度的。为此，公司也往往进行专业培训，有61.40%的被调查者的知识累积也来源于此。然而，在校期间的老师传授和个人所学的比例为68.42%和21.05%。

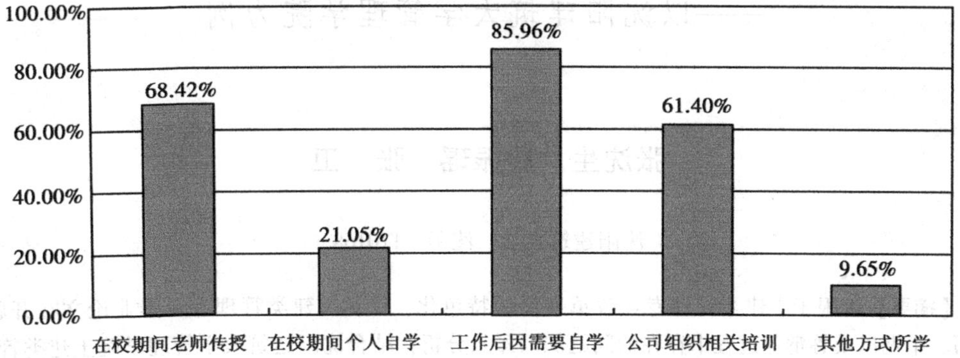

图10　工程管理毕业生的知识积累

六、结论与建议

综上调查分析，本文得出如下建议：

（1）工程管理专业毕业生大部分就职于建设承包企业，并且他们的地域选择与当前我国建设行业的发展相一致，大多在二、三线城市。

（2）在毕业生面对巨大就业压力的时候，本科阶段的实习和实践就显得尤为重要。工程管理专业的“三明治”实践是毕业生在工作中的重要理论和实践知识的积累，要进一步提高和加强“三明治”实践的能力标准和管理力度。

（3）在教学和人才培养中，学校在注重专业技能提升的同时也要兼顾学生的人际交往能力、实践能力、自学能力和创新能力的培养。

（4）工程管理专业可选的职业资格较多，在学期间教师应该多加引导，不要让学生陷入盲目考证的误区，让其树立良好的职业发展方向和目标。

参考文献

[1] 刘瑶，江辉，陈丽萍．就业视角下应用型工程管理专业教学改革的探讨［J］．中国建设教育，2010（Z6）：32－34.

[2] 李惠玲，白庶．面对就业市场需求的工程管理专业课程体系改革与思考［J］．中国建设教育，2009（12）：19－22.

[3] 刘瑶，江辉，陈丽萍．就业视角下应用型工程管理专业教学改革的探讨［J］．价值工程，2010（29）：35－38.

[4] 杨学祥，王中．针对工程管理本科毕业生就业市场的综合实践教学模式探索［J］．中国教育技术装备，2007（7）：7－8.

[5] 王丽珍．大学毕业生就业心理问题与相应对策［J］．中国建设教育，2007（8）：33－35.

土建类管理专业本科毕业论文存在问题与对策*

——以沈阳建筑大学管理学院为例

张沈生　殷振瑶　张　卫

沈阳建筑大学　沈阳　110168

【摘要】 着眼于土建类管理专业改革发展的特色化，针对土建类管理专业毕业论文在开题、撰写、中期以及答辩等过程中存在的问题加以深入分析；结合沈阳建筑大学管理学院土建类管理专业的特点，从学生、指导教师和学校三个方面分析了存在的问题及其产生的主要原因，并从这三个方面提出了本科毕业论文综合改革措施，促进本科毕业论文的功能得到进一步强化，推动土建类管理专业教学研究。

【关键词】 土建类；管理；本科毕业论文；问题与对策

土建类管理专业范围较广，具有管理学和工程学的双重属性，以建筑工程管理为依托。沈阳建筑大学管理学院的土建类管理专业主要有工程管理、房地产经营管理、工程造价等专业，这些专业的教学具有实践性和应用性较强的特点，因此，本科毕业论文作为本科阶段理论教学与实践教学相结合的重要环节，其质量在一定程度上反映了学生的专业水平。笔者在对沈阳建筑大学管理学院土建类管理专业毕业论文中存在的问题进行分析的基础上，提出改革措施，以达到使本科毕业论文的功能作用得到进一步强化，促进管理学院土建类管理专业教学研究的目的。

一、土建类管理专业本科毕业论文的现状

目前土建类管理专业本科毕业论文的写作，在一定程度上体现了培养本科生运用理论知识分析、解决问题的能力，但是在实际操作中仍存在一些问题，以沈阳建筑大学管理学院的土建类专业为例，主要存在以下问题。

1. 论文研究内容受指导教师研究专长限制，重复率较高

管理学院毕业论文指导教师的研究范围主要为工程项目管理、工程经济、房地产经营管理、建筑企业管理等，受指导教师研究专长的限制，毕业生的选题范围相对比较集中，同一个老师所带学生历年选题比较接近，题目虽不重复，但研究内容重复率较高，缺少创新。学生存在一定的抄袭、拼凑的现象。很多毕业生从网上搜索了同主题的文章，经过复制、粘贴整理后就变成了一篇毕业论文[1]。

* 辽宁省教育科学“十二五”规划立项课题（JG11DB228）。

2. 论文选题与实践脱节，缺乏针对性

学校在土建类管理专业开展了“三明治”专业实践教学模式，这是一种产、学、研相结合的培养模式。即把教学时间的4年分成“3（校内）+0.5（校外）+0.5（校内）”，学生在校学习6个学期的基础课、专业基础课和部分专业课后，到专业对口的企事业单位实习一学期，再回到学校继续学习。现阶段土建类管理专业学生主要的实习单位去向为施工企业、房地产开发企业、咨询单位等，专业实习的目的之一是要求学生结合实习内容和实习单位情况进行毕业论文选题。而由于工作内容与专业背景存在较大的差距，学生最后确定的论文选题往往不能体现实习时的专业特色，再加上实习时将较多的精力用于熟悉企业运营的流程和人际交往环节上，没有足够的时间和精力来写毕业论文，使得其毕业论文的质量不高。

目前，毕业论文选题多数是指导教师根据自己的特点列出一个论文题目范围，由学生自己来选，学生处于一个被动地位。多数情况是选题与实践的联系不够紧密，使学生就业后尽快适应社会受到一定影响。

3. 时间安排不够合理，论文质量受影响

管理学院的毕业论文时间安排在了大学四年级，启动于第六学期期末，覆盖第七和第八学期，此时正值应聘工作、土建类专业学生进行的“三明治”专业实践和研究生入学备考。学生面向市场双向选择的就业机制在一定程度上对毕业论文在时间、成本和精力方面形成一定的影响，学生难以保证全身心地投入到毕业论文的工作中，不少学生认为毕业论文是走形式，对学校布置的毕业论文的要求、进度安排不够重视。

在毕业论文写作期间，学生常以找工作或各种考试为由，对毕业论文的任务和要求不能按时完成，其结果是学生不急老师急，老师催学生，学生仓促凑稿、交稿，根本来不及仔细推敲斟酌，而老师又不忍苛求以影响学生毕业、就业，结果造成论文质量下降[2]。

4. 学科理论性较强，成绩评定不合理

学生毕业论文成绩由指导教师评定的平时成绩、评阅教师评定的评阅成绩及答辩小组给予的答辩成绩三部分组成。论文成绩评定时，答辩成绩所占比重偏大，而指导教师所评定的平时成绩占比重较小。这种现象的产生与土建类管理专业的学科性质有关，该专业是新兴的工程技术与管理交叉复合性学科，论文的撰写侧重理论性研究，缺少实验论证环节，平时的过程对成绩的评定就显得非常重要，即过程决定结果。

答辩环节只是毕业论文的一个环节，它并不能反映论文的全部水平。加之，在毕业论文答辩环节中由于人为原因的限制，答辩老师对毕业论文内容的熟悉程度等原因，使得在短暂的答辩时间内不能完全了解学生毕业论文的真实水平，这就会影响到答辩成绩的公平性，最终影响到毕业论文的整体成绩。

同时，这种评定方式也会错误的引导学生在论文写作过程中投机取巧，不注重写作过程的重要性。

5. 学生资料检索和文献分析整理能力不足

根据对管理学院的学生进行调查，多数学生对于资料检索毫无概念，对于如何系统地检索所需资料一无所知，只知使用 Google 和百度进行一些最为常规的搜索，学校图书馆所提供的文献检索系统也没有充分地利用。另外，对文献阅读也重视不够，毕业论文的文献综述也是对所阅读文章进行简单的罗列，缺少分析整理的过程。

二、问题产生的主要原因

1. 学生方面

一些毕业生错误的认为土建类专业的应用性较强，找到工作和考上研究生才是本科阶段的最终目标，而毕业论文只要能通过就可以，实际作用并不是很大，因此对本科毕业论文的重视程度不够。还有一部分已经与工作单位签约的同学存在着侥幸心理，认为毕业论文写作只不过是本科阶段必须走的一个过场，只要完成了就能通过。这些因素都严重影响了论文的质量。

2. 指导教师方面

一方面，个别教师指导的学生人数较多，加之还要承担其他教学、科研等任务，与学生沟通较少，不可避免地出现指导不到位的现象。另一方面，个别指导老师责任心不强，对毕业论文的指导应付了事，学生遇到问题得不到及时解决[4]。这些都在一定程度上影响了本科毕业论文的质量。

3. 学校方面

(1) 专业课学习深度不够，理论研究难以达到满意的效果。

土建类管理专业学生，现在开设的数学理论基础课程仅有高等数学、线性代数、概率论与数理统计和运筹学 4 门课，且学生仅有大学三年级一年完整的时间学习专业课程，而本科生由于专业水平的限制，同时又缺少科研能力的锻炼，就很难在大众教育目标下能在专业理论研究领域中做出令人满意的成绩。

(2) 毕业论文通过率过高。

学校出于就业率的考虑，在实际工作中对那些论文质量较差，却已经签了就业协议的毕业生采取迁就宽容的态度，出现了毕业论文通过率高甚至全部通过的现象，同时也使毕业生错误地认为只要签了就业协议，毕业论文就可以顺利通过。近几年来，管理学院毕业论文的不及格率始终为零，这一做法更加助长了毕业生对毕业论文不重视的风气，也无法起到警示下届学生的作用。

三、土建类管理专业本科毕业论文改革思路

毕业论文管理工作是一项复杂的系统工作，影响因素是多方面的且不断变化。需要学生、指导教师、教学管理部门的相互配合，将毕业论文的质量管理贯穿始终。

1. 学生方面

(1) 加强对毕业论文的认识。

提高对毕业论文的认识是提高毕业论文质量的前提，学院应组织有经验的教师，尤其是有威望的教师对学生进行思想教育，使学生深刻理解做毕业论文的目的和意义，鼓励学生将枯燥无味的理论知识整理成体系，进行论文的撰写。使学生明白在毕业论文的过程中，通过某一课题的调查研究和对相关文献资料的检索可以培养学生获取知识的能力；通过撰写开题报告、毕业论文和毕业答辩可以培养学生书面及

口头表达的能力。如果学生在这些方面的能力得到了锻炼和提高，在今后的工作中就会得心应手。

(2) 在学习与实践中提高创新能力。

提高创新能力，关键是要培养科学的学习习惯和思考习惯。毕业生应该在平时的专业课学习中主动思考；在毕业实习中切实发现自己的真正兴趣，坚持不懈地沉醉在发现问题和解决问题的思考当中，发现新问题，进而在撰写论文中体现创新性。

2. 指导教师方面

(1) 控制学院每位教师指导的毕业生数量，加大指导力度。

近年来由于扩招，毕业生数量也在激增，导致师资严重短缺，一名教师至少要指导7名以上的学生。而毕业论文写作时间比较集中，教师很难有充足的时间和精力指导学生完成论文。大多数教师都是每周进行一次集中辅导，这样的辅导方式很难指导到每一位同学。因此，学校需要加快师资队伍建设步伐，严格控制每位教师指导的毕业生数量，定期检查学生论文进度和质量，及时发现问题，并督促学生改进。在交流过程中，指导教师还应该了解学生的最新想法，加强与学生之间的沟通，不断改进论文。

(2) 培养学生的文献检索与阅读能力。

文献阅读是撰写论文的重要基础性工作，同时，文献检索与阅读能力也是大学生必备的重要能力，但在此方面我们进行的训练相对较少。为此，指导教师应将文献资料来源、文献检索工具、主要的大型电子文献数据库，特别是学校图书馆检索资源及其使用方法等方面知识传授给学生。使学生基本掌握文献检索方法，为后面的论文工作打下必要的基础。

同时，指导教师应该对学生提出硬性的规定，要求学生主动查找和阅读文献。可以指定若干参考文献，要求学生定期做读书笔记，将阅读的文献进行分析整理。

(3) 加强对选题过程的监督和管理。

选题是毕业论文写作的首要环节，学院应进一步加强对论文选题过程的监督和管理。督促毕业论文指导教师尽可能结合社会实践、土建类管理专业的相关问题、科研项目等任务，确定一些具有新颖性、先进性、实践性、适用性、可靠性、具体性的题目供学生选择；教师应指导学生选择自己感兴趣、能发挥专业优势、结合“三明治”专业实践的方向选题，确保所选题目能够找到丰富的参考数据，以及运用所学知识在短期内经过努力能基本解决问题。在选题确定后，学生应及时收集、查找相关数据资料，主动与指导教师进行探讨，确定题目，拟定论文提纲，形成双向回馈机制，进一步加强教师和学生间的相互交流[6]。

3. 学校方面

(1) 强调毕业论文和毕业实习与科研相结合。

毕业实习环节是毕业生收集资料、熟悉社会环境、感受工程实际的重要环节。学院应根据毕业论文的选题，帮助学生联系实习单位，鼓励学生将毕业论文与科研实践相结合。这样，学生通过参加科研项目，既能锻炼科研能力，又可以将其参加的科研项目的成果或数据作为依据来完成其毕业论文。目前，一些毕业生已经将实习内容与毕业论文相结合，在今后的毕业论文撰写中，学校应该鼓励更多的学生进行实践[7]。

（2）提前选题，适当延长毕业论文的写作时间。

管理学院在低年级的教学中可以开设学年论文，在大学三年级开设专业课阶段通过学生对专业知识的学习和积累选择自己感兴趣的方向撰写，由相关教师进行指导，如毕业论文选择与学年论文同方向可由原指导教师继续进行指导，这样避免了学生与指导教师之间缺乏了解和联系。学年论文作为毕业论文的准备阶段，是学习的过程，从而为撰写毕业论文打下坚实的基础，同时毕业论文在学年论文的基础上进一步加深加广，减轻了学生毕业前的负担。这样即使学生拥有了系统的循序渐进的培养作为铺垫，最后将毕业论文提前到第七学期开学初去布置，又有充分的时间去准备资料来撰写，避免与考研、就业产生冲突。

（3）加强各阶段的检查工作，实施全过程管理。

学院应该严格按照毕业设计制定的规章制度和条例，加强选题审核、开题报告、中期检查、评阅制度、答辩制度和成绩评定方法等方面的全过程管理。同时，在毕业论文工作的管理上制定具体的操作规程与管理措施，对学生和指导老师从管理到落实实施全面跟踪。在各阶段的检查中，如发现不符合要求的毕业论文，不能采取迁就宽容的态度，应督促学生及时修改，保证毕业论文的质量。

（4）降低毕业论文通过率。

毕业论文高通过率甚至全部通过这一做法将会使毕业生存有侥幸心理，影响其论文写作的积极性。针对这一现象，学院应在论文评估时，对不同等级的论文多次进行抽样评估，设定一定比例的不及格率，选定不合格论文，检查其原因，作为反面教材，警示下一届学生。

建筑业的发展和新经济时代的挑战，给土建类管理专业教学提供了广阔的发展空间，也提出了更高、更新的人才培养要求。在实际工作中，应该根据具体情况灵活掌握，及时发现问题，将本科毕业论文的改革深入贯彻到每一个环节，进而加强本科毕业论文质量管理工作，促进本科毕业生提高论文的写作水平。

参考文献

[1] 刘正远，段玉玺，呼汉卫，等．本科毕业论文选题质量的探索与实践［J］．辽宁科技大学学报，2009（6）：301－307.

[2] 戴晓芳．本科毕业论文组织模式改革与创新研究：以国际贸易专业为例［J］．南京财经大学学报，2010（3）：105－108.

[3] 李慎恒．本科毕业论文存在的问题及解决的途径［J］．潍坊学院学报，2009（3）：151－152.

[4] 杨冬梅．基于人才培养的本科毕业论文质量管理研究［J］．青年文学家，2009（1）：4－5.

[5] 刘宝欣．关于提高本科毕业论文质量的若干思考［J］．高教管理，2007（12）：110－111.

[6] 吴红波，刘锋．加强教学管理，提高毕业论文质量［J］．科技创新导报，2008

(1)：227.

[7] 徐建邦．对本科毕业论文工作的几点思考［J］．东北财经大学学报，2007 (4)：83－86.

[8] 李洪伟．影响本科毕业设计（论文）完成质量因素探讨［J］．科技教育创新，2010（19）：240－241.

[9] 张福远．20世纪90年代以来美国研究型大学本科教学改革研究［D］．北京：首都师范大学教育科学学院，2007

[10] 张丽华．旅游管理专业毕业论文的教学改革研究［D］．大连：辽宁师范大学，2010

作者简介：张沈生（1957—），管理学院房地产研究所，教授，博士。研究方向：工程经济；房地产开发与经营管理。

专业负责人机制在专业建设中的应用研究*

周鲜华　马秀坤

（沈阳建筑大学　沈阳　110168）

【摘要】为了进一步提高专业建设水平和专业人才培养质量，加强各专业学科的优势特色，目前，很多高校开始实施本科专业负责人制度。专业负责人是专业学科的带头人、排头兵，是推动教学改革、提高教学质量和加强专业建设的中坚力量。本文在明确专业负责人制度在专业建设和教学改革中的定位之后，对专业负责人的职责、任务和必备素质提出了基本要求。

【关键词】专业负责人；专业建设；教学改革

专业建设是高校教育发展的基本单元，是一个动态的、持续的、系统的工程。近年来，随着各大高校对专业建设以及教学改革关注度和投入度的不断加大，专业建设的作用日益凸显，专业建设的成败直接影响着学院乃至学校的教育建设和可持续发展。目前，很多高校为了加强专业建设水平，提高人才培养质量，培育优势特色专业，开始实施专业负责人制度，为推动专业建设提供了有力的制度保障。可以说，专业负责人作用发挥得如何对专业建设的成败起着至关重要的作用。

一、专业负责人的含义

概括地说，专业负责人应该是指，在专业建设中，各高校结合自身实际情况，依据各专业的发展要求，委任的能够承担对整个专业发展进行规划定位、确立专业发展轨道、统筹教学安排、开展横向交流、组织学科建设、引导学生学习等与专业发展相关业务工作的专业建设责任人。

二、专业负责人在专业建设中的角色定位

近年来，随着各大高校对专业建设以及教学改革关注度和投入度的不断加大，专业负责人机制应运而生，并在这一进程中发挥着越来越重要的作用。在学校的基层组织教研室当中，专业负责人是一个区别于教研室主任和学科带头人的特殊岗位，它从行政事务当中完全脱离出来，全身心的开展与专业建设和发展有关的工作。它的主要任务是组织本专业发展，拓展专业内涵，发掘专业发展优势，建设可持续发展战略，打造优良专业品牌。

---

*　该论文为沈阳建筑大学专业负责人制度建设的阶段性成果。

三、专业负责人在专业建设中的职责

专业建设负责人统领一个专业，在专业建设这个庞大而复杂的系统中的影响举足轻重。因其角色的特殊性和重要性，专业负责人在专业建设中必须要履行好自己的职责，才能保证专业建设有效持续的发展。综合有关文件和各大高校对专业负责人基本职能的要求，笔者认为，专业负责人在专业建设中需做好以下几方面的工作。

1. 制定专业发展规划，确定专业发展轨道

专业负责人应负责本专业的规划、建设和改革，制定并组织实施专业建设规划，并根据执行情况提出合理的意见和建议，为学院决策提供可靠依据。同时，还应及时了解专业发展的基本情况，加强专业调研，积极开展与其他高校同类专业的横向交流与合作，努力提高专业的办学水平，提高社会知名度和影响力。另外，还需积极参与专业指导委员会和各个学术团体组织的专业建设研讨规划，能够利用各种有效渠道充分了解本行业与本专业的最新进展，以便能够制订切实有效的专业发展计划。

2. 组织制定、修订本专业的培养方案

专业负责人应负责组织制定专业人才培养方案，包括制定专业人才培养目标、培养规格、毕业生的知识、能力和素质结构、培养模式、教学计划等。同时，要定期对专业和人才需求进行市场调研，根据各种途径的调研结果，来调整修订人才培养方案，并根据专业人才培养方案，提出专业教学大纲编写的原则意见。

3. 组织开展教学工作，落实教学任务

专业负责人更多时候应该扮演着基层组织领导的角色，应该配合学院组织好本专业教研室的老师积极开展各项教学工作，共同完成教学任务。专业负责人应该紧跟时代步伐，认真分析当前社会对本专业的具体要求，为专业课、专业基础课等合理选派教师承担授课任务，并且要对每一门课程的可用教材进行深入了解和分析，加大对专业任课教师优选教材的监管力度。同时，专业负责人应积极参与课程的教学质量检查，加强与本专业学生和任课教师的沟通，了解和跟踪本专业教学实施过程，根据教学实施情况和本专业发展动态，对本专业教学计划提出修改建议，包括课程的调整、课程内容的变化等，并提出书面意见。

4. 负责学生专业教育引导，统筹实践教学环节

专业负责人承担着本专业学生的入学专业教育、选课总体指导、考研咨询、就业教育与指导等工作，同时，要负责协助组织本专业的专业实习、毕业实习、毕业论文（设计）的计划制订和实施工作。由于社会要求毕业生具备较强的实践动手能力，因此，专业负责人一方面要经常深入到相关企业或组织往届毕业生交流了解当前专业的主导社会需求，从而对学生在校期间要掌握的基本技能作出统一规划，更好地对学生进行专业引导；另一方面，还应不断创新实习方法，合理地分配实习时间，安排专职实习辅导教师，结合教学计划对本专业的实践环节体系作出统一安排。

5. 制订师资培养计划，组织落实建设措施

教师是专业建设和教学改革的主体，教师队伍的水平决定着专业建设水平和专业发展潜能，建设一只结构合理、相对稳定的师资队伍，是进行专业建设的有力保

障。因此，专业负责人应根据专业实际，提出合理的教师结构、规格和数量配备，搭建教师成长平台，运用多种方式解决师资培训、自身提高、青年教师培养等问题，目标就是取长补短，配合默契，形成强大的团队合力。

6. 进行专业的总结和评价

专业负责人要做好对本专业毕业生的跟踪调查工作，及时了解毕业生的社会反馈情况，及时总结专业教学经验。从教学计划的执行情况着手，全面分析总结对学生的专业学习真正有帮助的课程和实践教学，以及使用较为成功、受学生欢迎的教学资源。同时，对教学、管理、支持服务、基础设施等方面提出调整和改进措施。

四、专业负责人应具备的基本素质

专业负责人被赋予了组织专业建设的责任，因而对其素质有着特殊的要求。首先，专业负责人必须具备较高的思想素质和良好的人格修养，要有较高的政治理论水平，鲜明的政治立场，热爱教学工作，较强的组织管理能力和敬业精神，能够为了专业发展不计个人得失，无私奉献；同样，专业负责人统领一个专业，必须具有敏锐的嗅觉，战略眼光，审时度势，把握专业发展的总体趋势；不仅如此，专业负责人还应有较强的业务水平和学术造诣，较高的知名度、教学科研能力、创新能力和获取信息的能力；更重要的是，必须能够整合专业资源，优化人员配置，发挥团队力量，使整个专业队伍中的成员由弱到强，由强到更强，这样才能带领教学团队更好的进行专业建设。除此之外，专业负责人还应具备较好的创新精神，能够敢于打破陈规陋习，善于探索实践，推陈出新，用于进行专业教学改革和实践。总之，在专业建设过程中，专业负责人制度发挥了举足轻重的作用，因此，应慎重选拔专业负责人，使各专业始终保持可持续发展的态势。

五、结束语

在近年来各高校教育教学体制改革的进程中，大学本科教育急需了解本专业的学生情况、师资力量、资源供给，课程组成、教育趋势、学术动态以及社会对专业和学生需求的专业人士，能从宏观上把握专业建设，又能做一些具体的事情来服务专业发展，专业负责人正式肩负此项重任的最佳人选。实行专业负责人制度，不仅为加强本科专业建设水平、提高人才培养质量提供了有力保障，另一方面，也给充分利用和发挥专业负责人这一职位本身所具有的特色优势提供了广阔的空间。

参考文献

[1] 郭志涛．关于大学专业负责人的定位．三门峡职业技术学院学报，2007（4）：65－67.

[2] 姚晓平．专业建设的组织者：专业负责人．师德师资，2009：13－22.

[3] 邓跃群．专业建设中的几点体会［J］．内肛科技，2009（9）.

作者简介：周鲜华（1968—），管理学院商学系，教授，博士，硕士生导师。会计学专业负责人，会计学课程负责人。研究方向：建筑企业管理；市场化投融资创新。

关于推进高校特色专业建设的思考*

周鲜华　张方方

（沈阳建筑大学　沈阳　110168）

【摘要】特色专业建设作为高校改革和发展的重要手段，日益受到重视。通过分析特色专业建设的内涵及原则，指出特色专业建设需要具备的内外部条件，进而提出特色专业建设的几点建议，使高校将特色专业建设落到实处。

【关键词】特色专业建设；市场需求；创新；人才培养方案

一、背　景

我国高等教育随着社会政治经济的发展展现出了蓬勃的生机，反过来又促进了社会的健康、快速和可持续发展。但是，近年来，高校毕业生就业形势不太乐观，究其原因，是因为高等教育质量不能完全适应社会发展的需要，专业设置不太合理，人才培养模式因循守旧，学生的实践能力和创新精神欠缺等。基于此，党和政府提出了要把高等教育的重点放在提高质量上。高校对学生的培养是以专业为最基本单位，所以专业建设是教学基本建设的重中之重，专业建设决定人才的培养质量与学校的办学水平，因此，特色专业建设被教育部放到了质量工程的首要位置。

作为高校在竞争日益激烈的环境下求得生存和持续发展的一种有效途径，特色专业建设越来越得到重视。“十一五”期间，教育部分批在高等学校立项建设了3000个左右的特色专业建设点，同时，各级教育主管部门及特色专业建设高校对建设特色专业也做了很多探索和实践，取得了不少成效。专业建设是高校基本建设的重要内容，是开展教学工作和人才培养的基础，对于特色专业的建设，高校应根据自身实际情况，认清形势，遵循科学的建设原则和方针，建设出凸显特色、个性化的专业。

二、特色专业建设的内涵及原则

1. 特色专业建设内涵

特色，顾名思义，即独出于众，是一事物具有区别于其他事物的特征；特色专业是指在人才定位、培养模式、实践教学、培养质量等方面具备鲜明特色和较高的

* 该论文为沈阳建筑大学专业负责人制度建设的阶段性成果。

办学水平的专业，能够得到市场的认可，具有一定影响力。特色专业建设若要突出“特色”二字，需要遵循“我有他无、他有我优、他优我新”的方针，根据具体的内外部环境进行独创性、杰出性和创新性的开发。

2. 特色专业建设的原则

在进行特色专业建设的过程中，必须认清事物发展的基本规律，遵循原则。

（1）科学办学。特色专业建设是一项复杂的系统工程，必须坚持科学发展原则，既要遵循高等教育教学规律，又要符合学校和专业的实际，需要经过长期积淀，不能一蹴而就。

（2）定位精准。首先要对内外部环境和条件进行充分的调查和深入分析，根据自身已有专业和学科的基础优势，精准定位，突出特色。特色专业的定位可与相关行业结合起来，根据行业的需求来对其培养的人才进行定位，不仅要提高教学质量和办学效益，还要能反映其社会影响力。

（3）适应市场。高校培养人才的最终目标是要向社会输送人才，促进社会各方面的发展，特色专业建设要紧密把握政治、经济及文化等方面的发展趋势，以市场为导向。特色专业建设要结合既有优势及潜在优势，适时调整专业结构及特色专业建设的方向，主动适应经济建设和社会发展，提高专业的办学水平和竞争力。

（4）引领发展。特色专业建设仅仅适应社会发展的需求是不够的，还要具有一定的前瞻性。在建设特色专业时要明确其发展趋势和未来前景，以期引领专业发展方向。

（5）坚持创新。在当今社会，创新是灵魂，是一个国家经济和社会发展的动力源泉。特色专业建设作为高等教育教学改革的一项新内容，正处于摸索阶段，并且各高校要根据自己的实际情况形成特色，故可以提供借鉴的理论或模式非常稀少。这成为特色专业建设的一个局限性，但同时为其创新性的挖掘提供了得天独厚的条件。

三、特色专业建设的基本条件分析

特色专业建设要综合考虑高校所处的环境，具体分析内外部各方面条件。

1. 外部条件分析

（1）人才市场的需求情况：市场的需求应是高校培养人才的一个风向标，人才市场对人才需求的专业方向、数量和层次影响着特色专业的选择方向，高校应深入了解地方市场乃至全国市场的情况，有的放矢地进行特色专业建设。

（2）相关高校专业建设情况：“知己知彼，百战不殆”，特色专业建设要突出“特色”二字，就要找出与其他高校相关专业的不同之处，要充分了解其专业建设的情况以突出自己的与众不同。然后可以根据分析结果，确定专业特色和发展前景。

（3）相关行业的状况：对于一些拥有行业背景的高校，其人才培养和科学研究主要服务于相关行业，输出的人才大部分进入特定行业，这就需要分析这个行业的状况，围绕行业的产业链进行特色专业的建设。

2. 内部条件研究

内部条件是高校特色专业建设的基础和保障，也是专业建设能否突出特色的重要因素，影响特色专业建设的内部条件主要有以下几个方面。

（1）专业建设经验。特色专业建设是一个系统工程，包括招生、授课、实践、服务就业等一系列工作，在突出特色的同时，它还要进行专业建设的全部工作。专业建设包括师资队伍建设、课程建设、教学改革、实践教学、科研能力等方面，高校如果具有较成熟的专业建设经验，专业建设已取得一定成果，师资队伍、课程体系等已比较完善，特色专业建设就会具有优势。

（2）教学软硬件基础。高校应保证经费投入，根据建设需要更新基础设施和教学设备等硬件，同时创新教学体系，重视实践环节，通过软件建设保证特色专业建设。

（3）保持改革的决心。特色专业的建设一定不会一帆风顺，需要高校能够打破常规，勇于创新。

四、特色专业建设的若干建议

特色专业建设需要高校实行切实可行的措施，从以下四方面分别着力。

1. 确立专业建设目标

特色专业建设的最终目的是培养社会需要的有特色的人才。如果高校从一开始就着手于制定人才培养方案、优化课程建设等工作，则容易偏离问题的中心，没有一个正确的建设目标，特色专业建设可能会迷失方向，使建设效果事倍功半。所以，首先要确立正确合理的建设目标。

如何制定正确的建设目标呢？高校应在充分分析社会需求的基础上，根据学校的学科专业办学历史及现状，准确定位。有调查才有发言权，高校首先应召集拟建立专业的专家和教师组成小组，对当地及全国涉及相关专业的政治、经济、文化、科学技术等进行了解，调研相关行业的市场需求情况，比如人力资源情况、各岗位要求、毕业生就业去向及待遇等。可以通过问卷调查或访谈形式，深入到人才市场、企业等，全面透彻了解行业状况，它们对毕业生的能力和素质的具体要求。进而根据调研结果，制定初步目标。要充分利用办学历史中积累和沉淀的专业基础，发挥本校的固有优势，进一步优化专业建设目标。

以沈阳建筑大学的工商管理专业为例，在发挥行业背景高校优势的同时，根据学校的办学定位和专业建设目标，在本科阶段的前两年统一进行工商管理大类的学习，学习工商管理的基础课程，作为建筑院校，也学习工程方面的相关课程，然后再对其进行专业分流，根据每个学生的具体情况划入工商管理、会计、人力资源管理等专业。这样，其建设目标就比较明确，使培养的毕业生系统掌握管理类的基本理论、基本知识和基本技能，又熟悉建筑工程和房地产行业的特点和基本理论，面向广阔的建筑市场。

2. 更新办学理念和专业建设观念，制定人才培养方案

专业建设观念是特色专业建设的指导思想，影响着特色专业建设的方向、进程和绩效。特色专业建设要表现出众，就必须在专业建设方面进行办学理念的改革，改变传统的、不适合专业建设的冲突办学观念。

“工欲善其事，必先利其器”，人才培养方案的制定和优化就是建设特色专业的

利器，是其核心内容。人才培养方案的制定必须根据专业建设目标和高校的具体情况，加强相关产业和领域发展趋势和人才需求研究，从宏观上考虑学校人才培养的类别层次，根据社会对专业人才的需求情况来制定。要坚持人才的综合能力培养，坚持知识素养和能力素质的协调发展，培养出行业真正需要的人才。

高校要通过课程体系的建构、课程结构的优化、课程模块的组合来建构学生的知识、能力和素质，学生可根据自己的喜好和发展自由选课，构建以核心课程和选修课程相结合，学科交叉融合的课程体系。同时，高校科研借鉴国外相关高校的做法，以特色专业人才培养为核心，强化课程组合，通过课程的不同组合培养出不同专业方向的人才，真正使专业多样化，提高人才培养的灵活性和针对性，提高办学效益。

3. 加强师资队伍建设

师资队伍是特色专业建设的根本保障，是提高教学工作水平和人才培养质量的关键，要特别重视师资队伍的建设。高校一方面要对现有师资进行培养，鼓励专任教师到一线进行学习交流，努力提高其专业技术水平，形成一支既有理论知识，又有实践经验，了解社会需求，懂得专业教学的教师队伍；另一方面，高校科研加大引进力度，吸引国内外优秀的专业人才，加快专业建设。同时，高校还可以从企业生产一线聘请经验丰富的高级工程师作为兼职教师，提高师资队伍的实践经验。

学校要建立各种建设制度和激励机制，充分调动教师建设特色专业的积极性和热情，以专业特色建设为目标，确定各自的研究目标，积极开展特色鲜明的科学研究，以科研促进教学；要培养特色突出的专业带头人和主干课程教学团队，组建特色课程开发和建设团队。

4. 进行实践性教学创新

人才的培养不能只是纸上谈兵，必须要注重实践教学。要培养学生的动手能力，提高其分析问题和解决问题的能力，必须要进行实践性教学的创新，进行试验、实习等。高校可以建立稳定的校内外实践基地，使产学研密切结合，将研究成果注入实验教学，在实践教学中激发学生的创新精神。高校可以拓宽特色专业学生的校外实践渠道，与相关专业的优秀企业共建实践基地，确保实习的时间和质量；还可以建立学校和用人单位共同参与的考核评价机制，更加有针对性地布置学生的实习，使学生在实习中学到以后能够真正用到的技能，毕业后可以立即上岗。

参考文献

[1] 杨新海，徐宗宁，等. 高校本科特色专业建设的路径探析 [J]. 教育理论与实践，2011，31 (12)：17-19.

[2] 牛国庆，王海娟. 对高校特色专业建设的思考 [J]. 河南理工大学学报，2009，10 (2)：329-331.

[3] 张婕. 高校特色专业建设 [J]. 教育研究，2011 (5)：36-40.

[4] 罗文华，罗平. 高校特色专业建设应理清的问题 [J]. 湖南学院学报，2011，32 (3)：101-103.

[5] 楼林燕．高校特色专业建设与创新人才培养探讨［J］．浙江海洋学院学报，2010，27（2）：111－114.
[6] 李爱军，李国梁．试析应用型本科院校的特色专业建设与课程设计［J］．天中学刊，2010，25（5）：53－55.
[7] 于仲安，梁建伟．地方高等学校特色专业建设研究［J］．中国电力教育，2010（22）：36－38.
[8] 胡君茹，沈根荣．行业背景高校经管类特色专业建设探讨［J］．经济研究导刊，2011（27）：282－284.
[9] 张志英，杨淑君．特色专业建设的目标及内容研究［J］．高校管理，2011（8）：186.
[10] 刘亮元，贺达江．提升地方教学型本科院校特色专业建设的措施［J］．中国电力教育，2010（3）：22－23.

专题三：实践教学

篇首语

实践教学是本科教学体系和实施素质教育的重要组成部分，是理论联系实际，培养和锻炼学生实践能力、创新能力和综合素质的重要环节。通过实践教学能最大限度地开发学生的潜能，培养学生运用知识、创造知识、投身社会实践的综合能力和创新精神。实践教学水平的提高，是高等院校实施“卓越工程师培养计划”的必由之路；也是高校开展科学研究、服务经济和社会的重要途径。

沈阳建筑大学管理学院一直注重学生实践能力的培养。加强各类实践教学基地和实验室建设，保障各类实验、实习、社会实践、毕业设计（论文）等实践教学环节的课时与效果；构建模块式课程结构和弹性学制，率先在工程管理本科专业实行独具特色的基于过程管理的“三明治”实践教学模式，把素质教育融入人才培养的全过程；积极推进讨论式教学、研究式学习、项目团队等教学组织形式，追踪本学科最新领域进展，提高学习自主和独立研究能力。

本专题收录的论文汇集了管理学院教师在实践教学方面的探索与经验。具体包括：PBL方法在专业实践教学中的引入；基于ArcGIS构架的GIS试验室建设与管理；房地产会计实验教学；工程管理类学生毕业论文全过程质量控制研究；青年教师指导毕业论文能力提高的途径；实习实践教学模式对《地籍管理学》的影响；社会实践对工科教学的影响等。

房地产会计实验教学探索

包红霏　李南芳

（沈阳建筑大学　沈阳　110168）

【摘要】会计实验教学已为绝大多数高等院校所认可，并在教学中发挥了很好的作用，但房地产会计实验教学却存在诸多问题需要解决。本文结合房地产会计实验教学的实际情况，探索房地产会计实验教学的创新之路。

【关键词】房地产会计；实验；教学

近几年，随着房地产行业的迅猛发展，对房地产会计专业的需求也越来越大。但是房地产会计的教学效果却不理想，其中一个很重要的原因在于，房地产会计是一门实践性很强的学科，单纯的理论教学很难让学生理解其深刻的内涵。因此，房地产会计教学中的实验课程应该不断强化和完善。

一、开设房地产会计实验的必要性

房地产会计是适用于房地产开发企业的专业会计，主要是运用会计知识对企业开发经营过程进行综合反映和监督。在房地产会计教学中组织学生进行模拟实验，能够达到以下效果。

1. 加深对房地产开发企业会计核算全过程的认识

在实验教学中，是以一个房地产开发企业的经济业务为主线，有机地贯穿章节实验和综合实验，遵循由浅到深、由局部到全体、循序渐进的教学规律。学生从审核原始凭证开始，运用复式记账方法编制记账凭证，依据会计凭证进行记账、结账和对账，最后编制会计报表。这个过程可以帮助学生对房地产开发企业会计核算的全部过程有一个比较清晰、完整系统的认识。

2. 激发房地产专业学生学习会计的兴趣

会计理论比较枯燥，不易理解和掌握，对房地产专业而言，大多数的学生还存在忽视学习会计学的思想。而实验教学是以各种原始凭证来说明经济业务内容的，学生根据提供的原始资料，编制记账凭证并登记会计账簿，然后据以编制会计报表。这一系列的操作活动，他们会因有“身临其境”感觉而进入“角色”，从而去专心致志地学习，避免了枯燥乏味的厌学心理，增强了学习兴趣，提高了学习的积极性[1]。

二、房地产会计实验教学的现状分析

1. 实验教学目标不明确

房地产会计实验教学目标与会计专业的实验教学目标是不相同的。但是目前在房地产会计实验中，完全按照会计专业的实验教学模式进行，没有将房地产专业具有不同教学目标和课程设置的背景体现出来，没有从房地产专业的课程体系和能力结构特点出发来设置和规划实验教学过程，导致学生对实验的积极性不高，实验效果不佳，不利于学生综合能力的培养。

2. 实验内容设置不合理

因为教学目标不同，房地产会计实验教材应有别于会计专业的实验教材。但是目前房地产会计的实验教材大都采用会计专业的实验资料，即模拟某一企业某个月的经济业务，要求学生完成“凭证—账簿—报表”的会计循环。实验内容偏重于账务处理过程，没有考虑房地产专业的特色、研究方向及侧重点，一味地以会计专业学生的标准来要求房地产专业学生，忽视了学生对账务结果的认识和把握，以及运用会计信息进行预测和决策的技能。

3. 实验教学方法不灵活

目前，在房地产会计实验教学中，采取的教学方式仍然是学生按照实验指导书“按部就班”地操作，这种教学方式极大地限制了学生的思维和创新能力。有些学校采用组织学生到校外企业实习这种会计实践教学方式，但由于企业的财务信息具有一定的保密性，在实习中学生只能简单地记账，根本接触不到实际的财务工作流程，因此极难达到实习的预期效果。

4. 实验模拟资料仿真性差

在实际工作中，会计从业人员面对的是五花八门的原始凭证，但是现在的会计实验模拟资料都是真实的、合法的原始凭证，学生拿到实验资料后只需按要求编制记账凭证，没有“审核、监督”这一实验步骤，因此容易从观念上淡化本来十分重要的审核工作。另外，在实际工作中，会计职业需要根据企业具体情况作出不同的职业判断，例如会计估计的确定和会计政策的选择，都是靠会计人员来作职业判断，但是，在会计实验教学所提供的具体会计环境下，各种会计政策和会计处理方法都是给定的，没有给学生留下选择思考的余地，这一环节的缺失必定影响学生自主判断能力的提高，学生也体会不到会计人员职业判断能力对企业的影响。

三、加强房地产会计实验教学的对策

1. 明确实验教学目标

对于高校而言，房地产会计实验教学的目标是培养懂得会计知识、会用会计知识的房地产开发企业管理人才，是让学生通过实验学会如何去获得会计信息并为房地产行业的专门工作而服务[2]。因此，要根据房地产专业的课程设置和教学内容的特点，设置相应的实验内容。这样才能达到使学生通过实验达到房地产知识体系的综合运用、提高专业综合能力的目的。

2. 改革实验教学内容

实验内容的设置应达到从理论到实践的自然过渡，应体现房地产行业的特色。因此，房地产会计实验教学的内容除了传统的填制凭证、登记账簿、编制报表这三个环节外，还应包括房地产开发企业常用的成本核算和会计报表分析等内容，实验的重点放在对经济业务的处理过程和结果的体验，特别是对财务结果的认识与把握，这样才能使房地产专业学生掌握从会计核算结果出发去判断经济业务的性质或效益的技巧。

3. 创新实验教学方法

房地产会计实验要相应选择有利于培养学生创新能力的实验方法。房地产会计实验教学应按照课程内容、实验要求，采用灵活多样的方式进行，如角色扮演法、案例教学、指导式自学、专业素质训练等多种教学方法。为实施灵活多样的教学方法，应采用与之相适应的具体操作方法相配合。房地产会计实验操作包括三种形式：一是房地产会计手工操作实验，其主要目的是让学生掌握房地产会计核算基本技能的基本方法，充分理解会计信息的生成和利用；二是房地产会计计算机操作实验，其主要目的是让学生学习和熟练地掌握计算机会计操作及系统分析的基本方法，熟悉会计软件；三是房地产会计手工操作与计算机操作相结合实验，按房地产会计内容的不同情况和会计处理过程的不同阶段相结合采用。

4. 丰富实验模拟资料

基于实验模拟资料仿真度不够的情况，在基本资料中应设有少量有问题的原始凭证，如假发票等，以解决目前模拟实验重核算轻审核监督的问题。问题原始凭证可以外露也可以隐含，目的是让学生自己去发现，去思考，以引起学生对这些问题的重视，并能及时、正确地处理有关业务。为了适应不同水平的学生，可以在模拟实习单位增加某一项业务，如投资项目的决策、融资方式的选择等，这样也能使企业的非常规业务在模拟实验中有所体现[3]。另外，增加一些会计估计的确定和会计政策的选择等会计事项，使实验的仿真性更强。

总之，为了提升房地产专业学生的实践能力和综合素质，要注重会计实验技能的培养，要在实验教学中不断进行新的探索。

参考文献

[1] 谷增军．非会计专业“会计学”课程实验教学探究［J］．实验室研究与探索，2011（12）：168－171.

[2] 邓劼．非会计专业会计实验教学中存在的问题及对策［J］．中国管理信息化，2009（22）：108－110.

[3] 宋保胜．非会计专业会计实验教学的定位与改革［J］．天中学刊，2011（2）：106－107.

作者简介：包红霏（1973—），管理学院规划与城市管理中心，副教授，硕士。研究方向：城市红利；企业绩效评价。

基于ERP沙盘模拟的工程管理专业教学创新

刘亚臣　徐佳欣

（沈阳建筑大学　沈阳　110168）

【摘要】本文通过对ERP沙盘模拟理论的整理与分析，了解到其在实际教学创新中的可操作性，又通过对其应用现状的调查，发现其特点和优势以及其存在问题，最后根据其理论特点提出与工程管理专业教学创新相结合的建议。

【关键词】ERP沙盘模拟；工程管理专业；教学创新

一、ERP沙盘模型理论及其在管理类学校中的应用

ERP（Enterprise Resource Planning）是指企业资源计划。其实质是将企业内部所有资源整合在一起，对采购、生产、成本、库存、分销、运输、财务、人力资源进行规划，从而达到最佳资源组合，取得最佳效益。沙盘模拟源于战争中的沙盘模拟推演，它运用独特直观的教具，融入市场变数，结合角色扮演、情境模拟、教师点评，使受训学生在虚拟的市场竞争环境中，真切体验企业数年的经营管理过程和情境。ERP沙盘模拟教学融和理论与实践一体、集角色扮演与岗位体验于一身的设计思想，使参与者在分析市场、制定战略、营销策划、组织生产、财务管理等一系列活动中，参悟科学的管理规律，培养团队精神，全面提升管理能力，同时也对企业资源的管理过程有一个实际的体验。

集启发式、互动式、体验式为一体的ERP沙盘模拟通过使演练过程中虚拟的情景真实化，使得学生在参与的过程中得到实战能力的锻炼和知识水平的提高，这正好弥补了目前管理类专业的学生专业知识不能满足以后工作需求，实践环节削弱，理论虽然较多，但多是泛泛了解，忽视信息技术以及信息系统在企业管理中所起到的连接、纽带、承上启下的重要传导作用等方面的问题，所以受到管理类院校的欢迎。ERP沙盘模拟之所以受到管理类院校的青睐，不仅是它能提高学生的实践能力，还在于它加深了学生对与本专业密切相关的其他专业的关注和相应知识的汲取。目前很多管理类高等院校已经将其融入课程，并通过建立ERP沙盘模拟社团、举办ERP沙盘模拟大赛的方式，让其更好地帮助学生在更为真实的模拟中升华所学理论。但是在实际的操作中，ERP沙盘模拟也存在有经验的辅导教师缺乏，规则制定不清等有待改善的问题。

二、ERP沙盘模型理论的体系优势

理论联系实际最好的途径就是让学生到企业中去实习，但是这些没有工作经验的实习生很难给企业创造直接价值，再加之有些企业出于安全方面的考虑不愿接受实习生，在校生到企业中实习困难重重；另一方面，即便有这样的机会，实习生也接触不到企业核心的业务，也就无法到达在实践中锻炼自己的目的。在这种情况下ERP沙盘模型理论的优势也就更加明显。

1. 多方位拓展知识体系

ERP沙盘模拟课程所涉及和涵盖的知识内容非常广泛。比如在战略方面有预测市场趋势，评估内外部环境，制定长、中、短期经营策略；在生产管理方面有获取生产能力的方式，设备更新与生产线改良，调配市场需求、交货期和数量；在市场营销方面，有市场分析与决策，产品组合与市场定位策略的制定，市场地位的建立与维护，不同市场盈利机会的研究与开拓在财务管理方面有投资计划制订，回收期的评估，现金流量的管理与控制，财务报表的编制，投资收益的结算，决策效益的评估，财务分析的内部诊断，管理决策协助等。学生在模拟中体验实战环境，由于模拟过程的真实性，其过程的每个环节都必须符合实际情况，这样更有利于学生对所学知识的再体验，在体验中发现自己所学的漏洞，并且通过不同角色的体验，了解不同岗位的工作特点和所需知识，从而有目的和针对性地学习。

2. 培养学生团队意识，提高学生综合能力

学生要在沙盘模拟中出色完成自己的工作和任务，不仅需要丰富的专业知识，还需要有很好的团队精神和协作意识，在整个模拟过程中，参与者必须遵守事先制定的经营规则，这对学生诚信意识的培养也起到很好的督促作用。另一方面在模拟经营过程中，每个角色都要时刻跟踪企业运行状况，对企业业务过程进行控制和监督，避免出现材料断供、产能不足、订单缺少等不良状况，这就强化了学生的信息管理思维，使学生真切体会到构建企业信息管理系统的重要性。

3. 有效激发学生的学习兴趣

ERP沙盘模拟教学整个过程使学生仿佛置身于游戏中，在特定的规则下，参与者必须全身心投入，积极地运用所学知识去解决问题才能取得胜利，这种方式必然可以激发学生的学习热情，变被动灌输为积极主动地学习，才能达到更好的学习效果。

三、ERP沙盘模拟在工程管理专业中的创新应用

工程管理专业属于复合型专业，要求本专业人才不仅精通专业技术知识，更重要的是有能力将所学应用到实际的工程中去，因此将以“体验—分享—提升—应用”为特色的ERP沙盘模拟融入工程管理专业的教学中具有很大的现实意义。但基于目前工程管理专业的特点，不能直接将ERP沙盘模拟理论直接照搬，而更应该注意其在应用中的创新。

1. 简化场地和道具限制，将ERP沙盘模拟融入情境教学

在日常的教学中，最能吸引学生的课堂往往是涉及实际案例较多，和学生的互

动较多，可以让学生透过案例去思考的课程，也就是常说的“目标 + 案例 + 实境”的“情境教学法”，它能使教学过程真正体现理论与实践相结合的特点。传统的ERP沙盘模拟往往需要较长的准备时间，对场地和道具有很多限制要求，那么现在不妨将ERP沙盘模拟作为情境教学的一部分，目的是通过“自导自演”的过程让同学们在最短的时间内掌握所学知识，如在讲授招投标流程时，我们就可以在课堂上模拟招投标过程，在讲授所需过程后，让同学们分成几队，代表不同的公司为这次招标做前期准备，然后由老师担当主持人，从每队中选出两名同学作为不同单位的代表参与整个过程，整个过程严格遵守法律规定的流程和过程，模拟过后，由其每队同学指出其在前期ERP过程中忽略的内容，有哪些方面不符合流程和规定，最后由老师评定补充。

2. 让参与者自己设计情景

沙盘模拟往往根据实际情况有自己的规则，那么不妨在必要限定条件不变的前提下，自己设定场景解决问题，比如在讲授建筑企业施工过程中可能存在的风险时，大家集思广益，根据实际情况列举出所有可能存在风险，然后中选择一种或几种，假定其发生，在这种情境下模拟风险相关方的应对策略。这种让学生自己设计自己参与的教学能更好地激发学生的学习热情，也可以培养学生全面思考的能力。

3. 加强多专业间的交流合作

虽然大部分学校在工程管理专业教学过程中会开设会计、法律等相关的课程，和相关专业有交叉部分，但是培养方向和侧重点会有所不同，而ERP又需要对企业某项业务的整个过程的每个环节有所涉及，那么在沙盘模拟的过程中，不妨与会计、法律等相关专业的学生联谊，在合作过程中了解其他专业同学的思维模式和知识框架，扩充本专业学生的知识体系，也能够结合所需为以后工程管理专业的教学扩充指明方向。

4. 更好地发挥老师在模拟中的隐引导作用

在一般的沙盘模拟中，老师往往作为主持人，主持模拟的进度，但针对实际问题经验最丰富的是老师，如果他们置身于模拟之外，则很难对学生起到很好的引导作用，因此不妨让老师参与到其中一方的团队中，不是明显地对学生的思路进行干预，而是通过参与启发学生的思维，或是增加模拟的障碍和难度从而拓展学生在模拟中处理问题的思路。

参考文献

[1] 刘震威．ERP沙盘教学之：理论与实践的结合［J］．中国对外贸易，2011－2012：309.

[2] 李宛宣．ERP沙盘模拟实训在教学中的作用［J］．商业经济，2010（6）：158.

[3] 张菊．ERP沙盘模拟教学之我见［J］．中国管理信息化，2011（12）：30－33.

基于“三明治”实践教学模式的安全保障体系构建

李惠玲　刘航天　李晓琴

（沈阳建筑大学　沈阳　110168）

【摘要】本文通过分析工程管理专业实践教学的发展及安全工作的特殊性和复杂性，阐述了构建“三明治”实践教学模式安全保障体系的必要性，对构建实践教学安全保障体系的内容从安全防控机制、安全教育机制、安全监督评价机制和事故应急处置等四个方面进行进行深入、系统的分析与探讨。

【关键词】安全保障体系；实践教学；安全防控机制

一、“三明治”实践教学安全问题的提出

随着我国高等教育、教学的改革和发展，作为培养学生工程意识与创新意识、实践能力与创新能力的实践教学基地，在造就符合社会需求的高素质、创新型技术人才上发挥着十分重要的作用。

从1999年开始，沈阳建筑大学管理学院在对工程管理本科专业的教学模式进行深入探讨的基础上，开始实行三明治教学模式。“三明治”专业实践教学培养模式是利用高校的课堂理论教学和社会实践教学基地两个方面培养高级工程建设管理人才，工程管理专业学生首先在学院完成6个学期专业基础课和部分专业课的课堂理论学习，第七个学期到实习基地参加一个学期的顶岗实践，即将所学的建筑施工技术、工程估价、项目管理、建筑材料、建筑结构地基基础等课程的实践环节归并到一个学期。在实习中，学生作为实习基地的一名临时雇员，认识和掌握建筑产品的各个施工环节，逐步理解、消化教学理论知识，知识视野不断拓宽，受益面越来越大，效果也十分显著[1]。学生也正是在这种教学模式培养下专业实践能力与综合素质得到了提高，就业学生得到社会的认可与欢迎。但是由于实习规模、实习专业不断延伸与扩大，学生人数增加，安全问题是学生实习不容忽视的重大问题，安全工作是一项长期、艰苦、系统性的工程，建立“三明治”工程实践教学安全保障体系是实现专业实践可持续发展的重要保证。

二、构建实践教学安全保障管理体系的必要性

实践教学基地一般选择在工程建设施工现场，施工现场的安全与学生实习紧密相连，施工现场可能出现的安全问题较多，从施工过程分析，有基坑开挖与防护的

安全、脚手架搭设安全问题、模板支护安全问题等，一旦管理疏忽，就会引发安全事故，造成基坑土方坍塌、模板支架塌落、高空坠落等，导致经济损失和人员损伤。从施工组织管理分析，还有很多安全问题，如技术工人必须持证上岗，系安全设施，安全员对施工现场进行全面安全检查等。因此，高校学生在施工现场实习必须要系统地进行安全管理教育。

高校学生接受理论教育多，实践教育少，刚刚进入实习工地，对新的环境既陌生又好奇，适应性差，又缺乏安全知识，自我保护意识和防范他人受到伤害的意识不强，阅历较浅，心理承受能力较差。因此，他们急需通过系统的安全保障教育，进入工地前就应具备安全保障意识，了解隐患在哪，以及如何排查和解决。

三、实践教学安全管理保障机制的构建

安全管理是工程实践教学永恒的主题。在教学中确保学生的安全是我们义不容辞的责任。我们通过建立安全防控机制、安全教育机制、安全监督评价机制和事故应急处置机制等[2]，对构建工程实践教学安全保障体系进行了有益的探索。

1. 安全防控机制

建立健全安全工作组织机构，认真落实安全责任制，根据“分级管理，分级负责”的安全管理原则，把实习中的安全工作任务分解落实，签订安全工作协议书，明确安全管理职责和任务，对安全管理中的重点、难点进行分析和研究，制订安全工作计划，落实安全工作措施，将安全工作纳入教学管理工作的重要议事日程，贯彻到工程实践教学全过程。

2. 安全教育机制

针对实践教学的特点，制定和严格执行规章制度，并不断地加以完善和充实。建立学院、系、岗位三级安全教育体系，充分发挥“文化”的渗透力和亲和力，开展多层次、全方位、常规化的安全教育，包括安全知识培训、安全宣传演讲、安全知识竞赛、布置安全图板、征集安全警句，大力弘扬安全文化。制订安全教育计划和要求，做到安全知识进教材、进教案、进实习（实验）报告，把安全知识、安全制度等列为实践教学的内容之一，使师生们深刻理解安全工作的重要性，从而牢固地树立起安全意识，增强自我防范能力，构筑起一道实践教学安全的防护墙。

3. 安全监督评价机制

坚持预防为主、防治结合、加强教育、群防群治的原则，实行安全监督三级联动机制，即学院主管领导安全抽查、系所定期安全检查、教师结合教学过程的安全巡查。建立安全信息收集与反馈平台，实现动态管理，做到经常性检查与专项检查相结合，发现事故隐患及时进行整改。教师是实践教学的指导者，同时也是学生安全的示范者和管理者。学院主管领导将安全工作纳入考核条例，做到安全工作与教学、计划、检查、总结相结合，对各部门和教职工进行考核评价，并作为年度评优、奖励的主要依据之一。

4. 事故应急处置机制

在工程实践教学中，要通过制定事故应急处置预案，防止事故出现时的突发性、偶然性和瞬时性，建立统一、规范、科学、高效的突发事件防范和处置指挥体系，

提高有效应对突发事故的能力，做到事前防范与事后应急有机结合。把应急处置的各项工作落实到日常管理中，提高防范水平，力争做到早发现、早报告、早处置、早控制、早解决。一旦发生事故，要确保发现、报告、指挥、处置等环节紧密衔接，做到快速反应，正确应对，果断处置，避免或减小事故带来的损失。

四、结束语

《普通高等学校学生安全教育及管理暂行规定》指出："宣传贯彻国家有关安全管理工作的方针、政策、法规，对学生实施安全教育及管理，妥善处理各类安全事故，引导学生健康成长是高等学校学生安全教育及管理的主要任务。"[3]在工程管理专业实践教学中建立安全保障体系，形成全方位、多层次、快速有效的安全防护网络，实现对安全的科学化、系统化、法制化和规范化管理，是专业实践可持续发展的重要保证，为尽可能减少各类事故、妥善处理突发性事件奠定了重要的基础。要充分体现安全保障体系的有效性，必须从健全组织机构、加强宣传教育、落实安全职责、规范安全管理、强化安全措施等多方面齐抓共管，实现动态的、系统的、全员参与的、制度化的、以预防为主的安全管理，以达到保障师生安全和国家财产不受损失，维护正常的教学秩序，进一步提升工程管理专业实践教学水平和质量目标。

参考文献

[1] 李惠玲，刘光忱，等．工程管理专业三明治教学模式探析［J］．中国建设教育，2007（8）：21－23.

[2] 罗阳．系统的工程训练安全保障体系建设的探索［C］//工程实践教育探索与创新．南京：东南大学出版社，2007：293－296.

[3] 金长星．高校安全保障体系的基本构架及建设思路［J］．承德石油高等专科学校学报，2007（6）：86－90.

作者简介：李惠玲（1961—），营造与工程管理系，教授，硕士。研究方向：建筑经济与施工管理。

基于过程管理的“三明治”实践教学模式研究

李惠玲　钟钦　李军

（沈阳建筑大学　沈阳　110168）

【摘要】本文以工程管理专业“三明治”实践教学为切入点，构建实践教学过程监控管理体系，并提出实施方法，分析和探讨了实践教学过程管理体系中应解决的一些关键问题。

【关键词】实践教学；过程管理；教学模式

一、“三明治”实践教学模式解读

探究现有的工程管理专业培养目标，采用传统的教学模式，难以培养具有建筑工程项目管理、工程概预算、建设方案可行性论证、组织工程项目实施等这种社会急需的复合型高级管理人才。那么，采用什么样的模式培养与社会相适应的人才呢？

沈阳建筑大学工程管理本科专业的“三明治”专业实践教学培养模式是利用高校的课堂理论教学和社会实践教学两个方面培养高级工程建设管理人才，工程管理专业学生首先在学院完成6个学期专业基础课和部分专业课的课堂理论学习，第七个学期到实习基地参加一个学期的顶岗实践，即将所学的建筑施工技术、工程估价、项目管理、建筑材料、建筑结构地基基础等课程的实践环节归并到一个学期，实习期共20周，实习方式为集中实习与分散实习相结合。第一周集中培训，进行安全教育，聘请企业有经验的高级工程师来校讲学；第二周至第二十周由学生到自己选定的实习地点进行实习，第八学期开学后答辩，然后再回到学院学习其余专业课，再做毕业设计，我们学院将这种实践教学模式称之为“三明治”专业实践教学模式[1]。

二、“三明治”实践教学模式过程管理体系构建与实施

“三明治”专业实践管理体系合理与否是实践教学成功的关键所在，尤其是在分散实习期间，过程管理一旦放松，就会导致学生实习松散，无组织无纪律，最后收效甚微。我院经过多年的实践，探索出适合我院的321管理培养考核模式。即三种管理方式（院系管理、校内指导教师管理、校外指导教师管理）、两种能力培养（专业能力培养、综合能力培养）、统一考核办法[2]。

1. 三种管理方式

（1）院系管理。

制定和完善实习管理监控体系（如图1所示），建立实习基地并与校外指导教师沟通，组织教师检查学生实习情况，发现问题及时解决。

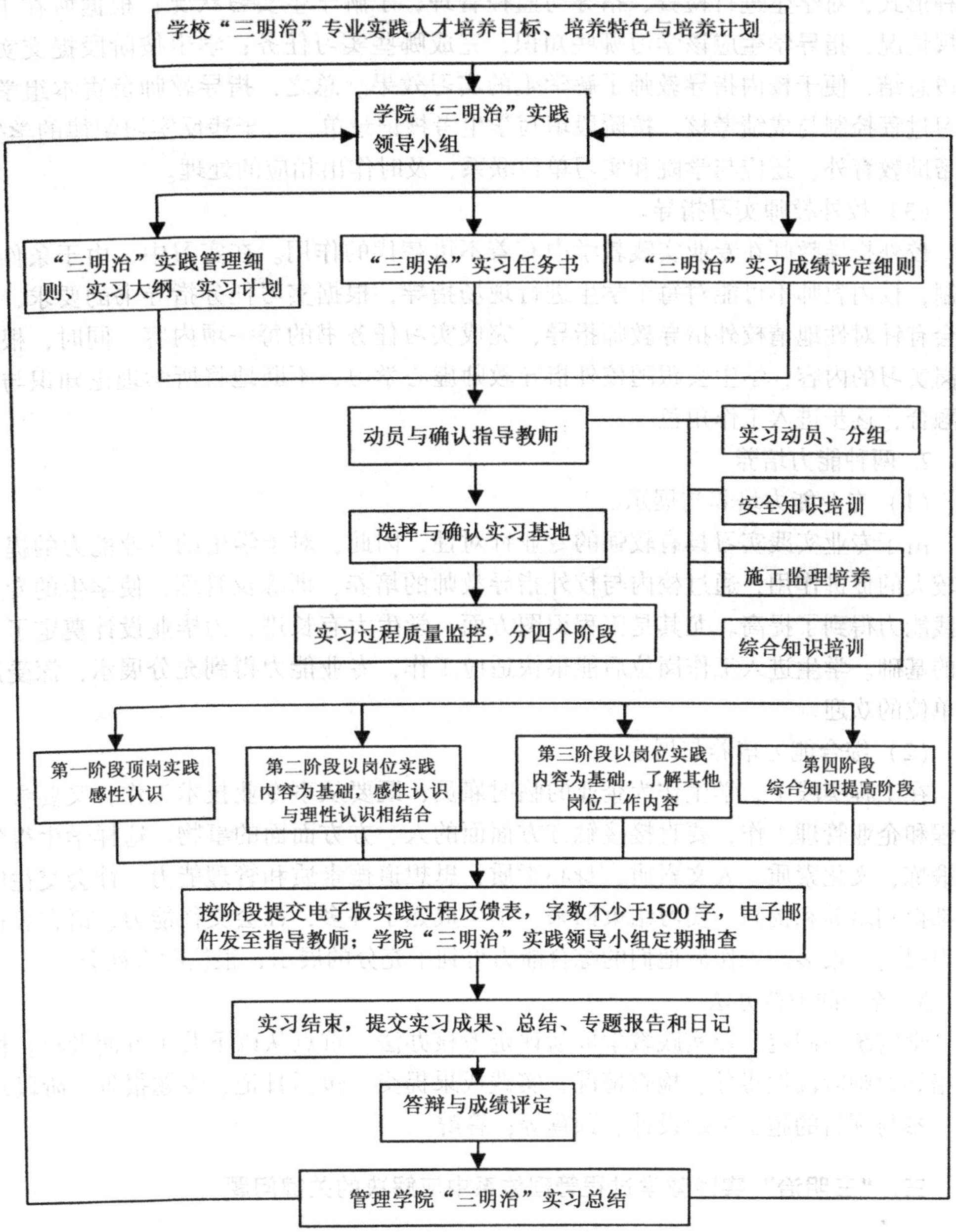

图1　“三明治”模式实践过程管理监控体系

（2）校内指导教师管理。

“三明治”实习开始之前，指导教师要做好充分的准备，按实习教学大纲要求制定实习实施计划并具体落实；“严格管理、严格要求、严格训练”，应从德、智、体等多方面关心学生的成长，帮助他们树立正确的人生观和价值观，充分调动学生实习的积极性和主动性。

首先安置学生实习，学生也可自行联系实习单位，由教师审核确认，要求学生顶岗实践；指导教师根据不同实习阶段，采取下现场、电话沟通及网络信息系统等多种形式，对学生进行检查、指导与监控管理，了解学生实习状况；根据所在工程进展情况，指导学生应该学习哪些知识，完成哪些实习任务；学生按阶段提交实习阶段总结，便于校内指导教师了解学生的实习效果。总之，指导教师负责本组学生实习过程控制与成绩考核。按阶段填写学生考核记录单。对于违反实习纪律的学生，除帮助教育外，还应与学院和实习单位联系，及时作出相应的处理。

（3）校外教师实习指导。

校外指导教师在专业实践教学中有着不可替代的作用。在实习中，由于条件的限制，校内教师不可能对每个学生进行现场指导，根据实习任务指导书的要求，学生会有针对性地请校外指导教师指导，完成实习任务书的每一项内容。同时，根据顶岗实习的内容，学生会跟随校外指导教师虚心学习，不断地将所学理论知识与实践融合，逐步进入工作角色。

2. 两种能力培养

（1）专业能力培养与展示。

由于专业实践实习具有较强的专业针对性，因此，对于学生的专业能力的提高有较大的促进作用，通过校内与校外指导教师的培养、训练及管理，使学生的专业实践能力得到了提高。尤其是工程识图方面，学生大有长进，为毕业设计奠定了良好的基础。学生进入工作岗位后能很快适应工作，专业能力得到充分展示，深受用人单位的欢迎。

（2）综合能力培养与展示。

在工程实践中，学生作为企业的临时雇员，既要从事专业技术工作，又要参与工程和企业管理工作，要直接接触方方面面的人、方方面面的事物。这样学生得到了锻炼，文化素质、人文素质、身心素质、思想道德素质和管理能力、社会交往能力都得到培养和提高。实习结束回来，学生成熟了许多，社会交往能力、语言表达能力提高了很多。工作后他们的综合能力得到了充分的展示，很快融入社会[3]。

3. 统一的考核办法

学院统一制定专业实践教学成绩评定考核办法。重点从以下几个方面考核：校内指导教师阶段性指导、检查情况；实践成果提交，包括日记、专题报告、阶段总结、参与项目的施工组织设计、预算等；答辩。

三、“三明治”实践教学过程管理体系中应解决的关键问题

“三明治”专业实践实习特点是时间长，实习基地难寻找，学生分散带来管理难度大，教学中的课程体系与实习内容有脱节，学习的内容因项目而异，实践教学环节总体设计稍不到位学生就会“放羊”。为保证“三明治”专业实践教学模式的有效实施，在教学管理体系中要始终抓好以下三个方面的关键问题。

1. 学生的实习态度及参与度

学生的实习态度是决定实习成败的关键。因此，学院在实习动员过程中要采取不同方式充分调动学生实习的积极性。如让即将毕业的上一届实习效果好的学生介

绍他们的经验与体会；介绍教学内容与实习的关系、实习与就业的关系，采取互动的方式介绍实习效果；在就业招聘会上，实习的学生专业知识得到升华与巩固，竞争力大大提高。让准备实习的学生真正了解实习能带来的收获与成果，大大焕发了学生的实习热情。鉴于目前的就业压力，学生的实习态度发生了很大的转变。通过实习动员，多数学生都能积极主动地联系实习单位，愿意跟踪大的施工项目多学习、多受益，实习的态度与参与度大为提升。

2. 实习基地建设

实习基地建设直接影响学生的实习效果。学院通过多年的专业实践积累，建立了多个实习基地供学生们顶岗实践一个学期。学生实习基地可以选择在咨询所做工程估价，在招标与投标公司做施工项目的招标与投标；也可以选择建筑施工现场，做质量检查员、放线员、安全员、资料员、预算员；还可以选择监理公司做监理员，选择开发公司工程部做现场管理。总之，实习的内容必须与“三明治”专业实践教学的任务相符合，指导教师对实习基地进行确认，发现问题及时解决。

几年来，学院推荐学生实习的岗位多数是工程监理。因为在监理行业，学生可以作为公司的临时雇员，实实在在地参与公司业务，入门相对简单，学生能很快胜任，企业又愿意接受学生参与公司业务，这样既解决企业临时员工不足的问题，也为学院建立校外实习基地解决了大问题，学生非常适合在监理公司工作，他们可以边工作，边学习，工作做了实习任务也顺利完成了。施工企业的岗位很受学生喜欢，学生虽然会较辛苦，但学到知识也相对多一些。开发公司工程部的现场管理需要有经验的人来承担，学生在这里实习待遇很好，但如果没人指导，学生就会“放羊”，达不到实习目的，因此建议学生自己联系开发公司实习，必须顶岗，遵守单位作息时间，自己找校外指导教师。总之，学生首选的实习基地是到施工现场实习，无论是建设单位、施工单位、监理公司都可以，女同学一般都去造价所进行预算实习。

实习基地所涉及的内容应有一定的广度和深度，从几个方面选择实习基地，如建筑规模、结构形式、施工内容等。由于各基地所涉及的内容不同，所处的施工阶段不同，可能会导致学生实习效果的差异，因此指导教师应与学生经常交流沟通，让学生体验不同阶段的施工工艺、施工程序，当工程不适合学生实习时应及时予以调换。

3. 指导教师在专业实践教学中的作用

专业实践对指导教师的专业知识要求较高，指导教师应能将本学科的土木工程知识融会贯通，掌握各门学科知识在工程实践中应用价值，对施工现场应了如指掌，对本职工作认真负责，对学生有热情、有耐心。实习期间，指导教师按阶段跟踪学生实习内容，在每一施工进程中，指导学生应复习巩固的基础理论知识，并如何将理论与实践相结合。

刚进入实习期，有些学生会抱有满腔热情，可真正进入工地，有些学生又很茫然，不知该看什么、学什么，又缺乏与人沟通的能力，难以融入社会，难免有个别学生会迟到、早退，不愿实习，如学生与指导教师没有沟通，学生实习就会半途而废，导致学生“放羊”。因此，指导教师责任心极为重要，首先要鼓励学生学会与人沟通的能力，然后根据工程进展，指导学生要学习哪些内容，查阅哪些资料，除工作之外，应完成哪些实习任务。当学生进入工作角色，知道如何学习与工作之后，就会自觉地将自己作为一名企业员工要求自己，尽心尽力地做事，直到实习期结束。实习过程中，指导教师要通过沟通，了解学生实习动态，若有学生想调换工地，要分析原因，如果合理应鼓励学生先自己解决，以提前培养学生应聘工作的能力，当没有找到合适的实习单位，可以联系指导教师协助解决[4]。

四、总 结

"三明治"专业实践教学结束后，及时就学生的实习、教师的指导等情况进行分析、总结，找出其中不足，客观公正地评价实习管理过程，对实习成绩突出的学生给予奖励，并将亲身实习经历介绍给下一学年的学生，激发下一学年学生实习热情，以利于今后教学工作的顺利进行与完善。"三明治"专业实践教学过程管理体系也正是在这种模式下不断发展与完善，学生也正是在这种教学模式培养下，专业实践能力与综合素质得到了提高，并得到社会的认可与欢迎。

参考文献

[1] 李惠玲，刘光忱，等．工程管理专业三明治教学模式探析［J］．中国建设教育，2007（8）：21－23.

[2] 赵鑫．建筑工程技术专业基于工作过程系统化课程体系的改革与研究［J］．中国建设教育，2009（12）：13－15．

[3] 徐芳燕．高校教学应注重培养创新型人才［J］．中国建设教育，2009，9（11）：18－21.

[4] 刘子建，李勇军．构建面向工程的实践教学体系［J］．实验技术与管理，2007（3）：1－5.

工程管理专业 E-learning 教学平台构建与应用*

刘　宁　刘亚臣

（沈阳建筑大学　沈阳　110168）

【摘要】提出了工程管理专业 E-learning 教学平台构建的整体方案，综合了教学平台系统构建、硬件和软件实现，并基于 E-learning 教学平台提出了多种应用模式，包括开展行动导向教学、多形式教学组织、多手段教学方法，总结了现代教育技术应用与发展的方向。

【关键词】工程管理专业；E-learning 教学平台；构建；应用

一、工程管理专业 E-learning 教学平台构建

面向企业人才培养的 E-learning 教学平台架构与通常的学习系统架构有共性也有个性。共性主要体现在学习系统架构的基本要素，如信息技术支持、E-learning 及知识管理等，个性主要体现在面向企业人才培养更多要关注培养绩效，因此系统更强调开放性，要与企业的人力资源管理系统等相互通。

1. E-learning 教学平台系统实现

构建面向综合素质人才培养的 E-learning 教学平台是一项复杂的工作，牵扯的相关因素很多，其中有四项因素最为重要，分别是学习管理系统、资源管理系统、教学传递系统和评价系统，这四项因素构成了教学平台架构的主要部分，它们相互联系、相辅相成。同时，校内的平台还可以与企业的人力资源管理系统相联系，受训管理的学习过程表现及学习结果会被绩效评价系统记录下来，这些信息和数据可以以一定的接口提供给人力资源管理系统，作为对员工的培训考核和绩效考核评估的依据之一。E-learning 教学平台系统构建如图 1 所示。

2. E-learning 教学平台软件实现

基地涉及的软件模块包括土地管理信息系统、管理决策系统、信息统计系统、财务管理信息系统、市场分析系统、工程造价系统、工程项目管理系统、竞赛沙盘系统等，外购软件和现有软件涵盖了建筑和房地产专业知识领域。实践基地软件购置清单见表 1。

*　辽宁省教育厅 2009 年度辽宁省高等教育教学改革研究项目：面向工作的工程管理专业实践教学改革研究（辽教发〔2009〕141 号）。

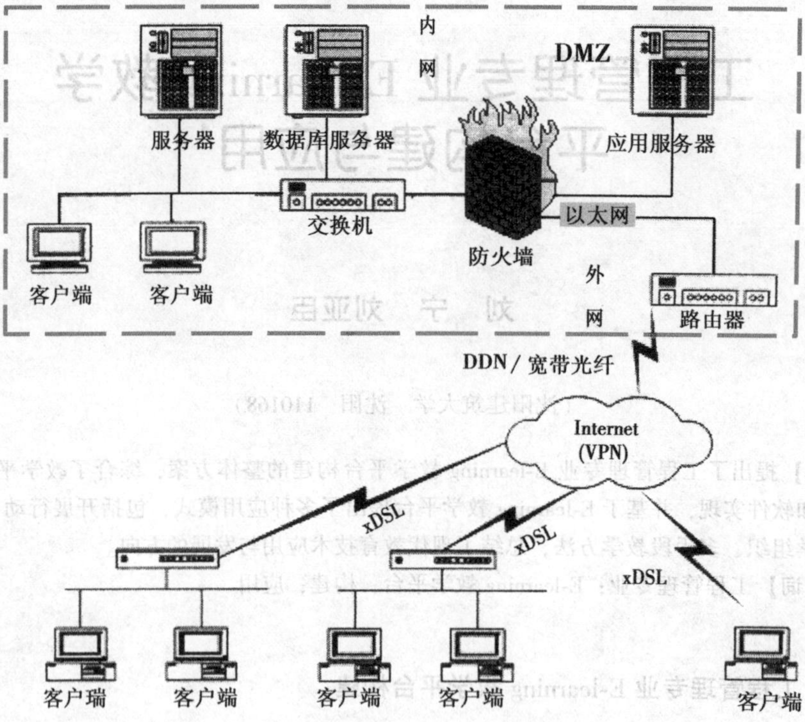

图1　E-learning教学平台系统构建

表1　　　　　　　　　实践基地软件购置清单

序号	硬件名称	版本	单位	数量
1	土地管理信息系统	ArcGIS 10	套	1
2	遥感图像处理系统	ERDAS 2010	套	1
3	财务管理信息系统	金蝶 K/3 V11.0	套	1
4	信息统计系统	SAS10.0	套	1
5	模拟对抗子平台	企业经营模拟对抗系统 2.0	套	1
6	实践教学辅助系统	实践教学支撑子平台 2.0	套	1
7	工程招投标系统	招投标管理系统 2010 V10.0 专业版	套	1
8	房地产营销系统	中政房地产销售管理系统 2010	套	1
9	工程项目管理系统	Primavera 6.0（P6）	套	1
10	市场分析软件	SAP BusinessObjects Ⅺ 3.0	套	1
11	风险分析软件	Oracle Crystal Ball Ⅴ7.0	套	1
12	图形软件	中望 CAD 2010 专业版	套	1
13	工程资料软件	辽宁省建筑工程资料管理软件 2010 版	套	1

3. E-learning 教学平台硬件实现

面向建筑和房地产业的 E-learning 实践教学实践基地解决仿真环境搭建和模拟真实业务的问题，并结合教学管理和资源管理，实现校内实习更加有效和可控。面向建筑和房地产业的 E-learning 实践教学实践基地以供应链为核心即可作为某一个专业学生进行跨专业实践，也可以多个专业学生一起进行教学。

（1）外部环境模拟平台搭建。基地中包括的 8 个实践教学室在架构上采用 B/S 架构，这种架构用户工作界面通过 WWW 浏览器来实现，极少部分事务逻辑在前端（Browser）实现，主要事务逻辑在服务器端（Server）实现，形成所谓三层（3-tier）结构，这样大大简化了客户端，减轻了系统维护与升级的成本和工作量，降低了用户的总体拥有成本。

（2）实验场所及布置。基地面积不少于 800 平方米，教室可以是独立一个，亦可由多个独立的小教室组成。对于独立教室的布局需要根据实习的内容、实习学生的人数进行专门的规划设计。跨专业综合实验场所规划的原则是以实习主题对应的模拟机构为核心，其他关联性机构围绕核心机构，充分考虑核心机构的场所的大小和与周边机构往来的便捷性。

（3）平台软件架构及应用环境。开发架构：面向 SOA 的体系，采用 J2EE + MVC 的设计方式；开发语言：采用 J2EE 体系架构；数据库：兼容 Oracle 和 SqlServer；WEB 运行平台：Tomcat/WebLogic（默认环境为：WebLogic）；服务器端运行操作系统：支持 Linux 系列；客户端环境：Windows98/2000/xp/2003，IE8。

二、依托 E-learning 教学平台集成教学资源管理

E-learning 教学平台所有类型的资源管理，包括资源发布、修改、删除、审核、浏览和检索等。模块包括：课程管理、视频管理、课件管理、试题管理、试卷管理、案例管理、知识管理、常见问题解答管理和网址链接索引管理，分别完成九种类型资源的管理。

1. 课程管理

包括课程的分类管理和课程信息管理。课程分类管理是指对课程体系的添加、修改、删除。课程信息管理是对课程名称、课程简介、课程计划、课程学时、课程费用等网络课程设计的内容进行发布、修改、删除、预览和搜索。同时课程需要通过审核才可以发布。

2. 视频管理

视频管理与课程是多对一的关系，即一门课程可以包括许多讲视频。视频管理是在选择课程的基础上进行，可以对视频进行发布、修改、删除、点播、审核和查询功能。

3. 课件管理

课件是与视频一一对应的，每一讲视频对应一个课件，主要是课件内容的添加、更新、删除和预览。

4. 试题管理

试题管理和试卷管理都是在线考试系统的组成部分。在线考试系统的试题设计

主要包括三个层次：题库集、题库、试题。其中，题库集是在线考试系统的最高节点，与每门课程相对应；题库为第二层节点，在题库集节点之下创建，可分为初级、中级、高级等难度等级；试题为第三层节点，只能在题库节点下创建，分为单选、多选、判断、填空等。

5. 试卷管理

包括试卷的出题方式、建立试卷与成绩统计分析等，都是针对试卷进行的，根据不同的选项，试卷能够满足不同的考试要求。

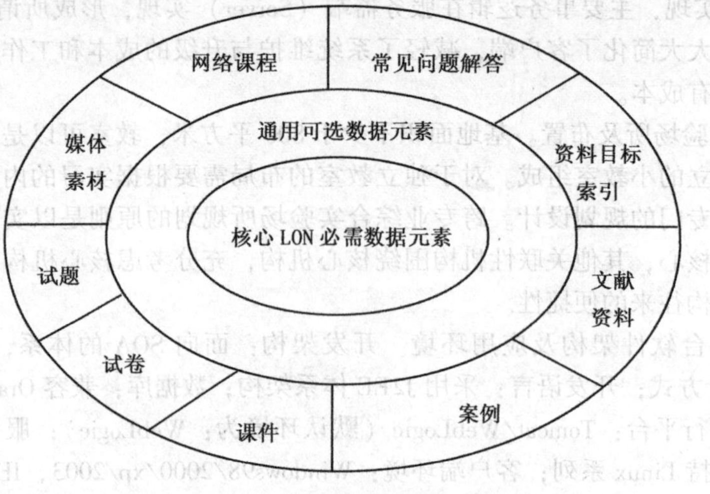

图 2　教学内容与资源模式图

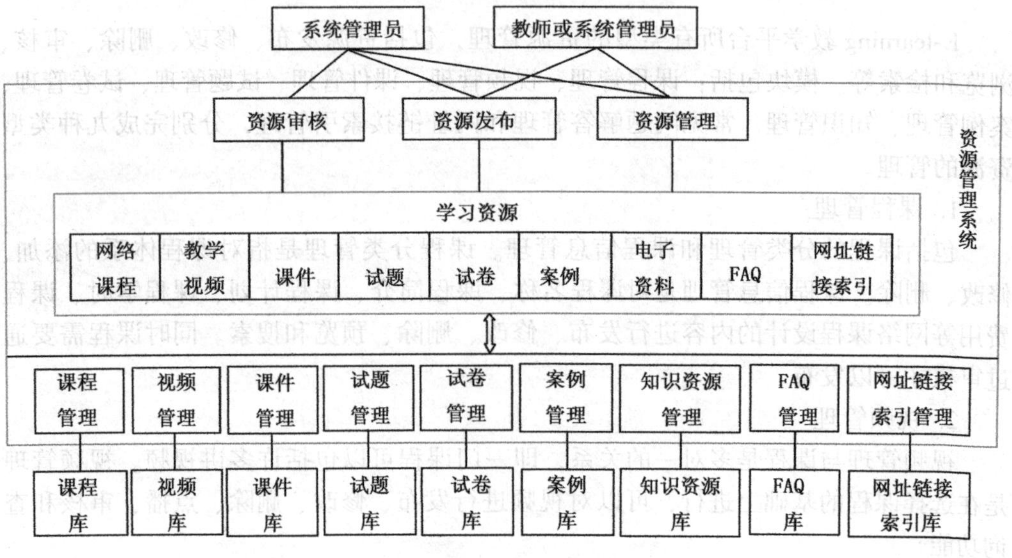

图 3　教学资源管理系统集成图

6. 案例管理

主要包括案例的发布、更新、删除、预览和查询功能。

7. 知识资源管理

主要是指提供电子资料的方式供学员进行学习，主要包括电子资料管理。电子资料管理主要包括电子资料的分类管理，电子资料的发布、修改、删除、查询，电子资料的审核，电子资料的下载等功能。

8. 问题解答管理

常见问题解答类似于在线帮助，主要对一些常见问题进行分类和发布管理。

9. 网址链接索引管理

网址链接索引管理主要是网址链接的分类管理，网址链接申请管理，网址链接的添加、修改、删除、查询、排序等。

三、基于 E-learning 教学平台的教学应用

1. 基于实践教学平台开展行动导向教学

“行动导向”教学法是指以完成某项工作任务为教学内容，以培养学生具有某种行为能力（职业能力）为目标的教学策略与指导思想。它主张教学以引导为前提，以行动培养为根本的中心思想。行动培养是指在教学过程中培养目标要立足在学生思维方式的培养上，使学生具有为解决一个技术问题或达到某一确定目标能自觉采取行动、独立思维的能力。“行动导向”教学强调学生是学习过程的中心，教师是学习过程的组织者与协调人，教师采用“咨询、计划、决策、实施、检查、评估”的整体行动，在教学中与学生互动，让学生通过“独立地获取信息、制订计划、实施计划、评估计划”，使学生在自己动手的实践中掌握职业技能、习得专业知识，从而构建属于自己的经验、知识或能力体系。它具有以下七个特征：第一，行动导向教学是全面的；第二，行动导向教学是学生主动的学习活动；第三，行动导向教学的核心是完成一个可以使用、或者可进一步加工或学习的行动结果；第四，行动导向教学应尽可能地以学生的兴趣作为组织教学的起始点，并且创造机会让学生接触新的题目和问题，以不断地发展学习的兴趣；第五，行动导向教学要求学生从一开始就参与到教学过程的设计、实施和评价中；第六，行动导向教学有助于促进学校的开放；第七，行动导向教学试图保持动脑和动手活动之间的平衡。

2. 开展多种教学组织形式

（1）交际教学。

交际教学产生于20世纪70年代。通过对于教学过程中涉及人类交往范畴的各种干扰因素中所包含的潜在信息的分析，对这些信息进行解码并将其纳入教学准备之中。交际教学法旨在通过促进师生互动和构建以学生为导向的教学活动，达到实现全面性和整体化的学习，满足教与学两方面的要求。

（2）循环建构教学。

循环建构教学其理论是将学习的目的定位在一个重复发生的过程中，主体对来自被感知物体的经验真相进行建构。这不仅对教学活动中的师生关系而且也对学习内容的确定性产生了重要的影响。其中，学生的学习活动经历了一个“建构—重构—解构”的循环过程。

（3）问题导向教学。

问题导向教学指在学习过程中，学生通过发现问题和设计解决问题的方案，从而获得实际的应用能力和相应的知识。其目的首先在于培养学生的方法能力。主要

包括如下学习步骤：①遭遇困难情境；②分析困难所在；③把困难表述成有待解决的问题；④提出可能解决的方案；⑤着手解决问题，发现并表述解决方案的有待改进之处；⑥总结解决方案；⑦评价解决方案。项目教学指面对一个实践性的、真实或接近真实的任务，学生独立地（相对于教师控制而言）确定目标要求、制订具体计划、逐步实施并且检查和评价整个过程。完成这样的学习任务要求学生全身心地投入，亦即不仅从认知上探究和理解，而且从体能行动上操作和执行，还要从情感上形成价值判断和责任意识。

3. 多种教学方法灵活使用

基于 E-learning 教学平台的课程可以采用灵活的教学方法。具体方法和手段的确定以有利于课程内容的学习和取得好的教学效果为原则。

（1）多媒体课件演示：主要用于课程要点、难点的讲解，图形图像资料和模拟演示等。预制的课件条理清晰、利于更新，信息量大，教学效果远远超过传统授课方式，作为课堂授课辅助工具效果明显。

（2）板书：原理讲解、物业管理内容、过程等一般采用板书方式，以便学生主动思考，参与推导过程，帮助加深理解。在大力推广使用多媒体课件的同时，板书仍然是重要方法之一，不可完全被取代。

（3）自学和讨论：对于非重点难点和描述性内容，多要求学生通过网络课件、资料阅读和习题完成，自学效果通过讨论、提问、批改作业等方式予以检查。

（4）教学与科研相结合：鼓励学生在老师带领下从事参加课题研究，开展研究性学习，在理论研究与实践中，教给学生分析问题解决问题的方法和思路，使学生在接受知识的过程中增强素质，提高能力。

（5）在课堂教学中，改变"满堂灌"方式，广泛采用启发、讨论、学生展示、课堂讲评和案例教学方式，引导学生积极主动地思考，提高学生分析问题的能力。

（6）专题讲座和实地考察：针对有些实践性比较强的内容，采用请进来和走出去相结合的方式，请项目或公司的专业人员作报告，带领学生到实地考察并与有关人员座谈，增强学生的感性认识和加深学生对问题的理解。理论与实践相结合的教学方法，在"三明治"实践中的得到了很好的推广。

4. 现代教育技术应用与教学改革

目前现代教育技术应用的工作正在积极开展，授课教案、习题、教学大纲、参考文献目录等教学资源已经上网，授课录像也将上网开放。教学课件已经开始使用并在不断完善。教学资源上网有助于解决学生预习、复习、自学中遇到的困难，为学生提供多渠道的学习方式。通过网上的在线答疑系统，较好地实现了教师与学生的及时沟通，释疑解惑。

E-learning 教学平台很好地解决了学生课前预习、课后复习、自学以及由于课堂信息量大给学生做笔记带来一定困难（可以下载打印后作为笔记底稿）等问题，并有助于形成教学过程和课程建设自我约束、自我管理、健康发展的机制。

参考文献

[1] 冯朝军，王欣，段亚敏．创新型工程管理人才的培养模式探析［J］．河北企业，2006（10）：15－17.
[2] 祝连波，任宏．21世纪我国工程管理人才培养模式探索［J］．高等建筑教育，2006（4）：43－45.
[3] 张爱琳．工程管理信息化模拟实验研究中心的建设构想［J］．实验室研究与探索，2011（3）：56－57.
[4] 卢利群．建筑工程管理信息化应用探析［J］．现代物业：上旬刊，2011（7）：18－19.
[5] 刘人怀，孙凯．工程管理信息化架构研究［J］．中国工程科学，2011（8）：11－14.
[6] 李熙明．试论建筑工程管理中的信息化［J］．才智，2011（24）：21－22.
[7] 范秀琴．工程管理人才培养模式的创新与实践［J］．山西建筑，2011（33）：14－16.

基于工作过程和职业导向的工程管理实践教学基础*

刘亚臣

（沈阳建筑大学　沈阳　110168）

【摘要】以工作过程和提升职业能力为导向的实践教学模式，在设计取向上解构了传统的学科体系的实践教学要求，为建构理论与实践相结合的一体化的工程管理实践教学模式提供了基础，为深化我国卓越管理工程师教育的教学与课程改革提供可资借鉴的理论指导。

【关键词】工作过程；行动导向；实践教学

以工作过程为导向的职业教育是20世纪90年代以来针对传统的职业教育与真实的工作世界相脱离的弊端以及企业对生产一线技术型、技能型人才提出的“不仅要具有适应工作世界的能力，而且要具有从经济的，社会的和生态的负责的角度建构或参与建构工作世界的能力”的要求，由德国著名的职业教育学者Rauner教授和他的团队——德国不来梅大学技术与教育研究所的同事们，在一系列的研究成果的基础上形成的职业教育理论。这一理论对我校工程管理专业实践教学具有深刻影响。

以工作过程为导向的职业教育在指导思想、教学内容和教学方式等方面都具有鲜明的特点。

1. 指导思想：从以培养学生的适应能力转向培养学生参与建构工作世界的能力

传统的泰勒模式管理下的企业具有严格的多层管理机制，技术工人只需按照上级的指令完成工作任务，企业对生产一线的技术工人要求具有较强的职业适应能力。因此，传统的教育注重培养学生对企业、对工作岗位的适应性。其所蕴涵的指导思想表现为：一是把个性作为专业任务的人力资源来培养。也就是说把教育只是作为企业的人力资源开发的手段；二是把素质要求是作为依赖性的变量看待，认为从组织和技术的改革中引导出素质要求，技术和劳动是预先确定的。这样就致使教育总是跟着技术跑，而在技术迅速变化的今天，必然致使教育所培养的人才不能满足企业的需求 。

随着现代企业制度的发展，企业的管理模式由泰勒的科学管理转向了知识管理，为了提高企业的核心竞争力，企业开始注重调动和发挥每个员工的积极性，为每个员工的潜能发展提供舞台和空间。为满足企业日益提高的对产品质量和员工创新能

* 辽宁省教育厅2009年度辽宁省高等教育教学改革研究项目：面向工作的工程管理专业实践教学改革研究（辽教发〔2009〕141号）。

力的要求，以工作过程为导向的职业教育确立了全新的指导思想，体现为：一是认为教育应使学生具有从经济的、社会的和生态的负责的角度参与或共同参与建构工作世界的能力。也就是说教育所培养的人才仅具有适应工作世界的能力是远远不够的，还必须具有创新能力。二是把教育作为发展独立的自我意识和自我负责的个性的前提条件。也就是说，教育不仅仅是企业人力资源的开发手段，而是把教育作为培养人的综合素质的前提条件。第三，认为教育的目标和内容既依赖与同时又独立于劳动与技术的关系。也就是说，教育已经成为在技术、劳动和教育之间复杂关系的独立变量，必须有意识地促使教育对生产组织发展和技术进步产生积极的影响，从而实现由“适应能力”向“建构能力”的战略性转变。

可见，从指导思想上，以工作过程为导向的职业教育着眼于培养学生的创新能力。

2. 教学内容：从专业理论知识转向工作过程知识

在传统的教育中，教学内容指向于专业理论知识和抽象的专业技能，而工作过程知识没有被考虑到。在以工作过程为导向的教育中，专业劳动处于中心地位，教学内容指向于工作任务、工作的内在联系和工作过程知识。

工作过程是以工作过程为导向的职业教育的切入点。工作过程是指完整的工作进程：即工作任务是怎样被完成的。一个职业的工作过程是完成一个企业工作任务的完整的劳动进程，因此工作成果始终是其所要达到的目标。工作成果是具体的产品，也就是说，是货物或者服务。在完整的生产过程中，完成最终的产品通常是由多个工作过程所组成的。因此，一个工作过程的成果可以是一个具有代表性的中间产品。

工作过程的核心要素包括：劳动者，工作对象，工作工具，工作方法和工作产品。这些要素相互作用，并在特定的工作环境下完成预期的工作成果，随之工作过程结束。

以工作过程为导向的职业教育不是以传授学科知识为目的，其宗旨是向学生传授工作过程知识，促进学生职业能力的形成。

工作过程知识涉及企业整个的工作过程，它不仅包含工作经验，而且也包括有关生产的目的与生产进程方面的知识。工作过程知识是在具体的情景中积累起来的。工作过程的知识不只是关于具体的操作知识，而且是有关不同的劳动怎样与企业的整体联系在一起的知识。因此工作过程知识不是通过从学科知识中引导出来的第二手的知识，它具有自己的品质，隐含在具体的实际职业工作中①。

以工作过程为导向的职业教育的教学内容不再是按照学科及学科自身的逻辑体系来构建，而是根据从初学者到专家的职业能力发展的五个阶段②把教学内容归为

①Fischer, M.: Von der Arbeitserfahrung zum Arbeitsprozesswissen. Leske + Budrich, Opladen, 2000 (S) 121。

②美国心理学家 Dreyfus, H. L. 和 Dreyfus, S. 把人的职业能力的发展划分为五个阶段：初学者、高级的初学者、有能力者、熟练者及专家。

四个学习范畴①。

（1）入门和概念性知识：该职业的主要工作内容是什么；

（2）关联性知识：事物的相关性是怎样的，为什么是这样的而不是那样的；

（3）具体知识和功能性知识：为什么具体的工作是这样的，它是怎样运作的；

（4）以经验为基础的专业系统化知识：如何专业系统化地解释事务和解决具体问题。

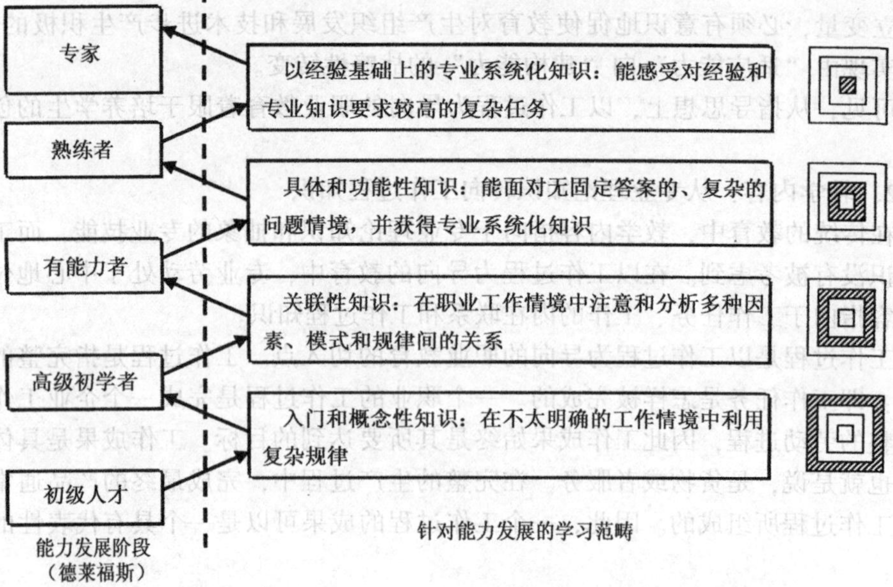

图1　从初学者到专家要经历的4个学习范畴（Rauner，2002）

学习范畴1：职业导向的工作任务——入门和概念性知识。

入门和概念性的知识必须是跨职业的并针对全部职业领域的基本的工作导向内容。在学习之初，学生首先要对不同的职业及其职业领域内的工作范围有一个定向性的认识。为此学生不仅能够认识和理解本职业的地位、与其他职业在内容上的相互关联以及职业领域内的工作范围，而且还要认识和理解劳动分工结构中的工作过程。通过收集和了解有关工作岗位的结构、重点和内容的信息来理解其他的与职业紧密相关的，乃至跨职业的工作任务范围和日常活动内容。进行职业工作领域范围内的入门和概念性知识的教育是获取职业行为能力和设计能力所必需的。

学习范畴2：系统的工作任务——职业关联性知识。

职业关联性知识的关键内容是指在技术工作中的下列知识：

（1）与工作过程和技术过程紧密相关的企业流程；

（2）在企业内所使用的原材料、设备和仪器的特殊性能；

（3）机械方面的、能源方面的、化学方面的和信息技术方面的内部过程特征；

①Rauner，F.：Entwicklungslogisch strukturierte berufliche Curricula：vom Neuling zur reflektierten Meisterschaft. In：Zeitschrift fuer Berufs－ und Wirtschaftspaedagogik 95. Band Heft 3，S. 35。

(4) 以及通过必要的活动所能够引发的结果的本质特征。

学习范畴3：伴有问题的特殊工作任务——具体知识和功能性知识。

学习者在学习了职业入门和概念性知识及相关性知识，并掌握了完成系统的工作任务的能力以后，就进入了第3个学习范畴：解决伴有问题的特殊工作任务。为解决这样的问题，仅仅依靠已有的规则和解决方案是不够的。伴随的问题往往是那些不符合常规和职业的标准情境，用熟知的方案无法解决的问题。伴有问题的特殊工作任务往往都包含一些新的问题，对于解决这些新问题以前的工作设想都不适用。学习者必须首先分析工作任务，找出问题的症结，并能够设计出解决方案。

学习范畴4：不可预见的工作任务——以经验为基础的专业系统化知识

学习者在拥有了解决常规问题的能力以后，就应该通过接触非常规的情境和问题来积累经验。由于不可预见的工作任务往往比较复杂，在通常的工作情境中一般不对其进行完整深入地分析，要解决这样的问题也并非轻而易举之事，对于学习者要成为有能力的技术工人是一个大的挑战。这里的能力包括用来解决相类似问题的知识、对问题发展的预先判断、高水平的专业理论知识和实践能力以及前期工作经验积累的直觉。问题在具体情境中得到综合处理，而并非独立地按照各自的条件去一一解决。

以工作过程为导向的教学内容不再指向于技术变化的外在表现，而是指向于工作任务，把专业劳动作为一个整体来看待，而且专业劳动是以典型的工作任务和工作联系为导向的。

因此，以工作过程为导向的教育的教学内容与传统的教育的教学内容有本质的不同。传统的教育是在学科体系的框架下寻求与职业的关系，以工作过程为导向的教育突破了学科体系的框架，把工作过程知识作为职业教育的核心，把典型的工作任务作为工作过程知识的载体，并按照职业能力发展规律构建教学内容，培养学生的职业能力和实践能力。

3. 教学方式：行动导向教学成为主要的教学方式

“行动导向”教学并不是一种具体的教学方法，而是以行动或工作任务为导向的一种职业导向的教育教学指导思想与策略，它由一系列的以学生为主体的教学方式和方法所构成，在传统的高等教育中教师处于中心地位。学生是在教师的指导下被动地接受知识和技能，而且几乎没有自我学习的空间。在行动导向教学中，教师不再只是知识与技能的传授者，而更多的是作为教学的咨询者和课堂教学主持者。教学的重心由传统的教师的教转向了学生的学。

(1) 项目学习成为主要的学习形式。在项目学习中，学生是主要的行为者。在项目学习过程中，学生独立或以小组的形式完成从信息的收集、工作计划的制订、到工作任务的实施以及对工作成果的评价等，并在这一过程中获得工作过程知识。

(2) 情景学习成为以工作过程为导向的高等技术教育的典型特征。情景学习是以构建主义的学习原则为基础的。也就是说不能把学习简单地理解为从教师到学生的知识传递，而应该把知识的获得视为学习者的主动的构建过程。情景学习的主要关注点在于，学习情境的创建要尽可能地与以后的应用情景相接近，使二者尽可能地达到高度地一致。在以工作过程为导向的教育模式中，教学内容就是从典型的工作任务中开发出来的适合教学的学习任务和工作任务。在真实的工作情景中学习或在服务——生产学习岛上学习，可以使教育更加接近企业的实际。

以工作过程为导向的教育理论和实践构成了我们工程管理实践教学设计和施行的基础，对"三明治"实践教学产生了巨大的影响，从最初的"在建造和工作过程中参与企业"试点，到现在广泛推行的"在企业顶岗实习"实践教学方案，都是该理论在实践中的运用。在这些实践模式中，教学内容不再是按照传统的课程进行构建，工作过程知识成为工程管理实践教育教学的核心内容，典型的职业工作任务成为工作过程知识的载体，并根据学生职业能力的发展规律对典型的职业工作任务进行了序列化，使教学内容来源于真实的职业世界。同时在实践中通过"企业调查"、"职业调查"、"学习岛"以及"在工作中学习"等方式，使学生尽早地接触企业，了解他所学的专业，在完成相应的学习或工作任务的过程中获得工作过程知识。

工程管理专业教育的目标是培养高素质的具有综合职业和专业能力的技术型、应用型人才。然而长期以来，高等专业教育中存在的理论与实践相脱离，远离工作世界的问题使得这一目标难以完全实现。尽管我国高等工程教育一直致力于通过改革来解决这一问题，但是始终没有从根本上解决传统高等应用型专业教育教学中理论与实践二元分离的状态，没有突破以学科体系为主导的教育教学和课程模式，仍然是在学科体系的框架下寻找与工作世界的联系，而这种联系只能是有限的、间接的，不可能从根本上解决教育内容远离工作世界的问题。究其原因是缺乏相应理论支撑，没有在理论建构上解决理论与实践一体化的问题。以工作过程为导向的工程实践教育在设计上解构了传统的学科体系的教育，建构了理论与实践相结合的一体化的技术教育模式，为深化我国工程管理教育的实践教学与课程改革提供可资借鉴的理论基础。

面向建筑和房地产业的 E-learning 实训实践基地教学模式研究*

刘亚臣　姜依岑

（沈阳建筑大学　沈阳　110168）

【摘要】本文阐述面向建筑和房地产业的 E-learning 实训实践基地的教学理念及其特点，提出“E-learning 实训实践基地”教学模式设计。

【关键词】E-learning 实训实践基地；工程管理；模式设计

目前，高校工程管理专业在实践教学中存在着不少问题，这些问题导致高校难以适应为社会培养具有实践能力的建筑和房地产专业人才的需要，众多问题的产生与高校现有的教学模式是密不可分的。越来越多的学者开始考虑以工作过程为导向的情景式、开放式和网络化实践教学模式。在以工作过程为导向的学习中，由于有机会立即应用知识，因此，学生的学习兴趣得到不断提高。结合网络化学习，学院提出基于 E-learning 的实践模式（刘亚臣，2009），所有的功能通过网络化实现，学习的主体可以随时随地的进入实训实践基地学习，实现产学研的紧密结合。通过社会多重角色扮演，积极介入人才培养过程，依据社会发展对人才培养的要求，构建新的培养模式。

一、“面向建筑和房地产业的 E-learning 实训实践基地”的教学理念

确立“立足工程、拓宽基础、面向实践、创新发展”的 E-learning 基地建设思路，发挥沈阳建筑大学的土木建筑类学科综合优势，立足于辽沈地区建筑业、房地产业健康快速发展的良好环境，贯彻“厚基础，重能力，求创新，能创业”的人才培养理念，坚持“三个融为一体”的教育理念（融素质教育与专业教育为一体，融知识传授与能力培养为一体，融基础教学与特色教学为一体），构建“宽基础、多方向、重应用”人才培养模式。立足地方与行业发展的主战场，建立集人才培养、服务社会、科技创新等功能于一体的人才培养模式。

二、“E-learning 实训实践基地”的培养模式的特点

E-learning 实训实践基地以全过程、情景化、开放式和网络化为建设的主要特

* 辽宁省教育厅 2009 年度辽宁省高等教育教学改革研究项目：面向工作的工程管理专业实践教学改革研究（辽教发〔2009〕141 号）。

色，面向沈阳建筑大学土建类各专业，建设基于仿真建筑企业和房地产企业运行环境的学习平台，以企业经营与管理涉及的各个阶段目标为实验目标，采用开放式的管理模式，建立情景化开放式的实验环境，进行仿真实训实践，实现真实化的实训实践目标。基地关注行业、企业、岗位、任务的工作过程的训练，通过在实训实习内容、实训实习模式、实践教学管理、技术实现手段等四个方面创新，将沙盘训练软件、数据平台、教学管理系统、资源管理系统等多种教学工具和团队训练、场景教学、自主学习、网上开放教学等多种模式整合起来，建立知识传授、能力培养、素质教育三位一体崭新的校内实训实践基地模式。成为在全国范围内起示范性作用的实践教学基地。

三、"E-learning 实训实践基地"教学模式设计

E-learning 实训实践基地涉及的组成模块包括土地管理信息系统实训室、管理决策系统实训室、信息统计系统实训室、财务管理信息系统实训室、市场分析系统实训室、工程造价系统实训室、工程项目管理系统实训室、竞赛沙盘系统实训室等，涵盖了建筑和房地产专业知识领域。

1. 教学的主要工作思路和设想

信息技术在实践教学领域的应用发展，产学研联合开发模式的有效整合资源。目前实践教学存在的问题主要是教学和社会需求两个方面，根本出路在于确立明确的建设目标，推动基地建设的改革与创新。

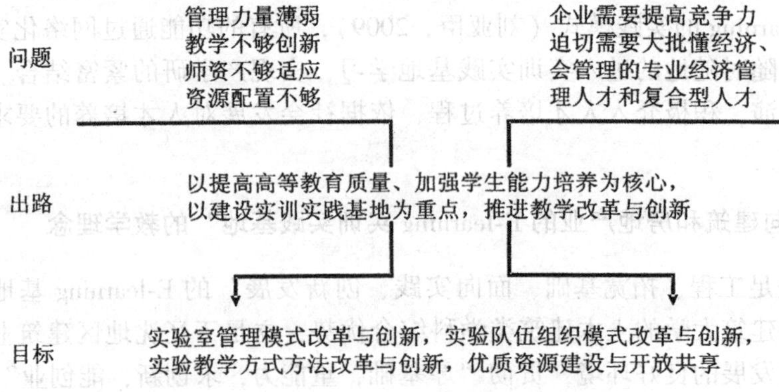

图1　教学的主要工作思路与设想模式图

2. 技术主要工作思路和设想

现阶段，实践教学的要求从之初的教学效率提升、教学应用共享逐步转移到教学资源的共享上来，进而向着社会资源匹配、更高更深的要求发展。而教学活动也从多媒体教学、实验室模拟训练向着开放自主实训转移，进而要求学习与实践一体。同时，伴随教育应用技术发展，应用的信息技术也更为深入，从软件技术到数据库技术，到互联网技术，到未来的平台技术，一步一步深化，使教学软件由单机到局域网环境到在线复合学习环境，到工学一体深度模拟仿真。与之对应，为推动实际教学发展而存在的一批开发服务商，他们的定位随着实践教学发展也在发生着根本的变化，正从实验实践内容提供服务商向着学习环境服务商转变。

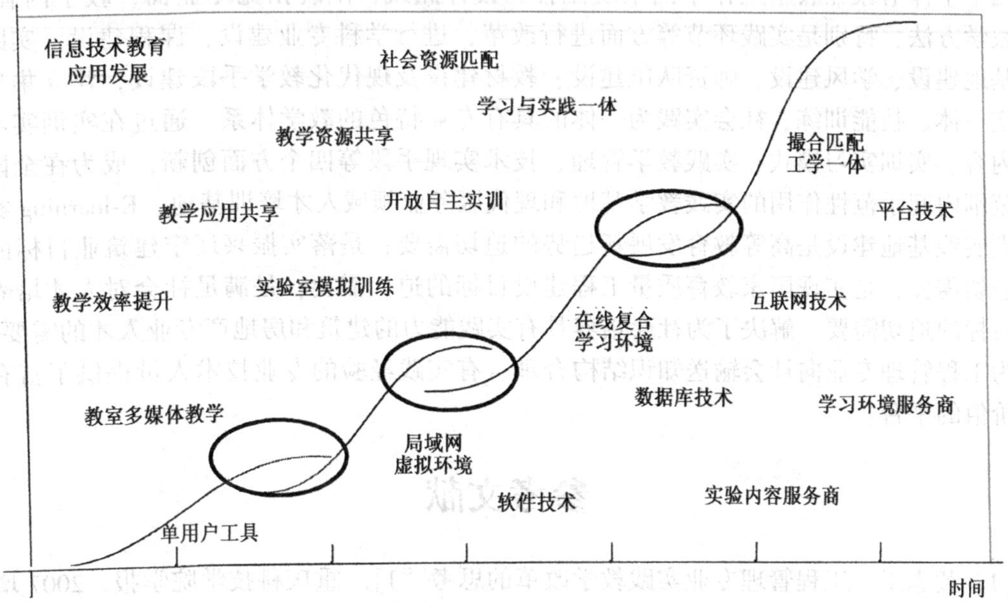

图2 技术的主要工作思路与设想模式图

3. 用户服务的主要工作和设想

基地预期用户群，按照使用对象可划分为基地管理人员、基地指导人员、学习者和管理员。

（1）基地管理人员：关注基地的性能，关注基地使用情况，使用频度较低；

（2）基地指导人员：基地的重要用户，使用频率高，采用基地进行教学；

（3）学习者：使用基地数量最多的用户，使用频度高，采用基地进行学习；

（4）管理员：基地配置用户，使用频度低，对系统进行维护及底层管理工作。

4. 项目的合理性与可靠性分析

实现教学组织创新，学生的在实习过程中以按照市场规律、企业经营规律为行为导向，既是学习者又是经营者、组织者。老师起到策划内容、设立场景、过程监控、点拨答疑、配置资源、能力评估的作用，两条教学主线相互配合推进，实现以学生为中心的实验教学模式创新，建设培养复合性实用型人才新课程体系带动人才培养模式的优化。

依托计算机模拟技术、信息技术、多媒体技术、网络技术，以企业人才需求为依据，以就业为导向，模拟企业真实的内外业务环境，建成开放式、多功能、高度共享的面向建筑和房地产业的 E-learning 实训实践基地，让学校、企业及个人学习者能够直接动手参与运营决策、体验经营管理和训练业务作业。

学生考核重点放在解决问题能力、学习能力、团队协同、过程管理上，并充分利用信息系统实现自动、实时、数据挖掘、知识积累的能力。学院已经初步建立了一支懂理论、懂技术、会应用的实验教师队伍。

四、结 语

面向建筑和房地产业的 E-learning 实训实践基地以学习者、教师、学校、企业四个主体对象在教学工作中的主线流程为设计路线，围绕拓宽专业面、教学内容、教学方法，特别是实践环节等方面进行改革，进行学科专业建设、课程建设、实践基地建设、学风建设、师资队伍建设、教材建设及现代化教学手段建设，建立集理实一体、技能训练、社会实践为一体的具有专业特色的教学体系。通过在实训实习内容、实训实习模式、实践教学管理、技术实现手段等四个方面创新，成为在全国范围内起示范性作用的实践教学基地和现代服务业领域人才培训基地。E-learning 实训实践基地建设是高等教育发展新趋势的迫切需要；是落实振兴辽宁建筑业目标的迫切需要；是实现国家教育质量工程建设目标的迫切需要；是满足社会对人才培养目标的迫切需要。解决了为社会培养具有实践能力的建筑和房地产专业人才的需要，为工程管理专业向社会输送知识结构合理、有实践经验的专业技术人员提供了富有价值的平台。

参考文献

[1] 黄志玉. 工程管理专业实践教学改革的思考 [J]. 重庆科技学院学报，2007 增刊.

[2] 卢玉琴，熊伟. 工程项目管理教学改革探讨 [J]. 高等建筑教育，2008 (4): 119 – 121.

[3] 张红玲. 工程管理专业教学改革研究 [J]. 高等建筑教育，2009 (5) 28 – 30.

房地产经营管理沙盘模拟教学模式探讨*

王 静 刘亚臣

（沈阳建筑大学 沈阳 110168）

【摘要】沙盘模拟教学作为一种新的实践教学模式，通过模拟训练，为学生创造房地产开发的虚拟环境，不仅让学生领悟到了房地产开发活动的真谛，而且增强了学生的创新意识和实践能力，使学生的思维潜能得到充分的发挥。

【关键词】房地产经营管理；沙盘模拟；教学模式

随着房地产业的迅速发展，市场对房地产专业人才的需求显得更为迫切。由于房地产行业的特殊性，要求从业人员对房地产市场运作的各环节，如市场分析、投资分析、规划设计、工程管理、市场营销及相关政策法规等必须十分熟悉，对每一项专业工作都能灵活操作，这就要求房地产专业教学在培养人才时必须面向市场、面向企业，否则就很难满足房地产市场对专业人才的需求[1]。为了培养更适应企业需求的人才，房地产专业教学迫切需要一种全新的手段与方法让学生身临其境地感受一个企业经营者直面市场竞争的精彩与残酷，并承担经营风险与责任，由此全面提高学生经营管理的素质与能力。

一、沙盘模拟教学模式分析

沙盘模拟源于军事博弈系统，早在我国的东汉时期，就出现了"沙盘"和运用"沙盘"演示战略战术方法的先例，此外国外军事史上也有运用沙盘作战分析的类似记载。1978年，瑞典人将"沙盘"引入了企业经营实战演练课程，美国哈佛大学将它研究开发成商业博弈系统[2]。20世纪90年代后，许多大学及企业集团公司亦相继投入该类软件的升级开发，例如美国IBM公司及日本索尼公司加入功能部门管理系统，开发成为更全面的管理决策博弈系统。发展到21世纪的今天，国外企业经营博弈系统发展不断提升，目前在美国、日本、欧盟、韩国等地的企业中均已广泛运用。

房地产经营管理沙盘模拟教学，是将各开发企业置身于模拟现实的复杂环境之中，运用独特直观的沙盘教具，模拟房地产项目的整个开发周期，从宏观环境分析、

* 辽宁省教育厅2009年度辽宁省高等教育教学改革研究项目：面向工作的工程管理专业实践教学改革研究（辽教发〔2009〕141号）。

市场调查、土地竞买、项目定位、投融资计划、规划设计、施工招标、施工建设到市场销售，整个房地产开发流程都能在沙盘模拟教学过程中体现出来。同时融入市场变数，结合角色扮演、情景模拟、教师点评，使学生在虚拟的市场竞争环境中，全真体会开发企业数年的经营管理过程。

和传统教学模式相比，沙盘模拟教学模式对房地产经营管理专业的学生具有很明显的作用。

第一，激发学生学习的潜能。传统教学模式中的“教科书定义”割裂了学习环境，教师主要通过讲授使学生记住定义，对于缺乏实践经验的学生来说，既感到枯燥乏味，又难以学以致用。即使部分教师会在课堂上采用一些案例教学法，激发学生学习的主观能动性，但终究还是纸上谈兵，学生无法获得切身的体会。“学为主，教为辅”是沙盘模拟教学模式的基本思路[3]。它通过直观的企业经营沙盘，来模拟企业的运行状况，注重实战技能的传授，强调演练与实践，让学生练中学、学后用，调动学生的主观能动性，激发学生的学习潜能，让学生在此过程中领悟房地产开发过程的关键所在。

第二，培养学生的决策能力和战略管理能力。沙盘模拟训练完全不同于传统的灌输授课方式，它通过模拟企业运行将企业结构和管理操作全部展示在模拟沙盘上，将复杂、抽象的经营管理理论以最直观的方式呈现在学生面前，通过让学生直接参与企业运作，扮演各种角色，使学生真正感受房地产项目的整个流程及具体运作，在主导企业各项经营管理活动的训练过程中体验得失，总结成败，进而领悟科学管理规律，提高决策能力和战略管理能力。

第三，培养学生团队合作的精神。沙盘模拟教学以小组（每组5~6人）为单位组建模拟公司来进行开发项目的整个流程，整个过程是互动形式的，学生在模拟过程中的不同观点需要对话交流，这使他们既学习了商业规则，又增强了沟通技能[4]。同时该模拟过程涉及整体战略、市场调查、土地取得、项目定位、项目策划、投资预算、融资规划、市场销售、财务经济指标分析等多个方面，教师需要引导学生进行换位思考，加强学生之间的相互沟通和协作，凸显团队精神。

二、房地产经营管理沙盘模拟教学的设计与组织

房地产经营管理沙盘模拟教学法实施的前提，是要在校内建立一个专供房地产经营管理专业学生进行实验的实验室。实验室由教师操作区和学生演示区两部分组成：教师操作区要配备计算机和大屏幕投影仪，供教师为学生进行讲解和点评；学生操作区由5~6组操作台组成，每个操作台中除需要配备计算机外，还要配备演示用的沙盘及各种模拟实验用具，让学生一进入实验室，便能感受到真实的公司场景。

按照教学计划，学生在系统学习完专业课程之后，即可安排学生进入沙盘模拟实验室。房地产经营管理沙盘模拟教学模式主要以各公司为单位，完成下列流程：组织决策、组织变革、熟悉规则、市场调研、调整战略、土地取得、项目定位、投资估算与资金筹措、规划设计、工程管理、营销策略、财务核算、总结点评。具体实施步骤如下。

第一步：组建模拟公司。

指导教师要把学生分成若干组，每组代表一个模拟的开发公司，其中每个公司由6名学生组成，同时注册公司名称，建立管理团队，分别推选出总经理、项目前期部经理、预算部经理、财务部经理、销售部经理和工程部经理，准备参与模拟竞争。

第二步：召开年初财务计划工作会议。

在熟悉模拟公司市场竞争规则的前提下，各开发公司召开年初财务工作会议，对公司目前所处的外部战略环境和内部经营条件进行分析，找出企业面临的主要机会和威胁，确立企业愿景和年度财务目标，同时指导教师要为每个企业提供一笔项目启动资金。

第三步：熟悉市场状况。

市场状况是每个公司面临的最关键的外部环境，也是各开发公司要抓住的主要的机会。在这个过程中，指导教师要向各开发公司宣布政府在本年度的土地出让计划，并充分分析每块土地的优劣状况，供各开发公司选择。另外，教师还要对政府在出让地块时规定的容积率、土地起拍价、限高等政策做相关解释。

第四步：召开经营会议，参加土地拍卖。

在熟悉了市场状况之后，各公司要召开经营会议，确定以下问题：①公司的战略定位。②地块的选择。各公司要研究首选的土地是哪一块？拍卖的最高价限定在多少？如果首选的土地没有拍到，其次应选哪一块。③项目定位。各公司要明确本企业的项目定位在什么程度，面向的客户群体是哪些。④投融资计划。指导教师提供给每个企业的启动资金不足以拍到最好的一块地，因此各公司还需要通过各种途径进行融资，教师可以设置两种融资方式：一是拆借，但利率较高；二是贷款，利率较低，但数额有所限制。选择哪种融资方式，需要公司的财务主管及总经理共同研究。经营会议结束后，向培训教师提交融资计划单。同时参加土地拍卖会，各公司由于资金实力的差距最终将获得优良程度不同的地块。

第五步：规划设计。

根据竞拍结果分发给每个公司相应的地块（这是沙盘模型当中的一部分，可以用塑料板代替），各公司规划部经理负责在土地上规划设计，用沙盘中各种大小的模型来代表房屋、绿化、道路、汽车等。在这个过程中，学生要充分应用相关理论知识，如总体布局的设计，其中包括容积率、绿化率、楼间距、消防、遮光等；空间关系的处理，其中包括动与静的关系、实与虚的关系、建筑与环境的关系、高层与多层的关系等；建筑风格的设计，其中包括设计风格的适用性、美观性等；另外还包括景观设计、户型设计等。沙盘模型规划设计完成之后，需要将设计结果绘制在施工图纸上，并向指导教师提交户型图。

第六步：施工招标。

根据不同的规划设计，各公司选择适合自己的施工企业，可以将施工企业分成A级、B级、C级三个不同的级别，级别越高，施工费用越高，这个过程需要学生充分考虑本公司的财务计划，教师要在此提醒学生，不要盲目追求完美，最终致使公司倒闭。选定施工企业后，由开发公司代表与是施工企业签订施工合同书，同时教师要求学生将地块上的模型全部拆除，并由公司的工程部经理负责按照施工图纸进行施工。

第七步：制定销售策略。

楼盘建成后，进入市场销售阶段，在这一阶段需要销售部经理与公司成员协商，为自己的楼盘起一个响亮的名字，同时为楼盘的销售编写主题和广告语，并选择广告媒体的形式，如户外广告、车体广告、电视广告、杂志广告等。根据财务部主管提供的本年度财务计划以及当年的现金流量，制定楼盘的最低销售价格。

第八步：编写年度财务决算。

经营期结束后，各公司的财务部主管要计算出本年度的年销售率，年销售率的计算根据各公司所选择的施工企业级别，规划设计的程度，绿化环境以及广告的效应综合计算，每个指标有相应的权重，且各指标的分数由指导教师根据各公司的表现打分。

最后财务部主管要填写财务报表，计算出本年度的年利润以及净资产。以净资产最多的为当年业绩最佳的公司。

三、沙盘模拟教学模式实施中需要注意的问题

房地产经营管理沙盘模拟教学法虽然有很多优点，但在实施过程中，如果操作不当，就不能达到预期的目的，因此，在实施沙盘模拟教学法时应注意以下两个问题。

第一，教师要明确自己的作用。

在这种体验式的实验教学过程中，教师的作用是十分重要的。虽然在这个过程中，以“学生学习为主，教师讲授为辅”，但教师却要充当好引导者和评论者的角色[5]。在沙盘模拟过程中，教师通过观察每个学生在模拟过程中的表现，判断哪些知识是学生最欠缺的，并根据学生的特点选择最有利于学生快速吸收并应用的教学方法，同时教师要把模拟过程与实际工作联系起来，帮助学生对所学知识进行疏通整理，并引导学生进入更高层面的思考；在每个步骤结束后，教师都要对各公司在此过程中存在的问题进行分析、评论，并对下一步工作提出指导性的意见和建议，以利于学生顺利展开模拟。

另外，房地产经营管理沙盘模拟教学需要指导教师有丰富的房地产专业理论知识和房地产开发的实战经验，这一点对于高校教师而言，是一个很大的挑战。

第二，正确处理“沙盘模拟教学”与“三明治”专业实践的关系。

沙盘模拟教学法对于房地产经营管理专业的学生固然是很重要的，但绝对不能将它作为唯一的实践教学方法，也绝不能代替其他形式的实践教学活动，如“三明治”专业实践。目前，沈阳建筑大学在工程管理和房地产经营管理专业开设了“三明治”专业实践教学模式，该模式充分培养了学生的实践能力。但是对于房地产经营管理专业的学生而言，仅半年的时间并不能完全参与整个项目的开发过程，如果在“三明治”专业实践之前对学生进行为期几天的沙盘模拟培训，便能使学生在进入真正的开发公司之前就对自己的工作过程有了直观的认识，进入实战后，学生能更加充分的将理论知识与实践结合到一起。可见沙盘模拟教学模式是理论教学与实践教学之间良好的润滑剂。

四、结束语

与传统教学模式相比，房地产经营管理沙盘模拟教学对房地产专业的教师提出了更高的要求。教师应具有综合性的知识背景，精通整套房地产经营的开发流程，无论是预算、买地、策划、规划、施工、财务还是销售，都要能够为学生讲解、点评。这一教学方法目前在国内高校的房地产经营管理专业中还没有充分的应用，无论对教师还是对学生，对这一教学方法都要有一个适应的过程，实施的具体办法和措施也有待于进一步探索和完善。但是，只要我们着眼于未来，勇于实践，结合各学科的实践技能点，就能探索和形成一个面向课程群的房地产经营管理专业的实验教学模式。

参考文献

[1] 张炜．高等教育创新的范式与管理：集成创新 [J]．中国软科学，2004 (2)

[2] 张竞元，赵斌，王东娣．“企业经营沙盘模拟与对抗”课程“四个阶段”教学法 [J]．实验室研究与探索，2011 (3)：365－368.

[3] 刘勇，郭科，彭蓉．把“市场”建在实验室，把“企业”交给学生 [J]．实验室研究与探索，2010 (3)：173－175.

[4] 戴晓燕．工程项目管理沙盘模拟在工程管理专业实践教学中的应用 [J]，2011 (12)：162－164.

作者简介：王静，管理学院房地产研究所，讲师，硕士。主要研究方向：住房制度与保障、房地产融资

“基础会计学”实践教学存在的问题及改革方法探讨

岳 红

（沈阳建筑大学 沈阳 110168）

【摘要】本文探讨了基础会计学实践教学环节存在的问题，结合基础会计的特点和实际教学经验，提出了改进实践教学阶段性内容的设置，扩大实践教学范围和资源，加强信息技术的利用等教改方法，以提高基础会计实践教学的效果。

【关键词】基础会计；实践教学；教学改革

“基础会计学”是会计学专业的核心专业基础课，为后续专业课的学习奠定基础，对引导和提高学生的专业学习兴趣具有重要的作用，同时“基础会计学”也是一门非常注重实践的学科，即使最初的基本原理讲解部分也不例外。为培养学生实践技能，养成动手习惯，巩固加深理论知识的学习，做好与“基础会计学”理论教学相适应的实践教学环节的改革，意义非凡。

一、“基础会计学”教学中存在的问题

1. 概念抽象学生缺乏感性认识

“基础会计学”中有很多原理和概念，对于初学会计的学生来说，因缺乏感性认识，感到非常抽象和模糊，例如：会计前提假设，借贷记账法，账户结构，会计核算程序等，如果教师只照本宣科的讲授，会使学生感觉枯燥无味，深奥莫测，甚至个别学生会因此对自己的专业选择产生疑虑，对专业不感兴趣，这除了缺乏专业教育外，与没能及时通过实践教学把刻板抽象的专业术语转化成鲜活真实浅显易懂的实物教学有着不可分割的关系。

2. 实物展示教学印象不深刻

在“基础会计学”传统讲授中，教师在讲课过程中，经常会结合授课内容做些实物展示，如讲解会计凭证时，会给学生展示一些原始凭证或记账凭证；在讲授账簿登记时，会展示手工记账的账簿或账页。这些实物教具对增加学生的感性认识起到了一定的作用，但是对学生来说只不过走马观花看了些外在的形式，并没有在理论学习的同时亲手在这些凭证或账簿上实际操作，因而印象不深刻[1]。随着多媒体课件的广泛应用，教师可以借助多媒体课件给学生展示各种凭证账簿或报表，但其效果与实物展示没有本质区别，学生仍得不到亲临其境的锻炼和感受。

3. 会计认识实习与理论讲授脱节

目前会计学专业本科阶段的第一次专业实习，一般安排在“基础会计学”课程结束的学期期末，即会计专业的认识实习，一般采用手工操作模式，模拟一家中等规模的企业实例业务，在会计实验室完成从原始凭证采集、记账凭证填制、账簿登记及报表编制的全部过程，由于课程理论学时结束后，集中进行实务处理，学生一开始往往茫然无措，无从下手，甚至在实习过程中，被迫中断实习再回头复习理论内容，降低了学习效率，而且因为是综合业务实习，实习时间较长，一般为3~4周，而此时正临近期末复习考试阶段，学生往往不能全身心投入实习，影响了实习效果。

4. 实习环节与后续课程衔接不紧密

“基础会计学”就是为后续专业课奠定基础的一门课程，虽然无论实务怎样改变，很多基本原理仍是万变不离其宗，但由于会计学具有社会性和技术性双重特性，随着时代的演进，老的概念，基本原理也应赋予新的涵义，在实践环节应与后续课程有所衔接，尤其是与后续的财务会计学、会计电算化、财务管理学等课程的衔接不足，而以上几门课程随着计算机技术的发展，已经将计算机技术，软件的应用与该专业课程紧密结合起来了，如在上述课程中，Excel技术已被广泛应用，所以基础会计学实践环节也不应该只着重于手工实务操作，也应该充分利用财务软件技术，提高会计学专业实践教学效果。

二、“基础会计学”实践教学的完善

1. 安排阶段性手工模拟操作提高授课效果

会计学是一门实践性非常强的学科，对于初学“基础会计学”的学生来说，手工操作仍然是必不可少的教学环节，它对于理解和掌握会计学的基本原理，基本核算程序以及会计的基本核算内容有着不可替代的作用。但是传统教学中往往把这一环节放置在理论教学结束之后，造成理论和实践教学在时间上错位，学生在理论学习时缺少感性认知，在实践环节又缺乏理论指导，针对这一缺陷，建议在平时的理论教学中就应随时穿插进一些实际的手工操作模拟练习，每讲授一个理论知识点，就真枪实弹地操练一次，这样不但可以通过实践巩固加深对理论知识的理解，还可以提高学生学习专业基础课的兴趣，把枯燥乏味的讲解变为气氛轻松活跃的模拟实践。在实践过程中，需要为学生选择一套与教材相适应的模拟实验资料，目前这样的资料非常容易取得，同时为学生准备相应的实物资料，如手工记账凭证、科目汇总表、账簿账页、会计报表等。所选择的各单项模拟实验资料相互间应有内在的联系，以区别于独立的课堂大作业，并且最好各个单项模拟实验资料最终能够组成一个会计对象完整的实际业务，以达到随着学习内容的深入和实践资料的积累，最终使学生在完成全部单项模拟实验的基础上，整理出该会计对象综合的会计信息，为后续的综合模拟实验打下基础。

2. 改进综合模拟实践教学设置

平时随着理论教学进度安排的单项模拟实验的作用虽然重要，但课程结束后安排的综合实验的作用也是单项模拟实验所不能取代的，综合模拟实验对学生从整体的角度理解和掌握基础会计的核算程序，编制简单的会计报表具有重要的作用。如果能够将平时穿插到阶段性教学中的单项模拟实验与最后的综合模拟实验相结合，就既能够使前后实验相辅相成，又能够提高教学效率和教学效果。例如，选择一个会计对象的完整业务，把该会计对象原始凭证的填制和审核，明细账和总账的登记和核对等业务作为单项实验安排在平时的教学中完成，而把期末对账结账和各种账务处理程序以及编制会计报表的实验环节作为综合实验安排在期末进行。一般院校基础会计理论教学安排48学时，课程结束后的会计认识实习安排4周，折合教学学时80学时，如果把单项实验加到理论教学中，则平时基础会计理论教学可以增加到64学时，仍然是16周教学，而课程结束后的会计认识实习压缩到2周即可，这样平时学生的实验环节得到了加强，而综合实验能力也得到了锻炼，更重要的是实践环节不会挤占学生期末考试复习时间，使学生能够全身心投入到实验操练中去，提高了实践教学的效果。

3. 扩大教学主体增加实践教学资源

传统的基础会计教学模式是以教师、课堂、书本为主导的传授式教学模式，这种教学模式对于实践性非常强的基础会计学课程可以说是事倍功半。例如，原始凭证的讲授，如果采用传统板书和教材图表介绍的方式，至少要写出并讲解七个方面的内容，而如果学生能够见到一张真实甚至是通过自己实践取得的原始凭证，则会对七个部分的内容一目了然，不需要死记硬背，就很容易记住原始凭证的具体内容。实际中的原始凭证，会计账表等在教材中都被印刷成规范统一的传统表格样式，是实物的抽象化结果，学生即使看过学过甚至亲自填写过，但一到实际岗位见到五花八门的账表仍旧会感到生疏而茫然。如果把传统的教学主体扩展到社会，把社会资源纳入到教学中来，教学会事半功倍。可以让学生利用平时接触社会实践的机会多渠道收集原始凭证，教师也可以利用实践基地、合作单位等渠道帮助学生收集会计凭证甚至会计账表或其复印资料，还可以利用网络资源让学生查阅真实的凭证、账簿和报表，扩展课堂和书本的教学，增加实践教学资源，把枯燥的书本加课堂的讲授模式转化为生动真实的实物教学模式，增加学生的感性认识和学习基础会计学的兴趣。

4. 利用会计软件充实基础会计学实践教学

随着计算机技术的发展与普及，许多财务软件的开发越来越成熟，企业实行会计电算化，因此对高校会计专业学生财务软件操作能力的要求越来越高，这就要求会计专业教学要加强学生软件操作能力的培养。目前高校都拥有现代化的实验室，配备的软件也能够满足实践教学的需要，但由于基础会计涉及的专业知识不深入，一般院校都是在大部分专业课程讲授结束时或在会计电算化、管理信息系统等课程的实践环节安排学生学习软件的操作及相关知识。其实，基础会计虽是会计专业的入门课程，内容不够深入细致，但其作用以及对后续课程的影响却非常重要，它从整体和宏观的角度，已经将会计的完整核算程序及原理介绍清楚了，如果能结合企业简单的业务，完全可以借助财务软件完成一个从会计凭证填制、账簿登记到报表输出的会计循环。

目前一些知名的财务软件开发商，纷纷开发出一些针对学校教学的教学版财务软件，如用友软件、金碟软件等，而且成本低，安装容易，简单易学，学校可以借助于这些软件锻炼学生的实际操作能力，但在实际应用中很少有学校在基础会计课程中应用这些软件，而是在中级财务会计、会计电算化或管理信息系统等课程结束时安排这些软件的上机操作[2]。其实在基础会计课程结束的时候安排学生学习操作这些财务软件从教学效果来看是事半功倍。首先，学生通过基础会计的学习已经掌握了会计循环的完整程序，而且掌握了企业供应、生产、销售环节简单的业务内容，在前期分阶段手工操作的基础上，完全有能力利用财务软件处理这样的会计业务。最好对同一个会计主体的相同的会计业务进行手工操作和财务软件操作，这样更便于学生对两种操作方法进行比较，相辅相成，加深理解[3]。其次，基础会计更强调会计的基本原理和概念以及会计循环整体的程序操作，而这个过程的训练是基础会计所特有的，是其他课程所欠缺的，只有把会计循环的训练及时安排在该课程的实践环节中，才能达到巩固教学的目的。其他课程如会计电算化、管理信息系统则更注重于计算机技术方面的应用，从会计学专业来看，基础会计课程结束后及时的财务软件操作训练是必要的，也是在其他的课程实践环节不可替代和弥补的。

但是财务软件的操作毕竟要运用大量的计算机操作技术，有些内容确实要在相关的计算机课程中才能学习到，为了突出基础会计专业内容的训练，避免因计算机操作环节的生疏影响专业知识的训练，教师应该在学生操作过程中将一些前期准备工作做好，直接让学生进行与基础会计教学内容相匹配的实务训练，这样才能达到促进教学的目的，也能起到与后续课程相衔接的作用。

参考文献

[1] 章爱文，江少波．浅议财务软件在会计实践教学中存在的问题及对策［J］．高等教育，2011（5）：87－88.

[2] 甘伶俐，刘华．用友通标准版 10.2 教学点滴体会［J］．中国管理信息化，2010（7）：128－129.

[3] 王建萍，张秀林．基于 ERP 环境下的会计电算化教学改革［J］．商业经济，2011（4）：65－66.

作者简介：岳红（1967—），管理学院商学系，副教授，硕士。主要研究方向：会计，财务管理。

对工程管理专业实践教学方式变革的思考*

张嵩 刘裕巍

（沈阳建筑大学 沈阳 110168）

【摘要】介绍了现代在国际范围内具有影响的 PBL 教学方法，分析了工程管理专业实践教学的特点，以及与 PBL 教学法的契合，提出了在工程管理专业实践教学中引入 PBL 教学方法，以及所能带来的重要意义。

【关键词】PBL 方法；工程管理专业；实践教学

工程管理专业培养在工程建设领域，从事项目决策和全过程管理的高级管理人才。工程管理责任重大，除具有相应的专业知识外，还要有良好的身体素质和心理素质。培养的人才不仅具有丰富的管理知识，更应该具有在工程项目管理中面对实际状况将知识融会贯通的解决问题的管理技能。我们现在的人才培养模式更多是知识传授，实践教学环节对管理技能的训练不能满足社会对这类人才的要求，因此，引入 PBL 教学法变革工程管理专业实践教学方式，有效提高实践教学环节效果，对我们现在工程管理人才培养具有重要的现实意义。

一、PBL 方法是以团队为组织形式的体验式教学法

1. PBL 方法是以问题为基础的体验式学习

PBL，是以问题为基础的学习，全称是 Problem-Based Learning，是一种以真实情景中的需要为基础的以学生为中心的自我引导的教学方法。从 20 世纪 50 年代的最早出现至今，历经了半个世纪的发展，已经在世界范围内众多的国家和高等院校中得到广泛的传播和应用，美国、加拿大、丹麦、荷兰、澳大利亚、新加坡等国家和我国的香港、台湾地区都在不同程度上对以问题为基础的学习进行研究和尝试，国际范围内以 PBL 为主题的研究网站也为数众多。在世界上教学方法不断推陈出新的过程中，问题式学习能够经历半个世纪而且发展越来越广泛和深入，它符合当今世界对人才和教育提出的要求[1]。

PBL 方法是体验式教学，使学生面临在实践中可能遇到的情境作为学习的起点，是一种学习者为中心的方法，是一种经验学习方法。PBL 问题的选择则是一种情景的模拟，PBL 的问题通常是与真实需要有关的项目设计、产品研发、市场策划、问

* 教育部财政部高等学校人才培养模式创新实验区建设项目（200927）；教育部财政部高等学校特色专业建设项目（201015）；教育部财政部高等学校国家级教学团队建设项目（201012）。

题处理方案等，它们是一切教学活动的起点，同时也是学生在其未来的专业领域可能遭遇的“真实世界”的非结构化的问题，这些问题没有固定的解决方法和过程，需要学生不断地去探索和发现，其结果也是开放性的。PBL 中的问题能够激发学生的学习兴趣，引导学生去主动的探索，综合应用信息来解决问题，并且开始尝试在向团队成员和导师学习的过程中高效的工作，学生在探索过程中掌握或者应用本专业相关的概念、原理知识，这个过程可以帮助学生把新的信息同已有的知识联系起来，丰富知识结构，因为它可以增加各种概念之间的相互联系，促进知识的活化。PBL 中的问题提出是用来激发和引导学生学习，同解决问题是不同的，以问题为基础的学习活动的目的并不是为了解决这个呈献给学生的真实的问题，而是要通过问题帮助学生在处理实际问题的过程中更好的识别自己所需要掌握的知识，学生积极参与学习过程，激发先前知识的活化、详尽阐述和深入的学习，这样将产生较深入和较彻底的理解和运用。

2. PBL 方法的特点是以团队为组织形式的自主学习

PBL 方法通过模拟现实情境，体验式的学习，学习者的亲身实践，获得学习经验，这样能够激发学生兴趣，引导学生成为高效的自主学习者。学生在自我引导的学习过程中，自我设置每个阶段的学习目标，对问题的相关部分进行独立的研究，并最终将自己收集、分析、整理的知识应用到问题的解决中去，同时还要不断的监控和反思问题的解决过程。因此，整个解决问题的过程，实质上也是学生进行自我学习与检验的过程，也是小组成员逐渐成为自主学习者的过程，问题的最终解决也促使小组成员成为独立自主的思考者和学习者。

PBL 教学模式是以团队为基础，老师成为团队的指导者和促进者，使得他们和学生之间更容易建立起融洽和谐的关系，同时他们也能够采用更多的个性化的教学方法，根据学生的不同需求进行个别指导，这些促进良好的学习环境的形成。老师参与指导与学生团队协作的学习方法，为学生建立了一个有利的环境，使他们能够学会倾听、接受批评以及提出自己的质疑。

以团队为基础的学习过程中，提高学生的团队工作能力和人际交往能力。围绕问题而开展各项学习活动的过程，使学生能够更多和更深入地主动参与到学习过程，每个人都有很多“说”的机会，并在小组活动中培养与人相处的技巧、向他人学习的能力以及主动参与小组活动并作出贡献的习惯。团队式的学习方式也使每个小组成员能够切身体会团队的形成、发展过程，有更好的机会来学习团队问题的解决过程，有更多的时间来学习和实践协作。同时，团队的发展要求小组成员来共同承担责任，为学生提供了更多与同龄人比较和自我评估的机会，并且也更容易培养学生的自我学习的责任意识。

二、工程管理专业实践教学引入 PBL 方法的作用

1. 引导学生成为高效的自主学习者

在问题的引导下，学生自己有了学习的目标，对问题的相关部分进行独立的研究，并最终将自己收集、分析、整理的知识应用到问题的解决中去。因此，整个解决问题的过程，实质上也是学生进行自我学习与检验的过程，也是团队成员逐渐成为自主学习者的过程，问题的最终解决也促使团队成员成为独立自主的思考者和学习者。

2. 提高学生的团队工作能力和人际交往能力

整个学习过程以团队为组织形式，围绕问题开展各项学习活动的过程，每个人都有很多“说”的机会，增加了同学的自信，培养与人相处的技巧、向他人学习的能力以及主动参与团队活动并做出贡献的习惯。团队式的学习方式也使每个小组成员能够切身体会团队的形成、发展过程，学习团队问题的解决过程，学习和实践协作。了解到团队的成员是自己重要资源，他们可以互相帮助，共同承担责任，为学生提供了更多与同龄人比较和自我评估的机会。

3. 培养学生较强的社会实践能力

设置的问题是来自工程管理实践中，是未来工作中会遇到的问题，通常不是一个学科的知识能够解决的，需要同学们的综合分析和解决问题的能力。因此在学习的过程中，锻炼了学生分析问题、解决问题的能力，领会专业知识的实际应用价值，提高其社会实践能力。

4. 有助于提高教师的自身素质并与学生建立融洽和谐的关系

在 PBL 模式中，教师扮演的是一种统筹全局的幕后角色：精心地设计问题，巧妙地指引学生，恰当地评价学生的表现，目的是教会学生掌握学习的方法。这就要求教师必须对课上讨论的内容有充分的把握和认识，才能驾驭整个讨论的正常进行，而且也激发了教师及时调整自身知识结构，注重不同学科背景的知识修养，扩充更新教学内容。这种教学方式对于教师来说是一个学习的过程，也有利于促进教师自身综合素质的提高[2]。

问题式学习中，老师作为小组运作的指导者或者促进者，与学生有大量的接触机会，使得他们和学生之间更容易建立起融洽和谐的关系，同时他们也能够采用更多的个性化的教学方法，根据学生的不同需求进行个别指导。老师参与指导、学生团队协作的学习方法，为学生建立了一个有利的环境，使他们能够学会倾听、接受批评以及提出自己的质疑。

三、构建基于 PBL 方法的工程管理专业实践教学方式

1. 工程管理专业实践教学中引入 PBL 方法

PBL 教学法不同于以往的传统教学，它充分发挥了学生的主观能动性，要求学生在学习中自己发现问题，提出问题，通过查资料、讨论等一切可以利用的手段自己解决问题，然后总结并掌握知识内容。传统教学恰恰相反，老师通过讲授把课本上的知识灌输给学生，学生在学习过程中缺乏主动性，一味地被动接受课本上的知识，而对于课本之外的知识很少通过自己主动地查找文献资料而获取。

现在的工程管理人才培养模式是基于知识传授为核心理念，教学方法主要采用讲授式教学，“填鸭式”教育，缺乏学生参与；考试时卷面的名词解释、填空、问答这些题型及评分标准将学生引导上死记硬背的学习路子；忽略了学生的实践探索，束缚了学生的发展。工程管理专业培养计划要求学生不仅仅要掌握专业知识，更应该具有管理专业技能，因此在专业课程教学计划中都是设置了课程设计的实践教学环节，而在这一实践教学环节中最适合应用 PBL 方法。

PBL 方法将学生设置到复杂的、生动的、有意义的问题情景中，通过师生互动合作解决问题，从而学到问题所蕴涵的科学知识，掌握解决实际问题的技能和自学能力。这一教学法中，学习知识的主体是学生，在知识面前，教师的“教”与学生

的“学”的界限是很模糊的，充分地体现了创新教育的特征——师生互动，能极大地提高学生的学习兴趣[3]。

PBL 方法通过模拟现实情境，使学生获得专业技能经验，培养学生较强的社会实践能力。问题式学习将现实世界中的非结构化的问题呈现给学生，这些问题都是具有一定研究价值并且学生在未来的专业领域可能会遇到的，问题通常涵盖了不止一个学科的知识，是对广泛的学科或者主题的整合。学生在问题式学习的过程中，对问题的分析和分解以及以问题为核心所开展的团队协作与分工，锻炼了学生分析问题、解决问题的能力，同时学生也初步获得了项目工作的知识，对项目过程有整体上的了解，并接触到专业领域内的问题，这些都会有利于提高其社会实践能力。

以团队为单位的解决问题的学习过程中，团队成员需要去解决一系列的实际问题。为了寻找问题的解决方案，他们需要对问题分析、讨论、分解，形成各个细化的议题，然后按照分议题进行更为具体的学习。在这个过程中，知识与一定的实际情景相联系，使得获得的知识在相对较短的时间内就会体现出重要的现实意义和实践指导作用。团队成员在这个过程中，他们需要查找大量信息，并从中提取有效信息、组织分析信息，最终形成了用于解决问题的知识。在经过了整个信息的搜集、分析、自我加工、知识应用过程之后，学生所获得的知识已经成为了学生自己的知识，这些知识很容易在实践中灵活迁移[4]。

2. PBL 方法具体实施步骤

（1）识别问题。学生了解问题并对问题进行讨论。老师引导学生去正确的识别问题，并且鼓励其去更深入的思考。这里是通过对 PBL 问题的思考，使学生进入在未来专业中可能遇到的情景中，利于培养专业技能，积累专业经验。

（2）发掘已掌握的知识，澄清问题中的要素以及要素的含义。学生总结出自己已知的知识和生活经验，陈述自己对问题的已有的理解，并在小组内部来交流对问题的认识，进一步明确问题。这一步是对专业知识的梳理和回顾，将面前的问题变成专业问题，为其学会运用专业知识解决问题奠定基础。

（3）形成假设以及可能的解决方案，并识别问题。在之前讨论的基础上，学生形成关于问题本质的假设，包括可能的解决方案。并确定出需要进一步发掘的问题，即不能够用小组现有知识解决的问题，但是通过学习是能够解决的。学生将会进一步清楚他们的问题是什么，无论是小组的还是个人的，寻找专业知识解决问题。

（4）自我学习阶段。学生在之前三个阶段的基础上，形成自我学习的领域，并充分理解和使用其他小组成员带来的资料，花费大量的时间来研究和学习。从这阶段学生围绕 PBL 问题探寻更多的领域专业知识，寻找更好的问题解决方案。

（5）根据问题对新知识进行评价和利用。在完成之前的问题识别、自我学习之后，开始把这些获得的新知识应用到最初的问题上。学习小组内开始进行广泛的交流，学生之间自由的提出问题，并识别那些能够应用到问题上的重要的概念，并最终形成问题的解决方案。如果在这个阶段仍然找不到一个理想的方案，学生们需要从第一步开始重新识别问题、明确问题并开展相关的学习，这个循环一直进行下去，直到最终形成问题的解决方案为止。

（6）学习过程的评价和反馈。在问题基本解决之后的一个步骤是每位学生都能对之前的学习过程进行思考和反思。这包括对学习成果的审视、小组成员之间就各自的工作以及小组整个工作过程进行反馈以及对整个小组的工作情况进行考核。

四、引入PBL方法的教学实践分析

PBL这种以问题为中心的教学方法确实能够激发学生强烈的学习兴趣，加强对知识的掌握和分析，培养学生创新意识，非常适合管理专业这种实践性很强的专业课程教学，但是在实践中也应该注意一些问题。

（1）在进行PBL教学前，教师和学生都要做好思想和行动上的准备。虽然PBL教学模式是一种全新的教学理念，在学习之初学生会很难接受，多年的传统教育使学生在学习中形成了惰性，很少主动地去完成学习，而习惯于上课时被动地听，这造成发现分析问题、提出深层次问题的能力很低，同学们的积极性不高，小组讨论的气氛不够热烈[5]。在PBL刚开始利用的阶段，可以采用与传统教学法相结合的方式，基础理论适合用传统的教学方式，有助于学生系统掌握理论知识。同时对学生做PBL教学的学习指导，使学生对PBL教学法的教学目标、基本要求、实施过程、课程内容和讨论题等有一个总体的了解。随着学习的深入，学生会感觉越来越好，学习的效果也会越来越好。

（2）设置的问题应有吸引力。问题的设置应紧密结合现实生活和所学专业内容，难易适当、张弛有度，可以由学生提出自己感兴趣的问题，老师帮助归纳梳理，使学生感到有深入研究的价值和余地，引起讨论和思考的兴趣。

（3）在明确问题后，应该充分调动学习团队的力量，完成分析问题和解决问题以及设计方案的全部任务。在这个过程中指导老师不是“专家”，是引导学生自己实现目标，重要的是让学生表达各自的观点和想法，自主实现目标。

（4）针对学生的成绩评定，不仅是给出一个成绩，更主要是对学习过程进行思考和反思。在交流汇报过程中审视学习成果、团队成员的分工与合作，以及对整个工作情况的总结。

参考文献

[1] 黄斌．谈PBL的理论与实践［J］．中国医学教育技术，2005，19（5）：341－344．

[2] 易斌．谈PBL模式在高校信息素质教学中的应用［J］．图书馆工作与研究，2008（10）：95－97．

[3] 戴小丽．PBL教学法初探［J］．江苏教学探，2008（1）：25－26．

[4] 梅人朗．PBL：教育实践和研究的未来挑战［J］．复旦教育论坛，2008，6（1）：81－86．

[5] 杨豪，等．以问题为基础学习教学方法的实践［J］．医学与社会，2008，21（9）：54－55．

作者简介：张嵩（1966—），管理学院商学系，副教授，硕士。主要研究方向：人力资源管理。

专题四：教学改革与团队

篇首语

教学改革是对传统教学内容和教学方法进行改进，对教学原则进行完善、充实和校正，以期真正做到素质教育与大学教学过程的有机融合。教学团队建设是学校教育教学改革的系统工程，是提高教学质量、完善教学改革的重要举措。为了深入推进课程体系、教学内容和教学方法改革，不断提高学校整体教学水平，建设一批教学质量高、结构合理的教学团队，是教学改革的重中之重。

沈阳建筑大学管理学院一直遵循通识教育的人才培养理念，致力于教学方法的改革与教学团队建设，从学科的整体发展与综合化出发，合理构建教学内容与课程体系，重构实践教学体系、正确把握培养方案中学生学习的量与度，为学生自主学习、发展个性留有足够的余地。鼓励教师引入前沿理论和热点问题丰富教学内容，由单一教学方法改为多种教学模式，注重学生知识、能力和素质等三方面的培养，通过灵活的教学方式，创新多种考核方法，培养学生运用所学知识解决实际问题的能力。

本专题收录的论文汇集了管理学院教师在教学改革与团队建设方面的经验和成果。具体包括：富有特色的课程教学团队的建设；“三明治”实践教学模式探索与创新；双语教学的有效运用；青年教师教学能力的培养；教学课程体系的优化设计方案的实施；执业资格制度在管理学院教学内容中的运用等。

管理类本科专业财务分析课程考试改革初探

包红霏　常春光

（沈阳建筑大学　沈阳　110168）

【摘要】财务分析是一门理论性、实践性、技术性都比较强的综合性学科。本文分析了管理类本科专业财务分析课程考试改革的必要性和思路，进而提出了财务分析学课程考试改革的具体操作方法，旨在提高人才培养质量。

【关键词】财务分析；考试；改革

在管理类本科院校中，教学工作是中心工作，教学改革是各项改革的核心。考试方法的改革又可推进教学改革。有鉴于此，笔者从自身专业的角度来探讨财务分析课程考试改革这一问题。作为应用性很强的学科，财务分析的特点是非常注重实务操作性，在理论和实践的取舍上应更注重实践。适应这一特点，财务分析就必须具有一套相应的考试考核方法，以增强和提高学生分析和处理实务问题的能力[1]。

一、财务分析课程考试改革的必要性

1. 考试改革有利于实现应用型人才培养目标

目前，财务分析考试中对学生成绩评价的主要方法仍然是以教材为中心命题，重理论、轻实践的期末闭卷考试法。这抑制了学生的个性和创新能力的发展，不利于学生分析问题、解决问题能力的培养和创新思维的建立。因此，财务分析考试改革势在必行，必须以素质、技能考核为主，使教学从以传授知识为主转向以培养技能、能力及素质为主，引导和激励学生主动学习技能和能力，才能实现应用型人才培养目标。

2. 考试改革有利于财务分析课程进一步改革

在教学改革中，很多管理类本科院校增加了实践性教学环节，我院的财务分析课程在教学中也增加了实践操作技能的教学环节，目的在于让学生以企业实际的案例为基础，掌握综合财务分析的技能。为了更好的配合该课程的教学改革，对该课程的考核方法也应该有所改进。我们应该更注重学生应用能力的考核，对学生的评价不应停留在“认知、理解”层面，而应该以“应用、分析、综合”为目标。

二、财务分析课程考试改革的基本思路

本文根据财务分析课程的教学目标和特点，构建了多样化的考试模式，基本思

路如下。

1. 考试设计的整体性

要把财务分析考试改革放到管理类本科专业课程体系中去加以研究，把握专业课程改革的整体性，避免孤立性。财务分析考试改革要从考试内容、考试方式、考试过程、评价主体等多方面加以设计，才能取得改革成效。

2. 加强考核的过程性

加强平时考核，避免学生期末考前突击复习现象的发生。目前高校课程大都采用期末考试方式来决定学生课程学习成绩，导致学生只注重终结性考试，不注重平时学习。因此，要采取过程性考核和终结性考核相结合的方式，尤其要科学设计过程性考核的内容和形式，使二者相辅相成，互相配合，共同构成和谐的考核整体。

3. 评价主体的多元化

在过程考核和终结性考核实施中，评价的主体要多元化，不能只由教师自己给学生作评价，要采取学生自评、小组互评及教师评价相结合的方式。

三、财务分析课程考试改革的具体操作方法

1. 理论考核

沿用原有的考核方式，采取闭卷笔试的形式进行理论考核，既要有客观题，也要有主观题，具体包括：单项选择、多项选择、判断、计算及综合分析题等，但是卷面成绩只占到总成绩的40%。侧重考核学生对基本知识和基本理论的掌握及运用，以技能与能力为中心，提高学生的职业应试能力及可持续发展能力。

2. 平时考核

平时考核成绩由学生平时上课出勤、作业、课堂纪律、回答问题等方面构成，平时成绩占总成绩的20%。可以通过课堂考勤、作业批改、随机抽查学生、案例分析、实践演练等方式进行。通过平时考核，能够加强学习过程控制，督促学生学习，提高学习效率；通过形成性考核反馈的教学信息，可及时调整教学节奏和方法，全面、客观地评定学生课程学业成绩；同时还能考察学生的学习态度、学习积极性、学习动力等方面，也为学生后续的学习打下牢固的基础。

3. 技能考核

财务分析课程综合性、实践性都较强，为了真正考核学生的应用能力、综合分析能力，有效激发学生的创造性思维，建议该课程的技能考核可采用撰写财务案例分析报告的形式，占总成绩的20%。而且可以由学生自行选择（也可由老师给每个学生分别指定）一家上市公司，然后由学生根据自己设定的分析目的，构建综合分析指标体系，得出相应的分析结论[2]。

4. 上机实践

财务分析是一门应用能力很强的课程，为达到较好的教学效果，在教学中我们加入了实训教学环节。财务分析实训也就是进行上机实验，占总成绩的20%。上机实验主要是利用 Excel 进行财务报表的比率分析、趋势分析和综合分析，更好地巩固课堂上所学习的财务分析的基本方法，这样能提高学生运用方法的能力。上机实验的考核方式，可以促使学生加强平时的学习，提高学习效率和综合业务素质，从

而使学生毕业后能够尽快适应和参与社会的发展[3]。

这种注重整体性、过程性和评价主体的多元化的财务分析课程考试方法，有利于激发学生的学习热情，使其对知识和技能进行全面的学习、复习和掌握；同时，也有利于教师随时了解学生学习的实际进展情况。

参考文献

[1] 王东升．财务报告分析的教学方法研究［J］．高等财经教育研究，2011（4）：22－25.

[2] 刘桔林．浅谈应用型本科财务分析课程教学改革［J］．现代阅读，2011（3）：14－15.

[3] 刘颖．高等学校财务分析课程教学改革探索［J］．经济研究导刊，2010（2）：203－204.

作者简介：包红霏（1973—），管理学院规划与城市管理中心，副教授，硕士。研究方向：城市红利；企业绩效评价。

提高工程管理专业青年教师教学能力的途径研究*
——基于知识共享促进人力资本提升的视角

黄昌铁　李丽红　姚　瑞

（沈阳建筑大学　沈阳　110168）

【摘要】教学队伍的建设水平的提高很大程度上需要依靠团队建设，鉴于团队中教师的人力资本异质性，本研究从知识共享的视角，提出了提升青年教师教学能力的途径，包括的定期教学与学术交流、团队负责人指导等。

【关键词】知识；异质性；人力资本；教学能力

青年教师即年龄在35岁以下的教师。工程管理专业的青年教师专业知识较强，但相比资深教授教学经验明显不足；由于受科研水平限制，其教学内容与社会实践的联系也存在脱节现象。为了提高教学质量和教学效果，需要全方位、多角度地尝试提高青年教师的教学能力，以提高培养人才的质量。

有研究表明，人力资本由教师个体人力资本和教师所在团队的群体人力资本[1]。个体人力资本是指教师个体所拥有的知识，掌握的专业技能及表现出来的解决问题的能力，是群体人力资本的基础；教学技能和技巧等隐性知识掌握在人力资本所有者的头脑中，通过人力资本所有者“干中学”不断积累而获得[2]。各种专业教师所拥有知识的结构、数量和质量不尽相同，并不断的发生变化，构成了人力资本的异质性。人力资本只要经过教育和训练，就能够产生学习效应形成人力资本[3]。如何挖掘和发挥员工的隐性知识，形成隐性知识共享机制，将是教学效果与教学绩效改进的关键因素。

一、教师人力资本的含义及特点

1. 教师人力资本的隐性知识

根据研究，人力知识是隐性知识，以经验、技能和知识的形态而存在[1]。Nonaka将隐性知识分为技能维度和认知维度。技能维度，包括那些非正式的、难以掌握的所谓“诀窍”的技能，例如高级工匠经过长年累月，积累了大量的习惯性的技巧，但是对于其背景的科学原理却很难明确表述，来自亲身经历的高度个人化的洞察力、直觉、灵感都属于这个维度；认知维度，包括信仰、观点、思维模式，它们如此根深蒂固以至于人们习以为常，不自觉地接受它们的存在，尽管它们不容易明

*　资金项目：教育部财政部高等学校国家级教学团队建设项目（教高函〔2010〕12号）。

确表述，但是这类型隐性知识对于人们认识世界有巨大的影响[4]。

英国苏塞克斯大学教育学院的艾略特（Eraut）教授把隐性知识分为三类：人们对情境的隐性理解（tacit understanding）、行动中的隐性知识（tacit procedures）、支持直觉性地制定决策的隐性规则（tacit rules）[5]。

英国南安普敦大学电子与计算机系智能代理与多媒体小组的奥哈拉（Kieron O'Hara，Nigel Shadbol）等人把隐性知识分为三类：技能方面的隐性知识、背景方面的隐性知识、分散在组织中的隐性知识[6]。

显然，技能方面的隐性知识构成了人力资本的知识。本文所论述的知识共享中的客体即为教师团队成员的技能方面的隐性知识。

2. 高校教师异质性人力资本的层次性

按照参与教学人员的来源、工作经验和教学业务质量的高低，可以将其分为助教、讲师、资深教师、行业特聘专家四类。为了研究方便，本文将助教和讲师统称为初级教师。

初级教师是指进入教育工作领域的时间较短，缺乏丰富的教学工作经验，拥有大量的学术知识和较强的学习与适应能力，对教学工作领域和流程还需要进一步的熟悉和掌握，对教学技巧及教学互动设计等还需要时间学习和适应，需要进一步学习资深教师和专家级教师的经验和工作技能的教师员工。

资深教师是在相关教学领域拥有渊博的学识和丰富的教学经验（10年以上的教学经验），经常在教学团队中承担系所主任和初级教师的“指导教师”，授课专业的最新发展的并影响组织发展的新技术、新方法是他们最关注的知识。

聘请的行业专家是高校组织为扩充知识来源、跟踪最新的技术、管理动态而经常采用的方法。在保证教学团队具有一定人员构成的基础上，广泛聘请其他高校、研究部门、社会知名专家担任学科的特聘专家和顾问。在某些前言课程讲座时，邀请这些外部专家共同参加，精简机构人员的同时也保证了教学的质量，鉴于同一专家可为不同的教学单位聘请担任顾问，因此实现了咨询知识和人才的共享[7]。

教师队伍知识的数量和质量参差不齐，构成了个体人力资本的异质性；学科教学水平的提升将依托教学团队内的所有成员和外部专家的共同努力，异质性人力资本层次性要求为了提高青年教师的教学水平，在各层次人力资本间进行知识共享。

3. 高校教师异质性人力资本的立体性

人力资本的立体性首先表现在教学团队需要互补型的拥有不同个体知识的团队成员。按照教师专业背景的不同，可以将其分为负责专业基础课程的教师，负责专业选修课程的教师，负责专业核心课程的教师，和负责实践教学的教师。各个成员由于不同的学习背景和工作经验，每个成员都拥有独特的个体知识，从而构成了人力资本的立体性。

应当注意的是，教师的人力资本会随着时间的推移而不断的发生变化，个体或群体的知识数量和质量都发生显著增长。如负责专业基础课程的教师可能随着知识面的拓宽或者实践经历也开始讲授专业核心课程。

在知识经济时代下，异质性人力资本的立体性是显而易见的，为了提高总体的教学质量和教学效果，各层次、各专业的教师进行知识共享是至关重要的。

二、提高青年教师教学能力的模式选择

由于个体人力资本知识的隐性特征，教师间的知识共享方式主要是通过面对面的沟通和交流进行的。常见的共享方式有权威模式、学徒模式、伙伴模式等。

1. 权威模式

权威模式就是知识的拥有者具体指导知识的重建者如何去处理教学工作中的问题和意外。一般在可安排在新教师上岗之前，重点讲授教学过程中应该注意的事项和需要培养的技能，该模式适合于资深教师与初级教师间的知识共享。

另外，工程管理专业知识涵盖面广，在很大程度上还会受到国家宏观调控政策和相关法律法规的影响，如土地政策的调控政策变化、国家投融资体制改革意见等。任课教师需要适时了解这方面的知识，就需要聘请行业专家、资深教师不断地为初级教师进行知识的传授，这种传授知识的方式也是权威模式。

2. 学徒模式

学徒模式即为在教学团队内部，为初级教师设立导师，从而使他们在资深教师的指导下开展教学工作。资深讲师系统地总结自己的经验，明确地安排初级讲师的学习步骤，结合亲身演示，并且通过观察初级讲师的讲课行为，有针对性地指出提升初级讲师教学质量的问题和解决方法。在这个互动过程中，知识的共享体现在两个方面：一方面资深讲师经常会面临他自身以前并没有经历过的问题，在解决这些问题的同时自身拥有的知识体系亦能得到不断的完善，进而产生新的知识；另一方面初级讲师往往通过观察和模仿导师的演示并按照导师的指点练习并实践，在自身原有知识的基础上不断体验和试错，最终使自己掌握该技能。

3. 伙伴模式

目前工程建设项目的规模越来越大，工程内容越来越复杂，建设要求越来越高，涉及的方面越来越广，资深教师需要根据社会情况的不断变化而进行课程内容的动态调整并适时决策，因此系所主任越来越依赖于异质性的教学团队的知识。在这个教学团队内，教师之间经过工作间合作而构建了一种伙伴模式来共享团队内和专业外的知识，使知识在团队内以多种形式循环流动。

三、教师团队内进行知识共享路径分析

工程管理课程体系中的每一门课程都要求专业化的知识，各层次的教师能否获得他所需要的专业知识，决定了其能否顺利地完成教学任务，因此有必要对任课教师的共享知识流传递路径进行分析。

1. 基于主体的教师个体人力资本知识共享路径

教师团队内知识共享和信息交换除了依托现有人力资本，还需要借助于组织类似团队的积累信息[8]，即组织库数据。依托于组织库数据，项目团队通过与外部行业专家的知识共享、团队内部的知识共享，进行教学业务的具体研究，建立了一套教学管理的文档，而该文档也可作为日后类似教学工作的库存数据。基于主体的教师个体人力资本的项目知识流的传递路径如图1所示。

通过图1的知识传递，可以实现工程管理专业任课教师在最需要的时刻，获得

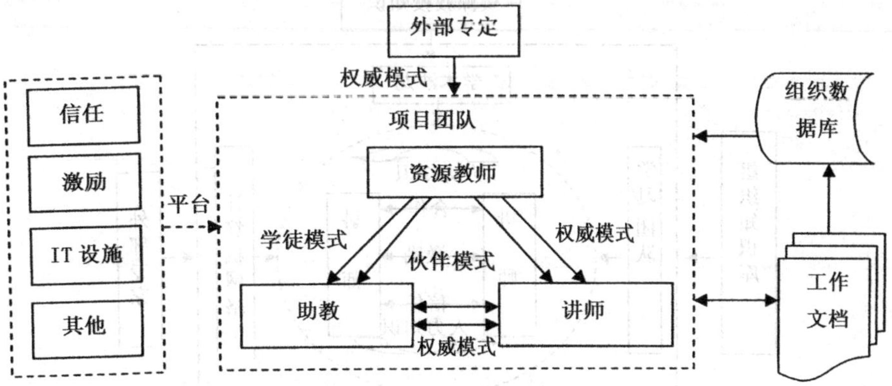

图 1　基于主体的个体人力资本知识共享路径

支持其教学的专业性知识，提高教学效果。

2. 基于知识特性的个体人力资本知识共享路径

如上所述，个体人力资本知识共享的方式主要是通过权威模式、学徒模式、伙伴模式进行的，因此知识的拥有者主要是资深教师和专家，而讲师和助教是知识的重建者。

由于构成个体人力资本的知识有些可以进行编码化变成显性知识，从而构成的组织的显性知识库，知识的拥有者和知识重建者通过显性知识库进行知识的共享。隐性知识只有采用图 1 中的三种面对面的沟通交流才能进行。基于知识特性的个体人力资本知识共享路径如图 2 所示。

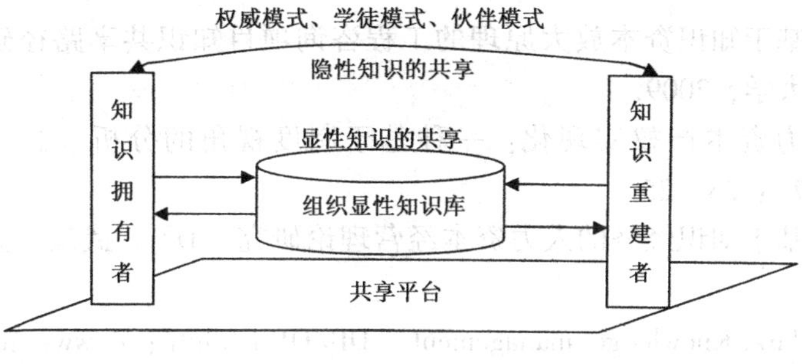

图 2　基于知识特性的个体人力资本知识共享路径

3. 基于个体人力资本提升的教师团队知识共享路径

根据图 1 和图 2 两个切入点的知识共享路径，结合个体知识共享的技术手段，本研究认为人力知识共享可促进个体知识的拥有量，从而提升个体的人力资本，即教师员工通过知识共享和信息反馈进行教学工作的跟踪，不断地扩大自身的知识存量，并通过与团队内其他教工的知识共享，促进教学中出现问题的解决，最终提升教学绩效。

对于教师团队的个体员工，从其获得知识的来源渠道的不同，可将其知识共享路径分为个体和项目团队、组织三个层次，其具体路径如图 3 所示。

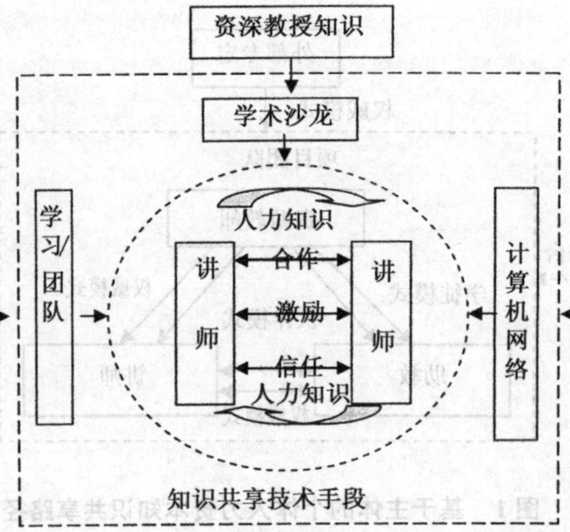

图3　基于人力资本提升的教师团队内部知识共享路径

四、总　结

经过在沈阳建筑大学管理学院推行学术沙龙、团队指导、一对一指导等方式，我院青年教师的教学水平已经有了一定水平的提高。在未来的教学工作中，需要进一步依靠资深教授和行业专家的力量，持续通过教师团队内部的知识共享，提升青年教师的教学水平，并逐渐推广至青年教师的科研水平工作中。

参考文献

[1] 李丽红，基于知识资本放大原理的工程咨询项目知识共享路径研究［D］．天津：天津大学，2009.

[2] 王永．人力资本产权实现化：一种基于制度视角的分析［J］．生产力研究．2007（17）：23－25.

[3] 张炼钢．基于知识经济的人力资本经营理论研究［D］．武汉：武汉理工大学，2006.

[4] Donald Clark. Knowledge management［DB/OL］. http：//www. nwlink. com/ ~ donclark/ hrd/history/ knowledge. html.

[5] Machael Erant，Non－formal learning and tacit knowledge in professional work［J］. British Journal of education psychology，2010（7）：113－136.

[6] http：//eprints. aktors. org/44/01/valuation－methods. pdf.
Kieron O'Hara and Nigel Shadbott Managing Knowledge Capture：Economic，Technological & Nethodological Considerations.

[7] 陈莹．咨询企业知识共享机制研究［D］．西安：西安理工大学，2006.

[8] Kamara J M，Anumba C J，Carrillo. Knowledge management in a multi－project environment in construction［J］. Project Management Journal，2011（1）：156－179.

作者简介：黄昌铁（1973—），男，管理学院营造与工程管理系，讲师。研究方向：工程造价管理。

对“地籍管理学”实习教学模式的探讨

李海英　王　玥

（沈阳建筑大学　沈阳　110168）

【摘要】本文根据笔者的“地籍管理学”教学经验，在分析地籍管理地位与作用的基础上，结合新时期地籍管理“四化”的要求，探讨了在“地籍管理”教学实习中通过改进教学方法、转变考核方式、加大实习实践比例、建设实习基地、鼓励教师走出去等方式培养以社会需求为导向的应用型、综合型土地资源管理专业人才的目的。

【关键字】地籍管理学；实习实践；教学模式

随着地籍管理工作的系统化、现代化、产业化、法制化建设目标的提出，探讨如何建立适应“四化”要求的地籍管理实践教学模式，培养能够胜任新时期地籍管理工作要求的专业人才，是我们教学中的主要任务和最终的目标[1]。因此，本文结合笔者的“地籍管理学”教学经验，初步探讨地籍管理课程改革的模式。

一、地籍管理的地位与作用

地籍管理是指国家为研究土地的权属、自然、经济状况并建立地籍图、簿、册等而实行的土地调查、土地登记、土地统计、土地分等定级、地籍档案和地籍管理信息系统等工作措施[2]。

地籍管理作为土地资源管理专业的专业主干课程，是涉及土地利用管理、土地资产管理、土地政策与制度、地籍测量、土地信息系统等各个领域的交叉学科，是一门跨度大，综合性、技术性强的学科；同时，地籍管理在社会经济中也发挥着巨大的作用。

（1）地籍管理促进经济发展、社会稳定，通过地籍管理，使土地资产产权明晰，利用规范，交易安全，从而保证国民经济的正常运行。

（2）保护土地产权人的合法权益。《中华人民共和国土地管理法》明确规定，依法登记的土地所有权和使用权受法律保护，任何单位和个人不得侵犯。通过地籍管理，切实做好土地登记，可以有效地维护土地公有制，有效地保护土地权利人的合法权益。

（3）为制定和监督实施土地利用规划提供了可靠依据，同时也为国家经济和社会可持续发展，提供了全面、现实、准确的土地利用现状数据。

（4）地籍管理有利于规范土地市场。只有通过土地确权登记，才能保障土地权利人的合法权益，增强权利人自我保护能力[3]。

因此，“地籍管理学”课程，在土地科学的理论研究方面和土地管理的实践应用方面，都具有极其重要地位。

二、地籍管理课程实习实践教学体系构建的原则

（1）理论教学服务于实践教学的原则。在地籍管理的教学体系中，理论教学应围绕实践教学展开，实践教学是整个教学体系的核心。在总学时数不变的前提下，实践教学应占总学时比例的40%左右。

（2）需求导向原则。课程实习、技能训练的内容紧紧围绕岗位群所需实际进行设计，使毕业生做到“即插即用”，没有或只需要很短的适应期。

（3）整体性原则。实践教学体系的构成要素，即设备、管理、师资、教学方法、教材、评价等要素合理搭配，统筹兼顾，协调发展，齐头并进，做到教与学的互动，师生关系融洽，达到最优化的效果。

（4）针对性原则。分析学生未来岗位所需的知识结构和能力结构，依此来确定地籍管理课程实践教学体系的总体框架。

（5）动态性原则。地籍管理实习实践教学体系需不断加以调整，与时俱进。实践教学内容和教学方法等不能停留在一种状态，需要及时地调整、更新。

三、地籍管理课程实习模式探讨

传统的实习模式是教师布置一些任务，学生去做，教与学的矛盾十分突出，老师要求的学生未必理解，学生学习的积极性、主动性也很差，只是为了完成任务而实习。因此，改进实习模式，提高学生的实习积极性，使学生真正能做到理论联系实际，学以致用是专业课程实习必须解决和面对的问题。

1. 改进教学方法

地籍管理实习是理论与实践结合非常紧密的课程，实习教学可以采用多种方式。

（1）首先理论教学的过程中借助多媒体增加各种案例、视频等实习内容，丰富课堂，使学生加深印象，为实习打下良好的基础。

（2）增加课间实习，可以上一节课讲理论，下一节课直接实践教学，让学生自己动手把学习的论理具体化，这样能使学生理解得更透彻。如土地利用现状调查一章，讲授完土地利用现状调查的程序，下一环节直接安排在校园内稻田区的土地利用现状调查课间实习，教学效果非常好。

（3）实习过程中教师最好亲身参与，教师的参与会给学生带来很大的动力，既加强了师生之间的沟通交流，也会使他们更积极地完成各项任务，在遇到问题时也会及时解决。

2. 转变考核方式

地籍管理实习的操作性很强，学生既要外出调查，又要绘制地籍图，实习期间任务比较重。为了调动同学们学习的积极主动性，我们转变实习考核方式，不再单单只以实习成果定成绩，更加注重学生在实习过程中的参与和对实习内容的掌握程度。实习成绩由平时的出勤、实习日记、地籍图、仪器操作、课程实习答辩组成，

对于做与不做的同学，成绩差别很大，不参加实习的同学不能获得成绩。

3. 加大实习学时比例

地籍管理是技术性、实践应用性都非常强的课程，为了加强“地籍管理”课程的实践教学环节，培养学生的实践能力，我校在48学时的理论学习结束后集中安排了2周的土地调查综合实习，以沈阳建筑大学为中心的航片作调查底图（周边土地情况非常适合土地调查，既包括民房区，又包括动迁、拆迁区域），参照第二次土地调查的要求，进行土地调查的各项工作，包括土地利用现状（变更）调查和权属调查工作。由于时间紧、任务重，我们的安排非常紧凑，白天外业调查，晚间内业成图。实习的效果较好，但为了获得更好的实习效果，笔者建议进一步加大实习的时间，调整为4周集中实习。并且最好通过校企合作以及教师的科研项目，能带领学生参与生产实践，这样能为学生今后参加工作奠定良好的基础，增大学生的就业机会。

4. 建立专门的实习基地或校企合作进行实习

实践教学与实践基地的建设是土地资源管理特色专业建设的关键，实习基地是专业实践教学的重要硬件。地籍管理的实习基地既可以是大测绘校内外实习基地（主要服务于一些专业基础课的实验实习教学：如地籍测量、房产测量与地籍管理等），又可以是土地管理专业核心实习基地，由国土局、勘测规划院、土地房地产评估等中介公司等组成。主要包括土地利用规划、土地信息系统、土地复垦、不动产估价等方面的实习，学生通过在实习基地实习，大大提高了他们发现问题、解决问题的能力。建立实习基地，不管对实习单位还是对高校来讲，都是双赢的。对学生来讲，如能在实习期间到实习基地参与做一些项目，提高动手能力，对将来的就业将会大有益处；对实习基地单位来讲，通过学生为他们完成生产任务，节约了时间和成本。

5. 鼓励教师走出去

专业教师是教授学生专业知识的主要力量，由于沈阳建筑大学的土地资源管理专业是新专业，专业教师的队伍也比较年轻，所以专业教师需要不断地学习以充实自己的知识。一方面，应鼓励年轻教师继续深造，不断提升自己的知识水平，以便更好地把最新的知识传授给学生。同时，还应积极与其他土地资源管理专业兄弟院校的教师学习交流，学习其他院校先进的实习及办学经验。比如利用假期调研走访兄弟院校，交流办学经验，为今后改进课堂的教学模式积累经验。另一方面，应该鼓励教师走出课堂，利用课余时间积极参与到生产实践中去，这样教师教学可以应用身边实践的例子教学，既丰富了自身的实践经验，又活跃了课堂；教师多参与实践，还能在第一时间了解到生产单位需要什么样的人才，以便及时地改进教学计划和培养方案，使我们培养的学生适应社会就业的要求，这样才能使学生在就业中具有更大的优势，拥有更广阔的选择空间。

四、结束语

“地籍管理学”课程实习是土地资源管理专业的一个重要的实习内容，是一个内容多、涉及面广、实践性强的课程实习。为了培养“理论与实践并行、知识和技术并重，以社会需求为导向”的新时期地籍管理工作人员，我们必须与时俱进的改革实习模式，强化实践操作能力，缩短理论与实践、课堂与实际工作的差距，缩短学生与社会的适应期，为将来更好地适应工作岗位打下良好的基础。

参考文献

[1] 钱铭杰，袁春，周伟，等．“地籍管理”课程设置与教学改革探讨［J］．中国地质教育，2008（4）：120－123.

[2] 林增杰，严星，谭峻．地籍管理［M］．北京：中国人民大学出版社，2007.

作者简介：李海英（1979—），女，管理学院房地产研究所，讲师，博士在读。研究方向：房地产测量与地籍管理。

案例教学法在国际商务课堂教学中的应用

李南芳　李学锋　李莉

（沈阳建筑大学　沈阳　110168）

【摘要】国际商务课程重点在于培养学生的国际商务能力。在国际商务教学中，案例教学是传统教学方法的有效补充。案例教学应用于国际商务课程，可以激发学生的学习兴趣，培养学生分析问题和解决问题的能力，案例教学法也存在一定的弊端，要与其他教学方法结合起来应用。

【关键词】国际商务；案例教学；能力培养；素质提高

国际商务是一门研究国际间商品和劳务交换的理论性较强的课程，伴随着世界经济一体化进程的日益深化及中国融入世界经济的客观现实，国际商务课程的教学对教师的授课提出了更高的要求。由于国际商务课程本身包含着深厚的经济学思想，相关理论知识难于理解，纯粹灌输知识会对学生的接受造成一定的困难。同时，国际商务和现实世界又有着紧密的联系，很多国际经济现象都可以在国际商务中找到理论依据和政策来源。因此，这些客观因素为案例教学法在国际商务中的应用提供了一定的基础。国际商务课程重点在于培养学生的国际商务能力。国际商务教学中，案例教学是传统教学方法的有效补充。

一、传统教学法在国际商务课堂教学中存在的问题

1. 以教师为中心，师生互动性差

传统教学法的典型特征就是在教学过程中以教师为中心，强调教师的作用，教师在课堂上系统讲授，强调的是“填鸭”式的教学方式，布置阅读与练习等，学生只能作为被动的接受者去接受新知识。作为一门理论基础课程，国际商务包含的理论内容非常丰富，如果采用传统教学法来讲授比较抽象的国际商务理论，势必难以调动起学生学习的积极性，同时使得学生感觉国际商务理论知识难以理解，从而严重影响了国际商务的教学效果。

2. 重理论、轻实践，导致理论与现实的脱节

由于国际商务属于理论课，课程内容具有一定的理论深度，传统教学法在教学过程中重视理论知识的传授，轻视实践教学的作用，容易造成理论与现实的脱节。大学生正处于对社会了解欲望非常强的年龄阶段，而国际商务所包含的理论知识如果采用传统教学法，势必使学生认为国际商务相关理论对现实的指导意义和解释功能较差，甚至是与现实的脱节。

3. 教学方式单调，难以调动起学生学习的积极性

由于传统教学法过于强调教师按部就班的“填鸭”式教学，从而形成了单调的教学方法，这种教学方法过于强调教师在传授知识中的重要性，而忽略了学生的主观能动性和对课堂的参与热情，造成师生互动性差，使得学生变成被动接受知识的机器，导致学生对国际商务课程产生厌倦情绪。

二、国际商务课程的性质与案例教学法

1. 国际商务课程的性质

国际商务课程是整合了国际商务、国际营销、国际商法、国际投资等学科，以如何开展国际商务这一主线加以提炼、分析、总结而建立的一门综合性新兴学科，是为国际经济与商务专业学生开设的专业课程，其作用是将学生所学的理论基础、专业基础课和专业课等有机结合综合运用于国际商务实践。国际商务课程应用性很强，涉及学科广泛，大量知识来源于实践，知识的应用富于个性化。为达到教学目的，在教学方法上适量采用案例教学方式进行，教师重点讲授各章知识点，介绍主要学术观点及规律性结论，总结国际商务基本原理、一般方法，并通过有代表性的案例教学，采用理论与案例相结合的方式启迪学生思维，培育学生的实践能力。

2. 案例教学法

（1）案例教学法。

所谓案例教学法是以教师为主导，学生为主体，以案例为教学媒介，通过教师的精心策划和引导，运用典型案例将学生置于实践环境中，运用多种方式启发学生独立思维思考，对案例提供的客观事实和问题分析研究，提出见解，作出判断和决策，从而提高学生分析问题和解决问题的能力，促使学生通过对实践环境和事件本身的分析讨论，充分表达自己的见解，以达到高层次认知学习目标的一种启发式教学方法。案例教学法是为了培养和提高学习者知识能力的一种教学方法，即将已经发生或将来可能发生的问题作为个案形式让学习者去分析和研究，并提出各种解决问题的方案，从而提高学习者解决实际问题能力的一种教学方法。

（2）案例教学法的特点。

应用案例教学法的目的在于激发学生的学习兴趣，提高培养人才的质量，培养学生分析问题、解决问题的能力。

① 学生是教学过程主体。案例教学法侧重于以学生为主体，教师作适当的引导。教师事先向学生布置题目，要求阅读案例，学生在教师指导中学到知识、锻炼才干；在教学中教师的作用是组织、引导讨论。作为指导者，教师引导学生发言或讨论，把握课堂气氛；在讨论中因势利导，让学生的才智得到充分发挥；要总结提炼理论知识和基本原理。

② 着重调动学生学习积极性，注重提高学生基本技能。案例教学法实际上是强迫学生参与到课堂学习中去，要求学生从实际工作的角度来思考问题。学生除了积极参与课堂教学外，还必须组成学生小组。重视学生的参与过程，而不是单纯地理论讲授。

③ 重在讨论过程。重视得出结论的思考过程，每个案例所涉及的问题都由同学

们进行分析、解释和讨论。这种教学法的成功取决于学生参与程度，而能否参与，又与学生是否为每个案例做了充分的准备有关，为了准备，学生们要查找资料，自觉学习。

（3）案例教学的目的。

案例教学法把案例作为教学手段，使学习者处在研究者和决策者的位置。目的在于使学生换位思考，培养学生从研究者和决策者的角度分析问题并且提出解决问题的思路，这样既可以激发学习兴趣，又可以培养综合能力。

① 以案论理，提高教学质量和教学水平。案例教学法是阐明基本原理、强化理论学习的有效手段，是体现理论与实践、知识与能力、教学与研究相结合的方法。

② 实现教学互动，活跃课堂气氛。案例教学法是实现教学互动的有效途径，重视学习者的参与，在学生的相互讨论和师生互动中，激发学习兴趣，减少因为抽象理论学习可能产生的单调枯燥感。案例教学中，教师与学生的关系是“师生互补、教学相辅”。种教学法要求学生积极参与，在阅读、分析案例和课堂讨论等环节中发挥主动性。

③ 重视过程，注重能力培养。案例教学法是这两种方法的结合。能力培养是案例教学法的出发点和立足点，不寻求唯一答案，重视的是过程，学生通过对过程的了解和分析，寻找解决问题的具体方法，提高思维能力、分析能力、判断能力和运用所学知识处理复杂问题的能力。

三、案例教学法在国际商务课堂教学中的应用

1. 案例教学法在教学中表现路径

（1）以案例带动知识的讲授。教师在讲授国际商务知识时，根据内容的需要，可以采取以案例带动知识的方式来展开对相关内容的讲授。

（2）理论结合案例。案例教学可以使用一个非常完整的案例来推动教学内容的讲授，也可以讲授理论后利用举例的方式来加深对相关知识的理解。

（3）以学生分析案例为主，教师点评为辅。案例教学在国际商务教学中的第三种形式是以学生分析案例为主，辅以教师点评。这种方式往往针对国际商务中理论性不是太强或者学生理解起来相对比较容易的知识，否则容易导致学生压力过大而影响效果。

2. 增强案例教学效果的对策分析

（1）精选案例是案例教学法的关键和基础。在案例教学中，精选案例是整个教学过程的关键和基础。案例选择的好坏直接关系到所讲理论知识的实际应用，好的案例能为理论提供科学的注释，不好的案例会对于学生的理解造成严重的障碍甚至误导。同时，好的案例对于提高学生理论联系实际，分析问题和解决问题的能力具有重要的促进作用。因此，选取的案例质量直接关系到课堂教学的成效。

（2）案例展示是案例教学法的核心。案例展示既是技术，也是艺术。案例是在理论讲解之前展示给学生以带动新内容、新理论的讲解，还是在讲解理论之后以案例来实现理论和实际的结合，往往需要根据实际情况来确定。但总体来说，在案例展示过程中，虽然学生是主体，但教师在其中依然起到非常重要的主导作用。

(3) 教师点评是案例教学的升华。教师点评是在学生充分讨论的基础上进行的，主要由教师来实施，鉴于学生看待问题的局限性，对案例的分析可能不到位，需要教师来补充、总结。教师的点评是对整个案例所包含主要思想的升华，因此，教师点评水平的高低直接关系到案例教学的效果。

参考文献

[1] 李玉霞. 案例教学应用研究 [J]. 西安欧亚学院学报，2009 (1)：55－57.

[2] 郑展鹏 . 案例教学法在国际贸易教学中的应用研究 [J]. 北方经贸，2011 (5)：151－153.

[3] 史振华，卢燕平. 论案例教学法在国际商务课程教学中的应用 [J]. 商场现代化，2009 (7)：398－299.

作者简介：李南芳（1968—），女，管理学院规划与城市管理中心，讲师，博士。研究方向：区域经济政策、房地产政策对比研究。

法学专业课堂教学方法的选择与使用

李　朔

（沈阳建筑大学　沈阳　110168）

【摘要】教学方法的选择和使用是一个常谈不衰的话题，不同的学校、不同的专业都会根据自己的特点进行选择。本文结合法学专业的特点，分析影响教学方法选择的因素，并对课堂教学中的常用的方法进行分析和探讨，期望能找出适合法学专业课堂教学的教学方法。

【关键词】因材施教；案例教学；操作练习

教学方法是为完成教学任务所使用的工作方法，它包括教师教的方法和学生学的方法。教学方法是极其丰富多彩的，由于高校各专业课程和教学内容的多样性和教学对象的差异性，这就决定了教学方法的复杂性和运用教学方法的灵活性。本文试图从以下三个方面探讨有关法学专业教学方法的问题。

一、选择教学法时应考虑的因素

任何教学法都是相对的，绝对没有一种适用于任何学校、任何课程和任何学生的方法，每一种教学法在运用时都要有一定的条件。所以，在选择教学法时要根据不同的教学背景选择不同的教学方法。

1. 法学课程和教学内容的特点

高校要适应社会的变化和需求培养各种各类专业人才，而不同专业所开设的课程是不同的，即使同一专业，也需开设多种不同性质、不同内容的学科。对于那些法学专业中理论性、系统性较强的课程，如法理学选用讲授法比较合适，同时为了更好地掌握理论，并同实践结合，可以辅之以案例教学或问答法；而有些课程着重培养学生的技能，如法律英语、法律文书等课程，则运用操作练习法更为合适。所以，教师在选择教学方法时首先要考虑所设课程和教学内容的特点。

2. 教学对象的特点

“因材施教”是教学中一个极为重要的原则，教师应根据学生的实际出发，有的放矢地选择教学方法。由于环境、教育和学生本身的实践等的不同，学生之间的差异也普遍存在，因此应根据不同的教学对象选用不同的教学方法，如果说问答法适用于年纪轻、阅历浅的刚入学低年级大学生，那么对于年龄稍大、社会经验相对丰富的高年级大学生选用案例式教学或讨论法效果会更好。

3. 班级规模的大小

在教学中，班级规模即学生人数的多少直接影响着教学方法的选择。在不同高校的法学专业，由于培养目标的不同和教室或教师的原因，班级规模有大小之分。那些专业性较强，对学生的技能培养要求较高的学科往往教学规模相对小一些，而一些专业基础课的教学规模要大一些。在人数较少的班级可以适当多地采用操作机会练习法，因为规模小的教学较易控制，而且学生练习的机会多。而在大课堂上（70 人以上）则更多地采用讲授法。但也由于人数多，使教师的精力可能无法顾及所有的学生，所以应适当地对学生施用问答法，向学生提出明确有启发性的问题，其效果会更好。

二、法学教学中常用的几种教学方法

1. 案例教学法

案例教学法是学生对教师提出的案例进行思考、分析、研究和辩论，让学生对典型的工程管理问题作出判断决策，通过教师的简要总结，培养学生发现问题、分析和解决问题的能力。大学高年级的学生相对来说经验比较丰富，也逐渐注重所学理论的实用性，教师可应用此种方法。一般做法是在前一次课，教师就将教学中所要用的案例交给学生，并将要在下一次课的课堂上由教师或学生代表组织讨论，因为每个同学都要做随时发言的准备，几乎所有的学生都能被调动起来，课堂气氛也会非常活跃。如果在课堂上创设情境，提出反面意见，使双方观点交锋，不同意见的出现会使学生对问题的认识更加全面而深刻。

案例教学法能充分调动学生的积极性，激发学生的思维活动，也有利于提高学生的语言表达能力。对教师来说，通过案例教学法可及时检验教学的效果，对学生提出一些问题来弥补他们的知识缺陷和开拓他们的思路。但是案例式教学法只适合从已知到未知，而不适合从不知到知，并不是所有的教学活动都可运用此法，因此它有一定的局限性。而且在运用案例法时，对教师有更多要求。

首先，此法需要学生具有一定的基础理论知识，较高的理解能力和独立思考能力。

其次，这种方法要求教师在课前提供案例并规定基本要求，指导学生收集有关资料或进行调查研究，认真写好发言提纲；鼓励学生积极发言，发扬勇于表达自己的观点，但不固执己见的学风。

学生发言后，教师应进行小结，提出需要进一步思考的问题，让学生思考和研究。

2. 问答法（提问—归纳法）

即教师根据学生已有的知识经验，向学生提出富有启发性的问题，引导学生通过独立思考，对教师所提出的问题作出回答，得出结论，从而获取知识和发展智能的教学方法。这种方法既可用来传授新知识，又可用来巩固旧知识，用于巩固旧知识效果尤其好。在大学低年级的基础课上，对一些与高中课程重复交叉的内容，可以针对学生年龄较轻、课堂规模较大等特点采用此种方法。教师在课前应先向学生布置有关问题，因为学生已有所准备，而且年轻的学生不愿在同龄人中丢丑，所以会较认真地回答。教师运用此法的出发点就是在大课堂上利用自尊心来调动学生的积极性。当然，小规模的班型用此法亦很有效。

问答法的优点在于以下两个方面。

第一，有利于激发学生的积极思维。因为问题是思维的动力，有了问题，学生就必然会处于积极的思维状态；另外，教师要进行提问，学生若回答得不好，既得不到好成绩，又在众多的学生面前不光彩。

第二，问答法有利于活跃课堂的气氛，保证课堂上不会有睡觉的学生，也不会有开小差的学生。若运用得好，它会使每个学生都进行思考。

3. 操作练习法

这是一种在教师指导下，学生巩固知识和培养学生学习技能的基本方法，也是学生学习过程中一种主要的实践活动。操作练习主要是让学生亲自实践，掌握某方面的技能或技巧。在教学中可由教师设置某个特定的情境，让学生置身其中，设身处地，亲自体验实践或操作的滋味，学生不但有压力，兴趣也会很高。这种方法适用于班型小（15～30 人），而且主要是培养学生技能的班级，比如培养学生的语言能力即可使用此法。目的是要让更多的学生亲自操作、亲自实践，更快更好地掌握某种技能。运用练习法时有以下一些要求。

第一，使学生明确练习目的，以提高练习与操作的自觉性、积极性。

第二，使学生掌握正确的练习与操作方法。教师在学生练习和操作前应给以适当的示范和指导，可避免学生盲目地尝试，提高练习的效果。

第三，使学生知道练习与操作的结果。在学生练习或操作完成后及时地给予评价，同时也应注意培养学生自我检查和相互检查与评价的能力和习惯。

教师在运用以上几种教学方法进行教学时，常常伴之以讲授法。它是教师通过口头语言系统地向学生传授知识、技能的方法，这是一种应用广泛的方法。

三、需要探讨的问题

从上述内容可以看出，各种具体的教学方法都有它的优点和局限性，也都有具有特定的适用性。在具体的教学实践中，也有一些问题引起了我们的思考。

1. 案例教学是多个案例还是一个案例

在使用案例教学中，不同的教师的做法也有差异，有人主张，案例教学就应使用一个综合性的比较复杂的案例，就案例所提供的条件提出问题，让学生发言研讨；还有人主张，案例也可以选择多个案例，用不同案例说明不同问题。由于案例教学所起的作用，将有更多的教师在不同的课程中适度运用它。那么如何选择案例、使用案例，则更为广大教师所关注。

2. 大课堂的技能训练如何搞

不容否认的一个问题是教学规模的大小对教学质量是有影响的，小课堂的教学效果普遍优于大课堂。但在目前教师缺乏、教室设施紧张的教学条件很难在短期改变的前提下，大课还是要上，面对如此众多的教学对象，如何提高他们的某方面操作技能也是教师们应研究的一个课题。

3. 如何处理好教学方法改革和课程进度的关系

我们上面提到的几种教学方法，不论是案例教学法、问答法还是操作练习法，教学效果固然很好，但都要花费一定的课堂教学时间。同时每门课程都要受计划学时的限制，所以应慎重使用，不宜过多。

衡量某一种教学法是否合适，关键要看其是否具有启发性，要看教师能否促进学生积极主动地去学习，而不是单纯地从形式上去判断。教学是一个复杂、矛盾的运动过程。“教学有法，但无定法”。任何好的教学方法都是相对的，并且是在不断发展的。每个教师在选用教学方法时，一定要根据教学的内容、班型和教学对象等条件，充分发挥自己的能动作用和教师个人特长，进行创造性的实践。

参考文献

[1] 武亚军，孙轶. 中国情境下的哈佛案例教学法：多案例比较研究［J］. 管理案例研究与评论，2010（2）：12－14.

[2] 王晨光，陈建民. 实践性法律教学与法学教育改革［J］. 法学，2001（7）：3－5.

[3] 张华. 关于案例教学法在法学专业本科教学中的理性思考［J］. 文教资料，2006（10）：67.

[4] 刘涛. 对法学教学中实施案例教学法的探讨［J］. 实事求是，2005（3）：79－80.

作者简介：李朔（1964—），女，管理学院建设法研究所，教授。研究方向：建设领域的行政法与合同法研究。

浅谈社会实践对工科教学的影响

李 微 姚 瑞

（沈阳建筑大学 沈阳 110168）

【摘要】结合社会实践开展与专业知识相关的社会热点问题调查，既丰富了学生的阅历，也促进了课堂教学的延续与教学成果的转化。总结社会实践对专业教学效果的促进作用，为理论与实践相结合的教学工作提供参考。

【关键词】社会实践；促进作用；专业教学

教学社会实践是工科大学生培养计划中十分重要的实践教学环节，对提高人才培养质量有着十分重要的意义。实习环节是理论课堂的延伸，使大学生走出课堂，步入生产实际，这对于巩固学生理论知识，培养学生实践能力、创新能力和创业、敬业精神，使学生了解社会、接触生产、增强劳动观念，实现人才培养目标具有重要意义。在社会实践期间，学生置身于一个新的社会环境中，在实习教学中不断挖掘新的内涵，与时俱进、不断创新，以素质教育为核心，对提高学生的综合素质具有深刻意义[1]。

一、社会实践活动重要意义

1. 社会实践是理论联系实际，巩固、深化课堂教学的有效载体

学生作为学习活动的主体，其认识过程本身就是一种社会实践活动。同时，学生在书本上和课堂中获取的知识，也只有在实践中才能消化、理解和掌握，实现从感性认识到理性认识，从抽象到具体的转变。因此，在教育和培养的过程中必须遵循马克思主义关于"实践第一"的原则，重视对大学生实践环节的教育，把实践教育摆在正确的位置，以培养更多更好的合格人才。

2. 社会实践是实现社会化的重要环节

人是社会的人，积极投身于社会实践，接触和认识社会，进行适应社会的训练，才能适应社会发展的需要。大学生参加社会实践可以加速自身的社会化进程，以实现大学人向社会人的转变。一个社会成员要在社会上立足，必须具有相应的能力，而且大学生的能力来自对新知识和高科技的掌握，并且只有当这些知识与文化被物化为社会生产力的时候才意味着大学生社会角色能力的实现[2]。

3. 社会实践是实现创新的重要途径

加强创新精神和创新能力的培养是高等教育的主要目标。创新应该是建立在严

谨学风的基础上，在实践的过程中创新。优良的学风是勇于实践的基础，在实践过程中发现知识学习的不足，在不断发现问题的过程中才有可能创新。社会实践是实现知识创新和技术创新的重要途径，能加速知识的内化。

二、社会实践课程体系建设的内容及运行机制

1. 社会实践课程体系建设的指导思想及内容

社会实践课程体系的建设必须以邓小平理论、“三个代表”重要思想和科学发展观为统揽，全面贯彻党的教育方针，遵循大学生成长规律和教育规律，根据系统论和协同论原理，充分整合和优化学校与社会两个课堂、教师与工农群众两类教员、书本与实践两种教材的资源优势，体现针对性、多样化、柔性化的课程设置特点，为大学生在社会实践中受教育、长才干、作贡献提供有效载体和保障。

基本内容：社会实践分为教学实践、专业实习、军政训练、暑期社会实践、青年志愿者活动和公益活动、科技学术活动、大学生社会工作、勤工俭学、校园文化活动等九大类型，并据此确定九大课程科目，分别规定基本学时（工时），并赋予相应的学分。在具体实施的过程中，科目的设定应该体现科学性和灵活性，可以根据学校培养目标进行适当的整合和调整；课程内容应本着注重实效和实事求是的原则，结合当地社会经济文化状况和学校自身特点进行确定；课程安排则根据学生的专业、年级等特点进行柔性化设定[3]。经过多年的教学实践经验总结，在对教学实习的教学改革过程中，建立了以“学生为中心”的教学实习组织模式。使学生由配角变成主角，在实习时间内要求学生根据实习教学计划及企业安排完成实习科目，在实习时间以外还结合所实习城市情况、企业和街道社区情况，让学生有针对性地设计各种社会实践方案。

2. 社会实践课程体系的运行机制

应建立高校与地方政府联动的领导组织机构，建立双方领导和职能部门负责人参加的联席办公会议制度，地方各级政府要把支持大学生社会实践列入常规性工作议事日程，认真制定社会各方面支持大学生社会实践的政策与措施，鼓励社会各界接纳大学生社会实践，同时将大学生社会实践经费列入财政预算。把大学生社会实践与高校干部和教师的社会实践结合起来，建立一支由党政干部和共青团干部、思想政治理论课和哲学社会科学课教师、辅导员班主任为主体，专业教师、社会各界有关人士广泛参加的社会实践课程师资队伍。对于工程管理专业学生的社会实践来讲，高校在制定教学大纲的时候应考虑到理论与实践相结合，本科生四年制，三年的时间在学校接受教师教授教育，打下扎实的基本功，要求学生具有管理学、经济学、土木工程技术、计算机管理和外语的综合知识，半年的时间学生用于社会实践，实践单位可以由同学自己联系，也可以由学院统一推荐，这就要求学生既要有扎实的理论基础又要有良好的表达能力，同时要求教师在教学的同时紧密联系社会企事业单位，为学生社会实践提供平台[5]。工程管理专业实践单位有房地产开发商，施工单位，工程咨询单位，学生在实习单位内亲身参与工程实体的建筑与现场的管理工作，有的学生毕业后就业就留在了社会实习的单位，既强化加深了理论知识，又提高了学生的沟通与管理能力，为毕业后就业打下了良好的基础[6]。

三、社会实践对教学的促进作用

1. 提升课堂教学的生机活力，培养学生综合素质

通过社会实践活动，学生感到了自己肩负的重大使命，高度的社会责任感使他们变得坚强成熟。既磨炼了意志，增长了才干，作出了贡献，又提高了学生解决问题的能力，促进了学生正确世界观、人生观和价值观的形成[7]。实践活动充实了课堂教学内容，以生动、鲜活的经历弥补了理论说教的不足。学生在参加实践返校以后，以加倍的热情投入到学习中，实践的经历促使学生主动学习、独立思考、独立发现问题、大胆提出问题、创造性地解决问题，让学生充满成长活力，让教学充满挑战，让学校充满生机，创造了新型互动的师生关系。

2. 注重研究现实问题，体现教育的先导性功能

社会实践教学要联系社会发展中的重大问题进行调查研究。实践工作不仅使学生在理论学习上增加感性认识、开阔视野、提高能力，而且还对学校与土地资源管理专业进行了宣传[8]。结合专业问题进行实践，有利于学生学习了解当地相关专业领域的工作成就与先进经验，并深入了解所学专业今后从事工作的意义、作用及任务，巩固并扩展已学的专业基础知识。

3. 增强课堂实践教学内容，促进理论联系实际

以学生为主体的社会实践活动，通过大量真实的一手资料的获取，丰富了课堂教学资源。实践证明，育人工作需要第一课堂与第二课堂的紧密结合，社会实践教育是第二课堂的有效形式。第一课堂之外，时间充裕，空间广阔[9]。在实践调查中遇到的具体问题，促进了学生知识向能力的转化，训练了观察问题和解决问题的能力；学生的调查研究能力、办事能力、做群众工作能力也在社会实践中不断提高。在社会实践中面对广泛的现实问题必须进行回答，这必然使大学生在社会大课堂里，学到他们在学校里学不到的多方面知识。

4. 丰富学生知识，强化学生社会责任感

学生通过社会实践，知道了很多在课本上看不到的东西，社会实践活动有利于学生各施其才，各显其能，更好地由知识型向能力型人才转变，帮助学生克服自视过高的优越心理，为他们毕业后走上社会作了超前的心理准备、思想准备、工作准备和生活准备[10]。实践证明，社会实践活动与所学专业相结合可以使学生在实践中能利用自己的专业知识为当地物质文明和精神文明建设作出贡献。相应的经历更容易使得接收单位重视接收毕业生，并且可以激发学生参加社会实践活动的热情，在实践结束以后的学习和工作中更加清楚所学知识的重要性。

四、结　论

社会实践活动是沟通学校与社会的桥梁，有利于教育改革，有利于办学体制由比较封闭的内向型转向教育主动适应社会需要、与社会息息相通的开放型，真正做到教育为社会主义现代化建设服务。结合专业知识组织大学生参与社会实践，用他们所学服务于社会，能够尽快地使他们较好地达到理论与实践相结合，学用一致；实践的资料与成果丰富了学校教学资源，利于更好地开展教书育人工作；社会实践使

学生的专业理论知识在实践中得到检验、丰富、深化和发展，锻炼出较高的实践技能。

参考文献

[1] 梁业梅，周琨武．对新时期大学生社会实践活动的思考［J］．教书育人：高教论坛，2007（7）：40－41.

[2] 李长庚，孙克辉，盛利元．高校理工类专业生产实习模式改革的探索与实践［J］．电气电子教学学报，2003，25（6）：12－14.

[3] 王志军，苏志强，彭国军．对深化大学生社会实践活动的思考［J］．高教与经济，2006，19（1）：67－70.

[4] 励立庆，王志军，苏志强．大学生社会实践课程体系的建设［J］．高教与经济，2006，19（4）：36－39.

[5] 李锡英．在社会实践教学中引导学生茁壮成长［J］．产业与科技论坛，2007（6）：90－91.

[6] 刘继光．对高校大学生社会实践活动的探讨［J］．哈尔滨金融高等专科学校学报，2000（4）：71－72.

[7] 陈艳，徐庆官．增强高校社会实践教育实效性的思考［J］．思想政治教育研究，2007（2）：109－110.

[8] 于秀琴，刘俊英．创新高校社会实践教学的长效机制［J］．教育与职业，2007（21）：163－164.

[9] 李长庚，孙克辉，盛利元．高校理工科类专业生产实习模式改革的探索与实践［J］．电气电子教学学报，2003，25（3）：24－26.

[10] 邱树恒，陆宇兰，叶少峰，等．大学工科生产实习的现状和实习方法的探索［J］．广西大学学报：自然科学版，2006（6）：22－25.

作者简介：李微（1982—），女，管理学院营造与工程管理系，讲师，博士在读。研究方向：工程管理与工程造价。

国际工程管理课程双语教学初探

李学锋　李南芳　陈宗胜

（沈阳建筑大学　沈阳　110168）

【摘要】 我国国际工程事业的发展从无到有，从小到大，取得了令人瞩目的业绩。从根本上提高了我国工程公司的整体素质和竞争力，实现了这项事业的可持续发展。为适应日益激烈的国际工程市场竞争的需要，从事国际工程管理的人员不仅要具有扎实的工程技术专业知识和管理、金融、贸易、法律等方面的知识，同时还应具备从容准确地表达出专业知识水平的外语能力。加强国际工程人才的培养已成为国际工程管理公司当务之急的大事，这就使得高校国际工程管理双语教学变得尤为重要。本文总结了笔者多年教学经验，对国际工程管理课程双语教学的重要性进行了描述，就改善国际工程管理课程双语教学提出了几点建议。

【关键词】 国际工程管理；双语教学；教学方法

一、国际工程管理课程双语教学的重要性

国际工程管理课程是一门集技术科学、经济学与管理科学为一体的综合性学科。很多与国际工程管理课程相关的材料都是西方发达国家的专家集几十年的经验总结概括出来的。在教学过程中，相关外文资料及文献的学习至关重要，想要真正理解和准确地把握外文材料的内容，在实践中学以致用，运用自如，在很大程度上需要依靠双语教学。因此，双语教学过程是非常必要的教学方法。

国际工程管理课程一般安排在大三第一、第二学期，此时公共英语课程结束，再加上国家取消本科生必须通过英语四级的要求，学生出现两极分化，此时进行国际工程管理双语教学，对培养学生继续学习英语有一定的推动作用。

进行双语教学，可以培养出既懂得专业知识，又通晓外语，适应国际、国内发展的多面手，在各类涉外场合中避免或减少翻译只会说外语而不懂业务、懂业务的人又不会说外语的矛盾，培养学生准确无误地进行业务活动的能力，对学生今后工作有相当的帮助。

二、双语教学过程中存在的问题

国际通行的一般意义的双语教育的基本要求是：在教育过程中，有计划、有系统地使用两种语言作为教学媒体，使学生在整体学识、两种语言能力以及这两种语言所代表的文化学习及成长上，都能达到顺利而自然的发展。在这里，第二种语言是教学的语言和手段，而不是教学的内容或科目。

用中文讲授、英文板书不是双语教学。双语教学不应仅限于教师的单方讲授，而应当将其贯穿于教学的全过程，包括学生的阅读、课堂和课后讨论、对习题与试题的作答以及平时写作练习等都须施以“双语”[1]。北美浸入式（Immersion）教育模式[2]，即第二语言不仅是学习内容，同时也是学习的工具，是很好的借鉴经验。

教材的选择是培养学生专业课双语学习兴趣面临的首要问题。在双语教学中，采用国外原版教材是很有效的途径，国外教材突出的特点是实用性强、针对性强、更新速度快、通俗易懂、生动活泼等，而这恰恰是多年来国内教材中的薄弱环节。国外教材中还大量配以各种案例，通过对案例的分析，能提高学生分析问题、解决问题的能力，使学生把学到的东西应用到实际工作中去。采用原版教材是双语教学应当优先考虑的。但随之而来的问题是教材的不菲价格，学生承受能力有一定的限制，而采用全中文的教材又失去了双语教学的意义。因而，选用原版教材很有必要，同时也可以激发学生的好奇心和兴趣，再根据学生的专业特点，考虑到语言上的差异、课程内容和体系上的不一致以及学生从用母语学习到用英语学习的转化过程中的适应能力，对其中的内容做适当的删减，并选配内容较详细的中文参考书，对双语教学能够有很大的帮助。

国际工程管理课程内容涉及面广，不仅涉及工程技术知识、工程管理知识，还涉及国际经济、法律等知识，显然，若完全用英语去讲解或板书，将出现大量生僻的专业词汇，学生难以接受，进而产生畏惧感，影响教学效果。因此，在双语教学中要注意中外结合，着重体现一些工程实施中的常用语句和词汇，避免过多地分析学科外语中出现的词汇和语法问题、抽象的原理与理论。另外，学生学习学科外语语言的过程不是一蹴而就的，双语教师在帮助学生获得流利外语能力的同时，需要培养学生对双语学习的信心。教师要站在学生的角度，考虑以学生现有的水平，能听懂多少、能掌握多少，还要注意学生对外语语言文化背景的理解。所以，合理设计课堂内容，把最精华的东西传授给学生，培养学生对课程的兴趣和热爱，这可以在双语教学中起到事半功倍的作用。

由于学生注意力集中的时间非常有限，而且双语教学中涉及大量专业英语词汇，教学过程中学生精力集中时间短，教师在教学方式上要始终考虑如何能让学生感兴趣，吸引他们的注意力。让学生提前预习，上课多使用图片、案例，这样既可以使学生对外文的概念有直接的了解，避免了学生先用英文再用汉语去思考的习惯，又可以使学生不产生厌烦或者疲倦的感觉，教学方式的多变、灵活是十分必要的。

请外籍教师进行教学可以激发学生学习的兴趣，但是费用高、手续繁琐，有些问题理解和沟通不如懂母语的老师来得容易。国内教师口语好、懂得英语教学规律的教师多为英语语言文学专业出身，他们的特点是活跃、语言生动，容易使学生有兴趣学习语言，但他们的专业知识结构单一。双语教学教师的英语应用水平和教学水平，尤其是英语表达能力如果不高，老师滔滔不绝地用 Chinglish[4] 教学，学生听不懂，很快会失去了学习兴趣。相反，如果双语教学教师的专业知识水平高，英语应用水平达到一定高度，就会起到示范和榜样的作用，教学过程中不但能引导学生理解理论知识，而且因灵活地运用双语教学而激发学生的学习兴趣和热情。

大三的学生平均学英语的时间为十年左右，学习的方式方法和时间都不尽相同，水平参差不齐。学得好的到了收获的季节，有成就感；学得不好的会灰心丧气，产生厌烦心理。建筑大学分别有英语专业的学生和工程管理专业的学生学习国际工程管理课程。英语专业的学生懂英文不懂工程专业，或者是对工程专业不感兴趣；工程专业的学生懂专业但英语水平不高。这种现象不仅在建筑大学，在很多学校都普遍存在。因此，在工程管理专业的“国际工程管理”课程中进行双语教学，能够有利地避免以上的问题，使学生通过双语教学的课程学习，既提高国际工程管理方向的理论水平，同时能够提高英语水平，而且借助双语教学能够更多更深入地了解国际工程管理的发展趋势。

三、国际工程管理课程双语教学的完善

1. 教学侧重点置于内容的理解和掌握上

为了避免教学过程无形中背离开展双语教学的真正目的，变为单纯的英文学习，应注意学生对外语语言背后的文化背景的理解。应将教学侧重点置于内容的理解和掌握上，使国际工程管理双语教学立足于让语言成为学习的工具而不是学习的目的的教学原则上。

2. 改善课堂教学模式，使课堂教学灵活多变，注重培养学生的兴趣

（1）加强课前预习。安排学生课前适当的预习是保证课堂双语教学效果的重要手段。虽然双语教学不同于专业外语课程，尽量避开了大量专业词汇的出现，而以国际工程管理中一些常用的交流和专业用语为主，课前适当的预习是相当必要的。另外，基于互动教学的需要，对下次课即将进行的课堂专题讨论和情景对话模拟更是必须提前准备的。

（2）多媒体教学为辅。双语教学的进度较慢，采用多媒体教学可以节省板书时间，丰富教学内容。在教学中引入多媒体，利用图文并茂的形式，通过演示工程图片、视频的方式，使学生更好地掌握相关知识点，不仅可以节省时间，还可以提高学生的学习情趣和对课堂的重视程度，减少因大量接受语言信号和板书而带来的神经疲劳，从而加快教学节奏，增强教学效果。

（3）鼓励学生积极参与课堂互动。高等教育的观念中，学校不仅仅是读书的地方，更是进入社会前的演习和体验场。学会与差异相处，和多元共存，从而理解自己，这一切都是学生在大学期间的学习内容。在大学的课堂上，学生是知识的生产者和反思者，而不是被动接受者。教师应鼓励学生积极参与课堂互动，表达所学知识的运用，确保学生有机会进行交流，双语运用中的细微错误不必过多关注，形成学生真正的双语交际能力，不仅有利于学习，也有利于今后学生走向社会，融入社会。

（4）优化考核方法。目前，我们在国际工程管理课程考试中，采用开卷考试与课堂考核相结合的方法，开卷考试着重考核学生基础知识的掌握情况，以基本理论与概念的考核为主。但此种考核方法带来的问题是学习自觉性强的同学和应付考试的同学的成绩差别不是很大，学生普遍对课程的重视程度不够的情况。建议采用综合考试的方法：30%课堂表现（互动、发言和作业）；70%采用闭卷考试的方法。此种方法会带来学生学习负担加重的负面影响，但对于学生学习态度会有强制性的改善。

3. 提升教师专业知识与外语水平

要解决师资紧缺的问题，关键是要培养一批能够承担起双语教学的青年教师。学校可以有计划、有步骤地进行师资培训，以分期分批地进修学习的方式定向培养一部分英语教师，使其具有特定的专业知识。同时，学校也可以采取选派专业教师进修英语的方式，选派一批英语基础较好的教师到外语系或国外进修，这样他们才能更好地完成双语教学任务，保证双语教学的质量和效果。

4. 激发学生的学习热情，在双语教学中达到双赢

在国际工程管理双语教学过程中，通过双语教学达到既掌握有关国际工程管理的专业知识，同时，也是提高自身外语水平的过程。我们从2009年开始连续三年对工程管理专业不同英语水平的学生对双语教学取得的效果进行了问卷调查，如表1所示，双语教学对多数学生是可以起到双赢的作用的，它有承上启下的作用，可以让学生把多年来学到的英语应用到专业中去，工作做好了可以激发同学的学习热情和兴趣，让灰心的学生重振精神，让学习好的学生更有成就感。

表1　学生对双语教学的反映

项目	A	B	C	D	合计
学生人数	181	64	95	55	395
百分比/%	45.8	16.2	24	14	100

A：学生既学得了专业课知识，英语水平也有收获——双赢；

B：学生专业课知识有一定收获，英语水平提高很多；

C：英语水平有一定提高，对专业课知识帮助不大；

D：专业课知识及英语水平都没有提高。

注：调查对象为工程管理专业2006级、工程管理专业2007级、工程管理专业2008级全体学生；

调查时间为2009年、2010年、2011年连续3年。

总之，不论是国际工程管理还是其他学科双语教学的建设，都是一个相当长时期才能完善的，它是需要教育管理部门、学校、教师和学生的一起努力，科学地运用各种手段才能完成的一项任务。

参考文献

[1] 毛晔．国际工程承包课程双语教学研究［J］．山西建筑．2007，33（36）：188－189.

[2] Robert Keith Johnson and Merrill Swain. International Perspectives ［J］. Immersion Education. Cambridge University Press. 1997：21.

[3] 爱因斯坦文集：第三卷［M］．北京：商务印书馆，1979：144.

[4] 南华美．现代美国口语［M］．上海：上海外语教育出版社，1983：43.

[5] 邱鸿安．世界日报［N］．2007－07－12.

作者简介：李学锋（1963—），男，管理学院房地产研究所，讲师，硕士。研究方向：房地产政策。

浅谈案例教学在理论法学教学中的运用

刘　飞

（沈阳建筑大学　沈阳　110168）

【摘要】案例教学法应用于法学教育由来已久，在理论法学课程的教学过程中如何更好地发挥其作用是本文研究的重点。从案例教学法的概念出发，阐释其在理论法学教学中的意义和应当遵循的原则，构建其应用于课堂教学的动态过程，针对实践中的主要问题提出了改善案例教学应用于理论法学教学的建议。

【关键词】案例教学；理论法学；讨论

“案例教学法”又称为“苏格拉底式教学法”，由美国哈佛大学法学院前院长克里斯多夫·哥伦布于1870年前后首创。这种方法旨在培养学生的分析、陈述、实践等方面的能力，它体现了一种全新的教育思想。

一、案例教学法在理论法学教学中的意义

在理论法学教学中应用案例教学法，具有传统课堂教学不可比拟的很多特点和优点，具有重要的理论意义和实践意义。

（1）增强学生的学习兴趣和热情。理论法学所提供的法的一般原理，在整个法学体系中占有重要地位。但是，由于理论博大精深而使得此类学科的学习过程非常困难。因此，理论法学教学必须改变传统的方法，使学生能够接受而又乐于学习，才能改变当前的状况。

（2）促进理论与实践的结合。理论与实践的脱节，是当前理论法学教学中存在的重要问题。在案例教学中，教师以案例为中介，使学生置身于实践活动中，能使学生思维活跃、印象深刻。既加深了学生对法学基本理论的理解，又提高了学生运用法律解决实际问题的能力。

（3）提升学生课堂活动参与程度。在理论法学教学中应用案例教学法，教师有针对性地提出与教学内容密切相关的案例供学生思考，启发学生始终保持积极的思维状况。应用案例教学实现了教师和学生的有机互动，有益于法律文化氛围的形成。这种氛围能够使学生潜移默化地加深对法学知识的理解，培养学生的法律情感。

二、案例教学法应遵循的原则

1. 典型针对性原则

选用的案例要非常典型，应是与形势、时事联系密切的，是能够引起学生共鸣的，并且又要与教学内容的知识点相关联。而且必须针对教学的特点，斟酌采用侧重面不同、篇幅不同、繁简程度不同的案例，确定采用适当时机和方式。

2. 适度性原则

案例的选择要求适度，要与学生的特点和能力相适应。教学案例难易程度可以从思考以及解析问题方法等方面考虑。讨论和讲解案例时需要耗费一定的时间，因此使用案例应有数量上的限制。数量适度，可以提高效率，相应的数量过多，则会浪费时间，影响教学任务的完成。

3. 统筹兼顾原则

具体来说就是要处理好应用案例和采用其他教学法的关系以及案例与教材的关系。首先要注意处理好运用案例和采用其他教学法的关系；其次，要处理好案例与教材的关系。教材是我们进行教学的蓝本。

三、案例教学法在理论法学教学中的组织和应用

笔者认为，案例教学在理论法学教学中的组织与应用应当包括以下几个方面。

1. 阅读案例、个人分析阶段

首先教师应当依据课程教学要求，从案例库中选择好案例，提出思考题，推荐参考文献，最后要将案例有关材料和相应提示以发放资料或多媒体形式展示给学生，使学生有充分时间查阅相关资料法规和仔细思考。

2. 分组讨论、达成共识阶段

在这一阶段，通过分组讨论使学生对于复杂案例的观点能够充分展开，通过学生间互相启发逐渐找出问题的症结所在。此阶段的教学活动主要由学生自主完成，教师只需要适当维持课堂秩序即可。

3. 正式发言、全班交流阶段

这个阶段是案例教学的核心阶段，教师需要创造一个良好的自由讨论的环境，组织和引导学生参与讨论。在讨论中，教师不应参与争论，也不应当发表权威性意见，保持问题讨论的开放性。

4. 总结归纳、消化提升阶段

在全班讨论结束后，教师应及时给予总结。首先，对学生的讨论情况进行总结。其次，教师要确定某个案例的标准答案，不能确定标准答案的应确定倾向性的意见，提出本次案例讨论所运用的理论知识、难点、重点。

四、案例教学法在理论法学教学中的问题与对策

在笔者实际的理论法学教学经历中，在课堂授课环节引入案例虽然能够发挥出积极的作用，但仍然存在一些问题值得思考。

1. 案例数量有限

案例的选取是案例教学法能够取得预期效果的关键环节，在这个环节上，教师必须根据具体的课程检索、查找内容丰富又具有讨论性、话题性的案例，但是由于受到具体课程自身特点的限制，一些理论法学课程缺乏直接与知识点相关联的案例或事件，甚至是缺乏案例。如宪法学、法理学、法律逻辑学等课程，目前的教材中提供的案例往往屈指可数且千篇一律，亦或是案例缺乏实践价值，过于抽象概括，脱离实际情况。这些问题为案例的选取带来了一定的困难。

2. 案例缺乏时新性和时效性

由于案例的具体发生时间与同期的相关法律效力、法制运行状态、法治状况联系紧密，案例的运用必须与这些法律背景相结合。通常出现的问题是：选取的案例及其可能的判决基于旧法的效力，而授课时旧法已经失效；案例中可能存在基于旧法产生的判决，而此种判决与法的一般原理存在表象上的冲突。这两种情况都可能导致案例运用过程中误导学生或引起学生的困惑，由此引发的讨论可能偏离最初设定的教学内容，冲淡主题，甚至是知识点的混淆。而所谓的时新性意味着案例必须具有鲜明的时代性，与当代社会发展相同步，与学生的一般知识结构相吻合。例如在法律逻辑学的教学中，一些教材上仍旧使用大量选自古代史料的案例，往往使学生学习兴趣降低，影响了教学效果。

3. 案例引入教学可能减缓课堂教学进度

如前文述及的，案例教学与其他教学法之间以及案例与教材之间的结合必须适度和适当。案例教学在全部授课学时中所占的比例过高，常常导致正常的教学进度滞后，无法与教学日历相同步，使该门课程的知识体系缺乏清晰的脉络。另一方面，案例与教材的结合比例失调，通常致使学生无法抓住重点和难点，尽管案例分析有助于提升学生的综合能力，但是在学生基础知识尚显粗疏的情况下，集结过多知识点的案例可能造成学生理解和掌握的困难，挫伤学习的积极性。

4. 案例讨论容易流于形式

笔者以为，讨论在案例教学法中居于核心地位，它几乎存在于案例教学实施的各个环节中，其重要性不言而喻。同样必须高度重视对讨论这一课堂活动的有效控制。实践中，时常发生讨论效率低下，讨论无法逐层深入，讨论时间过长或无法展开等现象，笔者将其概括为讨论活动的可控性差。产生这种现象的原因多种多样，但教师对课堂教学活动的控制力不强或忽视对讨论活动的控制是重要原因，学生的认知心理亦对讨论活动的效率有着重要的影响。两者的作用原理在于：单位课时内学生的注意力随时间延长而衰减，如果教师缺乏对课堂活动的控制力，或者不对讨论活动加以适度干预，会引发课堂活动的无序性，随着时间推移和讨论话题的展开，周边问题、随机性问题不断出现，辩论和讨论容易进入到更加难以控制的局面。此时，课堂活动更容易偏离主题，学生注意力不断降低，课堂效率也随之下降。

针对上述问题，笔者认为理论法学教师应当在以下三个方面有所加强，进而克服案例教学中的不利因素，提升案例教学的效果。

（1）资源汇编，对案例实施数据库管理。为了扩充教学案例的数量，保证案例的时效性和时新性，笔者建议授课教师能够充分利用简便易用的 Access、FoxPro 等中小型数据库汇编软件，对已经采集的案例文档进行归纳整理。根据授课内容和案例的特点设置时间等检索字段，笔者认为，此种数据库的汇编可由集体完成，采集、整理、编辑经由团队性分工协作，既能够发挥不同研究方向的优势，又能够实现资源共享。同时，应当注重对数据的不断更新和调整，使案例数量和质量得到保证。

2. 合理预测，严格控制，对案例教学实施全程控制

为了防止案例教学过度导致教学进度减缓，应当在课程教学日历的编写阶段就明确案例教学占总学时数的比例，这需要教师对案例教学的时间做出合理的预期，还需要针对理论法学课程的特点，尽量选取简洁又具有代表性的案例资料，将材料派发、通读和自学等前期的准备工作转移至课下，避免对课堂教学时间的占用。此外还应根据课程特点控制每次讨论活动的时间，笔者在实践中发现，宪法学、法律逻辑学等课程进行案例教学时，单次讨论活动不宜超过20分钟，案例教学占总学时比例不超过15%为宜。

3. 引导与讨论相结合，对案例教学实施方案优化

为了更好地实现对单次讨论活动的控制，要求任课教师必须全面掌握案例的详尽情况、相关法律法规以及法理基础，在选取案例时应当充分考量学生讨论中可能出现的问题，对待这些问题必须保持清醒的认识，对这些问题的解答做一定的准备，如果存在个人观点一定不能混淆和模糊，在学生分组讨论和辩论中必须保持高度中立，不能加入学生间的辩论活动；同时教师必须时刻洞察课堂气氛，适时进行归纳和概括，能动地依教学进程安排约束讨论时间。

参考文献

[1] 刘琼瑶．美国法律教育中的案例教学法［J］．长沙大学学报，2009（6）．

[2] 邹玉丽．从美国的法律教育漫谈判例教学法［J］．现代法学，2007（4）．

[3] 宋涛．法学教学中案例教学法的运用［J］．中国成人教育，2008（8）．

[4] 张海风．法学案例教学法建构浅析［J］．行政与法，2008（9）．

[5] 刘涛．对法学教学中实施案例教学法的探讨［J］．实事求是，2009（1）．

[6] 刘武俊．解构中国语境中的律师角色［J］．学科教育，2009（3）．

作者简介：刘 飞（1981—），男，管理学院，建设法研究所，讲师，法学硕士。研究方向：宪法与行政法。

项目教学：工程管理专业教学的团队基础*

刘亚臣

（沈阳建筑大学　沈阳　110168）

【摘要】建构主义学习理论、情境学习理论和杜威的实用主义教育理论已成为支撑项目教学的理论基础。项目教学强调以工作任务为依托组织教学内容，以学生为主体开展教学活动，以多样化的解决任务的策略展示学习成果。项目教学的这些典型特征要求教师熟悉职业实践、具有跨学科能力和团队合作的精神，具有创设学习情境的能力。

【关键词】项目教学；学习理论；情境；工作任务

项目教学是指师生通过共同实施一个“项目”工作而进行的教学活动，项目本身是以生产一件产品或提供一项服务为目的的任务。项目教学的指导思想是将一个相对独立的任务项目交予学生独立完成，从信息的收集，方案的设计与实施，到完成后的评价，都由学生具体负责；通过一个个项目的实施，使学生能够了解和把握完成项目的每一环节的基本要求与整个过程的重点难点。教师在教学过程中起到咨询、指导与解答疑难的作用。

一、项目教学的理论基础

支持项目教学的理论基础主要有建构主义学习理论、杜威的实用主义教育理论和情境学习理论。

1. 建构主义学习理论

建构主义认为，知识不是通过教师传授得到的，而是学习者在一定的情境即社会文化背景下，借助其他人（包括教师和学习伙伴）的帮助，利用必要的学习资料，通过意义建构的方式获得的。

建构主义的学习观认为学习不是由教师把知识简单地传递给学生，而是由学生自己建构知识的过程。学生不是简单被动地接收信息，而是主动地建构意义，是根据自己的经验背景，对外部信息进行主动地选择、加工和处理，从而获得自己的意义。外部信息本身没有什么意义，意义是学习者通过新旧知识经验间反复的、双向的相互作用过程而建构成的。学习意义的获得，是每个学习者以自己原有的知识经

*　辽宁省教育厅2009年度辽宁省高等教育教学改革研究项目：面向工作的工程管理专业实践教学改革研究（辽教发〔2009〕141号）。

验为基础，对新信息重新认识和编码，建构自己的理解。这种建构是无法由他人来代替的。

项目教学实质上就是一种基于建构主义学习理论的探究性学习模式，其与建构主义学习理论均强调活动建构性，强调应在合作中学习，在不断解决疑难问题中完成对知识的建构。

2. 杜威的实用主义教育理论

1986 年，杜威针对传统教学的弊端在其所创设的芝加哥实验学校采用了一种新的教学方法——设计教学法，其后由杜威的学生对设计教学法进行了不断的丰富和发展。设计教学法主要包括："必须是一个有待解决的实际问题；必须是有目的有意义的单元活动；必须由学生负责计划和实行；包括一种有始有终、可以增长经验的活动，使学生通过设计获得主要的发展和良好的成长。"设计教学法强调学生根据自己的兴趣决定学习内容，在自己设计、自己负责实行的单元活动中获得有关知识和解决实际问题的能力。杜威针对"以课堂为中心，以教科书为中心，以教师为中心"的传统教育，提出了实用主义教育理论，强调以经验为中心。杜威认为："知识不是由读书或人解惑而得来的结论""一切知识来自于经验。"他在《经验与教育》一书中提出："教育即生活，教育是传递经验的方式。"他认为，"为了实现教育的目的，不论对学习者个人来说，还是对社会来说，教育都必须以经验为基础——这些经验往往是一些个人的实际的生活经验。"

项目教学是以真实的或模拟的工作任务为基点，让学生利用各种校内外的资源及自身的经验，采取"做中学"的方式，通过完成工作任务来获得知识与技能。项目教学强调现实、强调活动，与杜威的实用主义教育理论是一致的。

3. 情境学习理论

情境学习理论分为心理学传统的情境学习理论和人类学传统的情境学习理论两个流派。心理学传统的情境学习理论认为：知识是情境化的，而不是抽象的，是在个体与情境相互作用的过程中被建构的，而不是被客观定义或主观创造的。基于这种知识观，学习是不能跨越情境边界的，学习在本质上是情境性的，情境决定了学习内容与性质。按照这种学习观，建构知识与理解的关键是参与实践。而项目教学的内容主要是来自工作世界的实践任务，学生是在完成实践任务的过程中获得职业能力的发展。

人类学传统的情境学习理论的代表人物莱夫在对手工业学徒的实地调研中发现了在学习过程中默会知识对新手的重要性，提出了情境学习的观点，认为："学习是情境性活动，没有一种活动不是情境性的""学习是整体的不可分的社会实践，是现实世界创造性社会实践活动中完整的一部分。"进而提出："学习是实践共同体中合法的边缘性参与"。按照莱夫和温格尔的界定，实践共同体意味着参与一种活动体系，参与者共同分享对他们所做的事情的理解，以及这对于他们的生活和共同体意味着什么。项目教学就是让学生在真实的或模拟的工作世界中通过多元方式参与工作过程，完成典型的工作任务，并在完成任务的过程中，在与师傅、同伴相互作用的过程中，逐步从新手成长为专家，这与人类学传统的情境学习理论是一致的。

二、项目教学的构成要素及基本特征

1. 项目教学的构成要素

项目教学主要由内容、活动、情境和结果四大要素构成。

（1）内容。

项目教学是以真实的工作世界为基础挖掘课程资源，其主要内容来自于真实的工作情景中典型的工作任务，而不是在学科知识的逻辑中建构课程内容。内容应该与企业实际生产过程或现实商业活动有直接的关系（如购材料，具体加工材料），学生有独立进行计划工作的机会，在一定时间范围内可以自行组织、安排自己的学习行为，有利于培养创造能力。

（2）活动。

项目教学的活动主要指学生采用一定的劳动工具和工作方法解决所面临的工作任务所采取的探究行动。在项目教学中，学生不是在教室里被动地接受教师传递的知识，而是着重于实践，在完成任务的过程中获得知识、技能和态度。

（3）情境。

情境是指支持学生进行探究学习的环境，这种环境可以是真实的工作环境，也可以是借助信息技术条件所形成的工作环境的再现。

在项目教学中，根据项目主题，学生从信息的收集、方案的制定、项目的完成到成果的评估，主要采取小组的工作方式进行学习，为了最终完成项目作品，他们相互依赖、共同合作。情境有利于学生掌握技术实践知识、工作过程知识。技术实践知识与工作过程知识的情景性，决定了这类知识的掌握依赖于工作情景的再现。情境为学生职业能力的获得提供了一种理想的环境，并能拓展学生的能力，为他们走向工作世界作好准备。

（4）结果。

结果是指在学习过程中或学习结束时，学生通过探究行动所学会的职业知识、职业技能和职业态度等。如技术实践知识、合作能力、创新能力等。

2. 项目教学的基本特征

项目教学与传统的教学相比较有着自己的显著特征，具体表现为以下几个方面。

（1）教学内容以工作任务为依托。

项目教学是围绕教学任务或单元，设计出一个个学习环境及其活动，一个个项目、技术及其方法。它的一个重要价值，在于消除了传统的学科教学所造成的诸多弊端。教学内容突破了传统的学科界限，是以项目为核心，按照工作过程逻辑建构教学内容。

以典型的职业工作任务为依托建构学习内容，有效地解决了传统教学中理论与实践相脱离，远离工作实践的弊端。理论教学内容与实践教学内容通过项目或工作任务紧密地结合在一起。

（2）教学活动以学生为主体。

从实践中看，项目教学中采用较多的是工作小组的学习方式，这不仅有益于学生特长的发挥，而且有助于每个学生的责任感和协作精神的形成，体验到个人与集体共同成长的快乐。同时，项目教学改变了以往学生被动接受的学习方式，创造条件让学生能积极主动地去探索和尝试。

（3）学习成果以多样化为特征。

项目教学创造了使学生充分发挥潜能的宽松环境，其学习成果主要不是知识的积累，而是职业能力的提高。职业能力是一种综合能力，它的形成不仅仅是靠教师的教，而主要的是在职业实践中形成的，这就需要为学生创设真实的职业情景，通过以工作任务为依托的项目教学使学生置身于真实的或模拟的工作实践之中。

三、项目教学对教师提出的新要求

与传统的教学方式相比，项目教学对教师素质提出了更高的要求，在教学中教师将面临许多新的问题与挑战，主要体现在以下几个方面。

1. 项目教学要求教师熟悉职业实践

教师要具有职业经验，了解企业的工作过程和经营过程，才能从整体的视角选择具有典型意义的职业工作任务作为具有教育价值的项目。同时，由于项目教学是以典型的工作任务来组织教学内容的，也就是说理论知识和实践知识通过典型的工作任务有机地结合起来，教师只具有专业理论知识而不熟悉职业实践已经很难胜任教学工作。

2. 项目教学要求教师具有跨学科和团队合作能力

在传统的教学中，教师都有自己的专业，基本上是独立完成教学工作，可以不和其他学科的教师有业务上的交往。但是项目教学涉及多学科教学内容，因此对绝大多数教师而言，很难独自一人很好地完成教学工作。这一方面要求教师具有跨学科的能力，不仅要娴熟本学科的专业知识与技能，还要了解相邻学科、相关学科及跨学科的知识与技能。另一方面要求教师具有团队合作的能力，教师要从个体的工作方式走向合作，不同专业领域的教师联合起来进行项目教学，这对教师来讲是工作方式的根本改变，他必须与同事建立联系，关注其他专业领域的发展。

3. 项目教学要求教师具有创设学习情境的能力

在项目教学中创设学习的资源和协作学习的环境是教师最主要的工作，这要求教师课前熟悉项目内容，进行深入研究，并准备好项目开展过程中可能涉及的有关知识；注意与其他教学手段和教学方法的协调；介绍项目内容要讲究艺术性，吸引学生的注意力，激发学生学习的积极性和讨论的热情。

4. 项目教学要求教师对自身在教学过程中的角色进行重新定位

项目教学可划分为三个阶段，即项目的准备、实施与评价。每个阶段所要完成的教学任务不同，教师在各个阶段所扮演的角色也有所不同。

项目教学主张师生的互动，认为整个教学过程需要教师和学生的积极参与及投入，这就要求教师在教学过程中对自身的角色进行重新定位，教师不再主要是知识的传授者，而成为教学的组织者、引导者、咨询者和评价者；学生也不再是知识的被动接受者，而成为知识的主动建构者。

参考文献

[1] RaunerF. Reformbedarf in der berufliche Bildung，(Hrg.) Berufliche bildung auf dem Pruefstand，Bremen，1998：86－96.

[2] 徐涵．行为导向教学中的教师角色转换［J］．中国职业技术教育，2006（4）.

[3] 徐国庆．实践导向职业教育课程研究：技术学范式［M］．上海：上海教育出版社，2005.

工程管理专业课程考试改革探讨*

齐宝库　战　松　黄昌铁　白　庶

（沈阳建筑大学　沈阳　110168）

【摘要】本文系统剖析了传统的期末一次性闭卷考试存在的种种弊端，根据专业课程的特点，构建了“全程式、多样化、复合型”的新型考试模式，并在工程管理专业课程考试中进行了实践，取得了充分发挥考试的导向作用，调动学生和教师的主观能动性，促进教学改革和提高教学质量的良好效果。该成果对于高等院校同类课程考试改革具有重要的借鉴意义。

【关键词】专业课程；考试改革；教学质量

工程管理专业是一个集技术、经济、管理、法规四大方面知识于一体的复合型、应用型专业。该专业课程普遍具有基本理论知识与操作技能知识密切结合的特点，其教学目的不仅仅是向学生教授专业知识，更重要的是培养学生利用所学专业知识解决工程管理实际问题的能力和对现有专业操作技能性知识更新创造的能力。传统的期末一次性闭卷考试成绩既难以全面、真实地评价学生对专业课程知识体系的掌握程度和对专业知识的运用和创造能力的提高程度，同时也难以客观、公正地评价教师的实际教学质量。如何进行专业课程考试改革是当前高等院校十分关注的热点问题。作者总结多年从事专业课程教学的经验和体会，对传统考试模式的种种弊端进行了深入剖析，重新构建了适应专业课程特点的考试模式，并通过初步实践取得了较好效果。

一、专业课程传统考试模式存在的种种弊端

期末一次性闭卷考试是长期以来高等教育课程考试的主要模式，授课教师、学生对此都是比较适应的。高校教学管理部门对这种考试模式的试卷命题、标准答案和评分方法的制定有一套较为完善的管理制度。在一定意义上来说，这种传统的考试模式对学生是公平、公正的，但却存在如下一些弊端。

1．很难全面地考核专业课程的完整知识体系

传统的期末一次性闭卷考试模式大都是：考试时间为两小时，常见命题形式包括：名词解释、选择、判断、填空、简答、计算等题型，答题方式为笔答。由于受考试时间、命题形式的限制，传统考试内容不能涵盖专业课程的全部主要知识点，

*　中国建设教育协会立项课题（2011002）；辽宁省高等教育学会立项课题（GHYB110009）。

特别是专业课程中大量的操作性知识很难准确地体现在试卷上。

2. 无法客观地检验学生对课程知识的综合运用能力

专业课程教学不仅要向学生传授课程的基本理论知识，而且要培养学生运用基本理论知识解决工程实际问题和对现有专业知识、技能进行更新、改进的创造能力。传统的期末一次性闭卷考试考核学生对课程基本理论知识的掌握程度是没有问题的；但是，由于受答题方式的限制，很难考核学生对这些知识的运用能力，而考核学生的创造能力就更加难以实现。

3. 不能有效发挥考试结果的反馈作用

传统的期末一次性闭卷考试是课程的一次性终结考试，其考试结果仅仅作为对学生课程学习成绩评定和教师教学效果的评价，忽视了课程考试结果的反馈作用。如果在课程教学过程中实行多阶段考试，学生就能够根据考试结果及时发现自己对知识掌握的薄弱环节，教师能够及时发现教学中存在的问题，从而进行重点教授、解惑，有效提高教学质量。

4. 阻碍了教师提高人才培养质量的积极性

由于学校主管部门对传统的期末一次性闭卷考试的试卷命题、标准答案和评分标准的严格规定，加之有些课程实施“教考分离”等原因，任课教师只能严格按教学大纲要求的内容、深度和期末考试形式来“规范化”地授课，甚至有的老师对一些非常重要的专业技能性知识，因其无法出现在期末闭卷考试的试卷上，而放弃讲授。有些在本专业领域有很深学术造诣的优秀教师也因受传统的期末一次性闭卷考试的限制而不能将自己掌握的学科前沿知识传授给学生。由此来看，传统的期末一次性闭卷考试阻碍了优秀教师发挥自身优势提高人才培养质量的积极性。

5. 不利于学生端正学习态度和树立良好学风

长期以来，由于受“应试教育”思想的严重影响，许多学生不是以获取知识和提高能力，而是以通过期末考试或以追求高分数为目的来学习专业课程。因为考试是否通过和分数的高低对学生来讲至关重要，不仅直接关系到学生能否完成学业和获得学位，而且是获得奖学金、评优甚至择业的主要依据。由于传统的期末一次性闭卷考试的局限性，学生只是关注那些期末要考试的内容，按照期末考试的答题方法去学习，甚至有的学生根本不注重平时学习，经常缺课、抄袭作业，只是在期末按照任课教师划定的考试范围去重点突击，而考试之后很快就把临考突击记忆的东西全忘了。可见传统的期末一次性闭卷考试不利于学生端正学习态度和树立良好的学习风气。

二、专业课程考试改革总体思路与实施方案

要想取得考试改革的成功，首先要明确考试改革的思路、确定科学的、切实可行的考试改革实施方案。

1. 专业课程考试改革的总体思路

改变传统的期末一次性闭卷考试，构建“全程式、多样化、复合型”的新型专业课程考试模式是作者经过研讨确立的专业课程考试改革的总体思路。

所谓“全程式”，是指在专业课程教学全过程中实施多阶段性的考试，将考试

作为专业课程教学过程中采用的一种手段，分阶段地检验学生对每个教学单元知识的掌握程度和教师的教学效果，以此调动学生平时学习的积极性，避免期末临考前的重点突击。通过阶段性考试检验学生对各阶段课程知识掌握的薄弱环节和教师的教学效果，使教师及时发现问题，调整教学进度和教学方法，进行重点教授、解惑。

所谓“多样化”，是指根据不同教学单元的大纲要求和所讲授的专业知识特点，采取多样化的考试形式。通过多样化的考试形式从不同的侧面全方位地检验学生的学习效果，既可以检验学生对基本专业理论知识记忆的扎实程度，又可以检验学生对专业知识的理解、运用和创造能力。

所谓“复合型”，是指采用复合形式最后评定每一位学生的专业课程的学习成绩。要将在教学过程中采用多样化考试得到的体现学生对专业理论知识、技能知识的掌握程度和理解、运用能力的各种考试、考核成绩与课堂提问、专题研讨、平时考核结合起来，综合评定专业课程的总成绩。

2. 新型专业课程考试改革实施方案的构建

按照上述课程考试改革的总体思路，项目组教师根据专业课程的特点，研究构建了工程管理专业课程考试改革的具体实施方案如下：

(1) 对专业课程考试改革实施方案的总体要求。

专业课程考试内容必须按照课程教学大纲的要求，涉及课程讲授的所有基本理论知识和专业技能知识，以及应用这些知识解决工程管理实际问题的能力和对现有专业知识、技能进行更新、改进的创造能力。专业课程考试的形式必须实现多样化，以不同的形式检验学生对专业基础理论知识、操作技能知识的掌握程度和运用能力。总之，通过多样化考试检验专业课程的实际教学效果，对学生的专业课程学习效果进行客观、全面、公正的评价。

(2) 专业课程考试形式与环节。

根据考试改革实施方案的总体要求，项目组教师设计的专业课程考试形式和环节，除了期末闭卷考试之外，还包括：开卷考试、上机操作、撰写课程论文和课程综述与学习体会等。

① 期末闭卷考试，是专业课程考试必须坚持的重要形式，是全面、系统测试学生对课程基本理论知识掌握程度和运用能力的必要手段。

② 开卷考试，主要是在教学过程中对每个相对独立的教学单元采取的阶段性测试，其目的是调动学生平时对专业课程知识学习的积极性。

③ 上机操作，是检测学生对课程基本理论知识的运用和对课程软件的操作能力，以避免培养出只会考试答卷不会动手操作的“高分低能”的学生。

④ 撰写课程论文，其目的是引导学生围绕专业课程内容查阅本专业相关文献，跟踪本专业学科前沿，扩大视野，培养学生的专题研究与写作能力。

⑤ 撰写课程综述与学习体会，是在课程教学基本结束时采用的课程学习总结性的环节，其目的是让学生对专业课程每个单元的教学内容及其相互衔接关系有一个系统的整体性认识和把握，同时通过撰写学习体会，使学生对所学专业知识的认识和理解得到升华，成为学生的一种潜在素质和能力。

(3) 专业课程成绩构成与评定方法。

对于在校学生而言，无论采取什么样的考试模式，评价学生对专业课程学习效果的最终指标还只能是课程成绩。为使课程成绩能够最大限度全面、客观、公正地体现学生对专业理论知识、操作技能知识的掌握程度和运用及创造能力，作者设计了复合式的成绩评定方法。采用百分制评定学生的课程学习总成绩，在总成绩中：期末闭卷考试占60%～70%；阶段性开卷考试占10%～20%；上机操作占5%；撰写课程论文占5%～10%；平时作业占5%；课程综述和体会占5%；平时考核（主要为课堂出勤与提问记录等）占5%～10%。

三、工程管理专业课程考试改革实践及其效果分析

为了探讨适应专业课程特点的新的考试模式，笔者选择了工程管理专业的“工程项目管理”“工程估价”“房地产估价”三门专业课程组成专业课程考试改革项目组，进行考试改革研究与实践。

2007年，笔者首次对上述课程考试改革实施方案进行了实践。例如，2004级工程管理专业的工程项目管理课程实际采用的考试形式和环节包括：期末闭卷考试（2小时）、上机操作（3次）、作业、阶段性考试（3次）、撰写课程论文（3000字以上）、课程综述和学习体会（2000字以上）。该课程学生总成绩构成及其比例为：期末闭卷考试60%；上机操作5%；撰写论文5%；作业（本课程留有40多道较为综合性的课后作业）10%；课程综述和学习体会5%；阶段性考试15%。工程估价和房地产估价两门课程与实际采用的考试形式和环节也基本相同，不再赘述。

从三门专业课程考试改革实践的效果来看，“全程式、多样化、复合型”的专业课程考试模式有效地避免了传统的期末一次性闭卷考试的种种弊端，改变了学生对专业课程学习的认识，使学生不仅仅注重对课程基本理论知识的学习，更注重对所学知识的运用能力和创造能力的培养，有效地调动了学生学习专业课程的积极性，课程总成绩更好地全面、客观、公正地反映出学生的实际学习效果。同时，充分发挥出授课教师的主导作用，使教师充分利用各种有效的教学模式、方法和手段（也包括考试形式、命题方法、成绩评定方法等），最大限度地向学生传授知识和培养学生的综合素质与能力，拓展专业课程教学的广度和深度。新的专业课程考试模式加强了师生互动与沟通，将考试不仅仅作为一种检验教学效果的方法，更重要的是作为一种教学手段，对于促进教学改革、全面提高教学质量具有十分积极的重要作用。

四、推进专业课程考试改革应注意的问题

1. 注重调动教师在考试改革中的主观能动性

改变传统的期末一次性闭卷考试为多阶段、多样式考试，仅仅是一种考试模式改革。而实际考试效果如何，在很大程度上取决于任课教师对考试改革的态度。只有任课教师在主观上不嫌新的考试模式烦琐，愿意通过考试改革促进教学质量和人才培养质量的提高，才能发挥出多阶段、多样式考试模式应有的功能和作用。高等院校要充分认识到任课教师在考试改革中的主导作用，对因实施考试改革给教师增加的额外工作量给予一定报酬，对实施考试改革效果显著的教师给予适当的表彰。

通过政策导向调动广大教师的主观能动性，更好地推进考试改革，全面提高教学质量。

2. 提倡考试模式的多样化

各类课程要根据课程本身的特点采取有利于提高人才培养质量的考试形式，提倡考试模式多样化。笔者认为，上述工程管理专业课程考试的新模式对于工科专业课程考试可能有一定的借鉴意义，但对于基础课程、专业基础课程和文理科类专业课程可能借鉴意义不大。考试改革的根本目的是提高教学质量，要提倡课程考试模式的多样化，要“因课施考”，不能搞“一刀切”。

3. 不能以学生成绩的高低评价考试改革的效果

近年来，由于我国高等教育的跨越式发展，高校招生规模迅速扩大，致使学苗质量有所下降，学生期末考试不及格的数量居高不下。因此，有人认为通过考试改革提高学生的平时成绩，降低期末考试占总分的比例，可以降低不及格率。其实，这种认识是完全错误的。实施多阶段、多样化考试改革的目的是充分发挥考试的“指挥棒”作用，调动学生平时学习的积极性，使高校师生从单纯注重对基本理论知识的学习转变为既注重对基本理论知识学习，更注重对知识的运用和创新能力的培养。而学生学习成绩的高低与教师的命题难易程度和评分宽严标准有密切联系。实施多阶段、多样化考试模式，同样存在如何控制不及格率的问题，不能仅以学生成绩的高低评价考试改革的效果。

4. 改进教师教学质量评价方法

目前，各高等院校对教师的教学质量评价主要包括：学校教务部门和教学督导组的评教（主要用于对参加校内教学评优、评奖教师的评价）、教师同行评教（主要用于教师的年度考核评价）和学生网上评教三个方面。因评教范围和目的原因，前两种评教的结果对大多数教师并没有多大影响，而第三种评教因参与评教的学生多，其评教结果要形成学院范围内的排序，对教师影响很大。如果按现行的教师教学质量的评价方法，对于实行考试改革的教师来说，很可能因平时对学生要求严厉，考试前不给划重点，个别学生认为平时成绩评定不公平等原因，而获得不公正评价。因此，要使教师真正投身于考试改革之中，还应改革现行评教方法。例如：降低每学期学生网上评教的影响，适当组织每届毕业生离校前对教师的评教等。

五、结束语

实施课程考试改革是当前高等院校坚持教育的科学发展，深化教学改革的重要举措。构建全新的课程考试模式是时代赋予广大高校教师的神圣使命。当然，课程考试改革是一项十分严肃的系统工程，必须通过科学、认真的探讨和扎扎实实的工作。作者决心和广大同行一道，不断完善和深化课程考试模式，通过考试改革全面提高教学质量，为培养更多符合当代和未来祖国建设事业需要的高素质专业人才作出应有的贡献。

参考文献

[1] 方文波，马骏，等．基于线性代数智能在线测试系统的考试改革及实践［J］．中国大学教学，2008.01.

[2] 齐宝库，白庶，刘亚臣，等．工程管理专业人才培养模式的研究与实践［R］．辽宁省教育厅教学研究课题研究报告，2007，12.

[3] 张慧欣，王强．创新型性人才培养与教学创新［J］．辽宁教育研究，2007（9）.

[4] 段颖立．中国高校考试制度改革初探［J］．中国论文下载中心，07.03.

[5] 顾如玉．积极稳步推进考试方式改革［J］．华东交大报，2006.11.

[6] 付振书，张瑞霞，等．构建新型大学考试体系培养创新型人才［J］．山东农业教育，2006（4）.

市场营销教学课程案例教学法的应用

孙艳丽　刘欣蓉

（沈阳建筑大学　沈阳　110168）

【摘要】市场营销学是一门应用性、综合性、实践性很强的课程，而案例教学在市场营销教学中具有举足轻重的地位和作用。案例教学法在市场营销教学中的运用正越来越受到重视。对高校市场营销教学中案例教学法的组织和实施方法的探讨，对案例教学法在实施过程中应注意问题的分析日益成为研究重点。

【关键词】市场营销课程；案例教学；实施

案例教学法是指依据教学目的及内容的要求，教师指导和引导学生通过对营销案例的调查、阅读、思考、分析、讨论和交流等，就有关问题作出判断和决策，从而使学生掌握并学会运用所学理论知识，进而培养学生独立分析和解决实际问题的能力。

一、运用案例教学法的必要性

1. 案例教学有利于培养学生综合能力

市场营销教学不仅需要学生具有较强的实践能力，还应具备一定的表达能力、团队合作能力、创新能力等，这些综合素质都能在案例教学中得到培养和锻炼。案例教学通常是以小组形式进行，在案例讨论前，小组分工合作，搜集资料并制订方案；在案例讨论中，要求学生学会聆听、劝说及与人打交道的技巧；在案例讨论完后，写出案例分析报告。整个教学过程是一种群体活动，大家一起讨论，集思广益，正确看待别人及正确评价自己，树立理解和包容的意识，提高了与人合作的能力[1]。

2. 案例教学有利于提高学生的参与度

案例教学能够最大限度地调动每一个学生的积极性和创造性。在课堂上，教师将更多地作为主持人而不是授课人，引导讨论并且让学生就自己的观点畅所欲言。在讨论、辩论和解决问题中，激发了学生的学习热情，调动了学生的积极性和参与度，活跃了课堂气氛，实现了从“要我说”到“我要说”的转变。

3. 案例教学有利于拓宽学生思维

案例教学摆脱了唯一标准答案对学生思维的束缚。针对同一个案例，不同学生都会提出不同见解，通过学生之间的充分交流和思想上的碰撞，使学生对问题的理解更清楚，识别出现象背后隐藏的规律。让学生懂得，由于营销环境的不确定性和不可预测性，为解决问题，可能会有多种方案，面对两难的困境时，并无绝对完美的解决之道，也无唯一的标准答案，可能合适的就是有效的。这种多元化的答案选择，开拓了学生的思路，调动了专业学习的兴趣。

二、案例教学法中案例选择的原则

市场营销案例的选择，应依据专业的培养目标、课程内容和教学目的，以及案例教学法的特点进行选定。在选择市场营销案例时应遵循以下几个原则[2]。

1. 实用性原则

市场营销案例必须是客观发生过的市场营销活动的记载，案例是写实的。构成市场营销案例的首要条件是其事实本身真实发生过的，强调其真实性。如果缺乏真实性，再精美的案例也只是文字游戏，缺乏有效价值，同时要求案例必须符合市场营销理论。

2. 典型性原则

构成市场营销案例的事实本身带有揭示市场营销本质的典型性，是对客观事件的提炼和精选，使之真正能够体现市场营销活动现象与本质，共性与个性的统一。即在错综复杂的营销活动中，选择和整理出具有代表性的市场营销实例，能够起到举一反三的作用。

3. 综合性原则

教学案例要具有一定的难度，不要过于简单，应有意识的选择一些有一定难度的案例。针对这些市场营销案例，可激发学生进行深入仔细的调查研究和分析评价，便于对这些难点和重点问题的认识和掌握，从而取得更好的整体教学效果。

4. 理论性原则

市场营销案例要将固定的市场营销的基本理论和方法融于具体事件之中，以便学生掌握并善于运用所学的理论知识，通过定性和定量的分析方法，对市场营销实际工作的各种复杂情况进行科学系统的论证，提出正确的处理措施。

三、市场营销案例教学的实施过程

在教学活动中，能否根据学生的实际情况，设计合理的案例教学的组织程序，是案例教学成败的关键所在。案例教学的组织安排恰当与否，既是重点也是难点。

1. 精选典型案例

营销案例质量如何将直接影响案例教学的成败。好的案例教学课，教学案例的选择至关重要。案例教学的内容应以市场营销实务为蓝本，在案例选择中，分门别类地选择和整理出具有代表性的实例，构成案例的内容，并在此基础上，依据教学的需要，将实务资料进行必要的加工改造，做到精心整理，简练概括，选编出经典性的案例。同时案例要有启发性，能激发学生的思维活动，使学生在分析思考中掌握基本理论，直观地、形象地学习相关的理论知识，提高营销实践能力；能激发学生的参与热情，引导他们主动提出问题，多角度寻找答案，从而培养学生的创新意识。

2. 精心设计讨论话题

讨论话题的充分准备是市场营销案例教学顺利实施的重要保证，没有充分的准备会出现秩序的混乱。首先，讨论话题应针对具体培训目标，围绕学生所掌握的新知识、新技能来设计。精心挑选案例，拟订思考题，确定组织形式和方法。其次，为学生的思考创设知识储备的提示范围和加强事先预习。针对可能出现的各种答案思路设计一套解决的方案。激发学生深入细致地调查研究和分析评价，促进对难点和重点问题的认识和掌握，从而提高学生发现、分析和解决问题的能力。

3. 案例讨论的实施

课堂中的分析和讨论是案例教学的核心环节。通过这个教学过程，学生解决问题的方法会增多，思路会开阔，处理问题的自信心会增强，决策能力也会提高。这一环节的教学可根据不同情况分为几个小组，并通过小组代表阐述观点和论证依据，这样可以节省时间，同时也能够培养学生的团队精神。可以分为以下三个步骤。第一，两个发言小组到讲台上陈述小组观点或现场展示策划方案。每个小组选择代表主讲，其他成员补充，配合其他方式，展示本小组的讨论结果。第二，双方辩论。双方就对方观点进行辩论，哪些是一致的，哪些有不同意见，并进行提问，被提问方根据本小组搜集的资料和小组讨论的结果进行解释，表达己方观点和理由。第三，班上其他同学就两个小组表达的观点进行点评或提问，同时可以发表自己的看法，并说明理由。被提问方根据本小组的观点及掌握的资料进行解答，若不能解答，可请求其他同学或老师帮助。学生发言时，教师一定要注意倾听，表示对学生劳动的尊重，重视其见解和观点。在学生发言结束后，要对学生的发言进行简要的点评，同时归纳学生发言的主要观点，以利于其他学生进行评价。教师点评时，话不在多，而在于巧妙、适时、到位。可以表达观点但不进行简单判断，通常是以提问的方式表达出来以便讨论能够继续，比如：还有什么可替代的方案吗？应该采取什么行动？等等。

4. 撰写案例分析结论

课堂讨论结束后，案例分析应当得出一些恰当的结论，要形成文字形式的报告。这又是一次综合性、创造性的学习。学生根据案例讨论的情况，在综合分析各种观点的基础上，通过理性的思考，可提炼出全面、深刻和具有独到见解的分析报告。同时，也可以总结自己的体会，回答诸如我从案例中学到了什么等问题。另外，撰写案例报告过程中还可以提高学生的文字表达能力。这是案例教学成功与否的关键。因为讨论问题的过程中可以各抒己见，但撰写营销案例的结论是需要缜密思考和有一定创意的。

四、实施案例教学应该重视的几个问题

1. 教师要明确自己的地位，注意角色转换

教师必须树立以学生为主体的教学理念，真正让学生自主地研究、学习和锻炼能力。在课堂上教师的角色首先是主持人，说明教学目标和要求、学习程序和操作方法，维持课堂秩序，安排发言顺序及学习进度，创设良好的学习氛围。其次，教师是总结者，对学生发言作必要的点评、总结和归类，这要求教师有很强的综合分

析能力。

2. 提高学生对案例教学法的认可度

长期以来，学生习惯了教师站在讲台上传授知识，总认为只有听老师讲课收获最大，其他同学的发言不值得听。因此，教师在采用案例教学前，一方面要对学生的学习态度和对案例教学法的认识进行疏导，明确案例教学对于培养学生综合技能的重要性，提高学生对案例教学法的认可度；另一方面，教师要摆正自己的位置，走到学生中间，主动营造一种以学生为主体的教学氛围，引导学生独立思考、交流讨论，开拓他们的视野，克服他们的依赖心理。

3. 对课堂讨论实施科学地引导与控制

在案例教学中，教师应努力创造良好的讨论氛围，使学生成为课堂的主角，教师不得直接操纵课堂进度，但对课堂教学要进行有效地把握和控制。教师要根据课堂的具体教学进程和学生的情绪及时地调节课堂节奏，使案例教学课堂紧凑而又有吸引力。教师要对于那些发言较少的学生，给以鼓励，帮助其改掉怯场的弱点；对于发言时间过长的学生，教师要采取适当措施加以限制，以平衡发言机会。同时教师要注意对现场的把握，避免讨论偏离主题，有序而不呆板。

案例教学法是一种致力于提高学生综合素质的面向未来的教学模式。在案例教学中，学生作为教学活动的主体，在讨论过程中常能获得愉悦的心理体验。大量实践证明，案例教学法开拓了学生的视野，提高了学生分析解决实际问题的能力。

参考文献

[1] 夏正江. 从案例教学到案例研究：转换机制探析 [J]. 全球教育展望，2005（2）.

[2] 于秀芝. 案例教学在高职教学中的运用 [J]. 辽宁高职学报，2005（6）.

作者简介：孙艳丽（1971—），管理学院商学系，讲师，硕士。研究方向：市场营销、项目融资、区域经济。

应用型本科市场营销教学团队建设探讨

孙艳丽　刘欣蓉

（沈阳建筑大学　沈阳　110168）

【摘要】高素质教学团队是提高高校教学质量的保证与前提。在分析通识课程群、学科专业基础课程群、学科专业方向课程群和实践与创新环节课程群平台建设的基础上，从制度建设、课程群建设、成员的选择与培养和绩效评价导向四个方面提出了应用型本科市场营销专业教学团队的建设思路。

【关键词】教学团队；本科；市场营销

随着近年来中国高等教育持续的大规模扩招，中国已迈进高等教育大众化国家的行列，但是高等教育质量问题也逐渐凸显。如何推进教学改革和创新、规范教学管理、提高教学质量和效果已成为高校改革和发展的主题。2007 年教育部开始推动实施“高等学校本科教学质量与教学改革工程”（以下简称质量工程），在质量工程中首次把“教学团队”建设作为保证和提高高校教师素质、教学能力以及教育教学质量的新举措和重点建设项目之一。因此，高校教学团队的建设对改善中国高校的教师队伍素质和人才培养质量具有重要的意义。

一、教学团队的内涵与特征

教学团队是以课程或课程群为核心组成的教师群体。该教师群体通过成员之间的协作与交流，开展教学研究和教学改革，从而提高教师整体素质和教学水平。实际上，为加强教师之间的协作与交流，各高等学校曾做过多种探索和实践，如教学研究室、学术团队、课题组、课程组、教学梯队等。专业教学团队的工作职责是创新教育教学手段，丰富教学内容，全面负责课程建设、专业建设，加强科学研究与教学的结合，进行探讨型、研究型教学，组织和指导学生参加科研实践、自主创新活动和各类学科竞赛，落实教师的培养和梯队建设工作，提升教师队伍整体水平，培育各级教学名师等。因此专业教学团队应具备以下特征。

1. 具有明确的目标

专业教学团队在教学改革上应体现出开创性和探索性，教学改革要有清晰而明确的教学理念、独特的教学模式、明确的目标。教学团队要成为改革传统教学模式和教学方法的倡导者和实践者，具有明确的改革措施，能产生较好的教学效果。共同的远景目标和业绩目标是教学团队工作的基础方向，能激发团队的激情和向心力，提高专业人才培养总体目标。

2. 具有合理的团队结构

一个专业教学团队应具备合理的团队结构，主要包括理论知识、学历职称、年龄等结构，同时还需要合理确定团队负责人和团队成员的职责。专业教学团队带头人作为教学团队的领军人物，统领团队成员，明确团队的发展方向，协调团队成员行动，是团队的核心和灵魂，具有教学改革的实践者和团队带头人双重角色，除应具有丰富的教学实践经验外，还应具有较高的学术造诣和良好的组织协调能力。

3. 具有明确的分工与协作意识

教学团队成员的知识、技能与个性应是互补的，为了最大限度地调动积极性，发挥团队潜能，团队必须明确每个成员的工作职责范围，根据团队成员的优势合理分配团队角色，强调团队意识，团队是一个共生体，个人的言谈举止关系到团队的工作效果，通过团队成员的共同努力才能产生积极的协同作用。

4. 具有动态性与开放性

当今的社会经济快速发展，人才需求不断发生变化，我们培养的专业人才要适应社会经济的需求，必须保持团队建设的动态性和开放性，不断引进新理论、新技能，拓展新思路，与社会各界建立广泛的联系，提高团队的开放性和动态性。

5. 具有示范作用

教学团队的组建及其工作开展，最终将产生许多标志性的教学成果，如精品课程、优秀教材、教研项目等。教学团队自身和团队的这些成果将成为教学改革的示范。比如课程体系的调整方案、教学改革研究和实践项目、国家级和省级的各项奖励，这些成果都为其他专业提供了示范作用。

二、本科市场营销专业的教学团队建设平台

1. 通识教育类课程平台

该类课程是全校学生必修的、为提高全体学生的道德素质、身体素质，掌握基本知识与培养基本能力而设置的通识教育类课程。具体包括形势与政策、思想道德修养与法律基础、马克思主义理论、毛泽东思想、邓小平理论、“三个代表”重要思想和科学发展观概论、大学英语、体育、应用文写作、高等数学、计算机基础、程序设计基础，还包括培养文献检索能力、写作能力、认识社会能力、人际关系能力、创业就业能力等方面的课程。还包括一些综合素质拓展课程，如人文社科、自然科学、教育及其他学科允许学生跨学科、跨专业自由选课的课程。

2. 学科专业基础教育类课程平台

该类课程群是市场营销专业学生的必修课，是为学生掌握该学科和专业的基础知识和基本能力而设置的课程。包括高等数学、概率与统计、宏观经济学、微观经济学、统计学、会计学、管理学、市场营销学、组织行为学、管理信息系统、经济法概论、人力资源管理、商务交流与礼仪等。

3. 专业方向教育类课程平台

该类课程群是根据学校现有资源、不同学生的个性要求及行业发展趋势而设置，可以跨学科选修。此类课程群安排，既考虑到市场营销专业学生在不同岗位上工作

所必备的专业知识和技能，同时也考虑信息技术的发展和全球化趋势对市场营销管理技能的影响。课程群设置主要以营销及相关管理知识为主，包括市场调查与预测、推销与谈判技巧、产品与品牌管理、消费心理学、分销渠道管理、广告策划与管理、市场营销策划、公共关系学、推销学、销售管理、营销风险管理、组织市场营销、服务营销、国际市场营销、电子商务、客户关系管理、营销新动向述评、财务管理、企业危机管理、创业管理、项目融资与管理、生产与运营管理、时间管理、物流与供应链管理、企业战略管理、商品学、证券投资学、营利组织管理、中小企业管理。此外，结合特定行业和专业领域以及学校为地方经济服务的要求，还有一些与行业营销研究、农村市场营销研究等专题讲座，供学生选修[1]。

4. 实践与创新教育类课程平台

此类课程是为了加强学生的专业技能和综合素质训练、培养学生的创新精神和提高学生实践动手能力而开设的必修课程。主要包括专业课程实习和实验、毕业实习和毕业设计。具体包括军事训练、模拟商业计划书设计、模拟市场营销策划、毕业实习、毕业论文、课外实践及创新活动等。

三、应用型本科市场营销专业教学团队建设的基本思路

1. 完善专业教学团队建设的相关制度与政策

专业教学团队能否有效运行，运行政策和制度环境是关键。中国高等院校内部权力配置模式是以行政权力为主导的等级管理模式，各种团体组织基本听命于行政机构，虽然有利于统一指挥，提高决策效率，但是不利于调动基层组织积极性，削弱了教学团队的自主性和独立性。因此，必须改革和完善中国高等院校内部的权力配置模式，确立行政权力和学术权力适当分离的原则，赋予教学团队相应的权力地位，扩大教学团队管理自主权，如教学改革的自主权、经费与教师资源的使用权等。在教学团队内部，要通过目标激励和竞争激励等方法，强化团队带头人的责任机制和团队成员的淘汰机制。教学团队建设还要建立学生评教机制，建立学校评价、学生评价以及团队内部自我评价相结合的制度，为教学团队的可持续发展提供良好的运行机制保障。在学校层面，要制定有利于教学团队发展的激励政策，对于有突出成绩的团队带头人和团队成员给予物质待遇、职称评聘等方面的支持与鼓励，从而为教学团队的健康发展营造具有竞争性的政策环境。

2. 以市场营销专业课程群组为单位建立教学团队

传统意义的教学团队往往以教研室为单位，把一个教研室的全体教师称为一个教学团队。其实，真正意义的教学团队应打破团队成员的行政部门的划分，以课程群组为单位来组织团队成员，教师可以来自不同的教研室，甚至不同的系或学院。这样建立起来的教学团队其成员才能围绕课程群组的教学建设工作发挥各自的特色和优势，并在教学及教学改革工作中优势互补，紧密协作，推动教学建设工作的开展。

3. 选择好教学团队带头人和团队成员

团队带头人是团队的引导者、组织者和推动者，其角色主要在于设定团队目标，制订计划，组织人力，建立操作程序和各种制度。因此，高素质教学团队带头人必

须是高校中在教学和科研方面具有较高权威的专家、教授，具有强烈的事业心和高度的责任感，强烈的创新意识、较强的组织能力与亲和力，善于调动成员的积极性、主动性，善于同团队成员沟通、调解内部冲突，能够营造和谐愉快的工作氛围。教学团队本质上是以团队带头人为龙头凝聚起来的有机体。团队带头人能够以其丰富的学术研究经验和教学经验，敏锐地把握学科的发展方向，组织团队改革创新。合理配置团队成员是培育高素质教学团队的重要一环。团队成员并不是随便拼凑，高素质教学团队的成员必须是有着共同的事业追求、乐于奉献、具有较强的教学和科研能力、热爱教育科研事业的一个群体。同时，还要注意团队成员的知识结构、职称结构、年龄结构、性别结构、性格特征和个人偏好[2]。

4. 建立团队导向的绩效评价和奖酬体系

绩效评价与奖酬导向是团队建设的指挥棒，对于大多数教师而言，职业生涯面对的主要是职称评定、业绩考核、教学科研奖励等。目前，绝大多数高等院校的评估和考核往往都只关注个人成绩，而不注重团队的发展。这种传统的个人绩效评价、个人激励等制度不但不鼓励教师间的合作，而且还会起到相反的导向作用，严重制约了专业教学团队的建设。要建立高质量的专业教学团队，发挥专业教学团队的作用，必须改革现有评价体系，努力营造一种支持型团队环境，建立健全专业教学团队管理体制，实行团队负责制，赋予相应的责权利，完善团队考核激励体系，使团队导向的绩效评价更科学、更公平。

参考文献

[1] 万良杰. 应用型本科院校市场营销专业课程群设计［J］. 学术论丛，2008（12）：149－150.

[2] 李桂华. 高素质教学团队特质及其培育［J］. 内蒙古财经学院学报：综合版，2008（3）：44－46.

理工类大学开展法律基础课教育的几点思考

佟 曾

（沈阳建筑大学 沈阳 110168）

【摘要】本文从大学生犯罪的原因入手，着重阐述理工类高校在法律课程设置方面的缺陷，提出应对法律基础课的教法进行改革，以期在高等教育过程中提高大学生法律意识，减少大学生犯罪的比例。

【关键词】法律；法律意识；人文科学

一、大学生犯罪的原因

中国是文明古国，法律文化的历史源远流长，早在公元前3世纪左右，法家学派就提出了“以法治国”的思想，依法治国，建设社会主义法治国家已成为全国人民的共识。随着社会的发展，高校逐渐成为各种矛盾、各种热点问题的集散地，大学生犯罪比例越来越高，加强对大学生法律素质的教育和培养，增强大学生公德意识显得越发重要。

大学生犯罪有向多样化发展的趋势，已引起社会各界的密切关注。大学生犯罪是一个特殊的社会现象，其犯罪原因也有其特殊性，主要表现为以下几个方面。

1. 全社会的法律意识淡漠严重影响着大学生的思想

在依法治国，建设社会主义法治国家的今天，“法律”一词已是老百姓耳熟能详的名词，随着“法治”的推进，我们经常能够看到各种形式的普法宣传，法律讲座，法律咨询等活动，这些活动无疑正在提高着全社会的法律意识。近年来，法院受理的案件逐年增加，所涉及的内容也是复杂多样，有打官司索赔半分钱的，有要求垄断部门赔礼道歉的，很多老百姓不再像过去一样，受到侵害时茫然无措，而是已经懂得用法律武器来维护自己的权益了，但即便是这样，我们也不难看到，中国人的法律意识虽然在慢慢提高，但总体状况还不理想。

如果我们留意一下，就不难发现，全国如此多的大学生，以其为原告的案件并不多见，这并不能说明被称为“天之骄子”的大学生生活得非常幸福，而恰恰从另一个方面反映出一种可悲的现实，大多数的大学生在自己的权益受到侵害时都忍气吞声，不予追究。更有甚者，很多学生都不知道自己拥有那些权利，走进任何一所高校，尤其是理工类大学，如果问学生，你知道你有那些权利吗？至少会有一半的人会茫然地说：“不太清楚。”

2. 理工类大学的专业课程设置特点客观上决定了学生对法律的重视程度不够

从大学诞生开始，大学课程就以“专门化”为显著特征，因此理工类大学课程设置以数理化等理科课程为主。就学校而言，理工类院校在人文科学教育上存在着误区，学校本身对文科课程就不够重视，除了国家规定的每个学校都必须开设的几门文科课程以外，都很少再去设置一些其他的文科课程。最近几年，教育部特别提出重视文化素质教育，而对所有大学生特别是理工类学生，增加文史哲课程，但由于教育者和受教育者有着自己的独立意识，并根据自己的意愿对其进行取舍，使得人文社会科学在对文科学生和理工科学生的教育功能上出现了某种差异，因而理工大学人文环境较差。就学生而言，他们正是因为自己擅长数理化才报考的理工院校，一些文科课程如政治、哲学、法律等是他们的弱项，加上学校对文科课程不够重视，人文环境差等特点，绝大多数学生对文科课程没有太大的兴趣，学生是因为学校设置这门课为必修课或考查课才不得已而学之。如果这些课程也可以由学生自主选择的话，恐怕选修者会寥寥无几，而大多数学生会选择一些与他们所学专业相近或相关的课程。当然，也不能绝对的说理工科学生对文科不感兴趣，事实上，以法律为例，很多学生对法律也有着浓厚的兴趣，对社会上一些案例如贪污腐败、民事侵权等也非常关心，但这些学生只是一小部分，更多的学生可能认为自己把专业课学好就行了。因此，高校的法律基础教育还面临着很大的困难。

3. 学生对社会的认识偏见导致对法律丧失信心

教育的落后、信仰的危机、腐败的无孔不入、执法的软弱、科学精神的匮乏，使得一些学生对很多社会现象产生了迷茫，司法腐败、执法不力等这些丑恶现象更是严重影响着他们的思想，使其对法律丧失信心。他们认为，当自己的权益受到侵害时，通过法律途径解决既费时，又费力，结果还不一定会令人满意，这是多么消极的想法，是对法律认知的偏见。个人的利益受到侵害，并不是最严重的后果，整个社会秩序、整个法律制度受到漠视，才是最大的悲哀。当被害者一再忍气吞声，侵害者一再得其所逞时，不正常的会变为正常，正常的会变为不正常，侵害行为就会成为一种习惯，它将会取代法律，取代正义，而法律恰恰是社会正义的最后一道防线，当代大学生还应对此熟视无睹吗？

二、加强大学生法律意识的几点建议

从以上分析不难看出，在高校内特别是理工类大学内更好的开展法律基础教育已经是迫在眉睫的问题，如何改变现状，提高大学生的法律意识，笔者有以下几点建议。

1. 在校园内营造一个良好的法律环境，全面提高大学生的法律意识

首先，学校应从自身做起，重视人文科学的教育，为学生营造一个良好的人文环境，从而提高学生的人文素质和文化品味；其次，学校应经常组织一些普法活动，如聘请一些具有专门法律知识的法官、律师、学者进行法律专题报告或周末节假日时在校内开展普法宣传，组织人员在校内宣传栏内举办普法板报，使学生能够经常接触法律，进而了解法律；再次，学校应依法治校，从自身作起，制定出有关规章办法，使学校各个方面的活动都有章可循，有法可依，为学生创造一个良好的执法、

懂法、守法的环境；最后，学校应成立一个校园法律咨询中心，由具有法律专业知识的本校教师及其他人员利用业余时间义务服务，为学生解决一些与法律有关的问题。因为在现实生活中，很多学生都有这样或那样的问题不知道该如何解决，成立法律咨询中心，不仅可以为学生排忧解难，还会在无形中显示出懂法的重要性。使学生改变对社会认知的偏见，使他们了解："人间常有不平事，社会自有公道在"。在潜移默化中提高学生的法律意识，激发他们对法律的兴趣，从而变被动学法为主动学法。

2. 提高从事法律基础教育教师的素质

在我国的法律教育中，文科大学所拥有的具有法律专业知识的教师相对较多，师资力量较强，而理工类大学则相对较弱。目前在理工类大学从事法律基础教育的教师中，非法律专业教师占有一定的比例，许多教师是后转行从事法律教学的，因此有时对法律的一些基本原则和理念了解和掌握得不够深刻。法律看似简单，其实非常复杂，它的专业性要求非常高。比如在法国，要想成为大学教师必须付出长期艰苦的努力，就法律专业而言，不仅要获得博士学位，而且还要通过难度极高、录取名额相当有限的全国法学教师资格考试。我国理工类大学法律教师不一定非要达到那么高的标准，但最起码也应具备一定的法律专业知识。只有这样，才能更好地从事法律基础教育，使学生获得更多的法律知识。

3. 应对法律基础教育课的教法进行改革

我国法律的主要形式是成文法，存在大量抽象的法律概念，这是授课时不能回避的。法律课上的教学主要就是解释法律概念和原则，对于初学法律的学生来说，如果照本宣科，其效果非常有限，要想使学生容易接受这些概念和原则并深刻理解，必须深入浅出的结合法律实践。在大学课堂里，了解法律实践最有效的办法是通过案例，通过生动案例的讲解，学生们的印象会更深刻。除此以外，还应尝试以下改革。

（1）讨论。大学生上课一般以上大课为主，在法律教学中，可以将同年级上大课的学生分成约20人一组，上课时，以组排座，这样的讨论课每半个月或一个月举办一次。每次课前，老师将下次讨论课所要讨论或讲授的资料发给大家，回去准备。资料主要是精选的案例或法律条文的背景材料，学生可以结合自己现有的法律知识独立分析并作出自己的判断。在每次讨论课的前40分钟里，各个小组的成员就与之相配的法律内容讨论一次，得出结论，由一位代表发表本小组的看法。小组讨论的成绩与大课的成绩各占总成绩的一定比例，使学生在这样的课堂上受到了严格的思维及口头表达能力的训练。

（2）辩论。教师可选出一个典型案例，此案例以颇具争议为宜。由学生选出几名代表，分为甲乙双方，就此案例用自己所学的知识进行辩论。这样可以提高学生清楚表达自己思维的能力，尤其是辩论的才能。

通过讨论与辩论让学生亲身参与，会极大地激发学生学习法律知识的积极性，有助于学生对有关法律知识的记忆与掌握。

4. 组织社会实践

在以往的法律基础教育中，我们只注重理论教学，而忽视实践教学。其实，一次成功的实践教学往往比理论教学所取得的效果更加明显。因此在法律教学中，教师可以组织学生到附近的法院去旁听案件的审理，让学生亲身感受一下法院审判大厅那庄严的气氛及法律的威慑力，让学生了解法院审理案件的程序并旁听双方当事人及其代理人的辩论等。但在实践中，组织学生到法院旁听会有很大的难度，所以教师可以组织模拟法庭，由学生充当法官、当事人及其他诉讼参与人，就某一案件进行审理。这样，既可以激发学生对法律的信任感，也可以使学生认识到，大学生维护自己的权益，不仅是他们的权利，也是他们的责任，是他们对法制健全的责任，是他们对美好社会的责任。也许他们被侵害的权益很小，也许他们选择忍让会很轻松，也许他们寻求法律途径解决问题会付出很多时间、精力和代价，但只有这样，才能给那些不懂法、不守法、漠视法的人以警告和教训，进而深刻领悟到：依法维权，须有胆识；依法治国，人人有责。

当今时代是法治时代，理工类大学法律基础教育任重而道远。但是，随着民主与法制的健全和发展，随着大学生法律意识的不断提高，大学生必然会勇于拿起法律武器维护自己的权益，成为我国法律的忠实捍卫者！

参考文献

[1] 公民道德建设实施纲要 [M]．北京：人民出版社，2001.

[2] 中共中央关于加强社会主义精神文明建设若干重要问题的决议 [M]．北京：中央文献出版社，2002.

[3] 刘宏伟，廉清．思想道德修养教学案例 [M]．北京：中国人民大学出版社，2004.

[4] 尼采．论道德的谱系？善恶之彼岸 [M] 谢地坤，等译．桂林：漓江出版社，2007.

作者简介：佟曾（1976—），管理学院建设法研究所，副教授，硕士。研究方向：民法、建设法。

工程管理专业“房地产法”课程教学改革探讨*

吴访非　吴瑶　闫杰

（沈阳建筑大学　沈阳　110168）

【摘要】本文论述了工程管理专业“房地产法”课程教学与考试改革的必要性和基本思路；提出了工程管理专业“房地产法”课程教学改革的措施；阐释了工程管理专业“房地产法”课程考试改革的预期效果。

【关键词】工程管理；房地产法；教学；考试；改革

我国房地产业的蓬勃发展必将推动房地产法教学内容不断丰富和发展。因此，对房地产产权确认、权属登记、商品房买卖合同的效力、房屋买卖风险转移的标准、绿地、车位产权归属、业主委员会的诉讼主体地位等，需要工程管理专业学生了解和熟悉。同时对房地产市场中出现的虚假广告、定金圈套、合同欺诈、一房多售、面积缩水等种种不规范现象，需要本专业学生会运用法律手段予以规制。由于房地产法规与学生日后的工作实践有着非常密切的联系，因此，沈阳建筑大学管理学院工程管理专业在教学计划设置中，纷纷开设了“房地产法”课程。“房地产法”课程教学担当起了培养合格房地产法人才的重任。但如何使“房地产法”课程教学取得良好的效果是一个值得授课教师思考的问题。本文以沈阳建筑大学管理学院工程管理专业“房地产法”课程教学为切入点，探讨房地产法教学及考试中的具体做法，以期能对“房地产法”课程教学及考试改革有所帮助。

一、工程管理专业“房地产法”课程教学存在的不足及改革思路

1. 教学内容缺乏应用性和前沿知识

“房地产法”课程作为一门研究房地产法律制度的学科，具有很强的应用性和鲜明的时代特征。由于受传统理论教学的影响，“房地产法”课程教学过程中比较注重理论教学，忽视“房地产法”课程教学的实用性。没能把“房地产法”理论教学和现实生活中的实际案例联系在一起，缺乏课程内容的实践性和应用性。与此同时，学科研究内容滞后，没能把房地产法学理论界的最新学术研究成果以及房地产法学中的热点、难点及其有争议性的问题引入课堂，导致学生实际运用能力欠缺，

* 辽宁省教育科学“十一五”规划立项课题（JG08DB124）沈阳建筑大学教研课题，沈阳建筑大学优秀教育教学成果二等奖（2008.12）

对法律实务运作程序不了解。

2. 教学方法单一，缺乏灵活性

讲授式教学方法仍然是该课程的主要方法，只重视传授理论知识，缺乏案例式教学、讨论式教学、模拟法庭等教学方法。在现行教学内容的设计中把学生视为知识的被动接受者，忽视了学生是主体，教师是主导的教学理念。过多地注意法条的讲解，忽视理论联系实际，这样不利于学生分析问题及解决问题能力的提高。

3. 考核方式以笔试为主，缺乏多种考核方式

“房地产法”作为一门应用性很强的课程，由于其学科的应用性，期末笔试只是一个主要方面，并不能全面反映学生运用房地产法律知识分析问题、解决问题的能力。尤其是内容单一、死板的笔试更不能测评或考察学生运用所学知识解决实际问题的能力。因此在课程测评中，如何把期末考试成绩与平时训练、口试测试等结合起来，科学地设定其比例，有待进一步研究和探讨。

4. 工程管理专业“房地产法”课程改革的基本思路

改革现有的“房地产法”课程的课堂教学方法及考试方法，探索一种科学、有效的教学模式已刻不容缓。我们根据当前房地产业发展的需要和工程管理专业培养目标的要求，并结合我校的实际状况，确定了工程管理专业“房地产法”课程教学改革的基本思路：引入前沿理论和热点问题，丰富教学内容，由单一教学方法改为多种教学模式，注重学生知识、能力和素质等三方面的培养。通过灵活的教学方式，创新多种考核方法，培养学生运用法律知识解决房地产实际案例的能力。

二、工程管理专业“房地产法”课程教学改革的措施

1. 理论教学与案例教学结合

讲授法是我们在课堂教学中普遍应用的一种教学方法，任何真正有效的讲授都必定融入了教师自身的学识、修养、情感，流露出教师内心的真、善、美。所以，讲授对教师来说，不仅是知识方法的输出，也是内心世界的展现。它潜移默化地影响、感染、熏陶着学生的心灵。可以说，它是学生认识人生、认识世界的一面镜子，也是学生精神财富的重要源泉。

案例教学法是在教师讲授法的基础上遵循的更适合房地产法教学的一种重要的方法。因此，在明确教学目标基础上，要选择适度、实用的房地产经典案例。所选的案例既要与教学目标相吻合；又是教师自己能把握得了的、学生易于接受和认同的案例。另外，在当今社会，一些真实的社会热点案例往往会有新的情况和进展出现，所以教师要做到经常更新所学知识，以适应法律的发展和变化。

通过“房地产法”课程案例教学，学生看到的是教师系统挑选整理的房地产方面的经典案例，经过分析、思考、研究、讨论，最后归纳所学房地产法律知识，虽然他们不一定能把所学到的知识一一罗列出来，但的确使学生逐渐掌握了如何处理众多房地产领域疑难问题的能力。通过“房地产法”课程案例教学，大大缩短了教学情境与实际生活情境的差距。“房地产法”方面的案例作为沟通现实世界与学习世界的桥梁，无疑可促使学生更有准备地迎接未来法律工作的挑战。

2. 讲授式教学与启发式教学并举

为了避免学生在学习中死记硬背法条的单调乏味，教师在“房地产法”课程教学过程中，应根据“房地产法”课程教学任务的特点，从学生的实际出发，在课堂教学中，注重更新“教”与“学”的关系，把“学”放到首位。以启发学生的思维为核心，在课堂教学的各个环节中坚持“学思结合、手脑并重”的原则，例如，教师在每章节讲授前，先介绍相关的案例，使学生带着问题去思考。讲课中始终以启发式教学方法，提出问题然后讲解，这样既调动了学生学习的主动性，激发了学生的学习热情，提高了学生独立思考的能力，又培养了学生的创新意识和能力，营造了课堂教学的民主气氛。

3. 第一课堂教学与第二课堂教学并重

从教的角度来看，任何方法都离不开教师的“讲”，其他各种方法在运用时都必须与讲授相结合，只有这样，其他各种方法才能充分发挥其价值。所以，可以认为讲授是其他方法的工具，教师只有讲得好，其他各种方法的有效运用才有了前提。从学的角度来看，讲授法也是学生学习的一种最基本的方法。学生只有学会了“听讲”，才有可能潜移默化地或自觉系统地把教师的教法内化为自己的学法，从而真正地学会学习，掌握各种方法。

教师在组织讲授式方法之外，模拟法庭训练无疑也是房地产法教学的一个非常重要的方法，它为学生提供一种真实、系统和全面的法律知识背景，使枯燥、无生气的课堂变得生动活泼起来。学生通过亲身参与具体案件程序的安排与设计，通过生动的法官、检察官、书记员以及当事人的角色模拟，既能够了解案件进展的全过程，又培养了学生运用房地产法律知识解决实际案例的能力。

三、工程管理专业“房地产法”课程考试改革的措施

1. 增大平时考试的分值比例，注重平时考核

（1）单元测验：每月进行一次，主要以单项选择题和多选选择题为主，检验学生对每一阶段的学习的巩固情况。

（2）热点问题讨论：首先由任课教师提出房地产方面的热点问题，然后采取学生自由讨论、分组讨论、课堂主题发言等方法阐释案例的关键之处，最后由教师归纳和总结等。

（3）期中考试以案例分析为主，主要检验学生运用房地产法知识分析及解决实际案例的能力。房地产法课是一门应用性很强的课程，以案例分析为主的期中考试，可以使学生更好地学习和理解房地产领域的法律知识，学会运用房地产法律知识解决房地产行业实际问题，达到培养创新型、复合型法律人才的培养目标。

（4）平时出勤与课堂表现：学生平时表现包括出勤情况、听课情况、笔记情况、回答教师提问情况等。教师平时上课时一定要做好记录，以避免随意给分的现象出现，引导学生注重平时表现，养成好的学习习惯，这样既有利于调动学生学习积极性、主动性，又有利于学生学习成绩的提高。

对上述考核标准应尽量通过分解小项进行量化处理，力争达到考评结果的真实性、公平性和合理性。通过上述方法的实施，在检验课堂教学效果的同时，促进学

生的自主性学习；在检验基本理论和基本知识掌握程度的同时，考察学生对所学原理的综合运用能力和创新性学习能力；在考核本课程教学效果的同时，增强学生对相关课程学习的主动性。

2. 期末考试以试卷为主，同时增加富有特色的口试测验

（1）口试测验。

由任课教师根据学生人数事先准备好备考试题，测验时由学生自己抽签确定题目，准备3分钟，然后由任课教师围绕考题就相关知识进行提问，学生当场回答提问，最后教师根据考生的综合表现给出成绩，这种考试方式对学生和教师要求均很高，教师要充分准备提问，学生要非常熟悉所学课程内容，而且要很好地表达出来，除了专业知识外，更要有较好的语言表达能力，可以说，学生要想得到较高分数，单凭临时突击是不可能过关的。尽管这种方法是初次尝试，但它对培养学生的思辨能力、逻辑分析能力和语言表达能力都具有积极的意义，对于提高教学效果、促进教学改革具有积极的作用。

（2）期末笔试。

这是目前通用的一种期末考试方式，它主要是考查学生基本理论知识掌握的情况，我们强调提高学生的司法实践技能，培养学生的实际动手能力，并非不重视理论知识；相反，学生只有掌握了必备的法学基本理论、基本方法，才能做好司法实践工作，提高实践技能，也才能从根本上提高自身素质，因此，理论知识考核的分数在整个考核中占有相当大的比重，为50%。其题型包括单选、多选、判断、案例分析等客观或主观考试题型，同时期末试卷还要注重试题的认知层次和难易程度的协调搭配。

四、工程管理专业“房地产法”课程考试改革预期效果

1. 形式新颖独特、深受学生喜爱

由于此种考试制度构思别出心裁、形式新颖独特，一改过去那种沉闷单调的方式：既考理论也考实务；既考期末也考平时；既有笔试又有口试；其透明度很高，基本能做到公平、公正，因此能深受学生喜爱。

2. 充分发挥个体优势，激发学生各种潜能

兴趣是最好的老师，由于学生对此种改革积极拥护兴趣浓厚，因此，他们以极大的热情投入到学习当中，学习气氛空前高涨，此种考试制度，考试形式多样，能充分照顾到学生不同能力表现的需求，学生在此种考试中能找到适合自己能力发挥的途径，发现自己的强项和优势，让考试充满快乐，充分发展自己的潜能。

3. 杜绝突击复习和“临时抱佛脚”的现象

此种考试方式，由于考试的内容不仅在书本上，而且也在实践中；不仅要考理论知识，而且更要考实践能力；不仅要考记忆能力，而且也考综合素质；不仅注重期末考试，而且注重平时表现，这样全方位的考试制度，学生要想突击复习应付考试，已经是不可能的了，特别是口试部分，如果平时不认真锻炼司法口才，想要轻松过关很有难度。因此，学生单凭突击复习或者死记硬背便得到高分，当然，考试前“临时抱佛脚”的现象自然就消灭了。

随着“房地产法”教学与考试改革的不断深入和进行，“房地产法”教学质量将会显著提高，学生的学习成绩将会有一个更大的提高。

参考文献

[1] 吴访非．案例教学在《房地产法学》教学中的运用［C］//中国建设教育协会论文集．北京：兵器工业出版社，2011.

[2] 吴访非．突出建设法特色的法学专业人才培养模式研究［C］//中国建设教育协会论文集．北京：兵器工业出版社，2010.

[3] 吴访非．刑法学教学方法改革初探［C］//中国建筑教育协会年教改论文集．北京：兵器工业出版社，2007.

[4] 陈绍方．房地产法学高层次人才培养的困境及对策［J］．中国房地产，2004（7）.

作者简介：吴访非（1964—），女，管理学院建设法研究所，教授，硕士。研究方向：房地产法律制度。

“建设法”课程考试改革初探*

吴访非　宫园园　吴　楠

（沈阳建筑大学　沈阳　110168）

【摘要】本文论述了“建设法”课程考试改革的必要性，详细地阐述了“建设法”课程考试改革的基本思路；创造性地提出了“建设法”课程考试方法改革的具体措施，“建设法”课程考试改革的组织与实施既有利于的应用型法律人才的培养，也有利于实现法学专业人才培养的目标。

【关键词】建设法；课程；考试；改革

考试是检验教学效果，检验其内容的深度和广度是否满足教学大纲要求，同时也是培养学生运用法律规定解决实际案例的关键。“建设法”课程作为法学专业的一门极其重要的课程，在法学体系中占有重要的地位，因此，有必要对其进行研究和探讨。

一、“建设法”课程考试改革的必要性

“建设法”课程传统考试方式存在的问题包括考试制度上的弊端、考试内容上的弊端、考试形式上的弊端和考试成绩评定上的弊端，因此急迫需要对之进行改革。

1. 考试制度上的弊端

在考试制度上，“建设法”课程传统考试方式是把期末考试作为评价学生学习优劣的唯一方法，但教学评价应该是全方位或者多方位的，它不仅包括教师教学工作态度、业务水平、教学研究能力和实现教学目标程度等诸多方面的评价。同时还包括学生学习态度、学习动力、学习方法、知识掌握程度以及智能开发等方面的评价。同时，“建设法”课程作为一门实用性很强的专业，它不仅要求学生学习掌握法律的基本理论和基本知识，还要求学生具备良好的法律实务的训练能力，更要求学生具有运用法学理论、法律方法分析问题和解决问题的基本能力，而这一切很难从期末考试中得到真实和全面的体现。

2. 考试内容上的弊端

“建设法”课程传统考试在内容上重理论测试，轻实践能力考核，重知识的掌握，轻综合能力的培养，考试内容一般不会离开课本和教师的教案，强调的是对知

* 辽宁省教育科学“十一五”规划立项课题（JG08DB124）

识的记忆和模仿，这虽然能够较为客观地考查学生对知识的掌握情况，但也束缚学生学习的积极性和创新精神，使不少学生陷入“考前背诵，考后遗忘”的怪圈，这势必造成一部分学生平时学习不努力，考前突击复习。同时，考试如同指挥棒，这也使得教师在教学中注重知识的讲授，轻视甚至忽视对学生实务能力的培养，极易造成学生高分低能。

3. 考试形式上的弊端

“建设法”课程考试形式单一，方法单调，一般采用书面、闭卷的形式进行，而课堂讨论、课堂测验、课后作业、课堂案例分析训练等综合考试等很少见，且试题的答案通常也是唯一的，这种考试方式偏重于考核学生的法律理论知识，忽视对司法实践教学的考核，忽视对学生法律实务能力、语言表达能力和创造性思维能力的考核。考试形式和方法的单一与单调，不仅不能全面地反映学生的真实能力，反而容易造成学生思维方式的单一，抑制学生创造力的开发，限制学生主观能动性的发挥，使他们难以有自己发挥的余地，从而失去展示学生自己才华、能力和个性的机会。

4. 考试成绩评定上的弊端

“建设法”课程传统考试由于多用闭卷，成绩评定一般是按教师编制的标准答案给分，学生几乎没有自由发挥的余地，按照某一固定的标准答案评分，就是要求学生按既定的模式和思路解题，这是以某种服从为前提的被动式考查，偏离这个既定解题模式和思路，解题答案就可能不够标准，因此这种按既定标准答案评定分数的方式是不利于学生个性发展的。

二、“建设法”课程考试方法改革的思路

1. 树立正确的考试理念

首先，要树立“建设法”课程考试是双向活动的理念，从传统意义上来说，考试只是检验学生学习成果的一种方法，面对考试，学生永远是被动的，教师永远都是“审判官”，其实考试不是单向的，而应该是双向的活动，它既是对受教育者知识掌握和实际能力的考核，也是对教育者工作态度和教学能力的检测，只有树立这样的考试理念才能调动教师和学生两方面的积极性。

其次，要树立“建设法”课程考试是过程的理念，传统考试基本上是一张试卷定乾坤，考试也只在期中和期末举行，对学生成绩的评定也以期中、期末成绩按照一定比例得出，教师和学生追求的只是成绩或分数，而过程却往往被忽视，其实，科学的考试应该是一个有机联系的完整的提高过程，这个过程从开始学习“建设法”课程时就已经开始，即所谓寓考于教。这样就能让学生在学习中不知不觉地接受考试和检验。

2. 围绕建设法方向的法学专业人才培养目标进行考试

我校开办的法学专业在制订教学计划时把培养目标明确地定位于培养应用型法律人才。因此，我们法学课程的考试方式不仅要重视理论和书本知识，更要重视司法实务能力，培养出来的学生应该是理论水平高，实务能力或动手能力较强的应用型法律人才，因此，“建设法”课程考试一定要紧紧围绕法学专业培养目标进行。

3. 培养创新型建设领域法律人才

考试的直接目的当然是检验学生的学习效果，为提高教育教学质量服务；考试的间接目的是通过考试培养学生的应试能力和应变能力；考试的终极目的是提高学生的综合素质，使每个学生的专业素质、认识和实践能力都得到充分的和谐的发展。然而，从传统意义上来讲，面对考试学生永远只能是接受者，这种方式培养出来的学生，充其量是知识型人才而绝非是创造型人才。因此，只有改革“建设法”课程考试制度，才能培养创新型建设领域法律人才，才能真正实现考试和教学的终极目的。

三、“建设法”课程考试方法改革的具体措施

任课教师按照“建设法”课程内容的特点，选择科学合理、丰富多样的考核方式。“建设法”课程考试分阶段进行，以百分制计算，具体包括平时表现、平时考核、期中考核和期末考试四部分，学生最后的成绩由上述四项成绩综合评定而成；任课教师依据“建设法”课程性质与特点确定平时成绩与期末考试成绩在总评成绩中的比重。一般平时成绩占30%，期末考试占70%. 具体包括以下几种考核方式。

1. 平时表现

重点考核学生的到课情况、课堂表现、课后案例的分析情况及笔记是否完整等。这是“建设法”课程考试改革的一个重要的内容，也就是加大对学生平时的考核，并把其列为期末考试成绩的一部分，这种方式不仅把学生的到课情况作为考察的一部分，同时也考察学生对平时专业知识的掌握及课堂表现，考核的范围比原来更大。

2. 平时考核

包括课堂讨论、课堂测验、课后作业、课堂案例分析训练等内容，由任课教师根据课程特点提出做出明确规定，原则上考核方式不少于上述4种，考核次数不少于3次。

3. 期中考核

以案例分析为主，主要检验学生运用建设法知识分析及解决实际案例的能力。“建设法”课程是一门应用性很强的课程，以案例分析为主的期中考试，可以使学生更好地学习和理解建筑领域的法律知识，学会运用建筑法知识解决建设行业实际问题的能力，达到培养创新型、复合型法律人才的培养目标。

4. 期末考试

应是“建设法”课程的总结性考试，试题除了考察学生对该“建设法”课程基本概念、基础知识和基本理论的掌握情况以外，更要侧重考察学生运用所学“建设法”课程知识分析问题、解决问题的能力和创新能力，原则上识记内容的分值应低于20%；而注重能力培养的考核分值应占80%。

任课教师应在学期初告知学生课程考核方式及成绩评定方式，同时认真做好平时成绩的记载；课程期末考试结束后将平时成绩原始材料整理装订成册与期末考试试卷一起存档备查，并按照学校期末考试成绩管理的相关规定登录教务系统记载成绩。

这种考试方式，不仅要考理论知识，而且更要考实践能力；不仅要考记忆能力，

而且也考理解和运用能力；不仅注重期末考试，而且注重平时考核。基于这样全方位的考试制度，学生如果平时不好好训练，想突击复习应付考试进而想要轻松过关是不可能的，因此，学生只有好好学习这一条唯一的出路可走，随着“建设法”课程考试改革的不断深化，“建设法”课程教学质量将会显著提高，学生自主性、创造性学习的能力将会大大提高。

参考文献

[1] 曹兴权，汪世虎．法学实践教学改革模式与商法教学之困惑［J］．重庆工学院学报：社会科学版，2008（6）．

[2] 王家启．法学案例教学模式与方法述论［J］．北京科技大学学报：社会科学版，2009（3）．

[3] 刘鸣霁．加强法学素质教育方法初探［J］．长春理工大学学报：社会科学版，2010（3）．

[4] 吴访非．案例教学在《房地产法学》教学中的运用［C］//中国建设教育协会论文集．北京：兵器工业出版社，2007．

[5] 吴访非．突出建设法特色的法学专业人才培养模式研究［C］//中国建设教育协会论文集．北京：兵器工业出版社，2007．

[6] 吴访非．刑法学教学方法改革初探［C］//中国建筑教育协会年教改论文集．北京：兵器工业出版社，2007．

高校教学团队建设中的团队理论应用

席秋红

（沈阳建筑大学　沈阳　110168）

【摘要】本文在介绍团队概念的基础上，分析了团队的特点、构成要素及角色，并运用团队理论来指导教学团队的建设。提出了科学设定目标确定合理的成员结构、制定团队激励制度、制定有效的团队建设计划等教学团队的建设思路，并在沈阳建筑大学"数控技术教学团队"中进行实践，取得了很好效果，具有一定实际意义。

【关键词】教学；教学团队；团队理论

一、团队基本分析

1. 团队的概念

在管理科学和管理实践中，人们有着基本一致的看法，即"团队"一词的概念是：一个组织在特定的可操作范围内，为实现特定目标而建立的相互合作、有若干成员组成的共同体[1]。作为一个共同体，其成员努力的结果，能够使组织的目标较好的达到，且可能使绩效水平永远大于个体成员绩效的总和。团队实际上是更高层次的群体，它是通过其成员的共同努力产生积极的协同作用，其结果使团队的绩效水平远远大于个体成员绩效的总和。而群体是具有相同利益或情感的两个或两个以上的人以某种方式结合在一起的集合体。团队与群体相比，其显著的特点是相互的依赖性。

2. 团队的特点

（1）机构具有不确定性。如果把团队看作是一种"机构"，则它的组建、调整和撤销需根据组织的实际情况决定，甚至可能随时变更。

（2）职责明确。团队对其中每个成员的工作的职责范围划分很明确，并且规定了信息的出口和入口，有严格的工作流程。

（3）没有等级区别。在团队中，没有等级制，也没有领导者或管理他人的人，只有"团队协调人"，即"团队带头人"。

（4）成员都具有决策权。团队中的成员要对自己的岗位负责，因此都拥有一定的决策权，可以直接向组织的决策层反映意见。

（5）信息沟通充分。在团队中，信息沟通的方向是平行的，信息沟通更加充分。

(6) 有利于取得效益。在一个团队中没有内耗，成员们工作积极主动，组织的高层领导人需要直接处理的事情就很少，因而能够把精力集中在重要问题的处理和重大决策上。团队的这种格局与现代组织的扁平化趋势是一致的，非常有利于组织取得效益。

3. 团队的构成要素

团队的构成有几个重要的因素，管理学家把他们总结为“五个P”。

(1) 目标（Purpose）。

每个团队都应该有一个既定的目标，这可以为团队成员们导航，使其知道向何处去，没有目标的团队是没有存在意义的。

(2) 人员（People）。

个人是构成团队的细胞，一般来说，三个人以上就能构成团队。团队目标是通过其成员来实现的，因此人员的选择是团队建设与管理中非常重要的部分。

(3) 团队定位（Place）。

团队的定位包含两层意思：一是团队整体的定位，包括团队在组织中处于什么位置，由谁选择和决定团队的成员，团队最终应该对谁负责，团队采取什么方式激励下属等；二是团队中个体的定位，包括成员在团队中扮演什么角色，是指导成员制订计划，还是帮助其具体实施和评估等。

(4) 权限（Power）。

团队的职权取决于两个方面：一是整个团队在组织中拥有什么样的决定权；二是组织的基本特征，例如，组织的规模有多大，业务是什么等。

(5) 计划（Plan）。

从团队的角度看，计划包含两层含义：一是由于目标的最终实现需要一系列具体的行动方案，因此，可以把计划理解成目标的具体工作程序；二是按计划进行有利于保证团队的工作进程，只有在计划的规范下，团队才会一步步地贴近目标，从而最终实现目标。

4. 团队成员的角色

马格利森和麦克卡恩于1991年提出了“团队管理轮盘”，他们将八种特殊的角色分成了四个大的范畴：探索者、建议者、控制者和组织者。成功的团队是通过把不同性格的人集合在一起的方式组成的，必须包括担任不同角色的人。一个团队中，如果没有“组织者”，团队就像一盘散沙；如果没有“评估者”，团队成员的业绩就无法评定；如果没有“生产者（实施者）”，团队就无法完成任务。但在实际工作和生活中，团队成员的角色远比理论模型丰富，在一个团队中，一个人可能同时承担两个或更多的角色，一种角色往往由几个人在担任，一个人担任的主要角色随着时间、情境的转变也会发生变化。因此，团队理论中的角色模型带有一定程度的理想化色彩，而在实际的团队建设中不能机械地理解这些角色，要灵活运用[2]。

二、教学团队建设的思路

1. 科学设定目标

结合实际，科学设定目标是调动团队成员积极性的十分有效的方法。在设定目标时，要注意客观性、挑战性、数量性和参与性。设定的原则是“跳一跳，能摘到”。目标定得过高，团队成员觉得根本无法达到，则失去激励作用；目标定得太低，缺乏挑战性，则团队成员会失去工作激情。在目标设定上要将学校的目标、团队的目标和团队成员个人的目标结合起来。一是学校要制定中长期发展规划，令团队成员看到前景、目标，这种激励是从长远角度出发的一种激励。二是在学校制定中长期发展规划时，一定要让教师参与，虚心听取教师的意见，参与意识是教师实现自我价值需求的表现。三是结合学校的目标制定团队目标。四是引导团队成员结合学校和团队的目标制定自己的发展目标，将自己的发展与团队的发展和学校的发展结合起来，这样可将教师个人的发展、个人的命运与团队的发展、学校的发展、学校的命运紧密联系起来，有利于调动教师的积极性，使他们全身心地投入到团队建设中。

2. 确定合理的团队成员结构

一个成功的团队需要成员彼此相互合作、支援、扮演不同角色以完成任务。团队成立之初，就应分清或指派不同的角色，弄清他们的职责。团队应该是互补性的结构，无论从专业领域还是从个人能力来说，过于相似的人聚集在一起，优势非常单一，弱项也很明显。团队的力量就在于互相配合、取长补短，形成一个“完美的人”。因此，在确定团队成员结构时，尽量包含前面所提到的各种角色，同时还要考虑团队成员年龄结构、职称结构、学历结构等，确保团队有持续发展能力。

3. 制定团队激励制度

有效的薪酬管理能提高教师的积极性，激发教师的工作热情，增强教师的凝聚力。除了根据教师个体的教学科研业绩进行考评和奖励之外，要采用基于团队的绩效评价和奖励方式，实行团队激励，将教师的薪酬分配与岗位绩效直接挂钩。在教学团队中承担什么岗位，创造什么业绩，就拿什么津贴，岗位业绩变了则薪酬随之变化，其目的在于鼓励教师在整个教学团队中多做贡献。将团队成员个人层面的绩效考核和团队层面的绩效考评相结合，并根据团队自身特点和发展规律，针对不同专业的不同特点，以业绩为核心，以同行认可为重要指标，建立科学、有效、公平、公正的考评指标体系，探索出一套有效的绩效考评激励制度。

4. 制订团队建设计划

依据学校的建设规划和建设目标确定团队的目标后，就要制订切实可行的团队建设计划，通盘考虑专业建设、课程建设、教师队伍建设、实验实训条件建设等，并在一定范围论证、评审，形成切实可行的团队建设计划。

5. 认真执行团队建设计划

在制订了团队建设计划后，要严格执行，依据团队的相关制度，从多角度、多方面认真执行团队建设计划。

参考文献

[1] 陈国华，方华，刘春燕. 组织行为学 [M]. 北京：清华大学出版社，2005：154－175

[2] 郑文生. 关于团队基础理论的若干思考 [J]. 商品储运与养护，2007 (4)：99－100

作者简介：席秋红 (1978—)，女，管理学院，助理研究员，硕士研究生。研究方向：学科建设与管理。

浅析“建设法规”课程教学改革

张慧彦

（沈阳建筑大学　沈阳　110168）

【摘要】“建设法规”课程是高校建设工程相关专业均开设的一门课程，对培养学生在建设领域的法律意识和能力方面具有重要作用。本文阐述了完善“建设法规”课程的重要意义，分析了当前“建设法规”教学中的存在的一些问题，并针对这些问题提出了一些完善意见，以提高该课程的教学效果。

【关键词】建设法规；问题；完善

一、“建设法规”课程改革的必要性

随着城市建设和房地产市场的快速发展，与之相关的法律问题也越来越引起人们的关注。虽然近年来我国建筑行业的法律、法规体系建设已取得了显著的进步，但由于建筑与房地产市场的区域性、复杂性等特点，在法律体系的整个运行过程中，无论是立法还是执法、违法惩处等，都存在着一些问题。

基于此，从20世纪90年代开始，我国对从事建筑活动的专业技术人员推行执业资格制度，这从一个层面对建筑行业形成了有效的监管和规范化。在建筑执业技术资格的多门考试中，与建筑相关的法律法规是必须掌握的内容。笔者所在的沈阳建筑大学，工程管理专业及土木、建筑等院系均开设了“建设法规”课程，虽然经过多年的积累，但该课程在教学中也只是形成了一个基本框架。国家相应法律法规的调整，建设行业规范的修订，建筑相关专业的发展和更新变化，使得课程内容逐步显现出其不合理性、不完善性和不适应性，急需引起我们的重视并进行深入的研究。

二、当前“建设法规”教学中存在的问题

1. 教学方法单调

目前，高校的“建设法规”课程的教学方式仍停留在“教师讲，学生听”的传统教学模式上，这种模式重在教师的传授，而淡化了学生的接收，忽略了教与学的互动关系，很难充分调动学生学习的积极性和主动性，使学习变得枯燥乏味。

2. 内容多、课时少

“建设法规”这门课是对我国建设领域内现行法律制度的系统性介绍，包括招

标投标、工程勘察设计、监理、施工、合同、质量、安全等方面的法律法规，内容庞杂，专业性、综合性强。而且，所涉的每部法律法规的条文也特别多，如仅《合同法》就有428条。“建设法规”作为一门课程，其学时又是有限的（一般在32学时左右），如何让学生对建设法律法规有大体的了解，同时具备运用所学法律解决实际问题的能力，这对授课教师是一个很大的挑战。

3. 不同专业教学缺乏针对性

涉及建设工程的专业很多，如土木工程、工程管理、建筑学等专业均开设“建设法规”课程，但是“建设法规”课程的任课教师往往来自工程管理专业、土木工程专业或法学专业。在教学中，教师往往不对专业进行区分而讲授相同的内容，或者以本专业的特点来给其他专业讲授，缺乏对不同专业教学上的侧重性和针对性。

4. 教材内容浅显、陈旧

笔者在教学过程中发现，大多数“建设法规”教材仅仅是法条的罗列，内容不够深入，理论表达过于晦涩生硬；对建筑市场中的热点、难点及有争议性的问题浅尝辄止；对专业的最新研究成果及最新修订的法律规范引入不足，从而不利于教师教学和学生自学。

5. 缺少专业复合型教师

“建设法规”课程的教学，需要既懂建筑又精通法律的教师。但实际情况是，建筑和法律分别属于工程学科和人文学科，跨度过大，学法律的一般不懂建筑，学建筑的一般也不懂法律，教学难度可想而知。另外，有些高校教师只注重理论研究，缺少工程技术、管理和法律方面的实践经验，这也导致在教学中理论与实践的脱节。

三、“建设法规”课程教学的完善

针对上述课程教学中存在的问题和现状，我们在开设“建设法规”课程中要积极采用多种教学方法，不断更新和改革教学手段，针对建筑类不同专业因材施教，加快教材的更新，加大培养专业复合型教师的力度，注重理论联系实际，在课程建设上不断的探讨和实践。

1. 积极采用多种教学方法

“说教式”“灌输式”的传统教学方式注重理论讲授，不能充分调动学生学习的积极性和主动性，这一缺点可用案例教学来弥补。在教学过程中，教师应善于搜集和精选经典案例，让这些案例能够包括主要法律法规的重要内容，使得学生在有限的课堂教学中全面、系统的掌握“建设法规”课程，并能在解决建筑工程实际法律问题的过程中，综合素质与能力方面获得较为全面、有效的训练。

另外，在日常教学中可以采取“师生互换法”，即学生在教师的指导下备课、组织课堂教学，教师在下面听讲提问题。这样，一方面可以激发学生的学习热情，变被动为主动，体会教师的具体工作，尊重教师的劳动；另一方面，也有助于老师对学生的了解，教学相长。

同时，辩论式、观摩式、研讨式等教学方法也应该更多地出现在课堂教学中，实现多种教学方法的并举。

2. 充分运用现代化教学手段

在现代化的教学条件下，制作精良的多媒体教学课件是辅助“建设法规”课程教学的重要手段。多媒体教学有很多优点：直观形象、通俗易懂，增大信息量、有效扩展课时容量等，可以充分调动学生的感官系统，吸引学生的注意力，激发学生的学习兴趣，创设轻松愉快的学习环境，提升课堂教学的品质。但应该明确的是，多媒体教学课件只是课堂教学的辅助工具，无论如何也不能取代教师的讲授，即让课件为讲授服务，而非让讲授为课件服务。

3. 注重因材施教

开设“建设法规”课程的专业较多，但是，不同专业所涉及建设法规的实践应用是不同的，所以在教学中，即使不同的专业使用同一本教材，讲授时也要根据专业的不同而有侧重性和针对性，不能一概而论。在这里，教师可以结合建造师、城市规划师、监理工程师、造价工程师等相关专业的执业资格考试的能力素质要求来把握相关专业的重点，真正的做到因材施教。

4. 加强教材建设

为给学生提供准确、必要的背景知识和方向性、全面性的指导，编撰“建设法规”系列特色教材已成为必要。在撰写时，一方面坚持学以致用、学用结合的原则，尽可能全面、详尽的介绍从事建设行业法律实务时可能涉及的最新研究成果和法律规定；另一方面与实践密切结合，深入分析、论证当前建筑市场中的热点、难点问题，开阔学生的思路，培养其独立分析和解决问题的能力。在这方面，笔者所在的沈阳建筑大学管理学院走在了前面，出版了一系列建设领域相关专业的特色教材，取得了不俗的成绩。

5. 加强复合型师资队伍建设

师资队伍建设是关系到专业教育与发展的先导性、基础性工作，复合型专业教师队伍建设是“建设法规”课程改革能否成功的重要资源和依托。一方面，高校可以引进具有建筑类本科学位的教师，通过法学专业进修，具备复合型知识结构；另一方面，高校可根据情况与相关企事业单位合作，积极为任课教师提供进修、实践、顶岗锻炼、带薪培训的机会，以促使教师在教学中理论与实践相结合。另外，还可以外聘一些具有实践经验的校外人员，如律师、仲裁员、项目合同管理专家等来校讲学。

6. 注重实践环节的设计

为使学生毕业后能适应建筑行业的实际工作，应当在“建设法规”课程的教学过程中适当穿插相应比例的实践环节。例如，组织学生进入施工现场对某些现象和行为进行观察，并从法律角度进行思考和分析，逐步积累工地上的经验。又如，指导学生在课上或课下，对建设工程合同进行审查和判断。这样，才能弥补单一理论教学的缺陷，将抽象的理论教学消化在具体的实践学习中。

参考文献

[1] 石亚西. 关于建筑法学的教育研究 [J]. 高等建筑教育, 2003, 12 (4).
[2] 赵剑峰. 建筑法规课程教学内容与方法改革的探讨与实施 [J]. 大连大学学报. 2008, 29 (6).
[3] 李小娟, 梁学杰. 建设法规课程教学改革 [J]. 经济研究导刊, 2010 (12)

作者简介：张慧彦（1981—），女，管理学院建设法研究所，讲师，硕士。研究方向：建设法、招投标法。

提升地方性院校核心竞争力的思考*

张沈生　朱晓凯　曹　阳

（沈阳建筑大学　沈阳　110168）

【摘要】本文在阐述了地方性院校核心竞争力的内涵和特征的基础上，结合地方性院校发展过程中存在的一系列问题，对培育和提升地方性院校核心竞争力的主要措施，从科研、基础设施、管理和人才培养等方面进行了阐述，旨在促进地方性院校核心竞争力的提高，使其在激烈竞争的教育市场中取得优势，持续稳定健康发展地。

【关键词】地方性院校；核心竞争力；问题；途径

地方性院校是指隶属各省、自治区、直辖市、特别行政区，大多数靠地方财政供养，由地方行政部门划拨经费的普通高等院校，以服务区域经济和社会发展为目标，着力为地方培养高素质人才。作为我国高等教育体系的主体部分，将核心竞争力的理念引入地方性院校的教育领域，可以达到提高地方性院校教学质量的目的，进而贯彻科教兴国的战略。地方性院校只有形成自身的核心竞争力，才能在教育市场的激烈竞争中立于不败之地，最终实现持续发展优势。因此，培育和提升地方性院校核心竞争力，对于提升地方性院校的整体实力，促进其可持续发展，支撑国家和区域经济社会发展人才需求具有十分重大的理论和现实意义。

一、关于地方性院校核心竞争力

1. 核心竞争力的溯源

核心竞争力概念是由美国密西根大学商学院教授普拉哈拉德（C. K. Prahalad）和伦敦商学院教授加里·哈默尔（Gary Hamel）在其合著的《公司核心竞争力》（The Core Competence of the Corporation）一文中首次提出来的，其定义是："在一个组织内部经过整合了的知识和技能，尤其是关于怎样协调多种生产技能和整合不同技术的知识和技能"。普拉哈拉德和哈默尔认为："核心竞争力应该能为企业提供进入不同市场的潜力，对最终产品的顾客价值贡献巨大，同时一个企业的核心竞争力应该难以被竞争对手所模仿和复制。"[1]

2. 地方性院校核心竞争力的内涵

目前，笔者对于地方性院校的核心竞争力主要有以下几种看法：其一，认为地

* 辽宁省教育科学"十二五"规划立项课题（JG11DB228）

方性院校发展特色学科，走特色化发展道路就是学校的核心竞争力。其二，地方性院校作为国家创新体系的重要组成部分，应始终紧扣国家发展脉搏、紧跟科学发展脚步。因此在新的历史时期，创新应该是一所学校的灵魂和核心竞争力。[2] 其三，认为地方性院校文化是维系院校运转的内在力量，能增强院校的凝聚力和向心力，推动大学不断向前发展，地方性院校文化构成了大学核心竞争力。整合我国学者的相关研究，地方性院校的核心竞争力主要涉及学科建设、创新、文化建设、可持续发展等方面的内容。本文中的地方性院校核心竞争力是指：在学校长期发展建设过程中，通过对学校各种资源的整合和知识技能的创新，形成蕴含于学校内部，为学校在教育领域保持持续竞争优势而特有的核心能力。

3. 地方性院校核心竞争力的特征

虽然学者们对于地方性院校的核心竞争力从不同角度做出了阐述，总结与分析了其包含的具体内容，但其本质还是基本一致的："大学核心竞争力是包含一种或多种核心能力的大学整体竞争能力，大学的核心能力是核心竞争力的必要支柱。"[3] 它主要有以下几方面的特征。

（1）价值性。

核心竞争力是提升院校价值的核心力量，只有提高了院校的核心竞争力，才能够更好地吸收生源，进而为院校带来巨大而持续的经济效益和获取更多的教育资源，同时扩大院校的影响力和增加院校的社会贡献率。

（2）差异性。

不同地方性院校的核心竞争力都是其在长期的办学实践中不断发展和完善起来的，有着自己的特色和优势，竞争院校难以模仿和复制。

（3）延展性。

地方性院校的核心竞争力始终处于动态发展进程中，它不仅能持续的横向和纵向延伸，扩展到院校的各项工作中去，而且能够不断创新和发展，以保持其绝对优势[4]。

（4）整体性。

地方性院校的核心竞争力是对学校各种资源的整合，主要体现在学者、学科、学术、学风和学生等方面。

（5）动态性。

地方性院校的核心竞争力是不断发展和变化的，必须时刻和国家、地方政策保持一致，适时根据社会发展的动态做出相应的调整，从而在持续的竞争中立于不败之地。

二、地方性院校存在的问题

地方性院校与中央部属院校相比，虽然没有明显的优势，但地方性高校却是我国高等教育体系中不可或缺的组成部分，有其独特的社会职能和历史使命，在当代中国高等教育发展过程中有其生存和发展的客观基础。同时，地方性院校在满足地方高等教育需求、应对地方经济发展提供技术支持和人才培养上发挥了不可替代的作用，为地方经济发展做出了贡献。因此，它们的生存和发展状况如何，将在很大程度上关系甚至影响到我国高等教育能否顺利实现转型，同时对国家经济与社会发展也会产生直接的影响。为了更有效地应对竞争，地方性高校必须就如何强化自身的核心竞争力进行不懈的努力。但相对中央部属院校而言，地方性院校大多底子比较薄弱，并且一直受到诸多因素的制约，发展比较艰难，其中存在的问题主要有以下几点。

（1）除个别特例外，多数地方性高校的办学条件、基础设施、财政投入等方面都受到不同程度的限制，在资源占有上远不如中央部属高校。

（2）生源差，素质低。同样的教师付出同样的努力，却达不到在其他大学的教学效果。教学质量与大学本身应有的尺度和要求存在着一定的差距。

（3）大多历史短，积淀浅，精神资源稀缺，凝聚力不够。对优秀人才和生源缺乏更高水平、更高层次的大学所具有的特殊号召力和吸引力。

（4）欠缺大学应有的学术氛围，学生的校际交流甚少，具有价值的校园文化氛围不足，学校文化、精神不突出。

（5）来校进行学术交流的高水平学者少，真正具有价值的学术交流频度则更低，学术信息的流通相对滞后。

（6）定位不明确或者定位不合理，没有形成办学特色和品牌，导致社会影响力和吸引力不够。

（7）在学科结构和层次方面一般缺乏对高层次人才的吸引力，或者留不住逐渐成长起来的有一定影响力的人才，师资队伍包括学历结构、职称结构、年龄结构等方面都不尽合理。

三、提升地方性院校核心竞争力的途径

1. 提高科研能力

当代科技发展有两种形式：一是突破；二是融合。突破是以研究开发的新一代科技成果取代原有的一代科技成果；融合是组合已有的科技成果发展成为新技术，是一种互补与合作，也就是混合原先不同领域的科技，进而发展出新产品。科技融合实质上是科技综合化发展的一种表现。在当代，重大的尖端技术、高技术都有多个领域的技术相互融合的性质。这就决定了现代科技越来越依靠群体的力量来协作攻关，从而取得重大科技进步。要根据科技融合的发展规律，通过有条件的组合科技力量，发展科学技术，提高学校的科研水平。这首先要求高校科研从对市场的了解开始，要以市场为导向，即以市场引导研究，而不是以研究去引导市场。同时还需意识到，任何一项科技项目要想取得进展，必须长期保持不同科技领域和不同产业间的沟通与合作，组合多种科技力量参与跨行业的研究开发计划。理科要突出原创性，工科要突出科技成果的转化，文科要体现精品意识。

院校应集中并优化现有科技创新平台和人力资源优势，促进学科交叉、集成和融合，确立优先发展的学科领域，该领域必须符合国家发展的相关政策，应具有基础性、前瞻性、战略性，应是解决国计民生中的重大问题的科技创新领域。与此同时，院校应抓实科研培训，对课题组长等骨干教师，以开题结题论证、校内课题联动、成果论证等形式加以锻炼提升。积极做好各级课题的规划、立项、实施、中期

小结、结题、成果申报等各环节的管理工作，做好课题研究活动资料的积累，整理好课题研究档案。

2. 加强基础设施建设

重点实验室、工程研究中心是支撑院校健康稳定发展的基地，对促进基础创新、引进高层次人才、优化资源配置具有重要作用。院校应整合科技资源，发挥资源优势，争取部省级重点实验室和工程中心的立项工作，加大对重点实验室和工程研究中心设备及场地建设的投入。

针对重点学科，应制定科学发展规划，明确重点学科的发展方向，与国内同类高水平学科进行比较，掌握本学科领域发展动态，紧密结合学校整体发展规划，充分发挥院校的区域优势和资源优势，瞄准国家及区域重大需求，根据学科自身优势，确定本学科研究方向。

3. 完善人才培养模式

建立人才高地，必须高标准定位。突出重点，在优秀人才的投资、培育、利用、引进、工资、职称、奖励、退休以及科研项目的争取和各项荣誉的评选等方面实行特殊的倾斜政策，充分利用已有人才资源，选准培养对象，整合全校力量给予全力支持，通过"科研项目"锻炼、培育、造就人才。我国大学一般比较重视培养、考核、奖励方面的过程控制，而国外大学特别是美国的一流大学则比较重视能力、学位和培养、考核、奖励中的目标管理。相比之下，我们更需要设立科学的学术阶梯，优化过程管理、引进目标管理，推进教师学术水平的提升。同时，加快培育中青年学科带头人。一方面，学术大师要以培养为主，外部引进为辅；另一方面，中青年学科带头人是学术大师的后备群体，应有计划地遴选、培养有潜力的后备带头人，多途径提升他们的学术水平，形成结构优势，促生创新团队。为加快建设一流大学，还必须提高师资队伍的整体素质，科学、合理地调整包括年龄结构、职称结构、学历结构、学科结构、能力结构在内的教师队伍结构，实现教师资源的战略性重组，有效盘活教师资源存量，并通过切实可行的政策性引导促生创新团队，形成学术带头人＋创新团队"的学科队伍汇聚模式。

4. 提高管理水平，完善运行机制

现代大学规模庞大，功能职责多元，组织结构多样，学科各具特色，人员各有专长，各种观念碰撞，新旧体制摩擦，外来因素和社会环境的影响增大，这些都对当前大学管理构成了无法回避的挑战。地方性院校由于年轻、多变、庞大、复杂，总体来讲管理水平还不高，特别是有些高校领导对管理重视程度不够，没有把足够的时间和精力放在管理上。地方性院校要办出水平、办出特色，必须高度重视管理工作，把管理放在学校工作的突出位置，强化管理意识，提高管理水平。

此外，增强核心竞争力机制比高校领导的个人作用更重要。高校领导是高校总设计者、推动者、变革者，不可否认优秀的高校领导确实对高校的生存、发展和培育核心能力在一段时期内具有决定性的关键作用。但要使高校经久不衰，持续稳定健康的发展，必须提高其管理水平，完善运行机制，通过政策引导、组织创新和管理创新，形成以学术带头人为核心凝练学科方向、汇聚学科队伍和构建学科基地的机制，在这种机制下形成的核心竞争力，将稳定支撑着高校的持续快速发展。

5. 强化声誉建设

积极打造国际、国内交流平台，开拓教育交流渠道，扩大国内外交流与合作，稳步推进国际化进程，持续提升学校的国际声誉和学术竞争力；以科学研究、人才培养、成果转化为主题，与更多的行业企事业单位建立战略合作伙伴关系，创造更多的外部发展空间，进而提高院校的综合声誉。

参考文献

[1] 吴霞．特色与创新：略论新建高等综合院校核心竞争力的培育［J］．当代教育论坛，2010（6）：32－34.

[2] 张武超，齐宪代．高职院校核心竞争力的培育的培育和提升［J］．北京教育学院学报，2006（2）：61－64.

[3] 徐敏．关于高校核心竞争力的思考［J］．江苏高教，2005（3）：43－45.

[4] 张清霞，张国宏，吴雪敏．试论高职院校核心竞争力的构建［J］．辽宁教育研究，2006（4）：81－84.

[5] 沈水法．培育高校核心竞争力的原则、方法和路径［J］．湖北教育学院学报，2002（3）：69－70.

[6] 计卫舸．地方性院校核心竞争力提升的途径［J］．河北北方学院学报，2005（8）：53－55.

作者简介：张沈生（1957—），男，管理学院房地产研究所，教授，博士。主要研究方向：工程经济、房地产开发与经营管理。

“工程估价”课程教学改革探讨

赵亮

（沈阳建筑大学 沈阳 110168）

【摘要】“工程估价”课所需前期课程很多，又与实际工作结合紧密，而在校学生缺少的正是工作经验，长期以来，该课程的教学效果一直不尽如人意。为提高该课程的教学质量，本文根据笔者的教学经验并结合教学内容提出了相应的教学改革方法。

【关键词】工程估价；教学；改革

“工程估价”是工程管理专业的主干课，主要教学内容包括工程造价的构成、工程定额基本理论、投资估算、设计概算、施工图预算、建设工程招投标与工程量清单计价、工程结算与索赔等。该课程所需前期课程很多，又与实际工作结合紧密，要想学好此课程需要很多的实际工作经验，而在校学生缺少的正是工作经验，长期以来，该课程的教学效果一直不尽人意。为提高该课程的教学质量，本文根据笔者的教学经验并结合教学内容提出了一些教学改革设想。

一、培养方案的改革

“工程估价”教学的目的是让学生掌握建筑、安装工程的造价理论和技能。但是现在大多数高等院校“工程估价”课程的教学内容仅仅局限于建筑工程造价理论和技能的学习，因为“工程估价”课一般开在工程管理、房地产、工程造价专业，而在这三个专业的教学计划中，一般只含有建筑工程造价的前期课程，如建筑识图、建筑材料、施工技术、工程项目管理等。而对于安装工程造价的前期课程几乎没有，所以教师在制订“工程估价”教学大纲、教学计划也只有建筑工程造价内容了，也正为这样的原因，使得建筑市场安装专业的造价工程的内容十分缺乏。要想改变这种现状，只能改革培养计划。

二、师资队伍的改革

1. 师资结构的改革

目前，受传统教学计划的影响，“工程估价”授课教师几乎都是土建类教师，而专业的安装类教师几乎没有，主要的原因是我国高校没有系统培养过安装类的工程造价人员，目前建筑市场上从事安装类造价的人员绝大多数是从土建专业通过自学转型的，或者是安装类技术人员自学成为造价人员的。为了能在学校里培养出全面的造价人才，必须改革师资结构。

2. 加强“双师型”师资队伍建设

所谓“双师型”教师指同时具备教师资格和职业资格的教师。“工程估价”是一门实践性非常强的学科，这就要求授课教师不单要从事理论研究，还要从事实际工作，时刻掌握市场行情，这样才能做到理论联系实际地教学。

三、教学方法的改革

1. 模拟教学法

模拟教学就是指在教师指导下，学生模拟扮演某一角色进行技能训练。在模拟教学中要发挥教师的导引作用，强调师生共同参与，这样既拉近了师生的距离，体现了民主平等的师生关系，又能使教师在师生互动的过程中很自然地做好学生学习的引导者，最终更好地实现课程目标的要求。学生是教学活动的主体，传统教学方法正是由于忽视了这一点而阻碍了学生的个性发展。让学生动起来不啻为一个有效的办法；这不仅有利于理解知识，更能激发学生的学习动力，培养其好奇心、求知欲，让学生积极主动的投入到学习中去。在“工程估价”教学内容中建设工程招投标与工程量清单计价适合采用这种方式教学。采用这种方式教学时，可以将学生分成两组，一组为招标方；另一组为投标方。先由老师虚拟一个建设项目，然后要求招标方起草一个招标公告（或投标邀请书），编制资格预审文件并组织资格预审，编制招标文件（此时不需要编制工程量清单）；投标方须编制投标文件（此时不需要编制投标报价）。通过模拟教学法，可以调动学生课堂学习积极性，同时也可调动学生课后主动学习积极性。

2. 资料室教学法

资料室教学法就是指建立工程估价资料室，授课时在资料室中进行。“工程估价”教学过程中需要很多教学资料，比如《建设工程工程量清单计价规范》（GB 50500—2008）、建设工程定额、人工、材料、机械等各种资源价目表、各地区取费定额、设计规范、施工规范等。这些资料数量大、价值高，要做到所有学生人手一份，几乎不可能，因此有必要建立教学资料室，该资料室为“工程估价”课程教学专用。这种方法适合建设工程定额、施工图预算编制、工程量清单与计价编制的教学内容。特别是对于建设工程定额的教学，由于教材限于篇幅的限制不可能将定额中的内容全部列出，因此，学生只能凭想象来理解，教学效果非常不理想，如果学生每人一套定额在手，教学效果就会大幅度提高。随着高等院校招生规模的扩大，专业学生数大规模增加，建立起这样一个教学资料室难度很大，一是资料数量多，价值高；二是资料更新频率快。

3. 模型教学法

模型的制作在工程上是经常出现的，大到一个城市的规划，小到一个局部建筑构造，通过模型把复杂的抽象的问题简单化、直观化是工程中最常用的方法。教学活动也是需要通过教师把复杂的知识转化为学生容易理解的简单化知识传授给学生的过程。两者之间有相似的地方，在教学中合理的应用模型、制作模型必将起到良好的教学效果。在教学活动中学生最容易理解的就是直观的知识，最难理解的是抽象知识，要提高教学效率，就需要把抽象知识转化为直观知识，这一过程最有效的方法就是通过模型来实现。模型教学法就是通过自制或购买教学模型在课堂上进行演示教学。“工程估价”的前期课程很多，包括“施工技术”“建筑结构”“建筑力学”“房屋建筑学”“工程项目管理”等课程，尽管很多课程都有实践教学环节，但对于在校学生来说，由于建设项目具有周期长的特点，通过短期的现场实习不可能全面掌握“工程估价”教学所需的知识。常常是看到基础施工，就看不到主体施工；看到主体施工，就看不到基础施工。特别是2004年我国实行建筑结构施工图平面整体设计方法以来，加大了学生识图的难度。种种原因，加大了教师讲授工程量计算规则的难度，同时也让学生在学习时有种纸上谈兵、闭门造车的感觉。这种方法比较适用于工程量计算规则教学部分。对于学生很难理解的地沟、构造柱、檐口、墙柱拉结筋、钢筋锚固长度等可通过制作教学模型的方法，通过模具演示教学，让学生有直观上的了解，提高教学质量。

4. 案例教学法

案例教学法是20世纪80年代以后，随着管理学科教学发展的需要，从国外引进的一种理论联系实际的教学法。这种教学方法在美国哈佛大学已沿用70多年，被广泛应用于其法律和工商管理硕士等专业教育领域。现在案例教学法已被多种应用学科的教学所采用。“工程估价”是一门理论与实际联系非常紧密的课程，如果将案例教学法应用到教学环节中，将会取得很好的效果。这种方法主要适用于工程量清单编制与计价教学。在建设工程招投标与工程量清单计价授课前选择一套具有代表性的单项工程的全部图纸资料（可根据教学计划及学时选择部分图纸，一般来说，工程管理专业选择建筑施工图和结构施工图即可），让学生人手一套。当讲到工程量计算时，根据图纸，将该工程项目所涉及的计算项目带领学生计算一遍，最后形成一个完整的工程量清单，会达到非常好的教学效果。

“工程估价”课程的一个重要特点就是它的实践性特别强，工程计量与造价计算的方法都要结合实际工程来完成，采用这种教学方法可以保证了理论与实践的紧密结合。当然采用案例教学法授课时一定要处理好教师理论授课时间与师生互动时间的关系。

四、结束语

“工程估价”课程是工程管理专业的主干专业课程之一，在本专业的课程体系中居于重要位置。该课程的一个重要特点就是它的实践性特别强，工程计量与造价计算的方法都要结合实际工程来完成，造价计算的结果也要用于实践，用于指导工程建设的全过程，从国内这一课程的教学情况来看，还基本停留在传统的教学内容、教学方法上，该课程教学方法的改革是必然的，本人根据多年的教学经验提出以上几点改革方法，上述方法可以单独使用，也可综合使用，希望上述方法对该课程教学质量的提高有所帮助。

参考文献

[1] 建设工程工程量清单计价规范　GB 50500—2008［S］. 北京：中国计划出版社，2008.
[2] 工程造价案例分析［M］. 北京：中国城市出版社，2009.
[3] 齐宝库. 工程估价［M］. 大连：大连理工大学出版社，2009.
[4] 全国造价工程师执业资格考试培训教材编审组. 工程造价计价与控制［M］. 北京：中国计划出版社，2009.

作者简介：赵　亮（1972—），男，管理学院营造与工程管理系，副教授，硕士。研究方向：工程估价教学与研究。

专题五：课程与教学发展

篇首语

课程建设是教学建设中的重要组成部分，是保证教学质量的关键。具体包括：改革教学手段，培养学生自主学习的能力，促进学生学习的持续发展；改革考核方式，以能力考核为重心，注重过程考核，培养学生的创新意识和创新思维；充分利用现代化教学资源，改进教学方法，推行模块化教学、案例式教学、讨论式教学、启发式等教学模式，提高学生学习的主动性。

沈阳建筑大学管理学院一直鼓励教师在教学方法创新和课程建设方面进行大胆改革。从课堂教学入手，根据讲授课程教学任务的特点，从学生的实际出发，注重更新“教”与“学”的关系，把“学”放到首位，变被动地“教”为主动地“学”。以启发学生的思维为核心，倡导启发式教学方法，充分调动学生学习的主动性，激发学生的学习热情，提高学生独立思考的能力，提高学生的创新意识和培养学生的实际动手能力。

本专题收录的论文汇集了管理学院教师在课程建设与教学方法改革等方面的经验和成果。具体包括：“案例教学法”在教学中的运用；“项目学习法”在教学中的运用；高等院校信息化管理体系的建立；E-learning 教学平台构建与应用；房地产经营管理沙盘模拟教学模式探讨；基于 ERP 沙盘模拟的工程管理专业教学创新；基于过程管理的“三明治”实践教学模式研究等。

互动式方法在西方经济学教学中的运用研究

杜　冰

（沈阳建筑大学　沈阳　110168）

【摘要】西方经济学是高校经管类本科专业的基础性必修课程，本文首先分析了西方经济学本科教学中存在的问题及其成因，在此基础上讨论如何运用互动式教学方式，改善教学效果，提高教学质量，使西方经济学发挥在经管类本科教学中的基础性地位；最后，部分探讨了西方经济学教学中需要注意的其他问题。

【关键词】互动式教学；案例法；讨论法

西方经济学是高校经管类本科专业的基础性必修课程，它不仅是经济管理类学生学习其他专业课程的理论基础，同时还是服务于其他专业学习经济学相关理论的有力工具[1]。由于其独有的理论性、抽象性、实用性等特点，因此在西方经济学教学过程中，往往造成教学过程演变成为教师的“一言堂”，学生大部分时间都是被动接受知识，不仅无法与教师进行很好的交流，使教学过程变得枯燥乏味，而且令学生严重丧失学习热情，成为教学过程中的“观众”。如何对西方经济学课程进行教学创新，运用互动式教学方式，使其发挥在经管类本科教学中的基础性地位，是本课程教学改革的首要任务。

一、西方经济学本科教学中存在的问题及成因

1. 抽象性使教学过程枯燥无味

在西方经济学的教学过程中，课堂气氛不够轻松，很少能够看见教师与学生的互动。究其原因主要在于西方经济学较强的理论性以及理论本身的抽象性。西方经济学主要从概念、特征、作用和性质等方面理解问题，它的每一个理论都是在一定假设的前提下形成的。假设条件放宽，理论有可能不成立。但是这些假设条件又与现实存在一定的差距，较强的抽象性使学生在初学时不能理解甚至根本听不进去，课堂气氛压抑枯燥，绝大部分学生都是在被动接受知识，严重影响了学生的学习热情。

2. 数学化使教学内容难以理解

在西方经济学的教学内容中，包括大量的概念、定律和原理，而很多定律和原理的论证需要运用到图形、表格甚至大量的数学推导。数学作为最严谨的一种形式逻辑，借助数学模型可以把逻辑关系一步步推导出来，简洁恰当的数学模型有助于

理解各经济变量之间的关系，从而更好地解释经济现象。尤其是近年来，几乎所有的经济学论题都通过数学分析工具来解释，经济学教学中的数学化倾向越来越严重。对于大多数学生来说，很难将复杂的数学公式和推导与现实经济生活的复杂性和牵连性联系起来，从而使教学内容难上加难。即使学生课堂上能够记住一些抽象的理论、模型、案例、图表和专业术语，但由于现实性不够，学生不仅不能将所学知识牢固掌握更不能实际运用[2]。

3. 手段单一使教学效果不理想

目前，在西方经济学本科教学过程中，由于受到多种条件的限制，教学的主要方式仍然局限在课堂，普遍缺乏教学实践活动。学生大多是被动地听，理论与现实距离太远，从而无法活跃学生的思维，使得学生“三大能力”，即自主学习能力、分析及解决问题能力、创新思维能力的培养成为一句空谈。随着大多数高校多媒体设备的普及，一部分教师在教学中直接对着课件“照本宣科”，少了“黑板时代”的互动与思考，难免出现讲授思路不清、逻辑混乱，甚至知识点错误等情形，对教学效果产生了不利的影响。

4. 课时较少使教学质量难以保证

西方经济学是高校经管类专业的基础性必修课程，囿于教学计划总课时的限制，一般都是一学期48学时完成全部教学内容。由于学识西方经济学庞大繁杂的教学内容，在48学时内很难讲完全部的教学内容，很多时候都是为了完成教学任务而赶进度，如此情形教学质量很难得到保证。

二、互动式教学方法的运用

鉴于西方经济学教学内容的特点，以及在教学过程中存在的问题，运用互动式教学方式将部分解决上述问题，成为改善教学效果，提高教学质量的有效方法。

1. 案例法

在西方经济学的教学过程中，引导学生主动接触前沿热点问题是西方经济学本科教学的一个重要方面[3]。案例是连接经济理论与实践的桥梁，案例分析可以提高学生的学习兴趣。因为经济学的案例与现实联系紧密，往往是经济生活中的一些热点问题，能够引起学生浓厚的兴趣，吸引他们主动思考，积极参与讨论，变被动学习为主动学习。通过对案例的分析，使经济学原理变得简单明了，通俗易懂。除此之外，还必须把西方经济学与中国实际相融合，例如在讲到“恩格尔系数”的时候，让同学们通过实际调查，根据调查资料数据计算出某个家庭或者某个地区的恩格尔系数，了解他们的富裕程度，从而能够分析家庭或地区的贫富差距，进而能够深刻思考缩小贫富差距的意义所在。又比如在讲到“经济增长”的时候，可以通过比较我国与西方发达国家在经济增长过程中的相同点与不同点，找到我国与西方国家的差距，尝试找出解决我国经济发展中存在问题的有效方法。

根据课堂教学的具体情况，可以运用灵活机动的方式进行案例教学，具体而言有以下两种。

（1）穿插式案例教学。在系统讲授原理的过程中，可以穿插一些实际案例，引导学生思考，使案例与理论相互印证，增强学生对理论的理解和运用能力。

（2）启发式案例教学。以启发提问的方式进行，可以首先介绍案例，提出问题，引导学生带着问题听课，在理解原理的基础上，应用于案例分析。

2. 讨论法

讨论法能够为培养高素质、高能力学生提供帮助。在教学过程中，学生可以积极主动地自由发挥自己的想象力，探讨解决问题的办法，加上教师的指导，从而可以提升学生的思维能力、组织能力、创新能力、心理素质以及语言表达能力。讨论法还可以提高学生的课堂兴趣，培养学生的创新能力。在讨论式教学过程中，学生要对教师提出的论题发表自己的观点，怎样证明自己的观点具有可行性，这就要求学生学会动脑，充分发挥自己的想象力、思维能力和逻辑性，这就是创新能力培养的过程，也是讨论法教学的魅力所在。

讨论能否顺利进行的关键在于是否有好的讨论题目。在使用讨论式教学过程的准备阶段，要求授课教师必须根据教学内容精心准备好论题，好的论题要满足四个要素，即争议性和时效性、相连性、预见性。教师在选好论题后，要提前告诉学生，让学生做好准备，学生根据论题的内容结合课本知识点精心准备，学生在准备过程中，能够对课本的知识点有个大概的了解，对于有疑惑的知识点，可以通过老师上课讲解得到解决，因此，通过这种模式可以使学生更加深刻、全面的掌握课本知识以达到教学的目的。在讨论结束后，教师要对学生的讨论进行点评，得出结论，学生在讨论过程中对课本概念和理论运用不当或者理解错误时，教师要及时进行讲解。

三、互动式教学过程中需要注意的其他问题

（1）在选用教材方面，应尽量选择通俗易懂、所举实例符合中国现实的教材。目前国内选用的西方经济学教材版本以主流经济学为主。如微观经济学的基本内容来源于萨缪尔森的《经济学》早期版本，宏观经济学来源于凯恩斯的理论观点。随着经济全球化进程的加快，西方发达国家经济发展中出现的许多新现象和新问题，未能在西方经济学教材中得到反映。另外教材中还缺乏对中国经济社会发展过程中出现的一些特殊问题的分析，有条件的院校可以自主编写适合本院学生的西方经济学教材。

（2）在教学过程中，不应因数学方法本身而强调数学方法，而应该加强对基础理论的定性分析。数学的方法只是西方经济学的一种表达方式，并不是它的全部。要加强理论与实际的联系，从学生感兴趣的问题入手，帮助学生深化对书本知识的理解。在课堂教学之外，应注重实践教学基地的建设，为西方经济学教学提供必要的实际操作条件，帮助学生将理论应用于实践，激发他们的学习热情。

（3）增强教学体系改革的有效性。西方经济学内容纷繁复杂，流派林立，观点各异，学生很难把握其基本知识体系。教师应理清微观经济学和宏观经济学这两条主线，通过两条主线将各知识点串联起来，帮助学生从整体上把握住西方经济学的内容体系。如微观经济学的中心问题就是如何实现资源的最优配置，而宏观经济学的中心问题就是总供求的平衡。在讲授时，应针对不同专业的学生调整侧重点。如对数学基础较差的学生，可适当简化模型化的经济理论的阐述，着重培养其思维方式。

(4) 增强教学内容的前瞻性。随着知识经济时代的进一步推进，理论界越来越注重知识的时效性和时代性。一些不合时宜的理论在时代的变迁中遭到淘汰，一些新的思想在时代的呼唤中应运而生。西方经济学教学不能忽视现实经济的时代特征，在教学中加强对前沿理论的研究，促进教学内容的更新换代，老师也应加强自身的理论学习，紧紧把握经济学界的最新动态，适时介绍经济学理论发展的重大前沿问题和热点问题，帮助学生拓宽知识视野。

参考文献

[1] 李传志．西方经济学教学中数学的适度使用 [J]．山西财经大学学报，2010 (S2)：23－24.

[2] 姜鑫．当前西方经济学教学中出现的新问题及改革措施 [J]．长春师范学院学报，2010 (9)：15－18.

[3] 黄伟．高职院校西方经济学教学模式改革探讨 [J]．东方企业文化，2010 (12)：51－57.

作者简介：杜　冰 (1976—)，女，管理学院房地产研究所，讲师，博士。研究方向：西方经济学、房地产经济学。

基于CDIO教育理念的教学改革模式研究*

——以“社会保障学”课程为例

韩　凤　刘亚臣　宋煜凯

（沈阳建筑大学　沈阳　110168）

【摘要】当前社会科学类课程面临着教学理念、素质培养和教学内容等问题，本文在分析了CDIO教育理念的启示后，提出基于CDIO教育理念的加强学生实践能力建设的课程改革模式，从教学内容凝练与专题式教学、互动式教学模式与实践教学体系相结合、考核方式多样化三个方面进行具体阐述。

【关键词】CDIO；课程改革；社会保障学

一、社会科学类课程面临的严峻挑战

社会科学类课程涉及众多课程，如高校的思想政治类课程、管理类课程等，我国目前面临着社会价值观念变革的挑战，以此为基础的社会科学类课程也具有非常重要的现实性，要求达到使学生获取正确的社会价值观念，正确分析社会现象，正确应用专业知识的目的。因此，社会科学类课程主要有着以下的改革需求。

1. 转变教学理念，注重能力和素质培养

教学效果取决于教学理念。传统的教学模式是给学生传授知识应付考试，但培养学生分析问题、解决问题的能力和素质有着较大的难度和资源限制。

尽管重要知识点的把握是必要的，但是教学的重点却不再只是让学生记住多少个知识点，而是帮助学生从理论上搞清楚为什么以及如何应用知识，提高学生的理论素养和分析问题、解决问题的能力。

2. 整合教学内容，实施专题式教学

社会保障学综合性较强，内容十分丰富，从历史到现实，从理论到实践，涉及经济、政治、文化、社会等方方面面的内容。这门课程要重点解决的是理论与实践相结合的问题，如果过于注重课程的理论体系，单纯让社会经验少的学生学习各章的基本概念、理论和相关法律条例等，过于抽象和枯燥，势必影响教学的实效性。这就需要正确处理理论体系与教学体系的关系，提炼和整合教学内容。

* 本论文是教育部财政部高等学校人才培养模式创新实验区建设项目（教高函〔2009〕27号）；教育部财政部高等学校特色专业建设项目（教高函〔2010〕15号）；教育部财政部高等学校国家级教学团队建设项目（教高函〔2010〕12号）课题的研究成果。

二、CDIO 教育理念给社会科学类课程带来的启示

CDIO 工程教育模式是近年来国际工程教育改革的最新成果。从 2000 年起，是由美国麻省理工学院、瑞典皇家工学院、瑞典查尔摩斯工业大学和瑞典林雪平大学等四所大学组成的跨国研究获得 Knut and Alice Wallenberg 基金会近 2000 万美元的巨额资助，经过四年的探索研究，创立了 CDIO 工程教育模式，并成立了以 CDIO 命名的国际合作组织[1]。CDIO 代表构思（Conceive），设计（Design），实现（Implement），运作（Operate），它以产品研发到产品运行的生命周期为载体，让学生以主动的、实践的、课程之间有机联系的方式进行学习[2]。迄今为止，已有几十所世界著名大学加入了 CDIO 组织，按 CDIO 模式培养的学生深受社会欢迎。CDIO 是一种“做中学”的国际工程教育模式，注重能力和素质的培养是其核心理念[3]。

三、课程改革模式

1. 教学内容凝练与专题式教学

本文借鉴 CDIO“基于项目教育和学习”的理念，以提炼和整合教学内容为切入点，着力在教材基础上进行教学内容的凝练，提出专题式教学的新思路。

“专题式教学”就是在严格遵循教学目标、学生的认知规律以及统编教材的主要内容和逻辑结构的基础上，打破教材的章节体系，以把相关内容有机结合的“专题”为单位提炼教学内容，把课程内容分成若干专题，一个专题一个主题，每一专题作为一个项目进行教学设计，综合运用案例、讨论、多媒体等多种教学方法和手段把理论呈现出来，注重调动教师和学生双向参与的积极性[4]。这种教学思路可以不必受具体理论的整体性、系统性限制，更加突出课教学的针对性、实效性，把问题讲深讲透，使教学内容更加贴近生活、贴近实际、贴近大学生，真正达到教学目的。根据社会保障学课程教学大纲的要求，结合学生关注的热点难点问题，我们设置了八个专题。① 社会保障学的历史进程与中国的发展成果；② 中国式社会主义现代化与社会保障的特别要求；③ 市场经济与社会主义制度；④ 中国特色社会主义的基本保障制度；⑤ 中国推进社会保障的重大意义：构建社会主义和谐社会；⑥ 中国当前社会保障的重大变革；⑦ 中国社会保障的热点问题与制度改革分析；⑧ 国际社会保障体制重大改革的背景、主要内容及对我国的启示。

2. 互动式教学模式与实践教学体系相结合

在课堂实践教学中，要体现出师生之间的互动关系，采用多种形式理论联系实际，深刻全面地诠释教学内容。充分发挥学生主体作用，以典型案例、热点问题、视频资料等为专题载体，实施互动式教学。学生是学习的主体，学生主体作用的发挥是提高教学吸引力的根本。传统教学模式以教师为中心、以教材为中心、以课堂为中心，抑制了学生的学习兴趣和热情，也不利于学生能力的发展。

因此，积极创新教学方式，借鉴 CDIO 理念，强调学生的实际参与、亲身体验，以典型案例、热点问题、视频资料等为专题载体，实施“案例式”、“讨论式”和“情境式”教学，发挥学生学习的积极性和主动性，变被动接受式学习为主动参与式学习，增强教学的吸引力和感染力。如采用案例式教学，通过案例材料，使理论

鲜活起来，让学生在思考中加深对基本概念、基本理论的理解，不断提高分析问题、解决问题的能力。这既锻炼了学生的表达能力、组织能力、思维能力和分析能力，同时学生在收集资料的过程中，又掌握了大量的知识和信息，增强了自学能力。具体做法是：首先，由教师提供按照教学目标和教学专题精心选择多个案例和问题；其次，学生分小组自行选择案例进行分析（根据团队建设科学原理和多年教学经验，一个小组最好不超过4人），由小组派出代表陈述本小组的基本观点，如果其他小组有疑问可以提出来进行讨论，教师在整个讨论过程中既要注意以学生为中心又要适当进行引导，调动学生讨论的积极性；最后，讨论完毕由教师进行总结，直到基本达成共识。

教学体系可以拓宽思路，与学生综合实践活动组织相结合。

（1）组织主题演讲。如结合我国的发展历史，开展“祖国的发展”“未来就业趋势观”等专题演讲，这既锻炼学生的思维和表达能力，又让学生在表达中加深理解。

（2）结合学生关心的社会热点问题，组织开展学生辩论赛。最终，教师通过点评，进一步加深学生的认识，给学生正面的引导，帮助学生正确认识问题。

通过实践教学，学生将逐步掌握运用相关理论和方法分析和解决现实问题的能力，感受到了理论知识的魅力；同时增加了学生的社会阅历，学生实践能力将得到很大提高。

3. 改革考核方式，注重能力和过程考核，坚持考核形式多样化

考核既是督促学生学习、检查学生掌握所学知识以及学习水平的重要手段，也是教师全面了解教学中所存在的问题，不断修正教学过程的重要环节。我们根据社会保障学在沈阳建筑大学人力资源管理专业体系中的课程性质和教学大纲，结合教学特点，对考核方法进行了改革。

考核改革以社会保障学课程的性质和特点为依据，以素质教育为理念，以增强考核的实效性为目标，突出“两个注重”。一是在考核内容上，由注重“知识考核”转向注重“能力考核”。即在考查学生基础理论知识的基础上，注重考查学生运用所学知识提高认识问题、分析问题和解决问题的能力和素质。这能较好地考察学生对社会保障体系的理解和把握，以及运用相关专业知识去分析和解决实际问题的能力，也使考核更符合能力教育的理念。二是在考核管理上，由注重“结果考核”转向注重“过程考核”。促进学生把更多的精力用在平时的学习过程中和能力素质的提高上，既可避免有些学生不注意平时的学习和出勤，到期末考试临时突击过关的现象，又可避免期末学生负担过重，疲于应付。

本课程调整了平时成绩与期末考试成绩的比例为1∶1，极大地提高了平时成绩所占比例。为了真实、全面和客观地反映学生在学习过程中的表现，考核形式多元化，我们坚持从知识掌握、能力素质发展和态度等方面出发，设计考核方案对学生进行综合考察。

沈阳建筑大学人力资源管理专业在第七学期开设本门课程，而第七学期学生的发展目标是完成就业和考研分流，选择就业方向的学生会不可避免地参加校内外的招聘会，势必对本门课程的系统学习产生影响。因而，本课程的考核形式主要选择出

勤、作业、期中考试、小论文和期末考试等多元化考核方式，其比例为1∶1∶2∶1∶5，配合以适当地教学方式，引导学生自觉地把精力放在对所学内容的理解和运用能力的培养上来，有利于变学生被动式学习为主动性学习，提高学生学习兴趣，增强教学的实效性。

其中出勤率采取扣分制，事假、病假扣1分，无故一次不到扣2分，5次以上不到没有考试资格（根据本门课程设定的学时和关于缺勤取消考试资格的相关校规设计）；作业主要是案例分析，为避免学生出现抄袭情况，利用广泛招生的有利之处，要求学生查找家乡案例，完成资料收集、分析，并安排适当的课时进行课堂讲解和讨论；小论文字数要求在3000字以内，特殊要求学生严格按照CNKI中期刊的基本格式进行论文写作，为第八学期的毕业设计或毕业论文打好综合能力的基础；论文的期中考试为开卷考试，占20%，重点在试卷中体现出课程前半段的核心内容，并选择难度适中的案例分析题，为学生进行知识的中期理顺，减轻学生期末考试的压力；期末考核形式上，仍保持闭卷考试。

参考文献

[1][3] 顾佩华．重新认识工程教育：国际CDIO培养模式与方法［M］．北京：高等教育出版社，2009：1，2.

[2] 刘春．构建A－H－CDIO人才培养新模式［J］．南京工程学院学报：社会科学版，2010，10（3）：40－43.

[3] 钟家全．基于CDIO教育理念的高校“概论”课教学模式探索［J/OL］．http：//xcb.scu.edu.cn/show.aspx？id＝324&cid＝27.

作者简介：韩 凤（1979—），管理学院商学系，副教授，博士。研究方向：城乡规划管理、城市交通。

工程管理专业统计学实践教学改革探讨

何　敏

（沈阳建筑大学　沈阳　110168）

【摘要】统计学科的发展对统计学课程实践教学提出了更高的要求。为了提高工程管理专业统计学实践教学水平，本文从统计学的发展情况和重要性出发，结合工程管理专业统计学实践教学的现状，对该专业统计学课程实践教学从目标定位、实践教学内容、实践教学形式、实践环节考核方式等方面作了改革探讨。

【关键词】工程管理专业；统计学；实践教学

一、统计学实践教学改革的重要性

随着社会经济的发展，统计学日益成为广泛应用于研究自然和社会现象的通用方法论科学，在现代国家管理和企业管理中的地位变得越来越重要。并且，随着计算机信息技术的快速发展，统计数据的处理过程更加现代化，利用计算机和统计软件解决现实问题已成为经济管理类学生必备的一种技能。针对统计学的快速发展及在经济管理中的重要性，1987 年原国家教委就将统计学列为高校经济管理专业的 11 门核心课程之一，1998 年其再次被列为调整后的经济管理专业 8 门核心课程之一。统计学就其学科性质而言属于方法论科学，与研究具体事物发展变化规律的实质性学科不同，一般具有工具性的功能。由统计学的这一性质所决定，它在工程管理专业的课程体系中占有重要地位，是普通高等院校工程管理专业的一门重要专业基础课程。目前，从现有工程管理专业统计学课程设置来看，实践教学环节普遍欠缺，未达到理想的教学效果，培养的学生更是缺乏统计应用于实践的能力，从而难以适应社会和经济管理中对学生统计素质的要求。因此，有必要加强工程管理专业统计学实践教学环节的教学并推进相应的改革。

二、工程管理专业统计学实践教学现状

21 世纪需要的是具有较强理论和实践能力的高素质复合型应用人才。对大多数院校来说，应定位在具有创新能力的应用型人才的培养。而目前在工程管理专业的统计学教学中，仍不同程度地存在只注重理论知识的传授，而忽视实践应用能力培养的现象。主要表现在以下几个方面。

1. 实践教学环节欠缺

工程管理专业普遍存在没有统计学实践学时安排或实践学时安排不足的情况。一般统计学教学学时在50学时以下的，几乎无法安排实践教学的任务，如果安排实践教学也只能压缩理论学时。如现在沈阳建筑大学的工程管理专业统计学教学计划仅32学时，理论教学完成都很困难，实践环节教学更无法开展。故学生学了统计只觉得是一门抽象枯燥、难以记忆和理解，且非常难学的课程，更不知道应该怎么应用了。学生主动探究实验学习环节的缺乏，使学生不能运用统计学的思维和方法去看待和解决实际问题，以至于培养的学生对统计工具的利用能力普遍偏低，更觉得统计学这门课程开不开无关紧要，认为自身专业与统计学没有太多关系，只要努力学习自身专业即可。

2. 实践教学内容与专业要求不适应

统计学是一门应用性、实践性很强的综合性学科，在教学过程中应从“知识传授型”向“能力训练型”转变，重视对实际动手能力和分析能力的培养，因此选择合适的实践内容至关重要。而现在实践教学内容主要来自所选用的统计学实验教材，由于统计学实验教材的相对滞后性，不能适应经济环境的快速变化。并且，很多实验内容与工程管理专业的适应性有些偏差，缺乏统计学在工程管理中实际应用的特色案例，使统计学与工程管理专业结合的实用性打了折扣，障碍了该专业学生学习的兴趣。

3. 实践教学形式单一

实践教学大多运用计算机和统计软件开展教学，案例教学、实际调查等更丰富的形式没有充分采用。沈阳建筑大学统计学课程由于没有安排计算机实验内容，教师只能在课堂讲述中利用Excel软件对统计方法进行演示，学生觉得用计算机操作进行统计分析很神奇，而他们却不能亲自动手操作练习，根本无法掌握要领。另外，学校对于统计学的教学软件支持不足，虽然Excel软件中的各种统计功能基本可以满足统计计算和分析的需要，但学生缺少接触更加专业统计软件的机会，如SPSS、SAS、EVIEWS等。

4. 缺乏实践环节的考核方式

统计学课程考核环节从考核方式来看，考试课期末闭卷笔试居多，考查课一般为开卷笔试。考试方式在一定程度上保证了基础理论部分的教学质量，但是这种考核形式忽视了对于学生实践能力的考核，在全面测试学生分析解决问题的能力上存在着缺陷。学生为了应付考试，基本靠死记硬背学习统计学，没有从本质上抓住统计学的精髓，没有形成灵活运用统计知识分析解决问题的能力，与统计学侧重于应用的工具学科性质和培养应用人才的目标相违背。如沈阳建筑大学工程管理专业的统计学是考查课，由于大班授课且采用开卷笔试，学生学习时没有压力，考试时又可以直接找书套公式，故学习的效果可想而知。因此，考核的结果很难真实地反映每名学生的学习效果，更谈不上将统计学应用于实践了。

三、工程管理专业统计学实践教学改革措施

针对工程管理专业统计学实践教学的现状，结合自身的统计教学实践，提出以

下几点课程改革的具体措施。

1. 充实实践教学环节

统计学可分为理论统计学和应用统计学两类，前者侧重于统计方法的数学理论，由工程管理专业开设的概率论与数理统计课程来完成；后者侧重于统计方法在各个领域的应用，即本文提到的统计学。因此，工程管理专业统计学教学目标应以适应应用型人才培养为目标，重视统计方法在社会经济管理领域里的实际应用，突出统计理论方法与解析工程管理问题的有机融合；强调统计应用中的逻辑思维过程，把培养学生运用统计方法分析和解决问题的能力放在重要位置，着力培养学生的统计意识和实践操作能力。因此，建议工程管理专业在理论学时32学时的基础上，应增加16学时的上机实验学时，以达到统计学教学的目标和效果。

2. 合理选择实践教学内容

工程管理专业的学生相对数学基础较好，虽对公式计算不太畏惧，但还是应从实用性、思想性、方法性、简明性的原则选择统计学实践教学内容，把统计当成一种量化分析的实用工具，不需要作深入的研究。教师对实践教学内容的选择应努力做到：突出基本理论与方法，理论联系实际，尤其应联系工程管理案例的实际，使学生能够利用常用的统计软件，掌握工程管理中实际数据的搜集、整理和分析的全过程。如果工程管理专业开设16学时的统计上机实验，其内容及要求可参考如表1所示。

表1　统计学实验内容设计及要求

序号	学时	实验内容	实验要求
一	4	描述统计方法	熟悉并能熟练应用统计软件；熟练利用统计软件对数据进行搜集、整理、图表展示和概括性度量等
二	4	推断统计方法	熟练利用数据分析工具库、统计函数功能和公式对数据进行抽样、参数估计和假设检验等
三	4	分析预测方法	熟练利用数据分析工具库、统计函数功能和公式对数据进行相关回归分析、时间序列分析与预测等
四	4	综合案例分析	综合利用上述方法自己搜集案例数据，并对其进行整理和分析，得出科学的结论，并用文字加以解释

3. 丰富实践教学形式

统计学实践教学最主要的形式是上机实验法，通过上机实验，学生利用统计软件将统计数据整理成表，绘制科学实用的图形和进行各种分析计算等。除此之外，实践教学环节还可以采用案例教学法、实际调查研究法和关联探索法等。在案例教学法中，以学生为中心，学生在教师的指导下，在讨论中学习有关的理论知识和原理。在实际案例学习过程中，学生有身临其境之感，从而最大限度地调动学生学习的积极性，提高学生的学习兴趣，提高学生运用统计学的知识及方法分析解决问题的能力。实际调查研究法是从学生实际出发，布置一些校内外身边关心的问题，从调查方案设计开始，经过统计工作的全过程，到最后得出结论，均由学生以小组的形式自行完成。这种方法因可贯穿统计教学的全过程，故可使学生既对统计学的实用性和工具性有更深的认识，又可以加深对统计理论的理解，能够取得较好的实践教学效果。关联探索法是鼓励学生找到统计学与所学各门专业课程的关联性，更进一步加深学生对统计方法的理解和应用的探索，达到学以致用，事半功倍的效果，从而完成统计学专业基础课程的目标，为学好其他经济管理类课程打下坚实的基础。

4. 完善实践教学考核方式

统计理论知识的考核仍可用闭卷或开卷考试的形式完成，但闭卷中的计算类试题可考虑弱化公式记忆，如在试卷计算题中统一给出各种公式，由学生找出合适的公式进行解答等，将考试的侧重点放在考察学生统计知识的实际应用能力上。统计实践能力的考核可以采用多种形式，如上机测试、上交统计调查研究报告、案例分析报告和实验报告等，使学生实践能力锻炼的效果均在最终成绩中得以体现。在实践环节考核前，教师要注意考核标准的细化与量化，对于评分体系中的各项考核项目或环节制定相应评分标准，其中上机测试和调查研究报告要给出更为详细的评分标准。在考核过程中，要做好过程控制，并可安排一定学时，对学生完成的任务结果进行展示和交流，将教师评价和学生互评相结合得出评价成绩。

总之，统计学作为工程管理专业的专业基础课，其重要性不言而喻。只有将统计学的方法结合实际进行应用，其作为数据分析工具学科的强大生命力才能充分体现。为此，统计教师必须努力提高自身的素质和实践能力，从学生的特点和专业需要出发，不断对统计学课程实践教学进行改革，以达到提高教育质量，实现为社会培养高素质适用人才的目的。

参考文献

[1] 周丽华，田在兰. 经济管理类专业统计学课程的教学模式探讨 [J]. 经济研究导刊，2009 (24).

[2] 黎东升，马伦姣，王华民. 经济管理类专业“统计学”教学中存在的主要问题与教学模式重构探讨 [J]. 长江大学学报：自然科学版，2011 (2)

[3] 刘元欣，庄严. “统计学”课程教学改革的思考与实践 [J]. 中国电力教育，2011 (1)

[4] 高书丽. 实践导向的非统计专业统计学课程教改探讨 [J]. 中国电力教育，2009 (8)

[5] 郑红玲. 对经管专业统计学实践教学的探讨 [J]. 经济研究导刊，2011 (11)

作者简介：何敏（1963—），女，管理学院商学系，副教授，硕士。研究方向：统计学和财务管理。

房地产经营管理专业课程体系优化研究*

孔凡文　于文汇

（沈阳建筑大学　沈阳　110168）

【摘要】由于房地产市场对高素质综合性人才需要的不断增加，房地产经营管理专业为了培养满足市场需求的人才，结合自身特色，有针对性地对课程体系进行设置。本文通过对不同类型院校房地产经营管理专业课程设置的比较，分析指出房地产经营管理专业在课程设置上存在的问题，提出完善房地产经营管理专业课程体系优化措施。

【关键词】房地产经营管理专业；课程体系；优化

专业课程建设是高校教学的基本建设，是提高人才培养质量的重要保证，是学校办学水平、师资水平和管理水平的具体体现。高水平的专业是学校发展的动力，是学校的特色和品牌。对课程体系进行优化是完善专业结构、提高人才培养质量、办出专业水平和特色的重要措施。积极推动课程体系优化，对构建具有创新精神和实践能力的优秀人才具有非常重要的意义。

一、不同类型院校房地产经营管理专业课程体系设置现状比较

目前我国本科开设房地产经营管理专业的院校以工科院校和综合性大学为主，不同类型的院校依据自身的特色对人才培养进行定位，设置相应的课程体系。

1. 工科类院校房地产经营管理专业课程体系设置

工科院校的房地产经营管理专业课程设置主要以工学为切入点，以房地产开发经营过程为主体，突出课程的实践性，如施工组织设计、房地产估价、房地产开发等课程。形成工科类院校本科房地产经营管理专业特色培养方案。下面以沈阳建筑大学和重庆大学为例，介绍工科类院校房地产经营管理专业课程设置情况。

（1）沈阳建筑大学房地产经营管理专业课程设置情况。

沈阳建筑大学是以建筑、土木、机械等学科为特色，以工为主，工、管、理、文、农、法、艺术等学科协调发展的高等学校。该校房地产经营管理专业主要是培养具有实践性和管理能力的复合性房地产专业人才，其房地产经营管专业主要课程有：管理学、财务管理、土木工程施工技术、工程项目管理、土力学及地基基础、

* 本文为中国建设协会立项课题“房地产经营管理专业课程体系及教学实践环节优化改革研究（2011005）”部分研究成果。

管理信息系统、工程估价、会计学、统计学、工程经济学、运筹学、工程结构、经济法、房屋建筑学、城市规划、建筑工程识图、房地产开发投资、房地产经营管理、房地产估价、房地产市场营销、物业管理、房地产法规及工程项目融资等。

(2) 重庆大学房地产经营管理专业课程设置情况。

重庆大学是在2000年由原重庆大学、重庆建筑大学、重庆建筑高等专科学校等三校合并组建的，目前是教育部直属，拥有文、理、工、商、法、医等学院的国家综合性大学。由于其房地产经营管理专业是在被合并的原重庆建筑大学管理工程学院设置的，带有明显的工科类院校特点，故将其作为工科类院校介绍。现重庆大学房地产经营管理专业分为“房地产开发与管理”“高级物业经营与管理”两个专业方向。其中，“房地产开发与管理”专业方向主干课程有：房屋建筑学、工程力学、混凝土结构基本原理、工程经济学、房地产评估、工程项目管理、房地产法、建设工程估价与成本控制、房地产开发与经营管理、城市土地管理、建筑设计与园林艺术、房地产项目投资与融资、城市经济学、房地产经济学、房地产行政管理、房地产市场营销、房地产合同管理等。“高级物业经营与管理”专业方向主干课程有：房屋建筑学、建筑与装饰材料、园林景观学、工程经济学、房地产经济学、物业管理学、工程项目管理、房地产开发与经营管理、物业管理法律法规、建筑设备基础、建筑物与设备维护管理、建筑智能化与信息管理、物业财务管理、资产经营与管理、房地产评估、房地产经纪、物业环境管理、物业与社区安全管理、建筑节能、公共关系学、客户关系管理、人力资源管理、合同管理等。

2. 综合性院校房地产经营管理专业课程体系设置

综合性院校房地产经营管理专业课程主要致力于培养具备房地产规划设计、房地产投资，房地产营销管理等方面知识、系统掌握房地产经济管理理论，熟悉房地产法规和产业政策，在房地产项目投融资和营销策划领域有较坚实基础的综合性高级人才。目前我国房地产行业综合性管理人才不足，制定一套适合综合性院校的房地产经营管理专业课程方案是非常重要的，下面以北京师范大学和中央财经大学为例，介绍综合性院校房地产经营管理专业课程设置情况。

(1) 北京师范大学房地产经营管理专业课程设置情况。

北京师范大学珠海分校设有房地产经营管理专业，其专业课程主要有：房地产政策与法律、工程建设法律、房屋建筑学、居住区规划、建筑工程概预算、房地产测量、建筑CAD（画法几何与工程制图）、建筑材料、土地利用规划学、房地产投资分析、房地产开发、房地产营销、房地产估价、房地产项目管理、商业地产、财务管理学、房地产企业会计、不动产税收、房地产金融、管理学等。

(2) 中央财经大学房地产经营管理专业课程设置情况。

中央财经大学房地产经营管理专业按照“房地产金融投资”和“房地产开发经营”两个培养模块设置课程体系。其主要课程有：西方经济学、管理学原理、会计学、财务管理、投资学、金融学、经济法、房地产经济学、房地产开发、房地产估价、房地产金融与投资、房地产政策与法规、房地产经纪与物业管理、房屋建筑学、园林景观、工程造价管理、城市规划与管理、工程项目管理、项目评估、GIS在城市与房地产中的应用等。

从以上两种不同类型学校的主干课程来看，四所大学都设置了相同的专业基础课或专业课程，例如管理学、工程经济学、房屋建筑学、房地产开发、房地产估价、工程项目管理等。但总体课程设置还是有其不同特点。其中沈阳建筑大学和重庆大学等工科类院校或有工科基础的院校房地产经营管理专业课程设置的特点表现为建工类或土建类课程较多，并且在实践能力的培养上面都设置了实践类课程。而中央财经大学和北京师范大学等综合性院校房地产经营管理专业课程设置特点是经济类基础课程较多，土建类课程相对较少。

二、房地产经营管理专业课程体系设置存在的问题

各学校房地产经营管理专业在培养目标的指导下设置了相应的课程体系，对这些课程进行分析，发现在课程设置存在一些问题。

1. 课程设置落后于时代发展

我国的房地产行业发展时间短、起步快，与国际市场有显著的区别，行业特色十分明显，而理论研究却相对滞后，房地产经营管理专业课程设置不能够追随行业发展状况，剔旧补新，注重实践应用。

2. 课程结构设置不够合理

课程结构缺乏灵活性，必修课与选修课比例失调，缺失综合课程和跨学科课程，没有将理论课程、技术课程和应用课程予以分层架构，没有形成序列化。有的课程知识分割过细或重复。

3. 重专业课程学习，轻素质课程设置

在课程设置和学习中，普遍存在着重视专业课程学习、忽视人文社科知识教育的现象，使学生适应社会的工作能力、交往沟通能力和心理承受能力不强。

4. 专业课程教材质量参差不齐

房地产经营管理专业有很多应用性的专业课程，每一门课程都有很多不同的参考教材，参考教材内容侧重点和切入点都不同，教材的质量参差不齐，不能针对自己学校专业的特点进行教学。

三、房地产经营管理专业课程体系优化措施

房地产经营管理专业课程体系优化要坚持优化专业课程结构和提高专业课程质量相结合的原则，坚持有针对性与可行性并重的原则，以科学发展观为指导，坚持专业课程体系建设与学校整体特色建设相结合，与学校整体事业发展和改革相结合的原则。以改革专业人才培养模式为切入点，以课程建设为核心，以加强教学基本条件建设为保障，以提高人才培养质量为目的开展专业课程建设优化。

1. 保证房地产专业核心课程的开设，优化整体课程结构

改革开放以来，我国房地产业快速发展，房地产经营管理专业也随之发展壮大。为培养适应社会需求的房地产专业人才，房地产经营管理专业课程设置首先要保证房地产经济学、房地产开发投资、房地产经营管理、房地产估价、房地产市场营销、物业管理、房地产法规等房地产专业核心课程的开设。同时要科学合理调整房地产经营管理专业的基础理论课程、专业基础课程、专业课程以及相关课程的整体课程

结构，使学生全面系统地掌握房地产经营管理专业基本知识。在优化整体课程结构的过程中，还要注意处理好各门课程的局部优化与课程体系的整体优化之间的关系，要以课程结构的整体优化为先。因为各门课程的局部优化并不等于课程体系的整体优化，在有些条件下局部课程优化的总和甚至可能破坏课程体系整体的效果。重要的是重新审定、合理调整房地产经营管理专业总体课程结构，明确各门课程在课程体系中的地位和作用，理顺各门课程之间的关系，然后再进行局部的课程改革。

2. 加强相关知识课程的开设，注重对学生综合素质的培养

加强国际工程管理、工程估价、建筑企业管理、建设法规、工程项目融资等相关知识课程的开设，使学生了解相关专业知识和发展动态。同时，增加公共关系学、市场营销、管理心理学等人文管理课程开设，拓宽学生知识面。特别在对学生综合素质的培养方面，可组织高学历、高职称及具备丰富实践经验的校内、外教师或有关专家学者开展专题学术讲座，以追踪学术前沿动态，增进文理渗透与交融。或开展辅修第二专业和第二学位教育，鼓励学生实现文理学科的交叉，实现“文理兼修”，提高学生的综合素质。

3. 实践课程的设置和理论课程的设置应有机的结合

房地产经营管理等方面的内容、知识体系的设置应体现出鲜明的专业特点。首先，减少交叉重复的基础课程，开设一些以任选课形式的房地产相关的课程，根据不同学生的基本素质差异，因材施教，发挥学生所长，增加一些选择的机会。其次，根据理论教学的要求和特点，对房地产投资分析，房地产评估等操作性较强的课程增设相应的课程设计，强化学生对理论内容和实际相结合，培养实战性应用能力。最后，根据行业用人标准和能力培养要求，开设房地产市场调查实训课程，侧重培养学生房地产经营管理专业学生进行项目市场调查，数据收集统计、分析等方面的能力，并且加深学生对专业的认识。

4. 划分专业方向，适当加大选修课比例，提高学生的自主性和选择性

专业课程设置的方向性和可选择性影响学生个性的发展与素质教育效果，从而影响学生对多元化社会的适应性。为了提高学生对课程学习的自主性和选择性，可根据学科特点和办学背景，划分不同的专业方向，并设置相应的课程组合。以提高课程设置的方向性。同时还应适当加大选修课比例，以提高课程设置的可选择性。

5. 坚持动态性原则，不断更新调整课程设置

课程体系不是一个封闭的系统，与社会经济、科技、文化有着十分密切的联系，传递和复制着社会的文化。房地产经营管理专业在优化课程体系工作中，应随时应对来自社会的各种变化，特别是高度关注国家经济、社会的发展变化，不断调整和严格筛选相关课程和进入课程体系的新知识。同时，由于各种学科资源不断丰富，知识内涵、知识功能、知识获取方式等发生了巨大的变化，学科之间已走向多维联系，形成了一个纵横交错、相互渗透的科学体系。房地产经营管理专业发展必须紧跟专业学科知识的发展现状和趋势，根据学科发展的逻辑选择对学生富有发展价值和实用价值的知识，使课程体系在形成系统、稳定的基础上具有发展性、前瞻性，处于动态建设发展之中。

参考文献

[1] 王瑞玲，王建辉．中国高校房地产专业本科教育研究［J］．重庆科技学院学报：社会科学版，2009（7）：200－201.

[2] 石金和．房地产经营管理本科专业发展探析［J］．中国西部科技，2010（7）：86－87.

[3] 周文国．房地产经营管理专业在我院专业整合中的SWOT分析［J］．高等建筑教育，2005（1）：55.

[4] 王秀玲．中国高校房地产专业教育体系的现状及发展建议［J］．河北建筑科技学院学报：社会科学版，2006（6）：74－75.

作者简介：孔凡文（1963—），男，管理学院教授，博士。研究方向：房地产经济。

基于同一性理论的建筑类高校女生就业自信心培养

刘　颖　宋洁然

（沈阳建筑大学　沈阳　110168）

【摘要】在建筑类高校，因其行业特殊性，露天作业比较普遍，许多岗位就业环境艰苦，一些用人单位对建筑类高校培养的女毕业生的聘用热情不高，女毕业生就业面临的困难较大。本文结合实践中女毕业生在求职中产生的对自身性别方面的不自信甚至是自我否定等问题，运用组织同一性理论中的同一性柔性的观点进行分析和思考，提出通过改革建筑类高校的教学体系和教学模式，强化组织教育，使女生建立对建筑行业工作环境、就业经验、人际关系的良好认知，通过对自身所学的知识和能力进行整合，建立就业自信，以适应社会的容纳复杂性和多样性，获得符合社会需要的专业技能和职业技能。

【关键词】同一性理论；建筑类高校；女生；就业；自信心培养

一、问题的提出——基于实践的需要

高校毕业生就业是关乎我国高等教育发展的重要问题，因此，实施教学改革，提升学生就业能力是解决毕业生尤其是女毕业生就业困难的头等大事。近年来随着高等教育事业的发展、普通高校的扩招，女大学生人数在高校在校生中的比例逐年上升。然而由于国内外经济形势的影响，高校毕业生就业在近几年持续面临严峻的形势。在稀缺的岗位资源面前，女大学生能否获得就业机会，除了公平的就业政策和宽松的就业环境外，自身的职业能力也尤为重要。

由于建筑类高校的毕业生有很大部分到建筑业的企业等基层单位就业，建筑行业特殊的生产经营特点如露天作业，生产区域分布广，企业施工生产、生活条件艰苦等的影响，使得这一行业的女性在就业中面临一定的困难。加之社会上一部分人的偏见，从而使一些用人单位对女毕业生求职者的录用热情不高。这使原本普遍存在于各高校的女生就业困难的问题在建筑类高校显得更为突出，女毕业生在性别方面的不自信甚至是自我否定趋势的日益加重。另一方面，由于高校就业的主要考评依据就是就业率，实际就业情况中受很多因素的影响，毕业前所做的就业统计中不能完全反映女大学生真实的就业情况，实际上女生的就业问题或许更加严重。

因此，建筑类高校在教学中如何针对这一问题的特殊性，发挥专业研究人员的技术特长，依据学科前沿的相关理论，找出解决问题的有效方法成为事关学校长期发展的关键。为此，需要改革建筑类高校的教学体系和教学模式，强化组织教育，使女生建立对建筑行业工作环境、就业经验、人际关系的良好认知，对自身所学的专业知识和能力进行整合，以适应社会的容纳复杂性和多样性，获得符合社会需要的专业技能和职业技能。

二、组织同一性理论理解决女生就业问题的适用性

同一性是指某一社会实体的本质特征与信念的认知表征。早在1985年，美国明尼苏达大学管理学教授Stuart与杨百翰大学管理学教授David提出并建立了组织同一性理论，很快引起了许多西方管理学研究者和实践者的兴趣。目前，组织同一性理论被广泛运用于组织研究、战略管理、市场营销、组织行为、管理沟通、人力资源管理等领域。

针对上述建筑类高校女生就业实践中出现的问题，可利用组织同一性理论中的同一性柔性的概念来分析和思考，从而找到切实可行的措施或方法。

组织同一性的柔性在于组织同一性的包容性、整合新的要素和扩展组织同一性的能力，标志着组织适应环境的能力。组织同一性的柔性能力越强，则组织满足利益相关者的能力、应对变化和生存的能力也就越强，组织适应是组织同一性柔性能力的函数。

理想的组织同一性和现实的组织同一性的认知落差是组织变革内在机制。组织学习就是对组织同一性进行反思和变革的过程，是运用新的信息来挑战现存的理念。通过组织教育，使女毕业生树立对行业工作岗位的正确认识，客观评价自身的知识和性别角色，适应工作的复杂性和多样性的需要，提高满足社会需要的专业技能和职业技能。

根据这一理论，高校在教学中，应关注女生对自身群体的能力认知，在提高其就业信心能力培养方面多做努力，可得到较好的效果。

三、建筑类高校女生就业自信心培养方法

为了适应全球化的就业危机的挑战和社会变革的需求，高校在对学生的教育和培训过程中必须包括创业能力培养和性别角色自信心的培养，这种能力对个人在各种工作领域中激发创造力和革新性亦至关重要。就我国目前的情况来看，高校毕业生的创业能力培养教育还很欠缺，女毕业生由于受到社会意识形态等方面的限制，在这方面的能力作就更为缺乏。

据南京师范大学对89名在校及102名在职男女大学生的调查，在校与在职女大学生中，分别有36%和47%的女大学生宁愿选择男性性别。她们认为男性的实质权利和机会比女性多，特别是当面对就业的压力和不顺时，这一愿望更为强烈。

有关研究表明，在女性占多数的学科部门，如生物学和医学院中，女研究生对自身能力的肯定最多，对自己能力的怀疑最少。而作为建筑类高校，由于其培养的毕业生在行业就业方面的特殊性，开展对女生的性别教育，使她们学会用社会性别的视角，科学地去看待性别差异，有意识地培养和锻炼自己的富有弹性的、可广泛迁移的职业能力，建立自信是十分重要的。具体可采取以下方法。

1. 重视女毕业生的能力培养，使其建立就业自信心

1999 年 4 月在首尔召开的第二届世界技术与职业教育大会提出，创业能力是普通教育和职业教育应培养的核心能力之一。高校教学首先在培养计划制订方面，就业拓宽专业门径，夯实女生职业能力的基础。其次在实践教学环节方面，联系实际，注重女生综合能力的培养，这些综合性的职业能力包括：

(1) 一般能力：包括认知能力、表达能力、社会能力等；

(2) 自我调控能力：包括自我认识、自我控制、自我激励能力等；

(3) 专业能力：包括技术操作能力、技术管理能力、技术诊断能力等。

知识经济时代的最大特点是社会经济环境千变万化，日新月异的科技发展使社会竞争异常激烈。女生必须适应社会对人才需求结构重心上移的变化，通过多种途径培养创业能力。

2. 提高女毕业生创业能力

高校女生作为知识资本的承载者，只有具备厚实的知识资本，才能获得更好的就业机会。学校可以通过创业计划竞赛、参与建筑行业的管理、借鉴创业典型的经验来使学生正确地认识创业，掌握创业的正确方法，从而有效地提高她们的创业能力。要在知识积累的过程中提高创业能力，就要认识知识在社会经济领域中发挥的越来越重要的作用。

3. 增强女生应对挫折的能力

学生心理素质的提高，不仅对大学生在校学习期间的身心健康和德、智、体、美诸方面的全面发展有重要的意义，而且对她们毕业后的发展和国民素质的提高有着极为深远的影响。高校女生面对择业的压力妄自菲薄或不切实际，都会败下阵来。因此，通过各种形式的教育，提高学生的心理素质，增强学生，特别是女生应付挫折的能力是高校教育中的重要环节，应当引起重视。

总之，女毕业生就业难不是孤立、偶然的现象，而是由社会经济、个人的多种因素共同作用的结果，其中既有客观的原因，也有主观的原因。作为建筑类高等院校，要在教学改革中完善培养方案，对学生进行有针对性的教育，尽量减少女大学生面临就业困难的不利因素，通过技能培养和综合素质训练，提高女毕业生的自信心，以适应社会对各类人才的需求。

参考文献

[1] 张坤．高校女生就业验证问题［J］．出国与就业，2010（18）.

[1] 孙培清．中国教育史［M］．上海：华东师范大学出版社，2000.

[3] 李莉．从就业难看高校女生的素质教育［J］．2005（7）

[4] 李志，张慧．高校大学生择业标准调查及就业对策研究［J］．黑龙江高教研究，2007（12）.

作者简介：刘颖（1963—），女，沈阳建筑大学管理学院营造与工程系，副教授，硕士，研究方向：建筑经济与建筑企业管理；城市管理与战略管理。

案例教学法在经济学教学中的运用

栾世红　宋煜凯

（沈阳建筑大学　沈阳　110168）

【摘要】经济学是经济管理专业的一门基础性理论学科，同时也是实用性很强的学科，由于其理论繁杂且抽象性较强，学生接受起来比较困难。“案例教学法”通过形象生动的事例，将理论的讲解与案例分析有机结合起来，深入浅出，有助于提高学生的学习效果。本论文尝试从案例分析法在经济学教学中的必要性、具体应用以及应用中需注意的问题这三个方面对“案例教学法”在经济学教学中的运用进行探讨。

【关键字】经济学；案例教学法；教学运用

经济学是一门研究资源如何最佳配置使人类需要得到最大满足的一门社会科学。所谓案例教学法，就是教师根据教学目的和教学内容的需要，运用典型案例，启发学生独立思考，对案例所提供的材料和问题进行分析研究，提出见解，做出判断和决策，借以提高学生运用所学知识分析问题和解决问题能力的一种教学方法[1]。

传统的教学方式是一种单向式教学模式，强调教师的系统讲授，学习者的被动听讲。整个过程中教师处于完全主体地位，并不需要学习者的参与，重概念而轻实践，重理论而轻方法，重知识传授而轻知识内化，学习者形成了严重的路径依赖，习惯于听、记、背、考这样的“填鸭式教学”，这极大的忽视了学习者实际能力的训练[2]。与传统教学方式相比，案例教学注重能力的培养，强调知识的学习是一个平等对话与研讨的过程，教师是作为引导者出现于课堂，对受教育者的学习起导向作用。学习者从“听讲者”变为“参与者”，让学生参与、互动，能有效的传授知识并有助于理论对个人的内化，培养和增强学习者分析、解决问题的能力。在经济学的教学中，应用“案例教学法”，可以将理论的讲解与案例分析有机结合起来，通过对典型案例的分析，启发学生运用经济学原理和方法，认识和解决现实生活中的经济问题，提高学生分析问题和解决问题的能力。

一、引入的必要性

1. 有利于激发学生的学习兴趣，加深学生对知识的理解

经济学研究内容主要是西方几百年市场经济的运行规律与基本问题，许多理论与我国的历史背景和现实国情差异很大，常常会让学生有种“所学非所用”的感觉[3]。同时，经济学是一门理论性很强的学科，并且它的每一个理论都是在一定的

假设前提下形成的，加之常常会用到大量的图形和数学论证，让学生感到抽象枯燥且难以掌握。因此，有必要寻求一种中介载体，将经济学中的基本理论以一种生动的形式呈现给学生。案例教学法通过丰富的视觉材料、经过多角度、多层次的分析，让学生积极参与讨论和思考，将书本的理论知识与现实生活紧密结合起来，能激发学生对经济学理论的学习兴趣，在对案例的理解、分析和讨论的过程中，对同样的经济学问题“仁者见仁，智者见智”，往往又能启发学生进行理论思辨，加深其对所学知识的理解。

2. 有利于更新教学理念，提高学生的综合素质

由应试教育向素质教育转变是我国教育体制改革的目标和关键之一。传统的应试教育教师机械的满堂灌，学生被动的听，其后果是学生只是靠死记硬背学习经济理论，考试一旦结束便统统忘掉，无法形成系统的经济学理论体系。案例教学要求师生角色发生一些转变，教师是指航灯，起组织和引导作用，而学生成为学习和探索知识的主动者[4]。这将有利于教师在教学实践中摒弃传统的教学理念，促使教师在课前对教学内容进行整合，不断探索新的教学方法；在分析案例的过程中，学生置身于事实环境中，主动对案例进行分析、判断和归纳总结，锻炼了其分析和解决实际问题的能力。在案例教学中，教师通过有意识的引导，让学生自己去查资料，通过个体独立或群体合作的方式作出分析和判断，积极寻找多种答案，经过反复多次的积淀后就会获得自主学习的方法，真正学到“钓鱼之法”[5]。同时，还可以通过讨论或辩论的方式锻炼学生的口头表达能力、临场应变能力和集体协作能力等诸方面的综合能力和素质，有助于培养技能型、应用型的人才。

二、案例教学法的具体应用

经济学案例教学的内容十分丰富，具体形式也多种多样。教育界，多数人认为案例教学仅限于1870年哈佛大学法学院兰德尔创立的以案例分析为主线的课堂讨论形式[6]。但笔者认为，应该将案例教学法的形式多样化，形式不同，在课堂教学中的地位和所起的作用也不同。

1. 穿插讲授

在校大学生社会阅历少，对经济社会的实际情况缺乏了解，因此，教师在讲解某一重点或难点的过程中，可以穿插使用案例来分析说明深奥的经济学原理，做到理论联系实际。如在解释边际效用递减规律时，可以拿“吃第一个面包同吃第三个面包的感觉是不同的”或以小品《吃面》[7]为例来说明，使学生形象深入地了解这一理论包含的内容。值得一提的是，这种形式案例的选取不能过于复杂，应尽可能贴近学生的生活。这样，才可能在使学生巩固所学理论知识要点的同时，激发他们对经济学的学习兴趣。

2. 热点讨论

在某章节或某一个问题系统讲授之后，教师可以结合当前经济社会中的热点提出一个较为综合性的案例，然后提出相关的问题，让学生分析讨论，最后教师总结。如在讲完失业理论之后，可以引入“近年来出现大学毕业生就业难”的案例，引导学生思考和讨论大学毕业生就业难的种种原因及应对措施。通过这种形式，不但使

学生了解当前的社会热点问题，更能增加学生学习的主动性，活跃课堂气氛，锻炼和提高学生分析问题、解决问题的综合能力。

3. 专题讲座

教师应积极利用各种社会资源，邀请其他高校、知名企业或政府经济部门的一些专家、企业家或政府官员来校开展专题讲座。通过这种形式的案例教学，可以在加深他们对实际经济问题的理解，并能够开阔学生的视野。

三、应注意的问题

1. 正确处理理论教学与案例教学的关系

经济学是经济类、管理类专业的专业基础课，同时，经济学中的大量术语和理论也经常出现在论述经济情况的专著或一般的新闻报道中。因此，它要求学生必须具有扎实的理论功底。尽管学生对案例教学比较感兴趣，但也不能以案例教学为主，而应在系统讲授基本理论的基础上尝试各种形式的案例教学。案例教学只是理论教学的辅助方式，二者相辅相成，缺一不可，只有将二者有机地结合起来才能够取得理想的教学效果。

2. 教师要具有较强的信息处理能力

案例教学法中的案例是实践中所发生的真实事件，同时也是现实工作中常见而且复杂的两难问题，具有多种分析视角与解决办法。因此，案例教学对教师有较高的信息处理能力。针对某一问题或理论选取的案例要具有针对性和新颖性。同时，要密切关注国内外经济热点问题，对经济学的前沿理论加以关注，提高知识的时效性。

3. 善于驾驭案例讨论的过程

讨论案例时，最重要的原则是充分发挥学生的主体作用，让学生独立地深入案例，利用所学的知识来分析案例和案例中的问题。要充分发挥学生在案例讨论时的主体作用。教师要对学生多加鼓励，帮助学生拓展思维，遇到焦点问题还可进行辩论，让学生充分发表自己的见解，使学生真正成为课堂的主人。教师在案例讨论结束进行总结时，应在充分肯定学生努力的基础上，对学生的系统知识进行梳理，在交互式的气氛中达到教与学的目的。

案例教学法是一种理论与实践相结合的十分有效的教学方式，它必将随着教学改革的发展而得到更加广泛的应用。今后我们要与时俱进，选择性的吸收和继承传统教学观念，创造性的将案例教学法应用到经济学教学中，培养学生理论联系实际的思考方式，提高分析、解决经济问题的能力，为学生将来踏入社会，适应社会复杂的工作和生活环境打下良好的基础。

参考文献

[1] 郑敏．案例教学法在经济学教学中的应用［J］．教学研究，2006（7）：37－38.

[2] 李相银，胡希．工商管理教学中的案例教学与知识转换［J］．贵州大学学报：

社会科学版，2004（9）：121－124.

[3] 魏静．谈案例教学在西方经济学教学中的运用［J］．昆明大学学报，2008（19）：78－80.

[4] 余金凤．论案例教学法在“西方经济学”教学中的运用［J］．中国教师，2009（S2）：17－18.

[5] 王培文．浅议高校案例教学的原则及其功能［J］．中共郑州市委党校学报，2009（97）：162－164.

[6] 周海燕，王立辉．浅析案例教学对教学效果的提升［J］．石油教育，2009（01）：82－84.

[7] 林霞．浅谈西方经济学的几种教学方法［J］．南京医科大学学报，2006（01）：82.

作者简介：栾世红（1970—），男，沈阳建筑大学管理学院房地产研究所，副教授，博士研究生。研究方向：房地产金融；区域经济。

经济法视角下的工程建设法课程体系研究

孟庆鹏

（沈阳建筑大学　沈阳　110168）

【摘要】本文分析了工程建设法即工程建设法律规范与工程建设法学之间的关系，指出工程建设法律规范体系是由多层次、多门类的工程建设法部门组成的有机联系的统一整体。提出在经济法视角下，应当将工程建设法课程教学内容的体系结构归纳为：工程建设主体法律制度、工程建设市场监管法律制度、工程建设宏观调控法律制度和工程建设涉外管理律制度。

【关键词】经济法部门；工程建设法；课程；法律规范体系；课程内容体系

新中国成立以来，随着工程建设领域立法工作的不断发展和加强，国内部分高校针对工程建设法律研究和教学工作的也不断取得进展。特别是近几年来，出版和发表了为数不少的相关专著、教材及教研文章，应该说，工程建设法律的研究和教学工作已经取得了相当大的成绩。但是，从现实需要来说，该项工作发展的速度还不够快，存在的问题也不少，特别是工程建设法课程内容体系的研究和探讨还处在萌芽和起步阶段，还未形成科学、一致的学术共识。对工程建设法课程内容等有关教学体系的一些基本理论问题亟待深入研究。

笔者认为，工程建设领域所涉及的法律体系是一个开放的研究对象，对于这一对象进行研究所形成的学科，应定名为工程建设法学（也可简称为建设法学或工程法学甚至建筑法学，只不过由于我国现行《建筑法》的原因，“建筑”这一概念的外延被拘束于房屋建设领域了），而且这一学科应该是法学体系中的一门新兴的亟待发展的法学学科。

一、工程建设法与工程建设法学的关系

工程建设法即工程建设法律规范与工程建设法学之间的关系，是一个重要的理论问题，有必要进行探讨。笔者认为两者这之间既有联系，又有区别。

工程建设法与工程建设法学之间的联系主要表现在两个方面：一是工程建设法律规范及其发展规律是工程建设法学的研究对象，如果没有工程建设法律规范就不会有它的发展规律，没有工程建设法律规范及其发展规律，就不存在工程建设法学的研究对象，而没有研究对象的学科是不存在的。因此，可以说没有工程建设法，就没有工程建设法学。二是工程建设法学的产生和发展，为工程建设法律规范的进一步发展提供了理论指导。对工程建设法及其发展规律研究的开展和深入，工程建

设法学的产生和发展，有助于明确在国家经济和社会发展过程中需要制订、认可、修改和完善哪些工程建设法律规范，应该采取哪些正确的立法对策，这样就可以使工程建设法律规范的体系结构不断科学化，质量日益提高，从而推动工程建设法律规范的立法及适用。

工程建设法与工程建设法学之间的区别主要表现在以下三个方面：一是工程建设法律规范是国家意志的反映，按照法律程序制定或认可的，是由国家强制力保证实施的，而工程建设法学是人们从事学术研究的产物，只有学术指导意义而没有强制约束力；二是工程建设法具有特定的调整对象，而工程建设法学具有特定的研究对象，工程建设法及其调整对象均属于工程建设法学的研究对象；三是工程建设法律规范体系是法的体系中的一个独立的法律部门，而工程建设法学则是法学体系中的一门有待发展的法学学科。

在经济法部门视角之下，开展对于工程建设法的研究，有着十分重要的学术意义。在社会主义市场经济条件下，工程建设法的定义及其体系结构，还存在广阔的研究空间，需要继续深入研究。

二、多个法部门视角下的工程建设法研究

一直以来，国内学界大多将工程建设领域所涉及的法律和法规笼统地当作一个法律部门展开科研和教学，工程建设领域所涉及的民事法律规范、行政法律规范和刑事法律规范等部门法内容未能形成有机统一的学科教研内容体系。相关课程和教材所使用的名称也各不相同，诸如“工程建设法”、“建设法规”、“建筑法规”、“建筑法”及“建设法”等，更突出的是，在与工程建设领域相关的各门法规教学课程之间，大都各自独立开展，内容重复、冲突及互不衔接的问题比较普遍。当然，这种混乱的教研现状，究其根本原因来说，是由于国内学界对于工程建设领域所涉及的法律法规体系的学理研究尚处于发育阶段造成的，对于工程建设法的基本理论问题，诸如工程建设法的部门法性质、工程建设法作为部门法在整个法的体系中的地位及其自身的体系结构等研究得还不够深入。

对此，笔者曾经在《经济法视角下的工程建设法律规范体系》一文当中明确提出：工程建设活动是一种重要的社会经济行为，直接对国家政治、经济、军事等方面的安全与发展，产生重要影响，因此，自古以来就受到各国统治者的高度重视，普遍通过多个法律部门对其进行调整。工程建设活动所适用的法律规范涉及多个法律部门，因此，对于工程建设活动所适用的法律规范体系的研究，可以从经济法、民法、行政法等多个部门法的视角下进行。我们必须明确地提出，应当从不同部门法的视角开展工程建设法基本理论的研究，否则，我们就势必难以对工程建设活动涉及的法律教育、立法、执法和司法实践给予科学的理论指导。工程建设法基础理论研究的严重不足，必然导致在有关工程建设活动的法律教育及实践中的混乱，不利于我国工程建设活动的可持续健康发展。

在此，笔者主张，在经济法等多个部门法的视角下，对工程建设活动所涉及的法律规范，从不同视角下的体系化的进行专门研究，对于推动工程建设领域法学基础研究，进而完善相关立法及司法工作，都具有突出的理论价值和现实意义。

笔者认为，按照国内经济法学界的一般理解，经济法作为一个独立的法的部门，有着自己特定的调整对象。经济法的调整对象是在国家协调、干预、控制和管理的本国经济运行过程中发生的经济关系。对于调整这一特定经济关系所适用的法律规范的完整体系即是经济法部门。对于工程建设活动而言，其本质属性应当是一种重要的经济行为（既包括了生产，也包括了分配和消费），并且这种经济行为理所应当受到国家的协调、干预、控制和管理。因此，在经济法这一部门法的视角下，认识、研究乃至组织工程建设活动所涉及的法律规范的教学科研，有着充分且必要的学理及实践基础。

三、工程建设法的部门法体系与工程建设法课程体系之间的关系

在经济法视角下，工程建设法律规范体系是由多层次、多门类的工程建设法部门组成的有机联系的统一整体。工程建设法律规范体系构成了经济法内的一个部门，它是由各有特定调整对象的不同门类的工程建设法律规范所组成的，这些各有特定调整对象又相互关联的不同门类的工程建设法律规范，形成了工程建设法部门统一的整体。

这样的一个工程建设法律规范体系既是一个独立的法律部门，也是一个独立的法学教学课程，并且这一课程教学内容的体系机构也必然决定于这一法律部门调整对象所适用的法律规范的体系机构。

在社会主义市场经济体制之下，我国工程建设法的调整对象应当主要包括工程建设主体管理、工程建设市场监管、工程建设宏观调控、工程建设涉外管理等内容。当然有必要指出，随着工程建设法研究的不断深入，其调整对象的范围还存在着比较开阔的拓展空间。

我国工程建设法的调整对象所适用的法律规范主要包括：工程建设主体法、工程建设市场监管法、工程建设宏观调控法和工程建设涉外管理法等。

四、经济法视角下的工程建设法课程体系结构

笔者认为，在经济法部门视角之下，工程建设法具有特定的、相对独立的调整对象，构成了一个完整的工程建设法部门。这也就决定了工程建设法课程教学内容的体系结构。

结合国内经济法学界的一般观点，笔者认为，应当将工程建设法课程教学内容的体系结构归纳为：工程建设主体法律制度、工程建设市场监管法律制度、工程建设宏观调控法律制度和工程建设涉外管理律制度。

1. 工程建设主体法律制度的课程内容

这部分的课程内容主要包括工程建设行为主体即工程建设企业和从业人员，在获取、变更、终止主体资格过程中所适用的法律规范。工程建设行为主体包括工程建设的企业单位主体和工程建设的专门从业人员主体两大类。我国现行的工程建设主体法律制度对于这两类行为主体的规制和调整，分别体现在工程建设资质管理制度和工程建设资格制度两个方面，前者包括建设工程勘察、设计、施工、监理、开发等资质管理制度，后者则包括注册建筑师、建造师、结构工程师、监理工程师等

资格管理制度。

2. 工程建设市场监管法律制度的课程内容

这部分的课程内容包括了国家对于工程建设市场经营和竞争秩序进行监督管理过程中所适用的法律规范。主要是工程建设发包承包管理制度、工程建设合同法律制度、工程建设领域里的反不正当竞争和反垄断法律制度、工程建设质量和安全法律制度等。

3. 工程建设宏观调控法律制度的课程内容

工程建设宏观调控法律制度是调整在国家为了实现国民经济和社会发展的协调平衡与发展，对工程建设活动进行总体调节和控制所适用的法律规范的总称。对于工程建设宏观调控法律制度，可以划分为工程建设计划与规划法、工程建设政府采购法、工程建设税法、工程建设投资与金融管理法、工程建设价格法等内容。

4.工程建设涉外管理律制度的课程内容

工程建设涉外管理律制度是调整在涉外工程建设活动的法律规范的总称。它包括涉外工程建设投资法、涉外工程建设承包法等内容。

以上所述工程建设法课程的教学内容，仅是笔者近年来从事该门类课程教学研究的部分心得体会，其中还存在着很大的学术研讨空间。笔者始终认为，工程建设领域所涉及的法律体系是一个开放的研究对象，对这一对象进行研究所形成的学科，应定名为工程建设法学，而且这一学科应是法学体系中的一门新兴的亟待发展的法学学科。

参考文献

[1] 杨紫煊，徐杰．经济法学［M］．北京：北京大学出版社，2009.
[2] 李昌麒．经济法学［M］．北京：法律出版社，2007.
[3] 漆多俊．经济法学［M］．北京：高等教育出版社，2003.
[4] 李俊．建筑法概论［M］．北京：中国建筑工业出版社，1999.
[5] 张晋藩．中国法制史［M］．北京：高等教育出版社，2007.
[6] 符启林．房地产法［M］．北京：法律出版社，2004.
[7] 黄安永．建设法规［M］．南京：东南大学出版社，1999.
[8] 朱宏亮．建设法规［M］．南京：武汉理工大学出版社，2003.
[9] 武家国，徐国忠．工程建设法概论［M］．上海：同济大学出版社，2005.

作者简介：孟庆鹏（1972—），男，沈阳建筑大学管理学院建设法研究所，副教授。研究方向：建设法学；经济法学；中国法史学。

青年教师毕业论文指导能力提高的途径分析

王秋菲　席秋红

（沈阳建筑大学　沈阳　110168）

【摘要】本文以青年教师为研究对象，采用问卷的形式调查了青年教师指导毕业论文的实际情况，在此基础上分析了青年教师指导毕业论文存在问题的原因，并有针对性地提出了解决问题的有效途径。

【关键词】青年教师；毕业论文指导；提高途径

近年来受到就业压力和高校扩招等因素的影响，本科毕业论文的质量每况愈下，抄袭现象严重，因此，本科生是否需要撰写毕业论文的争论引起了全社会的极大关注。我国《高等教育法》明确指出高等教育的任务是培养具有创新精神和实践能力的高级专门人才[1-2]。本科毕业论文作为重要的实践环节，不仅是学生从事专业实际工作和初步研究工作能力的体现，也是对高校教学质量的检验。本科毕业论文面临的首要问题不是是否应该取消，而是如何提高质量。

近年来，为了解决高校扩招引发的师资匮乏问题，许多学校招聘了大量的青年教师，如何提高年轻教师指导毕业论文能力，充分发挥指导作用是提高毕业论文质量的一个重要环节。本文以辽宁省某省属高校管理学院的青年教师为研究对象，采用问卷的形式调查了青年教师指导毕业论文的实际情况，在此基础上分析了青年教师指导毕业论文存在的问题，并有针对性地提出了解决问题的有效途径。

一、青年教师指导毕业论文的现状

调查对象为2008和2009年沈阳建筑大学管理学院的毕业生。一共发放问卷200份，收回有效问卷103份，有效问卷收回率为51.5%。同时，针对问卷的相关问题，对指导毕业论文经验丰富的教师和主管教学的院长进行了访谈。在回收的98份问卷中，有67份是由选择青年教师指导毕业论文的学生填写的，占有效回收问卷的65%。学生调查问卷主要侧重于评价学生对青年教师毕业论文指导过程的满意度，涉及的内容包括：是否愿意选择青年教师指导毕业论文，青年教师指导毕业论文有哪些优势和不足，青年指导教师修改毕业论文的次数，青年教师指导论文过程的评价等。对教师和主管教学院长访谈侧重于评价青年教师指导毕业论文的水平，包括论文的选题、论文的指导记录、论文的整体质量等。

1. 青年教师毕业论文指导过程满意度调查结果

关于学生是否愿意选择青年教师指导毕业论文，63.1%的学生选择不愿意，27.2%学生认为无所谓，仅有9.7%学生选择愿意。学生不愿意选择青年教师指导毕业论文的原因主要包括：缺乏对青年教师了解（41.3%），质疑青年教师指导毕业论文的能力（35.8%），青年教师人际关系薄弱（13.4%），青年教师指定的题目不感兴趣（9.5%）。在选择青年教师指导毕业论文的学生中，79%的学生是被指定分配，15%的学生对论文题目感兴趣，6%的学生认为青年教师要求不严格。

关于青年教师指导毕业论文的优势调查结果显示，34.5%的学生认为青年教师与自己年纪相仿，沟通容易；29.3%的学生认为可以和青年教师采用QQ、MSN、短信等方式探讨论文；15.6%的学生认为青年教师更容易接受自己提出的观点和想法。对于青年教师指导毕业论文的不足调查表明，54%的学生认为青年指导教师的经验不足；25.7%的学生认为青年教师科研水平不高；15.7%的学生认为青年指导教师的责任心不强；4.6%的学生认为青年教师在推荐优秀和保证论文通过等问题上沟通能力不足。

青年教师对毕业论文修改的平均次数为3次，其中修改次数超过4次及以上的占26.8%，3次占31.5%，2次占34.2%，1次及以下占7.5%。而其他教师对毕业论文修改的评价次数为4.12次，超过四次及以上的占78.9%。

关于青年教师在毕业论文写作中是否给予学生足够帮助，45.6%的学生认为足够，39.8%的学生认为不足，14.6%的学生认为严重不足。而非青年教师该项目的调查结果为68.7%的学生认为足够，24.6%的学生认为不足，严重不足的仅占6.7%。

学生对青年教师毕业论文指导满意程度调查结果显示34.6%的学生认为满意，42.3%学生表示基本满意，不满意和非常不满意的占23.1%。而学生对非青年教师毕业论文指导的满意程度高于青年教师，85.6%的学生认为满意和基本满意。学生对青年教师毕业论文指导不满意的原因是：68.4%的学生认为青年教师不会指导毕业论文，由于对学校的相关要求不了解，对论文进度的安排不合理，论文选题不当，工作量布置不合理等原因导致论文成绩较低或没有通过；25.8%的学生认为青年教师责任心不强，经常找不到指导教师，论文不能及时得到修改；5.6%学生认为青年教师人际关系不强，自己的论文成绩不客观。

2. 青年教师毕业论文指导能力调查

青年教师指导毕业论文能力最直观评价是毕业论文的成绩。通过对2007—2009年青年教师指导的毕业论文成绩进行分析，可以发现青年教师指导的毕业论文成绩为优秀的比例不足13%，而全院毕业论文的优秀比例为20%（具体见表1）。

表 1　　青年教师指导毕业论文成绩

项　目	青年教师指导毕业论文成绩分布				管理学院毕业论文成绩分布			
成绩	优	良	中	及	优	良	中	及
2007	7.8%	54.8%	30.76%	6.64%	21.24%	31.69%	37.26%	9.81%
2008	12.5%	31.34%	46.78%	9.38%	19.87%	32.69%	35.89%	11.55%
2009	10.68%	22.84%	47.08%	19.4%	20.86%	31.45%	37.02%	10.67%

同时请管理学院指导毕业论文经验丰富的教授和主管教学的院长从论文选题、论文格式、论文内容以及论文指导记录等方面对青年教师指导毕业论文工作的质量进行评价。对每项指标的评价采用等级标准打分的形式，“5”代表“很好”，“4”代表“好”，“3”代表“一般”，“2”代表“不好”，“1”代表“很不好”。调查结果见表 2。

表 2　　青年教师指导毕业论文质量评价

评价内容	平均分	最高分	最低分
论文选题	3.7	5	3
论文格式	2.7	5	1
论文内容	2.67	4	2
论文指导记录	2.87	3	2

在四项评价指标中，毕业论文选题的平均分最高为 3.7 分，最低分为 3 分，可见青年教师能够很好地将专业培养要求与生产实践相结合，并体现近期国内相关领域研究的热点问题。例如，2008 年和 2009 年的一些毕业论文研究的内容涉及了次贷危机对辽宁房地产市场发展的影响、增值税改革对企业和政府的影响、国学理论在企业管理中的应用等问题。也有部分论文选题存在选题过于宽泛的问题，如有些论文题目为《我国企业跨国并购问题的研究》《我国金融监管问题研究》等。青年教师指导的毕业论文格式存在两极分化，部分论文的格式完全符合学校的要求，部分论文的格式则比较混乱。论文格式较好的指导教师均具有博士学历或博士在读，这些教师由于在攻读博士期间需要发表高水平的论文，对科技论文的格式比较熟悉，即使没有仔细阅读学校要求的统一论文写作要求，也能对学生论文存在的格式问题给予指正。论文格式比较混乱的指导教师多数为首次指导毕业论文同时学历层次较低，既对毕业论文格式不够重视，同时又不熟悉科技论文写作的规范。

在四项评价指标中，论文内容评价得分最低，参与评价的教授认为青年教师指导的毕业论文内容存在的主要问题是研究内容过于理论化。多数青年教师是毕业后直接从事教学工作，虽然掌握丰富的理论基础，但缺乏实践经验。因此这些青年教师指导的毕业论文选题都具有一定的理论意义，但在研究的过程中对相关理论的概述比较翔实，但对如何应用理论解决具体问题比较欠缺，案例研究多采用知名公司和典型事件，看似“有理有据”，但实际上学生并没有通过撰写论文提高分析问题和解决问题能力。

论文指导记录能有效的反应教师指导毕业论文的过程，在对青年教师的毕业论文指导记录评价的过程中，发现大多数教师的论文指导记录不规范，没有对指导论文的过程进行详细记录，甚至一些是在上交资料前夕临时拼凑。论文指导记录的缺失和不完备从另一个角度反映出青年指导教师对正确指导毕业论文的程序缺乏了解。

二、青年教师指导毕业论文存在问题的原因分析

青年教师指导的毕业论文质量差强人意的原因涉及多个方面，根据对青年教师的调查，主要原因可以归结为以下三个方面。

1. 青年教师不熟悉毕业论文指导要求

本科毕业论文作为高等教育实践环节的一个重要内容，各高校都根据实际情况制定了详细的指导要求[3]。但是许多青年教师在指导毕业论文的时候并不了解指导要求，往往根据自己学生时代的经验指导学生论文。因此，学生上交的各种论文资料在形式和内容甚至时间上均不符合学校的要求。在被调查的 7 名青年教师中，有 4 名教师表示在第一次指导毕业论文的时候根本不知道有毕业论文指导要求，上交的一些相关资料都是在答辩结束后补充的；2 名教师表示自己在第一次指导毕业论文的时候并没有按照相关要求去做；仅有 1 名教师表示在第一次指导毕业论文的时候按照相关要求去做，但对于指导要求中的一些内容在理解上也存在偏差，给自己和学生都造成了一些不必要的麻烦。

2. 青年教师指导毕业论文能力不足

扩招导致许多高校师资力量严重不足，刚刚毕业的青年教师就成为教学的骨干力量，基本上没有足够的时间和精力参与到岗前培训中，许多工作是在摸索中进行的[4]。一些青年教师刚刚参加工作，为了完成基本的教学工作量，一学年至少要上 3~4 门的新课，大部分的时间都用来上课和备课，很难有时间和精力投入到毕业论文指导中。毕业论文指导工作与理论教学不同，不仅需要具有独立搞科研写论文的能力，还需要积累大量的指导毕业论文的经验，而这些能力和经验恰恰是刚刚取得硕士、博士学位就走上教学岗位的年轻教师所欠缺的。许多青年教师毕业后立刻投入到繁忙的教学工作中，基本没有时间从事科研工作，也没有具体的研究方向。在被调查的 7 名青年教师中，有 5 名教师 2 年没有发表学术论文，另外 2 名教师 2 年发表了 1 篇论文，并且还是根据博士论文的主要内容改写的，与指导的本科论文没有任何关系。

3. 青年教师对本科毕业论文重视不够

在就业形势严峻的背景下，大四学生的生活重点已经从写论文转变为找工作、到工作单位实习。许多青年教师的毕业论文也是在这种背景下完成的，如今成为高校教师后，也认为找工作是学生的头等大事，论文只是形式，学生体会一下写论文的感受就可以了，论文的质量只要符合基本要求能过关就行[5]。许多青年教师由于对论文不重视，在毕业指导的过程中没有发挥主导作用，从选题到最后的答辩都“走过场”，既不引导和启发学生明确论文的目的，也不对论文的写作内容进行严格

审查，对论文出现的各种错误也没有提出具体的修改意见，从而导致毕业论文质量较差。

此外，现阶段高校对教师工作能力的考核往往以科研能力为主，教学工作所占的比重较小，因此，部分教师不愿意将主要的精力放到教学工作中，对耗时耗力的毕业论文指导工作更是不屑一顾[6]。一些青年教师受这种观点的影响，不认真了解毕业论文的基本要求和工作程序，按照自己的想法和经验指导学生的毕业论文写作，缺乏与学生交流，学生提出的问题也简单应付。学生上交的论文往往与学校的基本要求不符，论文写作内容也不符合本科教学大纲的要求，毕业论文的质量也就很难保证。

三、青年教师指导毕业论文能力提高的途径

教师的指导能力直接决定本科毕业论文的质量。因此，学校必须要加强对青年教师的培养力度，从以下三个方面着手提高其业务水平，让青年教师早日成长为具有扎实、系统专业知识和丰富的实践经验的优秀毕业论文指导教师。

1. 加强青年教师的业务培训

业务培训是提高青年教师指导毕业论文水平最有效的途径。提高青年教师指导毕业论文水平的培训可由岗前集中培训和指导过程培训两部分组成。岗前集中培训由学校统一负责，应作为青年教师上岗考核的主要部分，培训的学时不少于8学时。集中培训应该具有针对性，而不是流于形式，仅聘请具有经验的老师采用授课的方式像青年教师介绍如何指导毕业论文和毕业论文指导要求。集中培训可以采用模拟的形式，在简要介绍指导毕业论文的要求和程序后，要求青年教师在规定的时间内指导一名学生完成毕业论文。每3~5名青年教师配备一名经验丰富的教师协助其完成，并根据其指导论文过程给予评价。这样的集中培训可以让青年教师真正的熟悉和理解毕业论文指导的过程和要求，避免在正式指导毕业论文的时候发生由于错误理解要求和程序而造成毕业论文质量低下的情况。指导过程培训可以由各个学院负责，要求青年教师在参加工作的第一年应协助其他教师指导毕业论文，被协助的教师根据青年教师指导的工作情况打分并给予一定的教分。青年教师只有在岗前集中培训和指导过程培训的成绩均及格的情况下，才能独立指导毕业论文。

2. 采用适当的手段激励青年教师重视毕业论文指导工作

对于青年教师而言，其指导高水平毕业论文所付出的时间和精力要远远高于其他教师。因此，应该设计一种激励机制，鼓励青年教师积极参与毕业论文指导工作，重视毕业论文指导工作，使其在这项工作中充分发挥主导作用。对于首次和第二次指导毕业论文的青年教师，如果其指导的毕业论文成绩在良以上，可以考虑适当的增加其教分或在考核中给予加分。例如，首次指导毕业论文的青年教师指导毕业论文的成绩为优秀，教分可以增加系数0.2，成绩为良，增加系数为0.1，第二次指导毕业论文的青年教师指导的毕业论文成绩为优秀，教分增加系数0.1，成绩为良，教分增加系数为0.05。这种制度安排能有效的激励其主导作用。

3. 构建全程质量控制体系监督青年教师指导毕业论文的过程

毕业论文指导工作是一个相对复杂的教学工作，影响论文质量的因素比较复杂。

从选题到最终的打印成稿任何一个环节出现问题都会影响整篇论文的质量。所以对青年教师指导毕业论文的监督不应该是简单的目标控制，而应该构建全程质量控制体系。学校和学院应根据青年教师指导毕业论文存在的常见问题，在论文指导过程的各环节进行质量监控，在每个环节及时发现问题，解决问题。例如在选题环节，学校或学院可以在毕业论文题目下发给学生之前，要求青年教师特别是首次指导毕业论文的教师对上交的题目进行可行性论证，请经验丰富的教师从专业性、学术性和适应性等角度对题目进行评价，对不符合要求的题目进行及时的修改，进而不免由于选题的原因造成论文质量低下的问题。

四、结　论

本科毕业论文不仅是衡量高校教学水平的重要标准，还是提高和培养大学生创新能力和创业精神的一个重要途径。青年教师作为未来高等教育的主力军，在指导毕业论文的过程中应该克服自身能力的不足，充分发挥主导作用，提高毕业论文质量。同时学校也要为青年教师提高毕业论文指导水平创造一个良好的氛围。

参考文献

[1] 中华人民共和国学位条例暂行实施办法［EB/OL］.（2011－9－30）http：// www. moe. edu. cn/edoas/websitel8/inf05897. htm

[2] 加强普通高等学校毕业设计（论文）工作［EB/0L］. http：// www. Edu. cn/ gao_ jiao_ news 367/20060323/t20000323_ 92151. shtml

[3] 刘志强，王爱峰，赵秀臣．工程管理专业毕业论文质量分析与对策研究［J］. 山西建筑，2008（11）：10－11.

[4] 王新平，吴艳文．谈提高财务管理专业本科毕业论文质量［J］．财会月刊，2009（10）：90－91.

[5] 肖鹏，康爱红，吴正光．提升本科毕业论文质量的教学探索与实践［J］．扬州大学学报：高教研究版，2009（10）：77－80.

[6] 于军．影响本科学位论文质量的原因分析及对策［J］华中农业大学学报：社会科学版，2009（3）：86－88.

基金项目：沈阳建筑大学2009年度教学质量工程立项课题（2009－05－21）

作者简介：王秋菲（1978—），女，沈阳建筑大学管理学院商学系，讲师，博士。研究方向：产业经济学。

工程管理专业“管理学”课程教学改革探讨

魏颖晖

（沈阳建筑大学 沈阳 110168）

摘要：本文针对工程管理专业“管理学”课程的教学具体情况，主要围绕培养创新型人才培养模式，研究了高等学校“管理学”课程教学改革的思路，并提出合理设计教学内容、采用体验教学法、案例教学法，建立科学合理的考核评价体系等具体的教改措施，以提高学生的学习兴趣，达到理想的教学效果。

【关键词】工程管理；管理学；体验教学；案例教学

“管理学”是普通高等学校工程管理专业的一门重要专业基础必修课，同时也是一门科学性与艺术性有机结合的实用性很强的学科。管理的艺术性，就是强调管理的实践性，强调管理活动除了要掌握一定的理论和方法外，还要有灵活运用这些知识和技能的技巧和诀窍。因此对“管理学”课程的理论与实践教学都提出了较高的要求。另一方面，学生的基础层次不一，有的学生基础好，有为考研而深层次学习的需求，而有的学生基础较差，学习难度大，很多学生对枯燥的理论缺乏兴趣；为适应我校“因材施教”理念的不断深入开展，立足于创新型、应用型人才的培养，“管理学”课程的教学内容、教学手段和教学考核各方面都要更新。

一、优化教学内容

“管理学”课堂教学通过老师集中讲解重点与难点问题，让学生掌握管理学的基本架构和经典理论思想，为学生进入管理学世界打开一个通道。在教学中我们深感管理学思想博大精深，并且随着时间的推移和环境的变化，原来的经典理论会不断补充与完善，即使是经典理论和思想，从不同的角度看，也会存在不同的理解。因此“管理学”课程课堂教学应注意不能守着一本教材“照本宣科”。教师应该综合参考多个教材的理论体系，根据学生实际情况形成自己的讲授体系，以讲义为主，以教材作参考，这样可以避免出现“教条主义”的问题。

同时，为了更好地提高教学效果，我院教师在大量课堂实践的基础上编撰“管理学”教材，从管理的基本理论、计划、组织、领导、控制等方面深入浅出的阐述了管理的相关理论和方法，为便于教学、学习使用，各章中设置了大量案例，便于引出话题，研讨和深化掌握知识点。另一方面，章后配备了思考题，巩固理论知识，开阔学生思路和眼界，满足了不同层次学生学习的需要。

二、改革教学方法

“管理学”的教学目标有两个：一是向学生介绍管理中主要理论是什么；二是锻炼他们用管理学的思维方式去观察问题、分析问题和解决问题。作为工程管理专业学生进入专业学习的敲门砖，“管理学”课程传授给学生的不仅是一门理论课，更是良好的管理能力、管理素质。因此，在“管理学”教学内容不断优化调整的基础上，真正提高学生的理论水平和实践能力，必须不断地改革教学方法。

1. 专题讲座式的理论教学

“管理学”理论源远流长，博大精深，贯穿了东西方文明发展的历史，同时，“管理学”研究的内容按照其职能可以分为计划、组织、领导和控制，各职能之间既密切联系又具有相对的独立性，利用专题讲座，针对重点知识点、知识体系架构以及相关管理学前沿问题等学生感兴趣的专题进行系统深入地分析，既能加深学生对经典理论的理解，又可以开拓学生的视野，启发学生科学研究的精神。

为了充分调动学生学习的积极性，专题讲座的形式可以灵活多样，可以请教师、专家就某一专题进行讲座，也可以布置学生分组，就某些感兴趣的部分展开调查，查阅资料，按小组进行讨论汇总，最后形成发言稿，在课堂上各小组针对同一专题进行研讨，互相补充，在这个过程中，老师是主导者，更多的是问为什么，引导学生开拓思路；学生是主体，自由交流各自研究的成果，老师和学生之间形成良性的互动，使原本“填鸭式”枯燥的理论教学变为学生的自主学习。

2. 全过程的案例教学

案例教学法产生于 19 世纪 70 年代，是由哈佛大学法学院院长朗代尔（Langdel）教授首先创立的。到20 世纪初，案例教学法在美国各主要法学院推行。作为“管理学”教学的重要形式，案例教学一直是我们很重视的环节，通过一些典型的案例的判定和分析，阐明管理学的一般规律、具体认识的一种教学方法。案例教学法在“管理学”课程中有着重要的地位，能起到穿针引线的作用。

在案例教学中必须注重过程管理。案例分析的过程包括确定案例、学生预习、课上讨论、讲评总结等环节。

（1）选好教学案例，案例可以由浅入深，紧密围绕相关理论，选择客观、典型的案例，既可以突出重点、难点知识点，又可以激发学生研讨的积极性和热情；

（2）布置学生做好预习，案例教学是以学生为主体、凭借具有潜在价值的案例，引导学生学习、判断和反思的过程，其效果很大程度上取决于学生资料准备的完备度，课前必须把案例及其讨论命题下发给学生，由学生搜集资料，准备发言稿；

（3）组织案例讨论，在课堂上进行，这是案例分析方法中最关键的环节，可以小组形式完成也可以自由发言，充分调动学生积极性，使每名学生都参与到讨论中来；

（4）评定总结，每名同学都要上交案例分析报告，然后老师进行总结，结合理论和案例实际对学生的分析进行点评，总结打分。

3. 多样化的体验教学

“管理学”既是一门科学，也是一门艺术，它来源于实践又服务于实践。因此“管理学”的教学绝不仅仅限于课堂之内，加强体验教学是培养学生管理能力、管理素养的有效途径。体验教学方法是多样化的，可以应用情景模拟、挑战杯、创业大赛等实战拓展方法，根据学生实际情况“因材施教”。使学生明确各种类型组织中涉及的各种管理问题应该如何正确处理，使学生见多识广，引导学生明确各种管理问题应该如何正确地处理，培养学生创新性的思维以及敏锐的战略管理理念，以及将来作为管理者或研究人员独当一面的能力。

三、建立科学合理的考核评价体系

针对以上教学内容及教学方法的优化，“管理学”考核体系也将改变原有的期末一次性考试确定成绩的方法，增加平时考核比重，采取6:2:2的形式，期末考试占60%，主要考核基本理论和基本方法的掌握程度；专题、讨论效果占20%，这部分成绩量化体现在每一次的课题讨论报告以及案例分析报告中；平时表现、作业成绩占20%，通过上述三方面相结合的考核办法，既提起学生对平时每次课的重视，又体现出了学生的实际理论水平和创新能力。

四、结束语

“管理学”对于工程管理专业学生而言，是一门重要的专业基础课。课程的教学效果直接影响到后续课程的学习和毕业生质量水准。而“管理学”又是一门具有高深理论和宽广实践背景的课程，内容随时代发展变化比较快，教学难度比较大。因此，在今后的教学中还要深入探讨“管理学”新的思路、新的方法，以培养出更多更好的创新型和应用型人才。

参考文献

[1] 刘亚臣．管理学［M］．北京：中国电力出版社，2008.

[2] 戴黍．参与式案例教学中的案例写作：以公共管理学科为例［J］．华南师范大学学报：社会科学版，2008（4）.

[3] 李利霞，黎赔肆．管理学课程实践教学的系统性方法探讨［J］．高教研究，2009（3）

作者简介：魏颖晖（1974—），女，管理学院商学系，讲师，硕士。研究方向：管理学原理；技术创新。

项目教学法在工程审计课程教学中的应用研究

夏宝晖

（沈阳建筑大学　沈阳　110168）

【摘要】我国建筑类高校中，工程管理与工程财务专业都普遍开设了工程审计这一主干课程，而在课程教学过程中，通常存在着重视理论与课堂教学，忽视实践教学的现象。学生在就业过程中往往发现已经掌握的理论知识与企业实践环节存在着比较大的差别，从而造成学生不适应与单位的资源浪费。而在建筑类高校的专业教育中引入和推广项目教学法，可以比较有效地克服教学与实践脱节的弱点，从而使学生能够学以致用，更快地适应企业的需要。

【关键词】工程管理专业；审计；项目教学

工程审计是我国工程管理专业的重要组成部分，其最大特点是融技术性、经济性于一体，具有较强的专业性和综合性。随着我国固定资产投资体制改革和建设项目管理体制改革的不断深入，工程审计理论和实务也面临着诸多问题和困惑。比如，能否开展建设项目投资决策审计的问题，工程造价审计面临的法律冲突问题、招标投标审计的有效性问题、投资效益审计标准的选择问题以及跟踪审计的成本、效益是否匹配等问题。如何解决上述问题，审计理论研究人员与审计实务工作者都在苦苦寻觅着适合的答案。

沈阳建筑大学管理学院在全国建筑类高校中比较早的开设了工程管理专业，历经多年的教学实践摸索，总结出了一套具有自身特色的教学模式，其中率先在全国建筑类专业中开展了“三明治”教学模式，开创了学生的理论学习与实践教育相结合的心思路、新想法。通过实践，本专业的毕业生的实践能力和适应能力，得到了用人单位的好评和肯定。

一、工程审计课程教学特点与面临的问题

工程审计是工程管理专业和工程财务专业的一门应用性很强的课程。开设本课程的目的，在于以审计学的基本原理为指导，按照理论与实践相结合的原则，通过对建设项目审计基本理论及实际应用的讲解，使学生系统地掌握建设项目审计的基本理论知识和基本实务知识有充分的理解，并培养审计业务操作技能，通过课外练习培养动手能力，以适应未来实际工作的需要，缩短理论与实践的差距。

但是在实际教学中，学生的理论学习和校内实践学习，都达到了预期的教学要求和教学效果，但学生在用人单位的工作之初，却面临着一个比较严峻的问题，就

是在知识的应用与企业实际使用过程中，出现了比较严重的脱节现象。而造成这一现象主要原因，主要在于以下几个方面：一是学生的教材是依照多年前的理论体系和教学目的设置的，而教材与现行工程实践的运行，却存在着比较大的时间差，教材陈旧。二是学生主要接受知识的方式还是以课堂教学为主，以被动式领会为主，而授课教师也主要以高学历，低实践的理论教学型教师为主，从而使课堂教学中存在着比较明显的照本宣科现象。为解决这一现象，笔者认为，在建筑类高校的相关专业中推广项目教学法，打破传统的专业束缚，是具有很好的实践意义和可行性的。

二、项目教学法的发展与应用

项目教学法就是指学生在教师的指导下亲自处理一个项目的全过程，在这一过程中学习掌握教学计划内的教学内容。学生全部或部分独立地组织、安排学习行为，解决在处理项目中遇到的困难，提高了学生的兴趣，自然能调动学习的积极性。因此“项目教学法”是一种典型的以学生为中心的教学方法。

跨专业课程通过“项目”的形式进行教学。为了使学生在解决问题中习惯于一个完整的方式，所设置的“项目”包含多门课程的知识。项目教学法就是在老师的指导下，将一个相对独立的项目交由学生自己处理．信息的收集，方案的设计，项目实施及最终评价，都由学生自己负责，学生通过该项目的进行，了解并把握整个过程及每一个环节中的基本要求。

项目教学法萌芽于欧洲的劳动教育思想，最早的雏形是18世纪欧洲的工读教育和19世纪美国的合作教育，经过发展到20世纪中后期逐渐趋于完善，并成为一种重要的理论思潮。项目教育模式是建立在工业社会、信息社会基础上的现代教育的一种形式，它以大生产和社会性的统一为内容，以将受教育者社会化，以使受教育者适应现代生产力和生产关系相统一的社会现实与发展为目的，即为社会培养实用型人才为直接目的的一种人才培养模式。

20世纪90年代以来，世界各国的课程改革都把学习方式的转变视为重要内容。欧美诸国纷纷倡导“主题探究”与“设计学习”活动。日本在新课程体系中专设“综合学习时间”。我国台湾推行新课程体系中“十大能力”的第九条规定“激发主动探究和研究的精神”，第十条规定“培养独立思考与解决问题的能力”。我国内地当前课程改革强调学习方式的转变，设置研究性学习，改变学生单纯、被动地接受教师知识传输的学习方式，构建开放的学习环节，为学生提供获取知识的多种渠道以及将所学知识加以综合应用的机会。

2003年7月，德国联邦职教所制订以行动为导向的项目教学法，它具有的特点：把整个学习过程分解为一个个具体的工程或事件，设计出一个个项目教学方案，按行动回路设计教学思路，不仅传授给学生理论知识和操作技能，更重要的是培养他们的职业能力，这里的能力已不仅是知识能力或者是专业能力，而是涵盖了如何解决问题的能力：方法能力、接纳新知识的学习能力以及与人协作和进行项目动作(包括项目洽谈、报价、合同拟定、合同签署、生产组织、售后服务）的社会能力等几个方面。

三、项目教学法的实践探讨

在项目教学法中，不再把教师掌握的现成知识技能传递给学生作为追求的目标，或者说不是简单的让学生按照教师的安排和讲授去得到一个结果，而是在教师的指导下，学生去寻找得到这个结果的途径，最终得到这个结果，并进行展示和自我评价，学习的重点在学习过程而非学习结果，他们在这个过程中锻炼各种能力。教师已经不居于教学中的主导地位，而是成为学生学习过程中的引导者、指导者和监督者，学生具有90%的积极性。

在项目教学中，学习过程成为一个人人参与的创造实践活动，注重的不是最终的结果，而是完成项目的过程。学生在项目实践过程中，理解和把握课程要求的知识和技能，体验创新的艰辛与乐趣，培养分析问题和解决问题的思想和方法。以工程审计课程教学为例，可以通过一定的项目让学生完成工程项目的前期预审、招投标步骤的合同审计、造价设计和财务收支等流程，从中学习和掌握工程项目全过程各个步骤和环节的实际使用与操作。还可以进一步组织不同专业与岗位，甚至不同职业领域的学生参加项目教学小组，通过实际操作，训练其在实际工作中与不同专业、不同部门的同事协调、合作的能力。

"项目教学法"最显著的特点是"以项目为主线、教师为引导、学生为主体"，改变了以往"教师讲，学生听"被动的教学模式，创造了学生主动参与、自主协作、探索创新的新型教学模式。

1. 目标指向的多重性

对学生，通过转变学习方式，在主动积极的学习环境中，激发好奇心和创造力，培养分析和解决实际问题的能力。对教师，通过对学生的指导，转变教育观念和教学方式，从单纯的知识传递者变为学生学习的促进者、组织者和指导者。对学校，建立全新的课程理念，提升学校的办学思想和办学目标，通过项目教学法的实施，探索组织形式、活动内容、管理特点、考核评价、支撑条件等的革新，逐步完善和重新整合学校课程体系。

2. 培训周期短，见效快

项目教学法通常是在一个短时期内、较有限的空间范围内进行的，并且教学效果可测评性好。

3. 可控性好

项目教学法由学生与教师共同参与，学生的活动由教师全程指导，有利于学生集中精力练习技能。

4. 注重理论与实践相结合

要完成一个项目，必然涉及如何做的问题。这就要求学生从原理开始入手，结合原理分析项目、订制工艺。而实践所得的结果又考问学生：是否是这样？是否与书上讲的一样？

在项目教学法的具体实践中，教师的作用不再是一部百科全书或一个供学生利用的资料库，而成为了一名向导和顾问。他帮助学生在独立研究的道路上迅速前进，引导学生如何在实践中发现新知识，掌握新内容。学生作为学习的主体，通过独立完成项目把理论与实践有机地结合起来，不仅提高了理论水平和实操技能，而且又在教师有目的地引导下，培养了合作、解决问题等综合能力。同时，教师在观察学生、帮助学生的过程中，开阔了视野，提高了专业水平。可以说，项目教学法是师生共同完成项目，共同取得进步的教学方法。在建筑类高校的专业教育中，项目教学法有其独特的优势，应更进一步总结提高，大力试用推广。

参考文献

[1] 赵庆华．工程审计［M］．南京：东南大学出版社，2010.

[2] 朱红章．工程项目审计［M］．武汉：武汉大学出版社，2010.

[3] 蒋庆荣．以项目教学法促进学生自主学习的探索与实践［J］．职业技术教育，2006（27）.

作者简介：夏宝晖（1972—），男，管理学院商学系，讲师，硕士。研究方向：工程审计；房地产税收。

土木工程概论课程教学的几点思考

姚 瑞

（沈阳建筑大学 沈阳 110168）

【摘要】针对土木工程概论课程特点和学生特点，提出了适合于该课程的几种有效教学方法，并对学生如何掌握好该门课程提出了一些意见和建议，为该门课程的教学提供了一些经验。

【关键词】土木工程；教学观念；教学方法

土木工程是指建造各类工程设施的科学技术的总称，它既指工程建设的对象，即建在地上、地下、水中的各种工程设施，也指所应用的材料、设备和所进行的勘测设计、施工、保养、维修等技术。作为一门历史悠久的工程学科，在城市现代化的快速发展过程中，依然承担着满足“住、行”需求的重任。

土木工程概论虽然只是对一些基本的概念、原理、方法加以介绍说明，未进行细致具体的研究和探讨，但是该课程内容涉及章节主要有房屋建筑、建筑结构、工程力学、建筑材料、施工技术、施工组织与项目管理等。其中每一章节的内容实际上是一门课程，因此，如何深入浅出地对这门课程的知识进行讲解的确有一定的难度。

随着工程管理相关专业知识体系的日臻成熟与不断完善，对于作为土木工程背景知识介绍的土木工程概论的课程建设已成为如何培养集经济、法律、技术于一身的复合型工程管理人才的重要环节。针对管理学院不同学习基础（比如法律专业，工商专业，会计专业）的学生，由于其缺乏一定的工程技术理论知识，在涵盖内容丰富、涉及知识面众多的土木工程概论课程教学环节里，如何培养起学生在土木工程方面的兴趣、爱好，进而以科学的思维与方法宏观了解土木工程并深入思考，的确成为笔者在教学过程中关注的问题。

一、教学观念的转变

从传统的课堂教学环节来分析，教师的讲授是主动的，学生的听是被动的。这种单向式的知识传递，在学生理解、掌握、强化的过程中，有一定的局限性。教师和学生不该是“主—从”关系，而是确保教师和学生都是教学活动的主动参与者，即主体。

教师如何体现学生学习环境的创意和策划的角色特点，同时成为学生学习的促进者，以发挥其自身在教学活动的创造性为标志，具体可以反映在教师教案个性化、师生知识互动的开展等。教案个性化指的是鼓励教师结合科研及行业动态，编制符合自身个性的教案，相应的章节由多位教师轮流讲授，各显其长。师生知识互动可以通过网络在提供给学生丰富教学资源之外，搭建更好的信息交流平台。

学生怎样通过积极主动的学习，将知识内化成自己的才能，并掌握适合自己的方法对知识进行归纳整理，则成为学生自主探究和体验知识的前提。具体表现在学生质疑批评和发表独立见解应得到鼓励以及培养其创新思维和创新能力。教学活动中，学生只有在认真分析思考教师讲解的基础上，才能大胆提出自己的看法。而课后作业的环节，则是通过对相关资料的采集整理，各抒已见。

二、教学手段和方法的改进

从讲授和板书的延续已久教学模式来看，大多数学生学习的积极性普遍不高，一方面是由于欠缺物理基础知识和力学知识；另一方面对于许多理论和技术无法在头脑中形成直观明确的认知。在多媒体教学过程中，应巧妙营造图文并茂、轻松愉悦的授课环境，同时又可以将应用型的知识和模型以简明清晰、通俗易懂的方式介绍给学生。除了选择有代表性的图片之外，三维动画演示能够进一步加深理解。相应的教学录像对于现场的实际工程拍摄与解说，可以加大信息量的传递，增强直观的教学效果。

作为课堂学习情景设计而采取的问题教学法可以更好地启发学生自己探索、寻找答案，进而激发学生的主观能动性。在解决问题的过程中，教师主要创造学生提问的氛围，引导学生提出高质量的问题，鼓励“跳跃性”思维，培养学生工程意识。比如在分析高层建筑的时候，结合相关图片引导学生思考建筑的结构、建筑的布置、建筑的细部构造等。结合多媒体讲解有关钢筋混凝土结构的时候，引导学生思考为什么钢筋要布设受力钢筋、分布钢筋、弯起钢筋，等等。看到有关招投标信息的时候，可以引导学生思考招投标工作的程序、步骤等。

土木工程概论教学内容广泛，结合国内外工程现状的具体实例，通过聘请设计单位或施工单位知名的工程设计大师、高级工程师和专家进行专题讲座，开阔学生视野，及时掌握了解国内外的土木行业发展动态，补充土木工程的新技术、新工艺、新成就。

尝试师生位置互换，充分挖掘和发挥学生自学能力和表现能力。相当一部分学生都有较为强烈的表现欲望，对于一些问题的看法，他们很愿意发表自己的观点和看法。笔者尝试让学生自己去学习有关章节的内容，并进行提问，甚至跟学生互换位置，让学生来给大家讲授有关内容，然后由教师和同学进行讨论，收到了非常好的效果。尤其是师生位置的互换，一方面学生会产生压力，会努力去掌握相关内容，以便能够完成任务；另一方面学生会有一定的成就感，尤其是得到老师和同学的认可和赞赏。土木工程概论有许多内容与学生生活息息相关，他们愿意发表自己的一些认识和见解。例如在讲授土木工程可持续发展的内容时，可以让学生自行去了解有关的信息和数据，事实证明他们收集到了许多最新的环保建材信息，了解了国内目前建筑行业的基本现状，对教材的内容实际上进行了有益的补充和完善。

三、实践环节的引入

课堂教学虽然对于学生来说很重要，但是学生在大学里度过的大部分时间都在课外。结合土木工程概论课程的特征，笔者认为要掌握好该门课程，需要积极参加社会实践活动。土木工程的广泛性不言而喻，也为学生参加社会实践提供了很好的条件。学生可以从以下几个方面来努力。

（1）积极参加市场调研，增强感性认识。例如可以去材料市场调研，掌握建筑材料的名称、性质、用途、价格、规格、型号等。可以去参观工业与民用建筑，了解建筑结构、构造等。

（2）深入工程现场，学习基本的施工方法，施工工艺，施工组织管理，工程监理等知识。学习如何看懂有关图纸，掌握一些基本知识。

（3）从事一定的工程工作岗位，熟悉工程岗位的一般工作职责，工作内容，工作方法等，并能够在工作中发现问题、探索问题、解决问题，为以后毕业走上工作岗位、胜任工作岗位打下良好的基础。

四、灵活的成绩评定方式

该课程成绩由课堂表现（35%），作业完成质量（35%）和结课考核（30%）几部分组成。

结课考核是衡量教师授课质量和学生掌握知识的情况行之有效的办法，一般采取开卷考试，也可以是提交小论文的方式。其内容既有侧重基本知识点和理论的题目，也有书本以外比较灵活的题目，不仅考察学生对基础知识的掌握，也考察学生运用学过的知识独立思考和分析问题的能力。而课堂表现和作业两者的权重之和代表着对学生学习情况的过程性评价指标，培养学生掌握正确的学习方法，逐步形成、完善土木工程为背景的相应的基本知识结构体系，并为今后进入相关的专业领域学习打下良好的基础。

参考文献

[1] 叶志明．把教的创造性留给老师 把学的主动权还给学生［J］．中国大学教学，2006（8）．

[2] 罗福午．土木工程概论［M］．武汉：武汉理工大学出版社，2005.

[3] 丁大钧．土木工程概论［M］．北京：中国建筑工业出版社，2003.

[4] 陈利群．“土木工程概论”课程教学的思考与探讨［J］．中国建设教育，2009（6）．

作者简介：姚 瑞（1976—），女，管理学院营造与工程管理系，助教。研究方向：工程项目管理。

工程管理专业双语教学存在的问题及对策研究

岳文赫

（沈阳建筑大学　沈阳　110168）

【摘要】受到实施双语教学教师能力、学生外语水平、引进教材偏离国情以及教学模式手段单一等因素的制约，工程管理专业双语教学的发展遭遇“瓶颈”。建议从掌握学生的英语学习能力、加大双语教师的培训力度、加强双语教材研究，以及开展双语教学模式改革四方面入手，提高工程管理专业双语教学的效能。

【关键词】工程管理；双语；教学

一、工程管理专业双语教学的必要性

教育部在2001年颁发的《关于加强高等学校本科教学工作，提高教学质量的若干意见》（教高〔2001〕4号）中明确提出，“本科教育要创造条件，积极推动使用英语等外语进行双语教学”，教育部在普通高等学校本科教学工作水平评估中，也将“双语教学”列为考察高校“专业建设与教学改革”的主要观测点，进一步推动高等学校重视本科双语教学工作，提高学生的外语水平和实际应用能力。教育部推行双语教学的决心可见一斑。

教育部推行双语教学符合当前世界经济发展全球化趋势的。作为经济全球化大家庭中的重要一员，中国的经济将以更加开放的姿态，全面融汇到国际社会发展主流，这种愿景的实现必须依靠优秀的人才来支撑。中国持续高速增长的经济，不仅使中国经济融入产业布局国际化浪潮，也使得更多的中国企业迅速发展，加快国际化的进程。随着国际间交流的深入和合作的加深，中国将吸引更多的外资企业来中国投资基础设施建设，因此需要一大批适应国际交流和管理的工程管理人员为国家服务，对工程管理“双语型”专业人才也产生越来越强烈的需求。而要变成一名合格的国际工程管理人员，工程管理双语能力无疑非常重要。因此，在高校工程管理专业开设双语课程不仅符合社会的需要，也使学生能较好的适应时代的需要。

开设工程管理双语教学的目的既能让学生掌握工程项目管理专业术语，又能培养和提高学生阅读和笔译专业英语文献的能力，并了解国外工程管理领域最新发展动态和前沿知识，还能够开拓其专业视野，为日后从事相关的工程管理工作和理论研究打下一定的基础。

二、工程管理专业双语教学中存在的问题

1. 学生的英语基础参差不齐

学生英语基础有限，成为其在获取专业知识上的一个障碍。尤其是听力水平和专业词汇的限制，导致学生在听教师用英语讲解专业知识时遇到一定困难，又由于当时听不懂导致学习兴趣下降，形成不良循环，给开展双语教学带来一定的困难。因此如何平衡专业知识和英语学习的难度，以及双语教学中汉语和英文的使用量都是需要任课教师思考的难题。

2. 双语教师英语水平有限

工程管理专业双语教学对教师的要求非常高，不仅要精通工程管理专业知识，还要求用英语熟练准确的表述专业知识，解析专业词汇，充分理解和运用原版教材。当前，部分教师对于课前精心准备的讲授内容基本能够用英语向学生表达清楚，但是在课堂上却无法与学生进行即时交流，英语授课无法表达得淋漓尽致。

3. 双语教材建设滞后

多数双语教学采用的是引进的外文原版教材，但是由于国内外在工程管理方面存在一定的差异，原版教材在内容编排、知识的深度和广度等方面不太符合我国教学要求和实际，因此学生学习起来比较晦涩，教师教授起来也无法游刃有余。

4. 双语教学模式相对单一

在目前双语教学中，教师要么运用传统的英汉互译式，对着教材中英文对照的讲解。会让学生产生回到高中英语课堂的错觉；要么让学生读一段英文，然后再让其进行翻译。这样只会令教师变成传译的工具，学生也没有更多的机会进行即时的英语表达和交流。此外，对学生进行课程考核时也只是简单的将中文卷纸换成英文试卷，无法达到双语教学的预期效果。

三、提高工程管理专业双语教学效能的措施

1. 掌握学生的英语学习能力

学生的英语学习能力是影响双语教学质量的关键因素，具体表现在学生对教师课堂中使用英语比例的承受能力上。在教学过程中，教师应该根据学生的英语水平的差异程度开展形式多样的教学内容。教师可在授课之前全面掌握授课班级学生的英语水平。对英语水平相对较低的学生，可以主要关注其专业术语的掌握程度，主要采用英语表达，授课过程中的重点和难点和专业背景用中文标注解释，在学生理解的基础上再用英文反复强调，以加深印象；对于英语中等水平的学生，可以要求增加其对文章内容的理解，进行文章的简单翻译；对于英语水平高的学生，可以鼓励其扩展阅读范围，尝试着用英语编制招投标合同，用英文进行即时交流和表达等。使不同英语水平的学生在心理和能力上有一个从生疏到熟悉的过程。

2. 加大双语教师的培训力度

一方面，可以创造机会让教师赴校外进行中短期交流和学习；另一方面，可以请外籍教师或留学国外多年的教师定期讲授专业课或开设讲座，增强英语学习的氛围。此外，专业教师也应该提高自我学习的积极性和主动性，不断的学习提高自己的英语水平和专业知识。

3. 加强双语教材研究

教材是专业知识的载体，是实施双语教学的重要保障。在选择工程管理专业教材时应以适合中国国情为依据，注重对所授内容的本土化，并为学生指定中文教材作为参考书。在条件允许的情况下，专业教师可以根据其在参与工程管理实践工作中积累的经验自编教材。同时也可以结合社会需求和实际情况，编写学生的阅读资料，鼓励学生在课前预习和课后讨论，培养学生自学的意识和习惯。

4. 开展双语教学模式改革

（1）引导学生参与体验式课堂活动。

教学过程中，除了日常的课堂提问外，还要求学生能用外语尽可能流利地表达自己的观点，培养学生的英语应用能力。课堂教学的重点应从语言知识的传授转到对语言应用能力的培养上，教师应尽可能地为学生提供活跃的教学机会，通过师生间的交流实践，提高外语表达和应用能力。

①新闻播报。让学生在课堂上用3～5分钟时间播报国际国内关于工程管理方面的新闻，如国家对房地产政策的调控政策等。这样不但增加学生的课外知识、开阔眼界，更可以激发学生的学习热情。

②案例分析。结合教材文章或者发放的阅读材料，组织学生对内容进行分析研究。培养学生分析和解决问题的能力。

③小组陈述。学生自愿组成陈述小组，使每人都能参与英语讨论和发言的活动，让每个人都能得到锻炼的机会。

（2）构建双语课程互动式学习模式。

进行“双语教学”互动式学习，可以采取教学内容、方式、手段和方式系统配套改革形式。鼓励学生通过网络查询相关文献资料；并借助双语网络课程资源等多媒体教学手段来完成学习任务，增强学生学习效果。

（3）改革双语教学课程的考核方式。

实行灵活多样的考试形式，综合考查学生的学习能力。学生平时的作业、课堂陈述、随堂提问、小测验等均可计入总成绩中，通过分散成绩来鼓励学生的学习积极性，提高他们的专业能力和语言表达能力。

参考文献

[1] 陈冬纯. 论专业英语教学与专业“双语”教学［J］. 中国大学学报论丛，2006（3）.

[2] 苑德涛，苏召学，李常建. 高校双语教学实践分析［J］. 河南广播电视大学学，2006（2）.

[3] 刘红. 高校双语教学师资队伍建设初探［J］. 华东交通大学学报，2005（22）.

[4] 裴文英，陈骏. 高校双语教学的误区、困惑与对策［J］. 江苏高教，2005（5）.

[5] 刘红，熊丽萍. 高校双语教学现状调查与对策思考［J］. 江西教育科研，2006（4）.

作者简介：岳文赫（1979—），女，管理学院商学系，讲师，硕士研究生。研究方向：人力资源管理。

高等院校教学管理信息化的思考

张晓明

（沈阳建筑大学　沈阳　110168）

【摘要】随着高校扩招带来的学生数量急剧增加，以及各高校为适应学生个性发展逐渐普及的学分制培养模式，使得教学管理任务日益繁重，落后的管理方法与手段已不能适应现在的需求，必须提高教学管理效率。本文分析论述了高等院校教学管理信息化的现状以及实施中应该注意的问题。

【关键词】教学管理信息化；高等院校

改革开放以来，我国高等教育发展迅猛，从1977年恢复高考制度的598所、在校生132.19万人，发展到目前包括民办院校在内的1778所、在校生2556.7万人。一方面，学生数量急剧增加以及高校为适应学生个性发展逐渐普及的学分制培养模式，使得教学管理任务日益繁重，旧的管理方法与手段已不能适应和满足教学管理需求，迫切需要提高管理效率。另一方面，现代信息技术与网络技术的飞速发展把我们带入了一个高效的信息化时代，使得利用现代化的信息技术进行教学管理，提高教学管理效率与水平成为可能。教育部已经明确提出要以信息化带动教育的现代化，抓住机遇促进教育改革发展的不断深化。1999年，教育部专门成立了专家组、顾问组和课题组，并于2002年9月正式颁布了《教育管理信息化标准》中的第一个部分"学校管理信息标准"。通过信息化教学管理促进高校教育教学改革，提升办学质量与效益已成为众多高校的共识。

一、教学管理信息化的内涵

教学管理信息化是信息技术在教育管理领域的具体应用。具体来说，教学管理信息化就是遵循高等教育的规律，运用信息技术与管理手段，改变传统的教学管理模式，建立相应的教学管理信息系统，合理组织和配置教学资源，并对教学全过程、全要素的信息进行收集、传递、储存、加工、维护和使用，从而高效率地达到既定的教学目标。从教学管理内容看，信息化涉及教学计划管理、教学过程的组织与管理、教学质量管理、教学行政管理和学科建设、专业建设、课程建设、教学队伍建设、教学管理制度建设等方面的工作。从教学管理手段看，就是信息技术、网络技术在教学管理活动中的广泛应用。教学管理信息化建设广义上是指信息系统的硬件和软件建设，狭义上是指通常意义上的计算机管理信息系统在教学管理方面的开发及应用。

二、高等院校教学管理信息化的现状与存在的问题

近年来，随着信息技术的广泛应用，我国各行业都加快了信息化建设的进程，各高校在教学管理上也逐步开展了信息化管理建设。各个网络公司纷纷投资建设校园网络，同时开发与之配套的信息化教学管理系统并投入使用。校园网的建设为教学管理信息化建设提供了必要的物质基础，同时为信息化的教学管理模式打开了广阔的空间。目前在各高校中，各种规模的教学管理信息系统已逐渐投入使用，从各种专业化商业运作的系统如正方、青果等数字化校园信息平台，到使用功能单一的单机版的如清成、国华、正达等排课系统软件等，都运用到了各高校日常的教学管理工作当中。

但是，很多高校建设了网络信息平台、购置了先进的管理软件，却并不能显著提高教学管理的效率与水平，这主要是在信息化的理念、内涵、人员保证等方面还存在严重不足。存在的问题主要表现在以下三个方面。

第一，对学校教学管理信息化的内涵和重要性认识不足。误以为购置了先进的网络设备和教学管理信息系统软件，就等于引进了先进的教学管理理念与管理办法，管理系统能够自动解决在教学管理各个环节中的问题。事实上，无论功能多么强大、先进的管理系统，也不过是一种辅助工具，而不是教学管理本身，实现教学管理信息化的决定因素首先是具有先进管理理念和清晰管理思路的管理人员。而相当一部分高校的教学管理人员信息技术应用能力水平较低，信息管理能力不足。甚至在日常的教学管理中，仍然有教学管理人员还停留在简单的文字操作和报表处理上，对信息收集、整理、处理、联系和发布等仍采用以手工为主的传统信息管理方式，更谈不上利用收集的信息指导工作，也就是说网络技术、智能技术还不能在实际工作中得到更有效的应用。

第二，在教学管理信息化的建设过程中，普遍存在重硬件、轻软件和应用的现象。有些学校购置了大量的计算机、闭路电视等先进设备，但由于软件不配套，管理人员的思想、业务水平跟不上，使用率很低。许多系统建立后成为“摆设”，仅供参观，不能及时地发挥出应有的功效。也有一些高校盲目跟风，认为成熟软件公司开发的产品，必定包含先进的管理理念与管理模式，尤其是听到某软件在一些著名院校已经采用，更放心地采购直接应用于本校的教学管理。事实上，不同的高校由于层次不同、办学理念、办学特色、办学水平等实际情况也不同，对于管理软件的要求也必然有所不同，没有一个管理系统是所有高校的教学管理都适用的。只有适合自身特色、管理模式、管理方法的软件，才能在教学管理中最大程度地发挥作用，收到理想的效果。

第三，教学管理内容的信息化含量和程度不高，在教学行政管理手段上，网络化、智能化还远未普及。虽然很多学校都应用自行开发或购买的管理信息系统软件，在排课、考试、成绩、学生基本信息等管理方面发挥了一定的作用，但往往都是针对某一特定应用而编制的单机系统，数据不能共享，在不同系统中资源重复、软件重复开发的现象极为普遍，造成管理资源的严重浪费，大大地降低了工作效率。

三、高等院校实行教学管理信息化的保障

教学管理信息化是一项系统工程，它的实施是一场深刻的变革。需要采取符合实际的策略和得力的举措，保证其顺利进行并取得成效。

1. 树立全面的信息化教学管理观

"思想是行动的先导"，有什么样的观念就有什么样的行为。推进教学管理信息化必须确立以现代教育理论为指导的教学管理创新理念，以变革传统的教育思想为先导和动力，实现管理创新，也就是制度创新、管理方法和手段创新。信息化的教学管理创新，要求教学管理主体对传统的教学管理理念、教学管理模式、教学管理方法和手段进行客观分析和取舍，根据信息时代对人才培养的要求，充分吸收借鉴国内外教学管理改革和实践的有益经验，探索适应教育改革发展的教学管理之路。

在教学质量管理上要牢记质量是高校办学水平的综合反映和集中体现，是高校的生命线。要建立和完善教学质量管理信息化体系，实行全方位、全过程的教学质量管理。要充分利用各种信息渠道，制定教学质量评价标准，做好教学评价工作，建立健全教学质量监控与保障体系。

在教学行政管理上要强调科学管理，向管理要效益、要水平。在具体工作中，要理顺教学行政管理运行机制，建立畅通的信息渠道，树立"管理即服务"的观念，把信息技术与信息服务有机地结合起来，实现技术创新和服务创新，提高教学行政管理效率。我根据本院特点编制了"管理学院图书资料管理系统"软件，大大地提高了工作效率，有效地缓解了学院人手少任务重的局面。建立了教师工作量数据库，编制了"教师工作量管理系统"，在全校各学院中率先实现了教师工作量信息化管理，使得从2003年以来我院每位教师的上课、开课情况、学院及各系每年教学工作量数据均可快速准确检索，并且编写了"教学工作量计算器"，快捷方便地为教师所用，成为管理工作的典范。同时充分利用互联网资源，建立了学院的公用信箱、办公QQ群、飞信群等可利用的外部资源，及时发布各种消息，回收资料，极大地方便了教师，提高了工作效率，促进了学院管理工作的信息化和现代化。但这仅仅是各自单一的应用，下一步应将其整合，使得它们的数据资源共享，探索出符合本单位特点的资源共享数据平台。

2. 建立科学的教学管理信息系统

教学管理信息系统的建设涉及信息技术和信息资源两方面的建设问题，是信息技术与信息资源两大要素的有机结合。要让信息网络技术广泛渗透到教学管理的全过程，在硬件和系统软件上提供必要的保证，充分利用现代信息技术，建立起先进、可靠、完善的技术平台，为实现教学管理的网络化和信息处理的智能化提供有力的技术支撑。信息资源的开发与建设是教学管理信息化的核心内容，也是教学管理信息化建设的基础。教学管理的信息资源主要有课程信息、学生信息、教师信息、教学条件信息、教学档案信息等，涵盖教学计划管理、课程设置与课表编排、教师业务档案管理、学生成绩管理、教材的征订与供应等方方面面。信息数据的采集，要注意数据的科学性和标准性，通过教学信息资源与信息技术的有机结合，建立起科学的信息处理系统，为教学管理及时、准确地提供统计、评价和分析的可靠依据，

帮助学校领导、教学管理人员和教师进行有效的决策论证，合理调度和使用教学资源，提高管理质量与效率。

教学管理信息系统建设时还应充分考虑其实用性、先进性、开放性和安全性。注意对现有设备和资源的充分利用，保护原有的投资。系统开发时起点应当适当提高，将技术水平定位在一个较高的层次，以适应现代信息技术发展迅猛的特点。系统作为数据、信息资源的交互载体，开放程度要高，开放程度越高数据共享程度就越高，越易于结合本单位特点及时改进和提高，以保证进出信息的畅通。还要注重系统的安全性，保证其正常的运行和应用。

3. 加强教学管理队伍建设，提高教学管理人员的信息素养和信息管理能力

信息化教学管理对教学管理队伍的综合素质提出了更高的要求，必须加强教学管理队伍建设。加强质量意识教育，要使全体人员进一步明确教学质量关系到学校的兴衰和个人荣辱，提高其紧迫感和责任感。通过业务培训，使教学管理人员了解现代教育教学思想，掌握管理科学和信息科学，具有管理经验和创新能力，能熟练应用基于网络技术的教学管理信息系统，成为技术型、复合型、创新型的高素质教学管理人员，使得教学管理人员既是管理者、使用者，又是系统研发的参与者。

教学管理队伍建设可以采用引进与培养相结合，重在培养的方式。一方面引进具有较高信息素养与信息能力的人才，充实教学管理队伍；另一方面着重培养提高现有教学管理人员的信息能力，通过培训提高他们的现代信息素养和应用、开发信息技术的能力，努力构建一支结构合理、素质较高，具有创新意识和实践能力的信息化教学管理队伍。

参考文献

[1] 卢立珏．高校教学管理信息化问题初探［J］．中国高教研究，2004（1）

[2] 袁德宁．教学管理现代化与教育创新［J］．清华大学教育研究，2000（3）

[3] 穆桐．高校教学管理信息化建设的探索与实践［J］．中国教育信息化：高教职教，2010（5）

[4]《教育管理信息化标准》简介［J/OL］．中国职业教育与成人教育网 http：//www.cvae.com.cn/www/yc/09－09－12/1249.html

作者简介：张晓明（1963—），男，沈阳建筑大学管理学院院办主任，实践教学中心主任，高级工程师。

行动学习法在会计学课程实验教学中的应用*

周鲜华　席秋红　贾丹

（沈阳建筑大学管理学院　沈阳　110168）

【摘要】行动学习法是各国的教育、培训机构广为接受和使用的实践教学模式。本文以工程管理专业会计学课程的实验教学为研究对象，按照“卓越工程师”培养理念，提出行动学习法在会计学课程实验教学中的设想，分析总结该实验教学模式的效果及保证措施。对于提高学生专业技能、推进课程实验教学改革具有一定的借鉴意义。

【关键词】行动学习法；会计学；实验教学

行动学习法强调理论探索与实际应用的有机结合，它是“干中学”与“在思考中学习”的范例。行动学习小组的每个成员将问题带到小组，在其他组员的支持下共同解决问题。通过合作解决问题，小组成员进行情感互动，有利于创造相对真实的实验环境，推进和提升实验教学的效果。

一、行动学习法在会计学实验教学中的重要性

1. 有效提升学生的会计职业判断能力

“行动学习法”是一种着重训练学生思维习惯和行为控制的教学模式，最初由英国的雷文斯教授于1971年提出，是行动学习小组成员集思广益、共同努力和配合，解决实际问题的学习过程。行动学习法强调学生要组织学习团队，采取“学习知识—分享经验—创造性地研究解决问题——展开实际行动”四位一体的循环学习方式完成整个实验教学过程[1]。

21世纪的会计是由核算型会计向管理型会计演化的世纪，它要求会计人员具有以高素质为依托的综合分析与判断能力。会计职业判断能力最大特点在于会计人员在处理解决财务会计问题时，需要充分发挥主观能动性，但是又要最大限度地规避主观臆断性，这种主观臆断性的规避程度不仅取决于会计人员对财经法规政策的理解和自身职业道德水平的高低，也取决于会计人员的业务水平及其对客观情况的了解程度。

会计实务中经常会遇到超越准则的业务，需要会计人员发挥职业判断能力。高校的会计实验教学引入行动学习法的理念与步骤，可以使学生在掌握各种常见会计

* 该论文为沈阳建筑大学会计学课程建设的阶段性成果。

业务核算方法的基础上，了解对于特殊业务的分析判断和处理路径，通过小组集思广益，分析探讨，寻找在遵循会计准则、又有利于会计主体的前提下，满足相关者的最大利益的会计核算方法。

2. 充分发挥教师在实验教学中的引导功能

高校教师的角色定位应该是教育活动的创造者，那么教师在实践教学环节就应该更强调与学生形成“共同主体”[2]。行动学习法强调在“干中学”，要求教师不断总结经验，反思教学行为，将自己从知识的传授者转变为引导学生探索知识、分析解决问题的促进者和同构者[3]。

通过行动学习法在会计实验教学的实践、总结与推广，可以推动高校教师的教育理念创新，以及实践教学方式、考核方法的改革，将实践教学质量的提升与学校人才培养有机整合，实现师生互动，共赢发展。

3. 有利于增强“卓越工程师”的团队意识

传统的实践教学模式一直是“作业式”，学生的课程实验就是每个学生的大作业，这种教学模式与现代人才培养的标准背离较远。采用行动学习法改进的实践教学模式，可以变“个人作业”为“小组成果”。

行动学习法要求会计学实验是以小组形式或团体方式组织进行的，不同的学生扮演不同的角色，分别处于出纳、记账、复核、总账等不同的岗位，他们之间的职责需要达成共识，票据往来与传递需要及时，审核、复核工作需要客观公正。遇到难以处理的特殊业务，需要共同商讨，提出解决问题的方案。整个过程不仅有利于完善学生的人格和个性发展，而且培养学生的团队精神、合作意识、集体观念和沟通能力。所以行动小组的学习过程，不只是一个认知的过程，同时还是一个情感交往与互动的过程[4]。

二、行动学习法在会计学课程实验教学中的构想和设计

1. 会计学理论教学的构想

工程管理专业的会计学课程总共 48 学时，其中 32 学时为理论讲授。会计学理论教学重点讲授会计学的基本概念、原则与核算方法，以及会计信息的生成、对会计信息的分析与使用。理论的讲授既要注重知识的系统性、全面性，又要注重对会计准则与会计制度的一般要求及其实际应用的讲解，使学生系统地、准确地理解和掌握会计核算的假设和原则、具体核算方法及企业各种业务的会计处理，并能够在实践中灵活地运用，分析和处理各种会计实务问题，运用会计信息参与管理决策。

2. 会计学实验教学的设计

（1）时间安排。工程管理专业的会计学实验课时 16 学时，安排在 32 课时的理论讲授之后。持续两周时间，每周安排 8 学时，集中进行小组实验。

（2）教学的准备。选定准备让学生进行模拟处理的业务类型，所选定的业务以企业常见的会计业务为主，而且要接近学生的学习生活，是学生容易理解的业务，如存取款、往来账款、采购、销售等业务。

（3）教学的组织。任课教师对每一教学班级的同学进行分组，每组一般 5 ~ 8 人，由同学自由产生组长；将实验用的记账凭证、报表、装订凭证的封面等资料发

给每个小组；老师讲解一般要求，介绍凭证书写格式，会计数字（大、小写）的书写格式等规范；分组模拟财务科的岗位设置进行做账，以小组为单位上交一套完整的凭证和报表；最后，指导教师组织答辩。

（4）教学的规则。任课教师下达课程设计任务，要求学生严格按照计划实施。首先，每组内部按照不同岗位进行合理分工，明确职责要求。其次，在模拟账务处理的整个程序中，每个学生都必须真正进入角色，模拟企业内部的财务科的运行机制，运用所学的会计学知识严格凭证的审核、编制与传递，登记账簿等具体工作，不许由其他同学代劳或抄袭。再次，每组同学共同完成一套仿真的账表系统，要求格式规范，内容正确。

三、提高行动学习法在会计学实验教学中效果的保障措施

通过在工程管理等非会计学专业中实行基于行动学习法的会计学课程的实验教学，学生在较真实的虚拟环境中完成会计处理过程，模拟审核原始凭证，编制记账凭证，登记张博，编制报表，进行财务指标分析，使学生不仅从管理的角度理解和认识了会计的本质，而且从参与决策的层面掌握了会计信息的解读与运用。

为了进一步保证和提高行动学习法在会计学实验中的作用与效果，还应该从以下方面进一步完善。

1. 行动学习法的导入

在教学之初，一定要向学生介绍行动学习法的步骤和要领，让学生了解行动学习法的内涵，掌握开展行动学习小组的方法，争取得到学生的积极配合。

2. 学生的积极参与

激发学生投入专业技能训练的热情，开发学生心智，树立自主意识，提供专业技能训练可持续发展的动力[5]。

（1）教师让学生明确通过实验而要完成的任务目标，理解这种实验方法对于掌握会计业务技能和个人专业成长的意义。

（2）如果教师为学生提出具有挑战性的技能训练项目时，则要要求学生在自主探究、小组合作的基础上去完成学习任务，促使学生的技能水平得到提高。

（3）教师适时把学生的学习进程与技能训练目标对照，对学生的学习有一个清醒的、直接的反馈，以促使学生专业技能的不断提高。

（4）在会计学实验教学的整个过程中，要求同学积极参与行动学习小组，并记录小组讨论过程，记录行动学习过程，强调学生对自己的学习过程要进行不断地反思。

3. 教师的适时指导

行动学习法在实验教学中的应用，对教师提出了较高的要求。其成功与否，在一定程度上取决于教师的角色发挥。教师要把学生发展的主体性、主动性放在实验教学的首位，但不能推卸自己的职责，要在行动学习教学活动中，适时对学生进行指导、辅导和督导。

4. 有效的全程评价

形成性评价是行动学习法在实验教学中应用的关键问题。它强调对学生的学习

过程进行评价，旨在确认学生的潜力，改进和督促学生主动有效学习的全程评价。在评价内容上，坚持知行并重，智力因家与非智力因素并重。正如瑞文斯教授所说：行动学习，就是驾驭团队的力量在学习的过程中完成有意义的任务目标[6]。

（1）评价内容。包括考评学生对会计基础知识的理解水平和对核算技能的熟练程度；学生学习的适应性水平以及会计核算技能训练活动中的参与性、互动性和创造性水平。

（2）评价手段。突破传统、单一的再现考试手段的局限。要针对考核学生的团队合作意识和主体性能力，首先对小组进行整体评价；然后再编制相关的测量表或问卷，或通过设立观测指标对学生进行个体评价。

（3）评价方法。重视自我评价和过程性评价。通过学生的自我评价和过程性评价，一方面增强学生的主体意识；另一方面使学生体验成长与发展过程中的喜悦，促进其更积极主动地发展[7]。

行动学习法是一个计划实施总结反思的学习过程，通过模拟做账和项目小组的实验教学活动，培养学生在小组中的个人协调能力和团队合作意识，学会与人沟通，相互支持，解决问题。

会计学课程实验教学中行动学习法的导入，不仅可以强化教师的主导功能，而且有利于学生个人的专业成长与品格提升。因此，行动学习法在会计学课程实验教学中的应用，彰显了通识教育与专业教育并重的理念，使学生在课程实验项目中锻炼了协作精神和组织能力，是落实“卓越工程师”培养计划，发挥办学特色，推进品牌战略的最佳路径选择。

参考文献

[1] Karen Ayas, Nick Zeniuk. Project-based learning: Building communities of reflective practitioners [J] Management learning, 2001, 32 (1)

[2] 江文年，杨建梅．企业知识管理模型与过程行动研究框架［J］．科技管理研究，2004（4）

[3] 蔡厚清．行动学习的理念、目标及关键环节［J］．广西社会科学，2007（2）

[4] C L Davey, J A Powell, J E Powell, et al. Action learning in a medium－sized construction company. [J] Building Research and Construction, 2002, 30 (1)

[5] 杨旭东．基于网络的行动学习模式的探索［J］．开放学习，2006（9）．

[6] 王宁．行动学习法在“合同法”教学中的应用［J］．中国科教创新导刊，2008（19）．

[7] 陈江，吴能权．突破企业传统培训学习的新模式：行动学习［J］．现代管理科学，2008（7）．